PUBLIÉ SOUS LA DIRECTION
DE LA
SECTION HISTORIQUE DE L'ÉTAT-MAJOR DE L'ARMÉE

LES DÉBUTS

DE LA

GUERRE DE LA SUCCESSION D'AUTRICHE

TOME PREMIER

L'Entrée en Bavière et en Haute-Autriche

PAR

Maurice SAUTAI

CAPITAINE AU 24ᵉ RÉGIMENT D'INFANTERIE
DÉTACHÉ A LA SECTION HISTORIQUE

PARIS

LIBRAIRIE MILITAIRE R. CHAPELOT ET Cⁱᵉ

IMPRIMEURS-ÉDITEURS

30, Rue et Passage Dauphine, 30

1910

LES DÉBUTS

DE LA

GUERRE DE LA SUCCESSION D'AUTRICHE

PARIS. — IMPRIMERIE R. CHAPELOT ET C⁰, 2, RUE CHRISTINE.

PUBLIÉ SOUS LA DIRECTION
DE LA
SECTION HISTORIQUE DE L'ÉTAT-MAJOR DE L'ARMÉE

LES DÉBUTS

DE LA

GUERRE DE LA SUCCESSION D'AUTRICHE

TOME PREMIER

L'Entrée en Bavière et en Haute-Autriche

PAR

Maurice SAUTAI

CAPITAINE AU 24ᵉ RÉGIMENT D'INFANTERIE
DÉTACHÉ A LA SECTION HISTORIQUE

PARIS

LIBRAIRIE MILITAIRE R. CHAPELOT ET Cⁱᵉ

IMPRIMEURS-ÉDITEURS
30, Rue et Passage Dauphine, 30

1909

Ce volume est la suite immédiate d'une étude : *Les Préliminaires de la guerre de la Succession d'Autriche*, parue à la fin de 1907 et en tête de laquelle ont été analysés les documents, particulièrement les documents d'archives, qui l'ont inspirée.

C'est aux mêmes sources qu'est puisé le présent ouvrage, dont les riches archives du Ministère des Affaires étrangères et du Ministère de la Guerre ont fourni les principaux matériaux.

LES DÉBUTS

GUERRE DE LA SUCCESSION D'AUTRICHE

CHAPITRE Ier

L'armée au mois de mai 1741.

Composition et organisation de l'armée au 1er mai 1741. — La vénalité des
charges et l'arbitraire de l'avancement. — Les hauts grades répandus à
profusion parmi la noblesse de cour, riche et titrée. — Trop grande jeu-
nesse des colonels. — Sort peu enviable des officiers appartenant à la
noblesse pauvre de province. Leur avenir limité le plus souvent au grade
de lieutenant-colonel. Difficultés avec lesquelles ils sont aux prises comme
commandants de compagnies. — Mode vicieux du recrutement et de l'entretien des compagnies par leurs capitaines. — La condition du soldat
supportable en garnison et précaire en temps de guerre.

Défaut d'instruction à tous les échelons. — Les colonels toujours absents
de leurs régiments. — L'ignorance des officiers généraux et le peu d'application des officiers subalternes. — Dressage insuffisant du soldat. —
Absence totale de règlements d'exercice, de manœuvre, de service en campagne pour l'infanterie et pour la cavalerie. — Vains efforts du comte de
Belle-Isle, aidé de MM. de Bombelles et de Mortaigne, pour remédier à
l'arbitraire et au chaos. — Idées erronées sur la tactique de l'infanterie.
Influence des doctrines du chevalier Folard. — Le peu d'importance
attribué aux effets du feu. — L'infanterie est à peine exercée à se servir
de la cartouche, et tous ses régiments ne sont pas encore pourvus de la
baguette de fer. — Préférence accordée aux formations profondes sur les
formations minces. — Regrets presque unanimes de la substitution de la
formation sur quatre rangs à la formation sur cinq rangs. — La cavalerie
ne sait ni marcher en ordre ni se rallier. — Causes de son inaptitude à
la manœuvre : sur trois ans, elle en passe deux sans être exercée, les
compagnies dispersées dans les villages de l'intérieur, et la plupart des
officiers de cavalerie ne sont pas montés en temps de paix. — Le comte
de Belle-Isle s'efforce de ramener les dragons à l'esprit de leur institution,

à leur rôle d'infanterie montée. — Insuffisance du nombre des hussards et des troupes légères. — Faible effectif des compagnies d'infanterie et de cavalerie, qui cause en campagne leur ruine et celle des capitaines.

Bonne composition du corps d'officiers du génie et de l'artillerie. — Comment le comte de Belle-Isle supplée au manque de légèreté des pièces du système de Vallière.

Relâchement général de la discipline et de la subordination.

Au 1ᵉʳ mai 1741, l'effectif de l'armée française était le suivant :

Maison du Roi	8,487	hommes.
Gendarmerie	640	—
Infanterie	101,420	—
Cavalerie, dragons et hussards	22,400	—

A ces 132,947 hommes de troupes réglées, il faut ajouter environ 16,000 officiers, dix-huit compagnies franches s'élevant à 582 hommes, une compagnie d'arquebusiers du Roussillon de 60 hommes, trois compagnies suisses détachées de 180 hommes, 30,000 miliciens, près de 10,000 invalides, et nous obtiendrons un effectif total d'environ 190,000 hommes.

La composition de ces différents corps était ainsi fixée :

Maison du Roi.

	Hommes.
Quatre compagnies de gardes du corps	1,348
Une compagnie de gendarmes de la garde	210
Une compagnie de chevau-légers	210
Première compagnie de mousquetaires	198
Deuxième compagnie de mousquetaires	198
Une compagnie de grenadiers à cheval	130
Une compagnie de Cent-Suisses	100
Une compagnie des gardes de la porte	50
Une compagnie des gardes de la prévôté de l'hôtel	90
Un régiment de gardes françaises à 6 bataillons	3,630
Un régiment de gardes suisses à 4 bataillons	2,323
Total	8,487

Gendarmerie.

10 compagnies de gendarmes, de 40 hommes chacune, formant
5 escadrons, et 6 compagnies de chevau-légers, aussi de
40 hommes, formant 3 escadrons   640

Infanterie.

L'infanterie comprend 99 régiments français, 9 suisses, 5 allemands,
1 italien, 1 corse, 1 lorrain, au total 121 régiments formant 192 bataillons.

Parmi les 99 régiments français, un d'entre eux se compose de
5 bataillons, 5 de 4, 13 de 3, 16 de 2 et 64 de 1 bataillon.

Encore rattaché par son rang à l'infanterie bien qu'affecté
exclusivement au service des pièces, Royal-Artillerie est
formé de 5 bataillons de 560 hommes chacun, répartis en
8 compagnies de 70 hommes. A ces 2,800 hommes, il faut
joindre 5 compagnies de mineurs de 50 hommes et 5 compagnies d'ouvriers de 40 hommes. Au total, Royal-Artil-
lerie comprend.   3,250

Les 5 régiments à 4 bataillons sont : Navarre, Piémont, Normandie, la Marine et le Roi. Ce dernier régiment, qui sert
comme jadis de modèle à l'infanterie, entretient en outre à
sa suite 340 cadets surnuméraires.

Les 13 régiments à 3 bataillons sont : Picardie, Champagne,
Bourbonnais, Rohan, Monaco, Marsan, Royal, Poitou,
Lyonnais, Touraine, Noailles, Royal-des-Vaisseaux et La
Couronne.

Les 16 régiments à 2 bataillons sont : Auvergne, Dauphin,
Gondrin, Anjou, d'Eu, Montmorin, Souvré, La Reine,
Limousin, Orléans, Condé, Bourbon, Penthièvre, Chartres,
Conti et Enghien.

Les 64 régiments à 1 bataillon sont : Bretagne, Perche,
Artois, Rochechouart, d'Ouroy, La Sarre, La Fère, Royal-
Roussillon, Beauvoisis, Rouergue, Bourgogne, Royal-la-
Marine, Vermandois, Languedoc, Puiguion, Médoc, Duras,
Chaillou, Royal-Comtois, Monconseil, Provence, Mortemart,
Biron, Nice, Guyenne, Lorraine, Flandre, Berry, Béarn,
Hainaut, Boulonnais, Angoumois, Périgord, Saintonge,
Bigorre, Forest, Cambrésis, Tournaisis, Foix, Bresse, La
Marche, Quercy, Nivernais, Brie, Soissonnais, Ile-de-France,
Vexin, Aunis, Beauce, Dauphiné, Vivarais, Luxembourg,

Bassigny, Beaujolais, Ponthieu, La Valière, Bauffremont, Rosnyvinen, Blaisois, Gâtinais, Auxerrois, Agenois, Santerre et Deslandes.

Dans tous les régiments français, Royal-Artillerie excepté, le bataillon se subdivise en 17 compagnies, dont 16 de fusiliers et 1 de grenadiers. Chaque compagnie comprend 30 hommes. Le bataillon est donc composé de 510 hommes, et les 155 bataillons d'infanterie française, Royal-Artillerie non compris, représentent...................... 79,050

Si nous entrons dans le détail, nous trouvons pour la composition d'un régiment d'infanterie française à 1 bataillon :

GRADES.	NOMBRE.	OBSERVATIONS.
Colonel	1	En même temps capitaine de la 1re compagnie dite compagnie Colonelle.
Lieutenant-colonel............	1	En même temps capitaine de la 2e compagnie dite compagnie Lieutenant-Colonelle.
Major.......................	1	
Aide-major	1	
Maréchal des logis	1	
Capitaines..................	15	
Lieutenants.................	17	
Lieutenant en second	1	Entretenu à la suite de la 3e compagnie.
Sous-lieutenant	1	Attaché à la compagnie de grenadiers.
Enseignes	2	1 dans chacune des compagnies Colonelle et Lieutenant-Colonelle.
Sergents	34	2 par compagnie.
Caporaux...................	34	2 par compagnie.
Anspessades................	34	2 par compagnie.
Tambours	17	1 par compagnie.
Grenadiers et fusiliers.........	391	23 par compagnie.
Total	551	

En tête de l'infanterie étrangère, se placent les 9 régiments suisses. 8 de ces régiments, Bettens, Seedorf, Monin, Vigier, Wittmer, la Cour-au-Chantre, Diesbach, Courten, sont formés de 2 bataillons. Chaque bataillon, de 640 hommes, est divisé en 4 compagnies de 160 hommes. Le régiment grison de Travers (1) est composé de 8 com-

____

(1) Ce régiment est compté tantôt à un bataillon, tantôt à deux.

pagnies, la Colonelle forte de 160 hommes et les autres
de 100. L'infanterie suisse (1) compte, au total......... 11,100
Les régiments allemands sont au nombre de 5 : Alsace, Saxe,
La Marck, Appelghren et Royal-Bavière. Alsace, seul, a
2 bataillons de 600 hommes chacun. Ces 600 hommes sont
répartis en 12 compagnies de 40 hommes. Les quatre
autres régiments n'ont qu'un bataillon de 640 hommes,
soit 16 compagnies de 40 hommes. Les 5 régiments allemands (2) donnent au total....................... 3,760
Les régiments irlandais sont aussi au nombre de 5 : Bul-
keley, Clare, Dillon, Roth et Berwick. Ces régiments n'ont
qu'un seul bataillon de 510 hommes en 17 compagnies
de 30 hommes, soit............................. 2,550
Le régiment des Gardes Lorraine, levé en 1740, forme un
bataillon de 17 compagnies de 30 hommes, soit........ 510
Le régiment Royal-Corse, créé en 1739, comprend 12 compagnies de 50 hommes.............................. 600
Le régiment Royal-Italien a la même composition......... 600

FORCE TOTALE de l'infanterie..... 101,420

Cavalerie, dragons et hussards.

La cavalerie comprend 57 régiments formant 159 escadrons.

Parmi ces régiments, un seul, Royal-Carabiniers, est composé
de 5 brigades de 2 escadrons chacune. L'escadron de carabiniers est constitué par 4 compagnies de 25 hommes. Au
total.. 1,000
37 régiments sont à 3 escadrons, chaque escadron de 4 compagnies de 25 hommes. Ces régiments sont : Colonel
général, Mestre-de-Camp général, Commissaire général,
Royal, Le Roi, Royal-Étranger, Cuirassiers, Royal-Cravates,

Dans le calcul du nombre des bataillons de l'infanterie, nous avons
compté ce régiment à 2 bataillons.

(1) Il faut y ajouter 3 compagnies détachées : celle d'Heuberger, de
80 hommes, et les compagnies de Reynold et de Travers, de 50 hommes
chacune.

(2) En temps ordinaire, les bataillons allemands et suisses n'ont pas
de compagnie de grenadiers. Ils la constituent seulement pour la durée
d'une campagne.

Royal-Roussillon, Royal-Piémont, Royal-Allemand, Royal-Pologne, La Reine, Dauphin, Dauphin-Étranger, Bretagne, Anjou, Berry, Orléans, Condé, Bourbon, Clermont, Conti, Penthièvre, Saint-Simon, Du Rumain, Rohan, Beaucaire, Brancas, Sabran, Clermont-Tonnerre, Chabrillant, Chevalier de Rosen, Saint-Aignan, Gramont, Rosen Allemand, Fitz-James.

19 régiments ne comprennent que 2 escadrons, chaque escadron de 4 compagnies de 25 hommes. Ce sont les régiments de : d'Andlau, Fleury, Sassenage, Vogüé, Vintimille, Brissac, d'Aumont, Vassé, La Ferronnaye, Foucquet, Heudicourt, Chépy, Fiennes, Lévis, Barbançon, Puisieux, Noailles, Pons et d'Asfeld.

L'ensemble de ces régiments donne... 14,900

Un régiment de cavalerie, à 3 escadrons, est ainsi composé :

GRADES.	NOMBRE.	OBSERVATIONS.
Mestre de camp	1	En même temps capitaine de la compagnie Mestre-de-Camp.
Lieutenant-colonel	1	En même temps capitaine de la compagnie Lieutenant-Colonelle.
Major.....................	1	
Aide-major	1	
Timbalier	1*	
Capitaines.................	10	
Lieutenants................	12	
Sous-lieutenants ou cornettes. .	6	2 par escadron,
Maréchaux des logis...........	12	1 par compagnie.
Brigadiers.................	24	2 par compagnie.
Cavaliers..................	263*	22 par compagnie.
Trompettes................	12	1 par compagnie.
TOTAL................	344	

Les dragons forment 15 régiments, qui sont : Colonel général, Mestre-de-Camp général, Royal, La Reine, Dauphin, Orléans, Bauffremont, d'Armenonville, Vibraye, Saint-Mesme, d'Harcourt, Nicolaï, La Suse, Mailly, Languedoc. Chaque régiment comprend 4 escadrons. L'escadron est divisé en 4 compagnies de 25 dragons, dont 15 montés et 10 à pied. Les 60 escadrons de dragons s'élèvent à................ 6,000

La composition d'un régiment de dragons est la suivante :

GRADES.	NOMBRE.	OBSERVATIONS.
Mestre de camp	1	En même temps capitaine de la compagnie Mestre-de-Camp.
Lieutenant-colonel	1	En même temps capitaine de la compagnie Lieutenant-Colonelle.
Major	1	
Aide-major . . . . . , ... , ,	1	
Capitaines	14	
Lieutenants . . . . , .	16	
Sous-lieutenants ou cornettes . . .	8	2 par escadron.
Maréchaux des logis	16	
Brigadiers . . , ... , . .	32	2 par compagnie.
Cavaliers	352	22 par compagnie.
Tambours . . . . . , ... , . .	16	1 par compagnie.
TOTAL	458	

Les hussards ne forment que 3 régiments : Ratsky, Berchény
et Esterhazy, les deux premiers de 2 escadrons et le troisième d'un seul. Chaque escadron comprend 100 hommes
en 4 compagnies de 25 maîtres. Au total 500

TOTAL GÉNÉRAL (cavalerie, dragons et hussards) 22,400

En dehors des hussards, comme troupes légères, on
compte seulement dix compagnies franches d'infanterie,
dont deux de 40 hommes, une de 32, sept de 30, et
huit compagnies franches de dragons dont deux de 40
hommes et six de 30 hommes. Ces dix-huit compagnies
franches comprennent, au total, 582 hommes.

A ces forces s'ajoutent cent bataillons de milice.
Réduit à 300 hommes après la guerre de la Succession
de Pologne, le bataillon de milice ne forme plus que six
compagnies de 50 hommes, mais, au moment du besoin,
comme nous le verrons au mois de mars 1742, il peut
être porté à 600 hommes répartis en douze compagnies
de 50 hommes.

La composition d'une compagnie de milice est la suivante : 1 capitaine, 1 lieutenant, 2 sergents, 3 caporaux,
3 anspessades, 41 fusiliers, 1 tambour.

Après ces données (1) sur la composition de l'armée, nous passerons rapidement en revue la valeur des cadres et de la troupe, leur degré d'instruction et de discipline (2).

Ce qui frappe au premier aspect, dans l'examen de notre constitution militaire, ce sont les abus qui la rongent et au premier rang desquels il faut mettre la vénalité des charges et l'arbitraire de l'avancement. Si l'officier appartient à cette noblesse de cour qui joint à une grande fortune un nom illustre, tout s'aplanit sous ses pas, et, sans effort de sa part, avec l'aide du temps, les plus hauts grades deviennent son partage. Vient-il au contraire de cette noblesse de province qui jouit en général d'une aisance médiocre, l'achat d'un régiment lui est interdit, et par cela même l'accès aux premières dignités. Tout au plus pourra-t-il s'élever, par l'ancienneté de ses services, au grade de lieutenant-colonel, et, dans la proportion dérisoire d'un sur mille, après une longue carrière, au grade de brigadier. S'il n'a point les revenus suffisants pour entretenir une compagnie, force

---

(1) Elles nous ont surtout été fournies : 1° par un important manuscrit des Archives historiques intitulé : « Carte militaire des troupes par terre du Roi entretenues avant, pendant et après la guerre de 1741, avec une idée succincte de la guerre de Bohême et de Bavière » ; 2° par une pièce officielle de premier ordre, extraite du volume 3075 des Archives historiques, et ayant pour titre « État des nouvelles levées et augmentations faites dans l'infanterie française pendant la guerre de 1741 à 1748, avec le montant de ce qu'elles ont coûté, tant pour la levée que pour la dépense annuelle ». On trouvera cette dernière pièce, à l'appendice 1 du chapitre 1er, sous ce titre plus exact : « Levées et augmentations dans l'infanterie et dans la cavalerie de 1741 à 1748 ».

(2) Nous n'avons pu présenter, dans ce chapitre, qu'un tableau d'ensemble. Pour les détails, se reporter au travail si complet et si intéressant de M. le capitaine Colin : *Les Campagnes du maréchal de Saxe*, 1re partie. L'armée au printemps de 1744. Paris, librairie Chapelot et Cⁱᵉ, 1901.

lui sera de quitter le service comme capitaine ou de n'aspirer qu'au grade de lieutenant. Deux parts, d'une inégalité décourageante, sont ainsi faites dans l'avancement : l'une brillante, conduisant sûrement vers de glorieuses destinées et réservée par droit de naissance aux grands seigneurs ; l'autre, sans éclat, sans le stimulant de l'espérance, et départie à la noblesse de province. Quant au soldat, il n'a d'autre perspective que le grade de sergent et, pour un acte de courage, une place de lieutenant de grenadiers.

L'armée a constamment sous les yeux ce spectacle décourageant de jeunes gens échappés du collège, incapables de se conduire eux-mêmes et investis à leur entrée au service, par le crédit de leur famille, du commandement d'un régiment. A maintes reprises, au cours de la guerre de la Succession d'Espagne, le maréchal de Villars avait signalé au ministre Voysin, comme une cause d'affaiblissement et comme un danger, le grand nombre de jeunes colonels que le seul mérite de leur naissance avait portés à la tête des régiments de notre armée de Flandre. Ce mal n'avait fait que grandir sous la Régence et durant la première partie du règne de Louis XV, et, cinquante ans après Villars, le chevalier du Muy sera en droit d'écrire à Choiseul : « Les colonels trop jeunes ont fait, font et feront toujours la perte du militaire en France (1). » Parmi les futurs combattants de la guerre de la Succession d'Autriche, le duc de Luxembourg a été en 1718, à 16 ans, placé du premier jour comme colonel à la tête du régiment de Touraine. Le duc de Mirepoix, reçu comme mousquetaire en 1718, à 19 ans, a été nommé l'année suivante colonel du régi-

---

(1) M. du Muy à Choiseul, à Cassel, le 10 janvier 1762. Cartons *Organisation, Infanterie.* Arch. hist.

ment d'infanterie de Saintonge. Le duc de Boufflers, colonel réformé à la suite du régiment de Solre à 14 ans, en 1720, a obtenu, après une année, ce même régiment. Le duc de Chevreuse, mousquetaire à 14 ans, en 1731, s'est vu presque immédiatement investir du commandement du régiment de cavalerie du duc de Luynes, son père. Le prince de Croy-Solre, entré au service comme mousquetaire en 1736, a acheté, deux ans plus tard, le régiment de Royal-Roussillon cavalerie. Plusieurs de ces colonels, dignes héritiers des talents guerriers de leurs ancêtres, feront plus tard d'excellents généraux, mais, en attendant que l'expérience ait mûri leur jugement et développé leurs connaissances, quels services attendre de la plupart de ces jeunes gens pendant les premières années de leur commandement? Qu'il leur plaise, comme nous le verrons en examinant l'instruction des officiers, de se désintéresser de leur régiment, ils n'en parviendront pas moins au grade de maréchal de camp et de lieutenant général par le mode d'avancement alors en vigueur. Il est vrai qu'ils parcourront désormais d'un pas lent les échelons supérieurs car, par une étrange anomalie, l'ancienneté reprend tous ses droits à partir du grade de colonel et sauf de rares exceptions, Fleury, le grand dispensateur des grâces dans l'armée comme dans les autres institutions de l'État, suit presque inexorablement, en dépit des sollicitations qui l'assiègent, l'ordre du tableau dans les grades élevés, là où l'expérience a démontré que le choix devait avoir la plus large part. Il n'impose plus qu'une condition, l'ancienneté, à l'avancement de ceux qu'il a laissés parvenir au grade de colonel sans garantie de savoir et sans apprentissage dans les grades inférieurs. Le duc d'Antin s'est déjà élevé avec force, jusque dans le conseil du Roi, contre « l'ordre du tableau au-dessus du grade de colonel, l'usage le plus pernicieux que l'on puisse suivre pour former un officier général ou pour s'en servir utile-

ment (1) ». Le comte de Belle-Isle a aussi attiré l'attention de Fleury sur la nécessité « d'exciter l'émulation
quasi anéantie par l'ordre du tableau qui confond également les bons, les médiocres et les mauvais sujets (2) ».
Le Cardinal n'en est pas moins demeuré fidèle aux errements de ses prédécesseurs. S'il n'a fait, dira-t-on, que
se conformer sur ce point à un ordre de choses établi, se
plier à des abus invétérés, il les aggrave en suivant à la
lettre le tableau d'ancienneté dans la désignation des
généraux au commandement de nos armées, et, comme
aucune limite d'âge n'atteint l'officier dans l'exercice de
ses fonctions, le commandement suprême tombe aux
mains de maréchaux dépourvus de la vigueur du corps et
de l'activité d'esprit que réclame la guerre. En 1744,
Belle-Isle, le plus jeune de nos maréchaux, compte
56 ans : il a attendu treize ans le grade de lieutenant
général et dix ans la dignité de maréchal de France. Parmi
ceux qui seront appelés avec lui à diriger nos armées,
Broglie est âgé de 70 ans, Maillebois de 59, Coigny de
71 ans. Au premier rang des lieutenants généraux qui
viennent après eux, le marquis de Leuville compte
74 ans, le marquis de Gassion 63 ans, le comte d'Aubigné 56 ans.

Les promotions ne sont soumises à aucune règle et à
aucune limite. Elles se succèdent par caprice, sans tenir
compte des vacances et des besoins de l'armée. Il en
résulte un engorgement toujours grandissant au sommet.
Les grades de colonel, de maréchal de camp et de lieutenant général, se multiplient au détriment de la valeur,
du prestige et de l'autorité de leurs détenteurs. Alors

---

(1) *Mémoire sur la guerre* par le duc d'Antin, de 1736. Vol. 1302.
France, Mémoires et documents. Aff. étrang.

(2) Belle-Isle à Fleury. Lettre (sans date), 1730. Carton supplémentaire, n° XI. Arch. hist.

que Louis XIV n'avait accordé que très rarement des commissions de mestres de camp à d'anciens lieutenants-colonels ou à des majors et à des capitaines vieillis au service, plus rarement encore des commissions de mestres de camp réformés à des officiers très anciens, ces faveurs avaient été prodiguées sous la Régence à des capitaines et à des officiers recommandés qui n'avaient que peu ou point servi à leur régiment. On comptait en 1727 près de 400 mestres de camp réformés d'infanterie, de cavalerie et de dragons. Il en restait encore 285 en 1734. « Ce rang de mestre de camp donné à de simples capitaines qui n'avaient pas de services, dit un Mémoire de novembre 1734 (1), était une chose monstrueuse dont on a senti l'inconvénient dès qu'on a commencé à assembler des troupes pour les camps de paix. Ce sont (pour ainsi dire) des capitaines de moins dans les régiments où ils sont et des mestres de camp de trop, quelque usage qu'on en prétende faire. Cette abondance de grâces, en faisant naître à chacun l'envie de sortir de son état, a été la source de l'anéantissement de la discipline, dont personne ne peut douter aujourd'hui et dont les suites sont bien à craindre. »

La Maison du Roi et la gendarmerie renferment, à elles seules, plus d'officiers ayant rang de colonel que tous les régiments de cavalerie réunis. On compte en 1732, dans les quatre compagnies de gardes du corps, 35 officiers de ce rang ; dans la compagnie des gendarmes de la garde 11 ; dans celle des chevau-légers 9 ; dans les deux compagnies de mousquetaires 18 et dans les seize compagnies de la gendarmerie 34 : au total 107 charges de colonel. « Sauf dans les gardes du corps, dit un Mémoire de mars 1732 (2), tous ces em-

---

(1) Mémoire sur les nouvelles commissions de mestres de camp et de colonels. Carton, Documents généraux (1651-1780). Arch. hist.

(2) Mémoire par lequel on représente les difficultés que l'on trouve

plois se vendent, et par conséquent ce sont tous gens
sans services qui entrent dans ces compagnies.....
Tout le monde ne songe qu'à obtenir le titre de colonel
parce que les services ne sont comptés que de ce jour
pour parvenir à être brigadiers et ensuite monter à son
rang d'ancienneté au grade supérieur, les services antérieurs n'étant comptés pour rien. Un homme, après avoir
servi de capitaine ou lieutenant-colonel dans la cavalerie
ou infanterie, viendra à obtenir un régiment par ses services, ou ce sera un homme en état d'en acheter un. Celui
qui, sans avoir servi, aura acheté une charge dans la
Maison du Roi qui donne le rang de colonel ou même
un régiment un mois avant lui, sur le tableau (il) a le
rang devant pour devenir brigadier et de même de brigadier pour être maréchal de camp, lieutenant général
ou maréchal de France. Que l'on serve toutes les guerres
ou que l'on ne serve pas, l'ancienneté court également
sur le tableau pour l'un comme pour l'autre. Voilà la
raison pourquoi le Roi est si tourmenté pour accorder
le titre de colonel et que l'on fait tant d'efforts pour l'obtenir soit par faveur ou par argent : mais, à tous ces
marchés, il n'y a que le Roi qui y perd, et cette facilité
d'accorder ce titre à des gens sans services fait que, hors
ceux qui n'ont ni appui ni moyen, personne ne veut entrer
dans des emplois subalternes dans des régiments ou, si
on en prend, on les quitte peu de temps après ».

Les armées de l'Europe réunies ne renferment peut-
être pas un plus grand nombre d'officiers généraux
que la nôtre, dans les rangs de laquelle le duc d'Antin en relevait 590, au mois de mars 1736, soit 132 lieutenants généraux, 126 maréchaux de camp et 332 briga-

---

à faire un règlement pour le service de la Maison du Roi et des seize
compagnies d'ordonnance dans les armées. Vol. 1274. France, Mémoire
et documents. Aff. étrang.

diers (1). L'Almanach royal de 1741 montre ce nombre en progression croissante : il est de 611 au début de cette année, dont 147 lieutenants généraux, 161 maréchaux de camp et 303 brigadiers, sans compter 7 maréchaux de France. Cette multiplication exagérée des premiers grades fait que leurs titulaires peuvent à peine exercer une ou deux fois, au cours d'une campagne, les fonctions de leur charge, dans le roulement du service de jour, et que les armées sont alourdies d'un « fatras (2) » d'officiers généraux, source de gêne pour le général en chef, de confusion pour le service et d'encombrement pour les équipages et pour les marches. Le temps est déjà loin des armées de Louis XIV que commandaient Turenne ou Condé ayant à leurs ordres deux ou trois lieutenants généraux. Les officiers de ce grade ont maintenant sous leur commandement moins de troupes que n'en avait alors un brigadier. La considération attachée aux grades élevés disparaît de jour en jour. Il en est de cette considération comme du prix d'un métal précieux : ce dernier perd-il son caractère de rareté et d'exception, aussitôt sa valeur s'en trouve amoindrie. « ..... On n'est plus flatté d'un emploi que l'on partage avec tant de monde, écrivait le duc d'Antin en 1736. J'ai vu le temps à l'armée que je n'osais mettre mon chapeau devant un lieutenant général tant je le trouvais respectable. J'ai vu depuis les gardes du camp ne vouloir pas battre pour nous, tant le nombre avait avili, dans l'esprit des troupes, l'idée qu'elles en avaient autrefois (3)..... »

---

(1) Mémoire du duc d'Antin sur l'état militaire, 31 juillet 1736. Vol. 1305. France, Mémoires et documents. Aff. étrang.

(2) A la fin de la campagne de Flandre de 1708, Vendôme écrivait à Chamillart, de Tournay, ce 29° novembre 1708 : « Défaites-nous, au nom de Dieu, au plus tôt, de ce fatras d'officiers généraux qui ne font que nous embarrasser... » Vol. 2084. Arch. hist.

(3) *Mémoire sur la guerre*. Vol. 1302. France, Mémoires et documents. Aff. étrang.

Nous retrouvons dans la composition, le choix et l'avancement des officiers subalternes, des défauts aussi graves que ceux que nous venons de signaler parmi les officiers généraux et les colonels. Les premiers sont destinés à parcourir une carrière pleine de déceptions, d'un avenir borné et qui les mettra sans cesse aux prises avec les difficultés inextricables d'une organisation vicieuse. Après être entrés au service vers 14 ans, jeunes, pleins d'illusions, ils quitteront les rangs de l'armée, vieux, aigris et désabusés. Les régiments de cavalerie, toujours plus recherchés, attireront ceux d'entre eux qui jouissent d'une certaine aisance : les régiments d'infanterie recueilleront la noblesse pauvre, qui forme l'immense majorité dans les provinces. Au début de la guerre de la Succession de Pologne, l'un des inspecteurs d'infanterie les plus anciens, le comte d'Aubigné, écrivait au Ministre de la guerre, M. d'Angervilliers : « ..... Il y a bien longtemps que j'ai eu, dans la vue de ce dont il s'agit à présent (une augmentation de nos troupes), la curiosité de savoir ce qu'on pouvait espérer des gentilshommes qui demandent à servir, connaissant en général comment ils sont pauvres. J'en ai questionné un grand nombre dans les provinces où je vais régulièrement depuis plusieurs années. J'ai été surpris de la très petite quantité en état de mettre seulement 1,000 écus d'argent comptant pour entrer dans le service, et ce qui a augmenté ma surprise c'est que la plupart de ceux qui en auraient le moyen n'en voudraient pas faire la dépense pour une nouvelle troupe qui pourrait être réformée à la paix. J'ai fait plus : j'ai entré, par la même curiosité, dans une sorte de détail des facultés des subalternes de notre infanterie, dont il y en a un nombre qui même vit avec aisance. J'ai trouvé que ces plus aisés vivaient ainsi sur 500 à 600 livres de rentes. Quelques-uns en ont même davantage. Le nombre en est petit, mais, à 2 ou 3 près dans chaque régiment et c'est encore tout au plus, aucun de ces plus aisés n'est en état de faire la dépense qu'exigent la levée et l'équipement d'une compagnie nouvelle, même avec le secours que le roi a coutume de donner en pareille occasion..... Il ne se trouvera peut-être pas deux hommes dans chaque régiment d'infanterie qui sera (*sic*) en état de mettre 200 ou 300 pistoles d'extraordinaire pour faire des hommes dont les engagements ont été, jusqu'à présent, les moindres à 100 francs et quantité au-dessus, avec la clause du congé au bout de six ans et sans comprendre le reste de tout ce qu'il faut pour l'équipement d'un soldat (1). »

Il faut aux jeunes officiers une grande force de caractère pour se former et s'instruire, car abandonnés le plus souvent à eux-mêmes, emportés par la fougue de leurs passions, ils auront mille occasions de sacrifier à leurs plaisirs leurs devoirs militaires. Dans le désœuvrement de la vie de garnison, beaucoup s'adonnent aux jeux qui font fureur à cette époque, pharaon, lansquenet et quinze. « Si on veut voir tous les officiers d'une garnison, écrivait en 1736 un commandant d'un bataillon du régiment de Gondrin, on n'a qu'à aller dans les maisons où l'on joue lesdits jeux, on les y trouvera tous assemblés et à toutes les heures du jour (2). » Après huit ou dix années de cette vie inutile et oisive, le jeune officier trouvera le moyen d'acheter une compagnie et d'être reçu capitaine, et alors se posera pour lui ce double et redoutable problème : 1° payer le prix de sa compagnie ; 2° se procurer ensuite les ressources nécessaires à son entretien. Pour l'élever à ce grade, son colonel s'occu-

---

(1) M. d'Aubigné à M. d'Angervilliers, à Metz, ce 7ᵉ octobre 1733. Vol. 1284. France, Mémoires et documents. Aff. étrang.

(2) *Mémoire sur la nécessité d'appliquer les officiers à s'instruire et à étudier l'histoire militaire*, par M. de la Garrigue, commandant le second bataillon du régiment de Gondrin (1736). Cartons, Organisation générale. Arch. hist.

pera moins de savoir s'il possède les connaissances et les qualités requises que s'il dispose de quelque bien. Sous Louis XIV, la vente des compagnies était d'un usage courant dans la cavalerie et les dragons, mais elles se donnaient dans l'infanterie aux lieutenants à la condition qu'ils fussent en état de subvenir à leur entretien. Aujourd'hui un grand nombre de colonels, surtout dans l'infanterie, « vendent tous les emplois. Le prix courant des compagnies est de 6,000 à 8,000 livres : il y en a de vendues jusqu'à 10,000 livres ; les lieutenances se vendent 2,000 à 3,000 livres (1) ». Le lieutenant trop pauvre pour réunir la somme exigée se voit écarté, quels que soient son mérite et la durée de ses services. Il existe aussi, dans la plupart des régiments, des *concordats* par lesquels les capitaines déjà anciens du régiment, même les commandants de bataillons et les lieutenants-colonels, acceptent de faire place aux officiers plus jeunes moyennant une compensation pécuniaire prélevée en permanence sur les appointements des officiers du corps. Leur retraite anticipée, provoquée par l'appât d'un prix rémunérateur, prive les régiments d'officiers expérimentés et ne laisse souvent à la tête des compagnies que de tout jeunes gens. Cet abus pernicieux est encore en vigueur malgré les défenses les plus sévères.

Dans l'infanterie il ne se trouve guère que des capitaines qui, pour entrer en possession d'une compagnie, ont engagé tout leur avoir et même fait appel à la bourse de leurs parents. Le tableau est un peu différent dans la cavalerie, au dire d'un des officiers qui ont le mieux connu cette arme, le chevalier de Chabo (2). Suivant lui,

----

(1) Mémoire du duc d'Antin sur l'état militaire, 31 juillet 1736. Vol. 1305. France, Mémoires et documents. Aff. étrang.

(2) On doit au chevalier de Chabo (Antoine Chabo de la Serre), alors qu'il avait rang de mestre de camp, après la paix d'Aix-la-Chapelle, d'intéressants mémoires sur la cavalerie dont les Archives historiques du Ministère possèdent une copie.

les capitaines de cavalerie peuvent se ranger en quatre classes : la première, formée des meilleurs éléments, comprend les capitaines de cavalerie qui ont servi dans cette arme de père en fils, jouissent de 6,000 à 25,000 livres de rente, et se retirent du service vers 40 ou 45 ans, avec la croix de chevalier de Saint-Louis, soit pour gérer leur fortune soit pour céder la place à un de leurs parents; la deuxième renferme les officiers appartenant à la haute noblesse et destinés au commandement d'un régiment, qui ne font que passer dans le grade de capitaine en apportant une aisance et un luxe momentanés dans leur compagnie. Une troisième classe se compose d'officiers qui, avec peu de naissance, ont acquis l'argent et non la capacité nécessaires pour obtenir une compagnie. La quatrième et la plus nombreuse, celle qui s'attache au service, comprend « des cadets ou des gentilshommes malaisés, dont le revenu est la boussole et qui, ayant employé une partie de leur légitime à acquérir une compagnie, la regardent comme leur terre et tâchent par leur assiduité et leur économie d'en tirer une subsistance d'autant plus aisée (1) ».

Ces derniers, à l'exemple des capitaines d'infanterie, une fois entrés en possession de leur compagnie, n'ont plus qu'une pensée : la gérer comme une ferme dont, par adresse et par industrie, ils tireront les plus grands profits. De cette ferme, le maréchal des logis sera l'intendant. « Le maréchal des logis, dit un mémoire de M. de Caraman (2), est chargé de la tenue, de la discipline, des distributions, souvent des remontes et des recrues..... C'est sur les maréchaux des logis que porte tout le travail des compagnies par la constitu-

---

(1) Mémoires du chevalier de Chabo sur la cavalerie. Arch. hist.

(2) Ce mémoire, qui date du milieu du XVIII° siècle, a pour titre : *Réflexions sur l'état présent du militaire de France*. Carton, Vues générales (1728-1792). Arch. hist.

tion de notre militaire. » Comme le capitaine a l'entreprise de sa compagnie, il s'occupera avant tout de la recruter, de la maintenir au complet et de l'entretenir au meilleur marché possible (1). Il emploiera son habileté à conserver au plus bas prix les 30 hommes dans l'infanterie, les 25 hommes dans la cavalerie, dont chacun représente le 30e ou le 25e de son bien. Il n'aura qu'une crainte, celle de les perdre, et fermera les yeux sur les fautes de ses hommes pour les empêcher de déserter. Presque toujours, dans sa gestion, son intérêt personnel se trouvera en conflit avec celui de l'État, et il ne rétablira la balance à son avantage qu'en recourant à des procédés indignes d'un honnête homme. Que la guerre se déclare, que les maladies, les combats, la désertion, réduisent les rangs de sa compagnie, le capitaine sera

---

(1) Dans un mémoire : *Réflexions sur l'état actuel du militaire au mois de novembre 1777*, le marquis de Toulongeon faisait cette peinture de l'état des capitaines de cavalerie avant les réformes de Choiseul :

Autrefois « un capitaine avait sa troupe à lui, hommes et chevaux : il en disposait comme de sa terre. C'en était une en effet dont le maréchal des logis était l'économe. La terre était bonne et voilà d'abord une raison d'y être attaché. Un capitaine allait à sa troupe à peu près quand il le voulait. Sur cela toutes espèces de facilités. Était-il en garnison : nul assujettissement, nuls soins que ceux qui lui plaisaient et qui, en même temps, lui devenaient profitables. Nulle instruction de manège, fort peu d'autres. Tous les détails portaient sur les subalternes. Les jours de manœuvre étaient trop rares pour que le retour fatiguât par son uniformité. Ainsi le temps du séjour à la garnison se passait dans les plaisirs de la table ou de la société. L'inspecteur arrivait : on lui montrait toujours une troupe belle en chevaux et superbe en hommes, dont l'espèce était en général plus belle alors qu'elle n'est aujourd'hui. Le capitaine montait dans sa chaise de poste, et le voilà parti. Était-on en quartiers : à peine un capitaine allait-il à son régiment ou l'était pour passer son temps à l'état-major, dans les villes voisines, dans les châteaux d'alentour, et il n'allait à sa compagnie qu'autant que ses propres intérêts l'exigeaient. Chaque capitaine était donc un être indépendant et riche, et je conçois qu'on se plaise dans un état qui procure ces deux avantages ». Carton, Vues générales (1728-1792).

obligé, pour la rétablir durant le quartier d'hiver, à des dépenses telles que, ruiné, découragé, il se verra parfois dans la nécessité de se retirer du service. Il se heurte en effet à des difficultés sans nombre pour maintenir sa compagnie complète et en bon état avec les faibles appointements ou allocations que lui donne le Roi. Par des calculs irréfutables, le chevalier de Chabo établit qu'un capitaine de cavalerie, placé dans les conditions les plus avantageuses, ne peut disposer de ses 1,800 livres d'appointements pour s'entretenir et se monter, et qu'il lui reste au plus, à la fin de l'année, 1,681 livres. « Voilà, dit-il, la raison de tant de retraites, de tant de plaintes, de tant de mauvaises compagnies et la démonstration claire que cet état militaire est forcé et est en souffrance. » Il montre aussi avec des preuves indiscutables qu'il ne peut rester à un capitaine, après une campagne, que 898 livres, et il ajoute : « Il est aisé de voir que, si la cavalerie n'a pas d'excellents quartiers d'hiver, il est nécessaire qu'elle serve mal en mettant de mauvais chevaux, de méchants harnais et de vilaines recrues, puisque tout capitaine qui est obligé chaque année d'y mettre du sien quitte bientôt ou économise sur les qualités. »

Dans l'infanterie, le capitaine n'a que 1,200 livres d'appointements. D'après un mémoire écrit au lendemain de la guerre de la Succession de Pologne, vers 1736, ce capitaine « voit avec douleur que, sur les appointements que le Roi lui donne, il a au moins 10 écus par mois de frais à payer, qui se montent à 360 livres par an (1) ». S'il doit faire entrer à sa compagnie par année 3 hommes de recrue, l'engagement et

---

(1) Mémoire portant augmentation d'appointements aux officiers d'infanterie française en diminuant les dépenses du Roi, pendant la paix, de 9,050 livres par an. Cartons, Organisation de l'infanterie. Arch. hist.

les frais de route de chacun de ces hommes lui reviennent en moyenne à 100 livres (1), et il lui reste seulement, pour vivre, 540 livres. Demandons à un officier vieilli dans l'infanterie, à l'ancien major du régiment de Boufflers, M. de Bombelles, ce qu'il faut penser de ce vice fondamental de notre organisation militaire, le recrutement des compagnies par leurs capitaines, que le prix toujours croissant des engagements met dans l'impossibilité d'entretenir leurs unités. « Autrefois, écrivait-il au Ministre de la guerre, comte d'Argenson, le 10 novembre 1756, un capitaine d'infanterie engageait un soldat pour un temps illimité moyennant 5 ou 6 écus, et il le trouvait cher lorsqu'il lui en coûtait 10. Aujourd'hui il n'y a guère de soldat engagé pour le terme de 6 années qui ne revienne à son capitaine, rendu au régiment, à 40 ou 50 écus.

« Les auberges étaient sur le pied de 10 à 12 écus par mois. Aujourd'hui elles sont de 15 à 20. Enfin tout est doublé de prix.

« La mutation que causent les congés de 6 ans, la désertion, les maladies et les accidents de la guerre font que les dépenses des recrues absorbent les appointements des capitaines, de sorte que l'entretien des compagnies et les faux frais qui y sont inévitables augmentent si fort leur dépense qu'il y a très peu de capitaines qui, à la fin de l'année, ne redoivent à l'état-major. Ainsi ils s'endettent de plus en plus, et malheureusement ce mal ne peut qu'empirer.

« La difficulté des recrues dont les officiers sont chargés est la triste source d'une infinité d'abus contraires au bien de l'État. Il faudrait être plus riche qu'un

---

(1) Mémoire portant augmentation d'appointements aux officiers d'infanterie française en diminuant les dépenses du Roi, pendant la paix, de 9,050 livres par an. Cartons, Organisation de l'infanterie. Arch. hist.

capitaine ne peut l'être pour entretenir, en temps de guerre, une compagnie aussi bonne que complète. Il leur serait même impossible, avec beaucoup d'argent, d'y parvenir sans se servir de divers moyens si criminels qu'ils devraient être inconnus à tout honnête homme ; ceux qui, par vertu, ne sauraient se résoudre à les mettre en usage, ont toujours de mauvaises troupes, et ceux qui sont forcés de s'en servir font des manœuvres indignes des bonnes mœurs qui doivent faire le caractère distinctif de l'homme de guerre. Ce sont ces précieux sentiments d'honneur qui forment la base des vertus militaires. Que ne doit-on pas faire pour en éviter la corruption !

« Il est donc odieux d'imaginer que, pour faire le métier de capitaine d'infanterie, on soit forcé, à cause de la difficulté des recrues, de renoncer aux lois sacrées de la probité en s'occupant continuellement des moyens de tromper les hommes par une coupable industrie. Elle est toujours la suite de diverses injustices qui font horreur et que néanmoins les chefs de corps sont obligés de tolérer (1). »

On chercherait vainement, pour le capitaine, un motif d'émulation dans le bon entretien de sa compagnie. Qu'elle soit bien ou médiocrement administrée, son avancement n'en sera ni accéléré ni retardé. S'il a la patience d'attendre son heure, l'ancienneté seule suffira pour le conduire au grade de lieutenant-colonel. Aussi remarque-t-on dans les troupes, à la suite de la guerre de la Succession de Pologne, « un dégoût presque

---

(1) De son gouvernement de Bitche, M. de Bombelles, alors lieutenant général, adressait le 10 novembre 1756 au comte d'Argenson le mémoire suivant : « Mémoire contenant les moyens de remédier aux défauts qui se trouvent dans l'infanterie française, de la rendre en tout temps aussi nombreuse que complète et d'épargner à l'État des sommes considérables ». Cartons, Organisation de l'infanterie. Arch. hist.

général (1) ». Les sentiments élevés s'affaiblissent et se perdent chez des hommes sans cesse obligés, pour assurer leur propre subsistance, de recourir à des expédients plus ou moins honnêtes. « Les capitaines, dit le chevalier de Chabo dans ses Mémoires sur la cavalerie, sont souvent écrasés par les accidents et obligés à se tirer d'affaire par des voies qui ont trop de similitude avec l'industrie pour sympathiser avec l'élévation nécessaire pour commander aux autres. Plus ils ont vécu longtemps occupés de ces détails dont ils se sont pour ainsi dire nourris, plus leurs idées se sont rétrécies : très capables à la vérité d'exploiter une troupe, ils le sont fort peu de conduire un corps, ayant perdu de vue, par l'ennui de l'attendre (2), les idées des fortunes qui élèvent l'âme par l'envie de se distinguer dans les postes qu'elle ambitionne. Il arrive souvent que la paresse prend le dessus . . . . . le peu d'aisance, le dégoût, l'âge qui s'affaisse, n'en font plus que des êtres plaignants qui ont donné lieu à la mauvaise plaisanterie qui a fait dire que Jérémie avait été le premier capitaine de cavalerie. En effet, comment avoir un autre ton lorsque l'on a passé sa vie entre le besoin et la crainte de perdre, autorisée et maintenue par la continuité des accidents. »

La condition des lieutenants-colonels est particulièrement délicate. Propriétaires d'une compagnie, généralement peu favorisés du côté de la fortune, ils n'échappent pas aux préoccupations d'intérêt qui influent d'une façon si fâcheuse sur la conduite des autres capitaines. Il leur faut en outre se soumettre, dans un âge avancé, à un

---

(1) Mémoire portant augmentation d'appointements aux officiers d'infanterie française en diminuant les dépenses du Roi, pendant la paix, de 9,050 livres par an (sans date, vers 1736). Cartons, Organisation de l'infanterie. Arch. hist.

(2) *Sic.*

jeune colonel, et, s'ils ne savent garder la dignité de
caractère et le tact nécessaires, ils se trouvent placés
dans l'alternative suivante : « Les uns, persuadés du
crédit de la famille de leur colonel, sacrifient le service
du Roi avec la plus basse complaisance et négligent tout
ce qui peut être avantageux à l'honneur du régiment, dès
que cela peut déplaire à leur colonel ..... Les autres,
d'un rang plus élevé, incertains du succès que pourraient avoir de pareilles bassesses, ou trop fiers pour
s'y soumettre, cherchent à se brouiller avec lui, le
contredisent en tout, tâchent de former un parti dans le
régiment, et, à tort ou à raison, font profession d'être
toujours d'un avis contraire au sien. Il s'ensuit de tout
cela que le régiment est sans subordination et sans discipline. La cour en est informée, et d'un autre côté la
famille du colonel emploie tout son crédit pour faire
placer un lieutenant-colonel si incommode. Comme les
officiers de ce rang savent que ce sont les moyens les
plus sûrs, et les plus courts pour parvenir à être placés et
qu'ils n'ont rien autre chose à espérer pour l'ordinaire,
quand ils serviraient encore vingt ans de plus, il est
rare qu'ils prennent d'autres voies que celle dont je viens
de parler. Les plus sages et les plus sensés sont ceux
qui, voyant au bout de 35 ans leur santé épuisée et leur
bien entièrement consommé, abandonnent avec une
petite pension de retraite une vie ennuyeuse et pénible,
dont le terme n'a rien d'utile ni de flatteur pour l'ambition.

« C'est ainsi, conclut l'auteur du *Traité des légions* (1),
que se termine la carrière de tous nos officiers. Ils
entrent au service avec une ardeur folle et demesurée,

---

(1) Écrit au camp de Courtrai, pendant la campagne de 1744, par
M. d'Hérouville de Claye, l'un des officiers de l'état-major du maréchal
de Saxe, p. 45, édit. de 1753.

y vivent dans une ignorance et une oisiveté criminelles,
et le quittent avec un dégoût et un mépris trop bien
fondés. »

Le soldat se recrute par enrôlement volontaire parmi
les paysans « pour l'ordinaire fort ingambes, braves et
vigoureux (1) » et aussi, dans une proportion plus faible,
parmi les artisans des villes, moins solides mais susceptibles par leur intelligence de faire de bons sous-offi-
ciers. Leur avenir est limité, pour le plus grand nombre,
au poste de sergent : quelques-uns parviendront à une
lieutenance sans qu'ils puissent porter plus haut leur
ambition. « Si M. de Turenne était aujourd'hui simple
soldat, écrivait mélancoliquement le chevalier d'Es-
pagnac, vers 1748, il deviendrait tout au plus lieutenant de grenadiers parce qu'il ne porterait pas sa vue
plus loin qu'un poste où parvient actuellement un soldat
de mérite (2). » Toutefois la condition du simple soldat
s'est améliorée depuis le règne de Louis XIV. Il n'est
plus engagé pour une durée illimitée mais pour six ans,
et le prix de l'engagement a triplé depuis le début du
nouveau règne, atteignant parfois 150 livres. Dans la
pratique, la durée de l'engagement se prolonge au delà
des six années stipulées, car les ordonnances ne permettent point au capitaine de délivrer plus de deux congés
définitifs par année, ce qui oblige la plupart des soldats
à rester au service dix et douze ans. En temps de paix,
la solde, qui comprend une haute paye pour le grenadier,
le cavalier et le dragon, qui se réduit à 5 sols 6 deniers
pour le simple fusilier, suffit à leurs besoins. Ceux
d'entre eux qui savent un métier peuvent l'exercer à

---

(1) Traité des légions, p. 50.

(2) Observations générales sur l'état actuel du militaire en France
et sur les moyens qui peuvent contribuer à sa perfection (vers 1748).
Cartons, Organisation générale. Arch. hist.

leur profit et au profit des camarades qui, ne connaissant aucune profession, les remplacent dans le service de garde. En temps de guerre, la solde du simple fusilier réduite à un sol par jour, à un écu de campagne tous les trois mois, devient notoirement insuffisante. Chaque mois il devra prélever, sur ses 30 sols, 2 sols pour le frater, 12 sols pour une livre de tabac : il lui restera ainsi 16 sols, somme trop faible pour lui permettre d'ajouter un supplément de nourriture à la demi-livre de viande et à la livre et demie de pain qui lui sont délivrées gratuitement par le Roi.

Ce soldat, engagé généralement par un coup de tête, connu seulement sous un nom de guerre, La Rose, La Tulipe, qui lui permet d'échapper aux recherches, léger par tempérament, frondeur par caractère, sensible aux mauvais traitements, supporte avec impatience toute retenue injustement opérée sur sa solde par son capitaine, toute punition non motivée que lui inflige son sergent, et cherche trop souvent dans la désertion le moyen de se venger. Si l'on en croit le témoignage d'un officier d'expérience, M. de la Garrigue, il faut chercher la cause de ce mal, alors si fréquent, moins dans l'instabilité d'humeur du soldat que dans les injustices dont il est la victime. « La désertion, écrivait-il en 1736, serait sûrement abolie de l'infanterie si on donnait aux soldats et en son temps ce qui leur revient, et si on ne les punissait que quand ils le méritent, mais ces misérables sont souvent les victimes du caprice de leurs officiers et de leur sergents (1) ». La désertion est cependant rare dans les compagnies où le capitaine, ancien gentilhomme rural, a pu mettre en campagne sa femme, son curé, ses parents, leurs fermiers, et s'assurer, par eux, un noyau de paysans qu'il connaît et qui lui sont dévoués.

---

(1) Mémoire sur la nécessité d'appliquer les officiers à s'instruire et étudier l'art militaire. Cartons, Organisation générale. Arch. hist.

La valeur professionnelle des officiers et de la troupe se ressent d'aussi graves défauts que leur mode de recrutement et d'avancement. Appelés par leur fortune et par leur nom au commandement d'un régiment, les colonels trop jeunes sont mal préparés aux fonctions importantes auxquelles ils sont destinés. Combien peu parmi eux se piquent d'apprendre leur métier et consentent à s'astreindre à un travail continu. Obligés en principe à un séjour de deux mois dans leur garnison, ils trouvent le moyen d'en abréger le terme et de se décharger sur leur lieutenant-colonel du soin permanent d'administrer et de commander leur régiment, qu'ils ne connaissent que de nom. « Les colonels, en temps de paix, semblent se faire entre eux une espèce de mérite de ne paraître qu'un moment à leurs troupes. Ceux qui y passent quinze jours croient avoir donné l'exemple de la plus grande volonté (1). » Ils réduisent à deux ou trois semaines leur absence de la cour « en obtenant des commissaires des guerres qu'ils fassent leurs revues vers la fin du premier mois et dans les premiers jours du second, au moyen de quoi ils paraissent présents aux revues pendant deux mois (2). . . . . ». Le peu de temps qu'ils passent dans leur garnison ne sert pas à leur instruction. « Ils arrivent, on les fête, écrivait en 1744 M. de Custine, colonel du régiment d'infanterie du Hainaut. Ils voient leur régiment pour la forme, y fixent une taille au-dessus de celle que l'ordonnance du Roi prescrit, se livrent aux jeunes gens, écartent les vieux officiers de leurs parties, attendant avec une grande impatience la fin d'un temps qui les éloigne de Paris, de la cour et de leurs plai-

---

(1) Copie d'un mémoire du Bureau de la guerre du mois de mars 1736. Vol. 1297. France, Mémoires et documents. Aff. étrang.

(2) Mémoire du duc d'Antin sur l'état militaire, 31 juillet 1736. Vol. 1305. France, Mémoires et documents. Aff. étrang.

sirs (1). » L'auteur (2) d'un *Mémoire sur les abus introduits dans le militaire* dépeint en ces termes les officiers placés à la tête des régiments en 1736 : « La plupart des colonels sont plus occupés de représenter, d'avoir de grandes tables et nombre d'officiers qui leur fassent la cour que d'examiner l'intérieur du régiment qu'ils commandent pour y établir l'ordre, la confiance, la subordination, l'application et les choses nécessaires pour parvenir à avoir une bonne troupe ferme, bien disciplinée, dont ils soient maîtres et sûrs dans tous les cas. On ne parle plus que de beaux régiments. On s'est occupé de grands hommes, belle figure, propreté d'habillements parants et enfin uniquement du coup d'œil et point du tout de la bonté (3). »

Ce manque d'instruction des colonels s'attache à leurs pas dans les grades de brigadier, de maréchal de camp et de lieutenant général, et la guerre de la Succession de Pologne vient de montrer le vide et l'incapacité d'un grand nombre d'officiers généraux. Au début de cette guerre, le défaut des études nécessaires a rendu presque impossible le recrutement des officiers d'état-major. Les brillants officiers « du détail » qui ont eu tant de part aux succès de Villars, comme Puységur, Contades et Montviel, n'ont malheureusement aucun successeur digne d'eux. Marches, campements, mises en bataille, tout se fait en confusion, sans reconnaissance du terrain et sans les précautions les plus élémentaires. L'étude des campagnes de 1734 et de 1735 sur le Rhin abonde en exemples affligeants de ces marches où les équipages se mêlaient aux colonnes, où les trois quarts de l'armée

---

(1) Mémoire sur le détail et le service de l'infanterie. Cartons, Organisation de l'infanterie. Arch. hist.

(2) Peut-être le duc d'Antin.

(3) Ce Mémoire porte la date du 31 juillet 1736. Vol. 1305. France, Mémoires et documents. Aff. étrang.

durent parfois défiler homme par homme sur une poutre
jetée au-dessus d'un fossé sans qu'on ait eu la prévoyance
soit de multiplier les ponts soit d'élargir le seul point
de passage existant; où l'armée était mise, tout entière,
au point du jour, sous les armes et en bataille pour que
ses dernières fractions s'éloignassent du camp vers midi,
en pleine chaleur, à tire-d'aile, et que les officiers attei-
gnissent l'étape avec une poignée d'hommes, leur compagnie se débandant en route, sans que personne s'oc-
cupât de faire rejoindre les traînards. Un essaim de
hussards eut alors suffi pour avoir raison de nos troupes
en désordre, et il est heureux pour nous que ces deux
campagnes se soient passées sans combat, en marches
et en contremarches assez loin de l'ennemi, et que nous y
ayons eu affaire au prince Eugène vieilli, « l'ombre de
lui-même ». En Italie, les batailles de Parme et de
Guastalla démontrèrent une fois de plus la bravoure de
nos troupes, mais « ça été la victoire du soldat. Aucune
manœuvre de guerre n'a parti de la tête de nos maréchaux de France (1) ». En juillet 1736, l'auteur du
Mémoire sur les abus introduits dans le militaire jugeait
ainsi les généraux de son temps : « L'ignorance est à tel
point aujourd'hui qu'il est aussi cruel qu'extraordinaire
que, sur le prodigieux nombre de généraux ou officiers
généraux, on n'en puisse pas choisir douze, gens de guerre
actifs, capables de former des projets et de les exécuter,
de conduire des armées avec règle et entendement, qui
aiment les troupes, sachent s'en faire obéir et avoir leur
confiance (2). » Le 19 octobre 1736, exposant au Conseil
du Roi ses vues sur les affaires générales, notre Ministre
des affaires étrangères, Chauvelin, insistait sur le réta-

---

(1) Mémoire sur les désordres de la campagne (sans date, vers 1735).
Vol. 1290. France, Mémoires et documents. Aff. étrang.
(2) Vol. 1305. France, Mémoires et documents. Aff. étrang.

blissement de la discipline parmi nos troupes et de l'instruction parmi nos officiers. « Surtout, disait-il, forçons par toutes sortes de moyens les officiers à s'instruire. L'on a éprouvé combien il y en avait peu capables de conduire les troupes. Si nous n'avons point d'officiers généraux sur lesquels nous puissions compter d'une certaine façon, il est nécessaire de tâcher d'en former, et pour cela on doit profiter de toutes les occasions de guerre qui pourront naître en Europe pour y envoyer des officiers d'espérance et capables de profiter de ce qu'ils auront vu (1). »

Dans les corps, il existe encore quelques lieutenants-colonels d'expérience et de bons majors à qui incombe presque exclusivement le soin de discipliner et d'exercer le régiment. Ces derniers forment « la partie la mieux composée de l'infanterie, écrit l'auteur du *Traité des légions*, et peut-être sans eux aurions-nous perdu tout à fait l'idée de la discipline (2) ». Les exercices ont lieu trop rarement, une fois par semaine en hiver, deux fois par semaine en été, dans les corps les mieux entraînés. Les capitaines laissent au second plan l'instruction de leurs hommes, et les lieutenants les détails de la compagnie « qu'ils ne voient presque jamais, pas même pour les appels (3). » Le dressage des recrues est entièrement abandonné aux caporaux et aux sergents. Capitaines et lieutenants, dépourvus d'émulation, manquent aussi d'application. « Tout le monde, dit un Mémoire du temps, sait que le relâchement a été poussé si loin que la plupart des colonels, des lieutenants-colonels et

---

(1) Vues sur les affaires générales, par M. Chauvelin. (Mémoire approuvé par le Roi en son conseil le 19 octobre 1736.) Vol. 448. France, Mémoires et documents. Aff. étrang.

(2) *Traité des légions*, p. 47.

(3) Mémoire sur l'état militaire (sans date, vers 1740). Cartons, Organisation générale. Arch. hist.

même des capitaines, se contentaient de laisser assembler
leur régiment par les officiers-majors et les lieutenants;
que même, lorsqu'il était question de l'exercice, il n'y
avait qu'un capitaine de commandé par bataillon avec
les officiers subalternes pour y assister, les autres chefs
ne s'y trouvant quelquefois que très tard et par curiosité;
qu'enfin dans les marches ordinaires on nommait à
l'ordre un capitaine pour commander chaque bataillon,
de sorte que les officiers supérieurs, avec le reste des
capitaines, ne partaient du logement que deux ou trois
heures après le départ du régiment, se contentant de le
joindre en route lorsqu'il était près d'arriver dans le lieu
où il devait coucher.....(1) » Le commandant du second
bataillon du régiment de Gondrin, M. de la Garrigue,
nous dépeint en ces termes la singulière contenance des
officiers au cours des exercices : « Lorsqu'un régiment
d'infanterie est en bataille pour faire l'exercice et que
les officiers ont passé derrière le bataillon, leur occupation, pendant le temps de l'exercice, est celle de pro-
mener ou de badiner près des soldats, ce qui les rendait
distraits et peu attentifs au commandement..... L'exercice fini, on fait serrer les files pour disposer les bataillons à faire les évolutions. Les lieutenants-colonels et les
majors donnaient toute leur attention à faire bien marcher les soldats, mais pas un n'examine les officiers qui
sont à la tête des divisions qui, au lieu de s'appliquer à
les bien mener et à s'observer eux-mêmes en marchant,
badin(ai)ent avec leurs espontons et leurs fusils et
empêchent les soldats de marcher avec ordre, ce qui
n'arriverait point si les lieutenants-colonels leur faisaient
sentir que des officiers, qui sont à la tête d'une troupe,
doivent montrer le bon exemple et, par leur noble ému-

---

(1) Projet de règlement (sans date, vers 1740). Carton M 655. Arch.
nat.

lation, faire naître l'amour du devoir parmi les sergents et les soldats . . . . . (1) »

L'ignorance des officiers est encore entretenue par l'absence totale de règlements de manœuvres. Les militaires éclairés, comme le comte de Belle-Isle et M. de Bombelles, se sont déjà préoccupés d'introduire l'uniformité dans nos exercices et de porter remède à cette cause capitale de faiblesse d'une armée instruite sans règles et sans principes. Pour l'infanterie (et nous verrons la même situation se reproduire pour la cavalerie), plusieurs projets de règlements ont déjà été élaborés par leurs soins, mis à l'essai, sanctionnés par l'expérience, et l'on ne saurait trop déplorer la coupable inertie de Fleury et de nos ministres de la guerre, MM. d'Angervilliers et de Breteuil, qui laissèrent échapper l'occasion de mettre la dernière main à une réforme parvenue, d'un seul essai, à un haut degré de perfection. En 1727, les premiers camps d'instruction assemblés depuis la guerre de la Succession d'Espagne avaient permis de constater que tout était « furieusement rouillé (2) ». Le comte de Belle-Isle, commandant le camp de Richemont sur la Moselle en 1727, notait dans son Journal, à la date du 26 juillet, qu'il ne lui avait pas été « possible de faire faire l'exercice à plusieurs régiments ensemble, n'y en ayant pas un qui le fasse d'une manière uniforme, à quoi il est bien important de remédier (3) ». A peu près

---

(1) Mémoire sur la nécessité d'appliquer les officiers à s'instruire et étudier l'art militaire (1736). Cartons, Organisation générale. Arch. hist.

(2) Le comte de Belle-Isle à M. le Blanc, au camp de Richemont, le 26 juillet 1727. Carton, Camp de Richemont 1727. Arch. hist.

(3) Journal de ce qui s'est passé de plus considérable dans le camp de Richemont sur la Moselle, dont j'ai été honoré du commandement. Carton, Camp de Richemont 1727. Arch. hist.

à la même date et au même camp, l'un des inspecteurs
d'infanterie, M. d'Aubigné, signalait au Ministre de la
guerre que « rien n'égale l'ignorance des officiers en
général (1) ». Résolu fermement à combattre le mal, le
comte de Belle-Isle s'adjoignait M. de Bombelles, le
précepteur du duc de Chartres, fils du Régent, le savant
auteur du *Service de l'Infanterie* paru en 1719, l'ancien
major du régiment de Boufflers, et l'aidait à expérimenter dès 1727, dans les camps placés sous son commandement, un projet de règlement pour l'exercice, un
projet de règlement pour les évolutions et enfin une
instruction pour le service en campagne, qui mar-
quaient un immense progrès sur les errements jusqu'à-
lors en vigueur dans l'infanterie.

Pour le maniement de son arme, l'infanterie n'avait
d'autre exercice que celui du règlement de 1703, élaboré
à une période de transition, plus fait pour le mousquet
que pour le fusil, à peine ébauché, et dont les prescriptions surannées n'étaient suivies par personne. M. de
Bombelles proposa d'y substituer un exercice sagement
adapté au fusil et dont les mouvements furent unanimement approuvés par les majors, colonels et officiers
généraux, présents au camp de Richemont en 1727.
L'expérience, reprise en 1732 dans les camps réunis cette
année sur la Moselle, la Sambre et la Saône, confirma
la supériorité du nouvel exercice sur l'ancien. Une
réforme s'imposait, que la négligence et l'apathie du
Ministre de la guerre, M. d'Angervilliers, laissèrent en
suspens. A la veille de la guerre de la Succession
d'Autriche, notre infanterie n'avait point de règlement
d'exercice, et M. de Bombelles écrivait avec tristesse au

---

(1) M. d'Aubigné à M. Le Blanc, au camp de Richemont sur la
Moselle, le 23 juillet 1727. Carton, Camp de Richemont 1727. Arch.
hist.

comte de Belle-Isle, le 12 août 1738 : « A l'égard du maniement des armes, vous savez, Monsieur, les défauts que je trouve dans l'ancien depuis qu'on nous a ôté les mousquets. Plus je vieillis, plus l'expérience me prouve la nécessité d'exercer le soldat en conformité de l'arme avec laquelle il doit combattre, sans quoi il tirera toujours avec confusion et l'officier ne pourra jamais être le maître de son feu. Je ne crains pas de répéter que l'ancien exercice était bon pour le mousquet, et je soutiens toujours qu'il contient des mouvements d'autant moins convenables pour le fusil qu'ils ne peuvent produire que de très dangereuses suites.

« Vous savez mieux que personne, Monsieur, que l'exercice est pour ainsi dire la base de la discipline puisqu'il apprend au soldat à se servir de ses armes. Or de quelle importance n'est-il pas de lui donner de bons principes qui lui donneraient infailliblement la supériorité sur l'ennemi par la conservation de son feu qui est le point essentiel. Je sais l'aveuglement qu'il y a sur l'ancien usage. J'en gémis comme bon citoyen .....(1) »

C'est aussi en 1727 que M. de Bombelles avait apporté au comte de Belle-Isle un nouveau projet d'évolutions pour l'infanterie. L'ancien major du régiment de Boufflers y avait rassemblé tous les mouvements alors connus. Plusieurs, par leur complication, comme les formations en carré, eussent difficilement trouvé leur emploi sur le champ de bataille, mais le choix de la base de ces évolutions constituait à lui seul un véritable progrès. A la division arbitraire du bataillon par manches, demi-manches et quarts de manche, M. de Bombelles substituait la division rationnelle du bataillon de 16 compagnies en demi-rangs (8 compagnies), quarts de

_____

(1) M. de Bombelles au comte de Belle-Isle, à Orangis, le 12 août 1738. Carton VI, Infanterie Arch. hist.

rang (4 compagnies), demi-quarts de rang (2 compagnies) et en compagnies. C'était toujours par compagnies ou par les divisions précédentes, qui en dérivent, qu'il voulait faire marcher, camper et combattre le bataillon. M. d'Angervilliers avait prescrit en 1732 d'expérimenter ce projet d'évolutions (1) en même temps qu'une instruction sur le service en campagne inspirée aussi, croyons-nous, par M. de Bombelles, et, à la suite de cette expérience, le comte de Belle-Isle écrivait au Ministre de la guerre, le 17 septembre 1732, du camp de Richemont : « Je dois recueillir les observations de tous les gens capables d'en faire dans ce camp ; nous y joindrons les nôtres, M. d'Aubigné et moi, et nous aurons l'honneur de vous en rendre compte cet hiver sur tout le reste des manœuvres de l'exemplaire, dont plusieurs sont bonnes, de même que sur l'instruction du service en campagne qui est encore bien meilleure, plus utile et plus nécessaire (2). »

Cette dernière instruction résumait admirablement, en cent vingt-deux articles courts et bien rédigés, les devoirs des officiers et des soldats à la guerre. Conçue dans un esprit très pratique, rassemblant les connaissances de l'époque, s'étendant non seulement au bataillon mais à la brigade, elle renfermait nombre de prescriptions pour les rondes, les patrouilles, la garde du camp, etc., qui sont encore en vigueur aujourd'hui. Bon juge de son importance, le comte de Belle-Isle avait entrepris d'y mettre la dernière main, de concert avec M. de Bombelles. Les Archives historiques du Ministère de la guerre possèdent un exemplaire manuscrit de cette ins-

---

(1) Exercices et évolutions militaires réglés par MM. les généraux qui doivent commander les troupes qui camperont en 1732. Carton VI, Infanterie. Arch. hist.

(2) Manuscrit 11250. Bibl. Nat.

truction (1), où ils ont tous deux porté leurs corrections autographes, et l'exemplaire définitif imprimé à Metz en 1733 par les soins du comte de Belle-Isle. La même année, ce dernier avait obtenu du Ministre, sur sa demande, l'autorisation d'expérimenter une dernière fois cette instruction ainsi modifiée dans un camp placé sous son commandement, quand la guerre de la Succession de Pologne éclata. La nécessité de ne plus différer l'adoption d'un règlement pour le service en campagne se manifesta dès le début des opérations. « Je dois vous informer, écrivait le comte de Belle-Isle à M. d'Angervilliers, du camp d'Irmenach, le 18 avril 1734, que le service en campagne ne se fait point ni avec règle ni avec uniformité. Nos bataillons surtout sont pleins de jeunes officiers qui n'ont pas les premiers éléments du métier; la plupart des vieux l'ont oublié ou ne l'ont jamais bien su, et j'ose vous représenter qu'il serait bien plus nécessaire à présent que pendant la paix que vous ordonniez à MM. les inspecteurs de donner à chaque régiment de ces exemplaires de l'Instruction que vous nous aviez adressés en 1732. Cet article me paraît très essentiel, et je n'oserais vous dire sur cela tous les détails affligeants qui se passent journellement, auxquels je crois qu'il est très nécessaire et très pressé de remédier (2). »

M. d'Angervilliers répondit le 1er mai au comte de Belle-Isle que, « dans un temps d'activité et de mouvement, les officiers ne sont guère en état de prendre et d'étudier des leçons », et qu'à son avis « il valait mieux attendre la fin de la campagne à distribuer ces instruc-

---

(1) Nous avons fait de cette Instruction l'objet d'une étude intitulée : « Notre première instruction sur le service en campagne (infanterie) ». *Revue d'Histoire* de septembre 1905.

(2) Vol. 2727. Arch. hist.

tions (1) ». La paix survint l'année suivante, l'épreuve des camps d'instruction ne fut plus renouvelée, et le Ministre oublia malheureusement le projet des évolutions et l'instruction sur le service en campagne que notre infanterie attendait encore, à sa mort, en 1740.

Un instant, semble-t-il, le successeur de M. d'Angervilliers, le marquis de Breteuil, s'était montré animé du désir de réparer les fautes de ses prédécesseurs, mais ses velléités de réforme n'avaient encore reçu aucun commencement d'exécution en 1741 bien que le comte de Belle-Isle lui eût rappelé, comme il n'avait cessé de le faire auprès de M. d'Angervilliers, l'urgence d'établir un règlement pour notre infanterie. « J'ai reçu, mandait-il de Metz, le 28 avril 1740, au nouveau Ministre de la guerre, la lettre que vous me faites l'honneur de m'écrire du 23ᵉ sur la nécessité que vous sentez de rétablir dans les exercices, les mouvements, les évolutions et généralement dans tout ce qui regarde le service de l'infanterie, une uniformité qui se trouve altérée non seulement par les différents systèmes établis sans autorité dans une grande partie des corps et par la diversité de projets donnés au public qui ont introduit successivement des changements dans les anciens usages, mais encore plus par le peu d'attention qu'a eue le Ministère à vouloir donner à cette partie toute l'attention qu'elle exige. Je crois pouvoir dire que personne ne s'est donné plus de peine que moi, surtout depuis 11 ans que j'ai l'honneur de commander cette frontière. J'ai vu de si près les inconvénients qui résultaient de cette diversité, que je n'ai cessé d'en écrire et d'en représenter toutes les suites fâcheuses. C'est pour y remédier que j'ai insisté et obtenu avec peine qu'on formât des camps de paix, que

______

(1) M. d'Angervilliers au comte de Belle-Isle, 1ᵉʳ mai 1734, à Versailles. Vol. 2728. Arch. hist.

je me suis livré à en commander moi-même quatre successivement, et j'ai travaillé plusieurs mois avec ce que nous avons d'officiers généraux les plus affectionnés à la besogne, les vieux officiers les plus expérimentés et les majors les plus intelligents, pour rédiger en deux seules et uniques ordonnances : 1º le service des places ; 2º le service de campagne. Nous nous sommes encore assemblés une infinité de fois pour revoir et examiner le tout chez M. le maréchal de Puységur. J'ai fait éprouver dans les derniers camps de paix notre projet de service en campagne, afin que dans la pratique l'on pût encore mieux observer les défauts et décider avec plus de sûreté sur ce qu'il fallait retrancher, ajouter ou rechanger. J'avais même fait imprimer un nombre d'exemplaires de ces projets; quand tout cela a été fait et qu'il ne s'agissait plus que de la dernière décision pour donner définitivement la forme et la force d'ordonnance à ces deux projets de services, on s'en est tenu à donner l'ordonnance du service des places de l'année 1733, dans laquelle on a encore changé et omis une infinité d'articles et de choses essentielles, et, à l'égard du service de campagne, on l'a totalement oublié et abandonné, et nous avons entamé la guerre de 1733 avec la diversité d'usage de chaque corps qui fait que, quand des régiments, venant de différentes frontières, se trouvent réunis en brigades dans un camp, il est presque impossible de leur faire faire aucune manœuvre, chacun ayant des temps et des moyens différents pour les exécuter. Si je voulais entrer ici dans le détail et (*sic*) tous les désordres qui résultent de cette diversité de service, j'irais trop loin par une lettre (1). »

Faute d'une règle fixe, chaque régiment vit de tradi-

---

tions, se forme ses propres « statuts », et manœuvre à sa fantaisie suivant un exercice où l'imagination de son major se donne libre carrière. Il semble, à voir une armée française, que chaque corps serve un prince différent. La multiplicité et la divergence des commandements et des évolutions ne permettent point à un général, voire même à un brigadier, de faire exécuter un mouvement d'ensemble par les troupes sous leurs ordres. Dans certains régiments, les capitaines marchent avec leurs compagnies, dans d'autres ils se groupent à la tête et à la queue des bataillons. « Dans une armée, on entend tout à la fois battre si vite que l'on croit que ce sont des marionnettes, et, d'un autre côté, posément comme les gardes françaises et selon l'ordonnance (1). » Au début d'une guerre, « chaque régiment se fait une espèce de règle pour le service en campagne, et, comme elle se trouve ordinairement mal expliquée, elle occasionne souvent des disputes. Chacun soutient son opinion en citant différents usages. Si le commandant décide la question sur certains cas, celui qui se trouve lésé en appelle comme d'abus, et dit qu'on lui montre la loi qui l'assujettit à ce qu'on exige, et, comme il n'y en a a point qui règle les devoirs de chaque emploi, la cour est souvent occupée à donner des explications, et le service ne s'en fait pas mieux parce que ses explications ne se trouvent jamais assez étendues et qu'on les interprète différemment selon ses intérêts (2) ». Dans certains corps, le même officier reste de piquet jusqu'à ce que l'armée ait fait un mouvement; dans d'autres, l'officier

---

(1) Lettre d'un capitaine d'infanterie à M. d'Angervilliers, au camp d'Offembourg, 8 septembre 1734. Vol. 2736. Arch. hist.

(2) Motifs d'un projet d'ordonnance pour régler les devoirs de chaque emploi militaire, etc... (sans nom d'auteur, 1742). Carton I, Tactique générale. Arch. hist.

est relevé chaque jour. Chez les uns, le service de tranchée reprend à chaque siège par la droite du régiment, chez les autres le roulement commencé se continue jusqu'à la fin de la campagne. Dans un régiment, les détachements de travailleurs comptent parmi les corvées ; dans un autre, ces détachements roulent avec les gardes, et l'arbitraire réglemente en maître tous les détails du service.

En tactique, les doctrines du chevalier Folard dominent, et, à son exemple, la plupart des officiers préconisent, pour l'infanterie, le combat offensif, l'attaque à la baïonnette, le rejet du feu et l'emploi des formations profondes. Suivant eux, il faut chercher un mode de combat qui permette à la nation d'utiliser ses qualités d'élan et son tempérament offensif. Folard et ses adeptes croient l'avoir trouvé en réduisant le combat à une charge à la baïonnette et en recourant à l'emploi de la colonne dont ils exagèrent le front et la profondeur, qu'ils rendent lourde et finalement impraticable sur le champ de bataille. Ils admettent comme un axiome que, de deux troupes d'infanterie en présence, celle-là l'emportera fatalement qui saura conserver son feu et abordera l'adversaire dégarni du sien. Dans la bataille en plaine, le feu est considéré comme un pis-aller, comme un incident de la marche : une troupe bien dressée doit avoir pour seule préoccupation d'essuyer la première le feu de l'ennemi, de s'en approcher au plus vite, de lui lâcher sa décharge à bout portant et de le joindre à la baïonnette. Il ne faut recourir à un feu prolongé que derrière des retranchements, dans les combats de haies et défenses de postes. Dans ses lettres à Voysin pendant la guerre de la Succession d'Espagne comme dans son *Histoire de Polybe*, parue en 1728, Folard a maintes fois attribué nos défaites au temps perdu « à tirailler ». On doit, suivant lui, défendre de tirer et faire connaître au soldat que son avantage est « d'aller sur l'ennemi, la baïonnette au bout du fusil (1) ». M. de Bombelles exprime à peu près les mêmes idées dans son *Service de l'infanterie* en 1719 : « Il ne faut jamais s'embarrasser d'essuyer le premier feu de l'ennemi. » Maurice de Saxe, qui écrit ses Rêveries en 1732 et subit manifestement l'influence du chevalier Folard, son ami, combat aussi « la tirerie » et l'appelle « le comble de la misère (2) ». Vers 1736, le duc d'Antin rédige un Mémoire sur la guerre où il définit ainsi le rôle de l'infanterie au combat : « Il faut, pour bien faire, marcher à l'ennemi les armes présentées, sans tirer. Cela l'empêche de mirer juste. Si on est bien sûr du feu de son bataillon, on peut faire tirer des pelotons placés sur les flancs. Encore le meilleur est de ne pas tirer un coup et mettre l'épée à la main en abordant l'ennemi, ce qui est bien aisé en portant le fusil de la main gauche. Il est certain qu'il se fait dans ce moment un bouillonnement dans le sang et une augmentation de courage, à quoi il est très difficile de résister, et, quoique les troupes de nos voisins se soient fort aguerries depuis les dernières guerres, il n'y a point encore d'exemple de deux bataillons qui soient entrés l'un dans l'autre, l'épée à la main (3). » Enfin le maréchal de Belle-Isle traduisait l'opinion de ses contemporains en écrivant au comte d'Argenson, le 21 février 1750 : « La principale force de notre infanterie a consisté jusqu'à présent dans l'arme blanche. Notre usage était de ne point tirer, d'essuyer le feu de l'ennemi que nous

---

(1) Folard à Voysin, à Aire, le **27 avril 1710. Vol. 2214. Arch**. hist.

(2) *Les Campagnes du maréchal de Saxe*, par M. le capitaine Colin, t. I, p. 94.

(3) Vol. 1302. France, Mémoires et documents. Aff. étrang.

regardions comme vaincu dès que nous le pouvions joindre (1). »

De ce mépris injustifié du feu que notre infanterie expiera cruellement à Dettingen, du peu d'importance que nos officiers persistent à lui reconnaître, il en résulte que le soldat est à peine exercé, en temps de paix, aux mouvements de la charge et à l'exécution des feux. On écrivait de l'armée du Rhin, le 8 mai 1734, « que l'on s'aperçoit que c'est un grand inconvénient que les troupes n'aient pas été accoutumées à tirer pendant l'hiver, que la plupart de nos soldats, même dans les vieux corps, ayant peur de leurs propres armes, tournent la tête en tirant leur coup de fusil en sorte que beaucoup de nos blessés l'ont été par nos troupes, et que les soldats ennemis ne sont point dans le même cas parce qu'on a eu soin de les faire tirer (2) ». Tandis que les bataillons hollandais, anglais, prussiens et autrichiens, sont habitués de longue date à faire, par pelotons, « le plus beau feu du monde », le soldat français est hors d'état, faute de dressage, d'exécuter dans la pratique un autre tir que le tir à volonté. C'est le seul tir qu'il a été capable de mettre en usage durant la guerre de la Succession de Pologne, et c'est aussi le seul dont il saura se servir au début de la guerre de la Succession d'Autriche. Bien que l'emploi de la cartouche soit déjà répandu dans la plupart des régiments, et qu'une ordonnance de 1738 en ait de nouveau prescrit la confection, le soldat, livré à lui-même, préfère recourir à l'ancienne méthode de jeter la poudre et les balles pêle-mêle dans la poche de son habit, de prendre une pincée de poudre pour amorcer et une poignée pour charger. Il jette la

---

(1) Le maréchal de Belle-Isle au comte d'Argenson, à Paris, le 21 février 1750. Cartons, Tactique infanterie. Arch. hist.

(2) Correspondance d'Allemagne. Vol. 385. Aff. étrang.

balle dans le canon sans bourrer, donne un coup de crosse à terre, met en joue et presse la détente. M. de Bombelles signalait en 1738 les inconvénients d'un pareil tir : « Si le soldat veut plonger son coup, il arrive que la balle roule et le coup devient sans effet. Si la balle s'engage dans le canon, ce qui arrive souvent, l'effort de la poudre le fait presque toujours crever. D'ailleurs le canon d'un fusil tiré de cette façon se crasse si fort qu'il est impossible de s'en servir. On évite tous ces inconvénients avec la baguette de fer et l'usage de la cartouche (1). » Enfin, tandis que le fusil prussien est pourvu depuis plusieurs années d'une baguette de fer, c'est seulement le 13 juin 1741 que le Ministre de la guerre, M. de Breteuil, préviendra les inspecteurs des manufactures d'armes « que les fusils à l'usage des troupes qui seront fabriqués à l'avenir auront des baguettes de fer au lieu de celles de bois qui ont été jusques à présent en usage (2) », et nous pouvons avancer, sur des documents dignes de foi, que la baguette de bois existait encore dans plusieurs des régiments appelés à passer le Rhin aux mois d'août et de septembre 1741 (3).

La croyance alors répandue du peu d'efficacité du feu et de son rôle effacé dans la bataille a pour conséquence une préférence presque unanime de l'ordre profond sur l'ordre mince. Tandis que les Prussiens ont, depuis plusieurs années, supprimé le quatrième rang, dont ils ont

---

(1) Mémoire concernant la supériorité que le feu de l'infanterie allemande a sur celui de l'infanterie française et les moyens pour remédier à ce défaut. Carton 1, Tactique générale. Arch. hist.

(2) Correspondance du Ministre de la guerre. Archives de l'artillerie.

(3) Le 18 septembre 1741, le maréchal de Broglie écrivait de Strasbourg au Ministre de la guerre que, dans le régiment de Luxembourg, prêt à passer en Bavière, la compagnie Colonelle seule possédait des baguettes de fer qu'elle devait à l'initiative de son chef, le comte de Broglie. Carton 4/14, Armement. Archives de l'artillerie.

reconnu l'inutilité et le danger pour l'exécution des feux, en France, les officiers les plus versés dans l'infanterie, M. de Bombelles à leur tête, ne cessent de regretter la disparition de la formation sur cinq rangs et de formuler des plaintes sur la faiblesse de nos bataillons alors rangés à quatre de hauteur. Un tel bataillon n'a, suivant eux, ni l'étoffe nécessaire pour résister à la cavalerie ni le poids suffisant pour enfoncer l'infanterie adverse. « Il est certain, écrivait M. de Bombelles au comte de Belle-Isle, le 2 septembre 1738, que plus un bataillon a d'épaisseur, plus il a de force, qu'ainsi il serait à désirer qu'on pût mettre les nôtres à cinq ou six de hauteur, mais, malheureusement pour nous, nous nous sommes presque toujours trouvés dans la nécessité de ne pouvoir les mettre qu'à quatre et même trois de hauteur, ordonnance faible, misérable, et que j'improuve de toutes mes forces, mais comment occuper 100 pas de terrain avec 300 ou 400 hommes à cinq de hauteur, nombre auquel nos bataillons se trouvaient réduits après trois mois de campagne pendant la guerre de 1700 (1). » Le préjugé contre la formation sur quatre rangs est si répandu, si invétéré que le comte de Belle-Isle, corrigeant de sa main l'Instruction sur le service en campagne de 1732, demande qu'en toutes circonstances nos bataillons soient placés sur cinq rangs.

Si l'infanterie ne possède point d'unité de doctrine et n'a qu'une instruction médiocre, la cavalerie souffre des mêmes maux à un degré plus aigu. Les camps d'instruction, de 1727 à 1732, avaient montré qu'elle ne savait « ni marcher avec ordre ni se rallier (2) », et le comte

---

(1) M. de Bombelles au comte de Belle-Isle, à Orangis, le 2 septembre 1738. Carton VI, Infanterie. Arch. hist.

(2) Le comte de Belle-Isle à M. d'Angervilliers, 19 septembre 1732. Manuscrit 11250. Bibl. Nat.

de Belle-Isle pouvait écrire au Ministre de la guerre, du camp de Richemont, le 20 septembre 1732 : « Ce dernier corps pèche encore bien plus que l'autre (l'infanterie) et a besoin d'un prompt remède, et j'ose dire, Monsieur, qu'il mérite toute votre attention. Je suis toujours prêt à entrer à cet égard avec vous dans tous les détails qu'il vous plaira (1). » Un projet d'évolutions venait d'être expérimenté en 1732, lequel renfermait tous les mouvements nécessaires à la cavalerie : « marcher par 2, par 4, par 8 et par compagnie ; former l'escadron en avant par la droite et par la gauche, le rompre en avant ou en colonne, par compagnie ou par deux compagnies ; lui faire faire le demi-tour à droite ou à gauche par compagnie, le demi-tour à droite ou à gauche par cavalier ; marcher en colonne par escadron, le mettre en bataille et faire le demi-tour à droite ou à gauche par escadron ; le faire défiler par compagnie, par 4, et par 2 ; faire border la haie et former une troupe carrée (2). » En outre, M. de Mortaigne, major du régiment Royal-Allemand et l'élève favori du comte de Belle-Isle, avait rédigé dès 1733, à l'instigation de ce dernier, un « Projet d'instruction concernant la marche d'un régiment de cavalerie en route et le service de la cavalerie en campagne (3) », qui renfermait d'excellentes prescriptions et méritait d'être adopté. Ainsi, dès 1733, grâce surtout au réveil de l'esprit militaire, tenté par le comte de Belle-Isle à Metz (d'où son action réno-

---

(1) Manuscrit 11250. Bibl. Nat.

(2) Ce « projet d'instruction pour les évolutions de la cavalerie » a été imprimé à Metz en 1733 par les soins du comte de Belle-Isle. La bibliothèque du Ministère de la guerre en possède un exemplaire. Vol. Alc 76.

(3) Imprimé à Metz en 1733. Bibliothèque du Ministère de la guerre. Vol. Alc 76. Il en existe un exemplaire manuscrit, annoté par le comte de Belle-Isle dans le Carton I, Cavalerie. Arch. hist.

vatrice et bienfaisante se répandait sur l'armée entière),
un Ministre de la guerre, soucieux de son rôle, eût été
en mesure d'introduire dans l'infanterie et dans la cavalerie un exercice et des manœuvres uniformes, et de
mettre fin, en matière d'instruction, à l'arbitraire et au
chaos. Le chevalier de Chabo ne se trompait pas sur les
bienfaits inappréciables de cette réforme en écrivant au
lendemain de la guerre de la Succession d'Autriche :
« C'est un si grand inconvénient que ce manque d'unanimité, soit dans les évolutions soit dans les termes dont
on se sert pour les ordonner, que je crois que je ne
hasarde rien de trop quand je dis qu'il vaudrait mieux
avoir un corps de cavalerie exercé unanimement sur de
faux principes que d'en avoir un dont la moitié le serait
sur les meilleurs principes tandis que le restant serait
stylé différemment (1). »

L'on comprendra sans peine l'ignorance et l'inaptitude de notre cavalerie à la manœuvre, en examinant
ses conditions d'existence pendant la paix. Elle passe
alternativement dix-huit mois rassemblée en garnison
dans les villes frontières et dix-huit mois dispersée
dans les villages de l'intérieur du pays. Par mesure
d'économie, Fleury a, depuis plusieurs années, porté la
durée de cette dernière période à deux ans, de sorte que
la cavalerie ne demeure plus qu'une année sur trois dans
les villes de garnison. Pendant deux années, les régiments, qui ont leurs compagnies disséminées dans les
villages, échappent à toute surveillance et ne sont plus
exercés. « On ne songe dans les quartiers qu'à engraisser
les chevaux pour faire paraître leur (aux officiers) troupe
devant un inspecteur qui est ébloui de la beauté, sans
examiner que les cavaliers sont montés sur des éléphants

---

(1) Plan d'évolutions uniformes pour la cavalerie par le chevalier de
Chabo (sans date, vers 1748). Carton I, Cavalerie. Arch. hist.

qu'ils ne sauraient remuer, et qu'ils seraient hors d'état d'agir dans une action.

« Les capitaines de cavalerie ne songent plus qu'à pousser les chevaux de nourriture en arrivant dans les quartiers pour les engraisser; après quoi, ils diminuent la ration insensiblement pour mettre de l'argent dans leur poche et ne conservent leurs chevaux gras que parce qu'ils les laissent six mois dans une écurie sans aucun mouvement. Ils ont peur aussi d'user les équipages, selles, brides et autres qui coûtent de l'argent à raccommoder. De là il s'ensuit que les chevaux sont pesants et que les cavaliers ne sont plus que des valets d'écurie qui sont embarrassés lorsqu'ils sont montés sur un cochon aussi maladroit qu'eux (1). »

Par une anomalie étrange, les officiers de cavalerie n'ont pas droit à une monture et au fourrage en temps de paix. Les officiers, assez riches pour entretenir un cheval à leurs dépens, sont l'exception. Aussi, comme l'écrivait M. de Mortaigne en 1733, « les trois quarts des officiers de cavalerie ne sont point montés ou le sont si mal et ont des chevaux si peu convenables à la tête d'une troupe que ce défaut n'est pas tolérable (2) ». Dans ses mémoires sur la cavalerie, le chevalier de Chabo s'exprime à peu près dans les mêmes termes : « C'est un grand mal dans le service de France que l'officier de cavalerie destiné à combattre à cheval, à paraître dans toutes les occasions maître de sa monture, à donner l'exemple sur cet article comme sur tous les autres, n'ait pas le moyen d'avoir et d'entretenir un cheval en temps de paix et ne puisse pas, en temps de

---

(1) Mémoire sur les abus introduits dans le militaire, 31 juillet 1736. Vol. 1305. France, Mémoires et documents. Aff. étrang.

(2) Observations jointes à la minute de son projet d'instruction pour les évolutions et exercices de la cavalerie. Carton I, Cavalerie. Arch. hist.

guerre, mettre le prix à un bon cheval. Ce serait trahir la vérité que de soutenir le contraire ..... Il n'y a, en temps de paix, qu'environ une moitié des capitaines qui soient montés, tout au plus un quart des lieutenants et aucun maréchal des logis. » Il n'est point rare de rencontrer dans les régiments de cavalerie des officiers à peine en état de conduire leur monture et d'instruire leurs cavaliers. Au début de la guerre de la Succession de Pologne « on a vu des officiers de cavalerie si mal montés et si mal équipés, et de si mauvaise grâce à cheval, qu'ils ont fait rire les Piémontais et les Italiens lorsque nos troupes sont arrivées. Ces officiers, n'ayant point de chevaux, ne font jamais monter leurs troupes à cheval, dans les quartiers. Par conséquent, ils ne placent point le cavalier à cheval et, n'étant pas eux-mêmes maîtres de leurs chevaux, il est impossible qu'ils puissent apprendre aux autres (1) ».

Armé d'un sabre trop lourd, d'un mousqueton trop long, peu habitué à porter sa cuirasse et à manier son pistolet, notre cavalier n'est exercé à charger qu'au pas et au trot, à l'arme blanche et à rangs serrés. Le galop est proscrit comme pouvant désunir l'escadron. Si, dès 1738, la place des officiers au combat donne lieu dans l'infanterie à de nombreuses discussions, les uns comme le comte de Belle-Isle et M. de Bombelles les voulant en avant du bataillon pour l'entraîner par leur exemple, les autres, comme le marquis de Nangis, l'un des directeurs généraux de l'infanterie, leur assignant une place dans les divisions et les rangs du bataillon de manière à y maintenir l'ordre et la cohésion, cette question ne divise pas moins les officiers de cavalerie. Pour la charge, les mêmes divergences de vues se renouvellent

---

(1) Mémoire sur les abus introduits dans le militaire, 31 juillet 1736. Vol. 1305. France, Mémoires et documents. Aff. étrang.

entre partisans de la ligne pleine et de la ligne à intervalles, entre partisans de la formation des escadrons soit sur deux rangs, soit sur trois rangs, soit même sur quatre rangs. Les Carabiniers et la Maison du Roi ont adopté l'usage de charger sur deux rangs : la plupart des régiments de cavalerie chargent sur trois rangs ; quelques-uns forment en plus un rang supplémentaire en avant du premier, qu'ils constituent avec les officiers et les carabiniers de l'escadron (1). Dans la minute de son projet d'instruction, revue et annotée par le comte de Belle-Isle, M. de Mortaigne proposait l'adoption de l'ordre de bataille suivant : « Quand il s'agira de combattre (2), chaque escadron sera mis sur trois rangs de hauteur. Le premier rang sera composé des 4 capitaines, 4 lieutenants et 2 cornettes, les deux autres devant porter les étendards. On joindra à ces 10 officiers 40 cavaliers des plus braves (3). Les deux autres rangs seront composés de 50 cavaliers chacun. Un escadron étant de 160 maîtres (4), il en restera 20 dont il y a 4 trompettes. On fera deux petites troupes de 8 cavaliers chacune (5), dont il y aura un brigadier entendu pour la mener. Ces deux petites troupes marcheront à droite et à gauche de l'escadron sur deux rangs et alignées de façon qu'il n'y paraisse pas de distance. Les trois rangs et les files marcheront

---

(1) Plan d'évolutions uniformes pour la cavalerie, par le chevalier de Chabo. Carton I, Cavalerie. Arch. hist.

(2) « On observe, sur cet article, qu'il suffit de le donner aux directeurs et inspecteurs qui le feront exécuter et ne le pas comprendre dans le règlement pour qu'il ne passe point chez nos voisins. » Cette observation, en marge de la minute, est de la main du comte de Belle-Isle.

(3) « Nota : qu'il faut augmenter ou diminuer le nombre de cavaliers qui forme le premier rang des officiers suivant la force des uns et des autres. » Annotation du comte de Belle-Isle.

(4) A l'époque de la guerre de la Succession de Pologne.

(5) « Chacune commandée par un officier choisi. » Addition du comte de Belle-Isle.

le plus serré qu'il sera possible, la force d'un escadron étant dans sa masse et dans sa pesanteur. En cet état et l'épée à la main, quand l'escadron sera à 50 pas de l'ennemi, le commandant le fera aller au petit trot et, à 15 pas, il le mettra au grand trot, observant de ne pas laisser prendre le galop aux chevaux, ce qui désunirait l'escadron. Le commandant, en mettant son escadron au grand trot, fera un signal de son épée pour faire détacher les deux petites troupes qui sont sur la droite et sur la gauche de l'escadron. Elles iront, le pistolet à la main et l'épée pendue au poing, fondre sur les flancs de l'escadron ennemi. Le commandant de l'escadron sera dans le premier rang, n'ayant que le col de son cheval dehors pour pouvoir voir la droite et la gauche de son escadron. Le major sera sur la droite du 1er escadron, ayant la petite troupe à sa droite. L'aide-major sera à la gauche du commandant du régiment pour être à portée de recevoir ses ordres et les porter où il jugera à propos. Les maréchaux des logis seront derrière l'escadron, chacun derrière sa compagnie, avec ordre de tuer le premier cavalier qui voudra faire une mauvaise manœuvre. Cet ordre leur doit être donné tout haut pour qu'aucun cavalier ne l'ignore. Les timbales et les trompettes seront à la droite de l'escadron, couverts de la petite troupe (1).

« Il n'est pas croyable qu'un escadron disposé de cette façon puisse être battu. Ce mélange d'officiers et de cavaliers rend le choc plus brusque que quand le rang n'est pas plein et épargne beaucoup d'officiers, l'ennemi ne pouvant les distinguer d'avec les cavaliers (2). »

---

(1) « On observe s'il ne faudrait pas mettre un ou deux officiers à la queue de l'escadron. M. le comte d'Évreux pense qu'il les y faut. » Observation du comte de Belle-Isle.

(2) Projet d'instruction pour les évolutions et exercices de la cavalerie, par le comte de Mortaigne. Carton 1, Cavalerie. Arch. hist.

Armés comme le fantassin d'un fusil et d'une épée, les dragons sont, dans l'esprit de leur institution, appelés à combattre à pied et à jouer le rôle d'infanterie montée. Le comte de Belle-Isle a réagi de tout son pouvoir contre la tendance de les assimiler à la cavalerie, et, fidèle aux principes qui avaient fait la gloire des dragons sous le marquis de Boufflers, leur colonel général, à Ensheim et à Altenheim, il s'est donné à tâche, dans les camps qu'il a commandés, de remettre en honneur parmi eux les manœuvres de l'infanterie et le combat à pied. Si le Ministre de la guerre n'a point, suivant sa demande, établi dans les régiments de dragons la division, en seize compagnies, du bataillon d'infanterie et remis en vigueur l'ordonnance de 1665 qui rangeait les dragons dans l'infanterie, l'action du comte de Belle-Isle ne s'en est pas moins fait utilement sentir en maintenant ce corps d'élite dans ses traditions et dans son rôle primitif. « Il est vrai, écrivait-il en 1733 à M. d'Angervilliers, que les dragons se sont bien comportés dans plusieurs actions à cheval, mais il y en a plusieurs aussi où ils n'ont pu résister à la cavalerie ennemie, au lieu qu'il n'y a aucun exemple que les dragons en corps, combattant à pied, ne se soient pas distingués au delà de ce qu'on en pouvait attendre. Ils ont toujours tout emporté, tué et vaincu, et, si quelquefois ils n'ont pas réussi, ce n'a été que par leur trop petit nombre ou le peu d'ordre avec lequel ils ont été conduits. Alors ils ont été tués, mais ils n'ont jamais plié. A Nerwinden, à Steinkerque, à Luzzara, à Cassano, et généralement dans toutes les batailles où on les a fait combattre à pied, ils s'y sont comportés comme des grenadiers choisis. Je ne parle pas en détail de l'attaque et de la défense de toutes les places où les dragons n'ont servi qu'à pied. Tous les officiers généraux et gouverneurs qui y ont commandé s'en sont servis comme des grenadiers, et les dragons ont si bien répondu à l'honneur qu'on leur faisait que l'infanterie ne leur a point refusé cet honneur de les regarder sur le même pied que ses grenadiers (1). »

Nos trois faibles régiments de hussards sont, comme on l'a vu en tête de ce chapitre, réduits à 500 hommes au 1er mai 1741. Eux seuls exécutent à l'armée le service de troupes légères et, comme leur nombre est insuffisant, leur recrutement malaisé parmi les Hongrois, le comte de Belle-Isle a demandé et obtenu le maintien de nos compagnies franches d'infanterie et de dragons. Il s'en était servi avec succès, pendant les campagnes de 1734 et 1735 sur le Rhin, pour se garder des hussards ennemis, les tenir à distance et assurer la sécurité des escortes, fourrages et convois, tout en épargnant à sa cavalerie de nombreux détachements. « J'ose avancer, écrivait-il en 1736, que, de toutes les troupes que le Roi entretiendra à son service pendant la paix, il n'y en a point de plus nécessaire à conserver qu'une partie des compagnies franches..... Les ennemis ne se sont servis que de leurs hussards dont ils font à présent beaucoup plus de cas que dans les dernières guerres. M. le prince Eugène leur a donné le rang avec les régiments de cuirassiers et leur a établi une paye fixe, d'où il est arrivé qu'ils n'ont pas déserté comme dans les guerres précédentes, et au contraire ceux que nous avons ont presque tous retourné au service de l'Empereur, et nous avons éprouvé qu'on ne pouvait presque point faire d'usage des nôtres (2). »

---

(1) Mémoire sur les dragons. Carton Organisation, dragons et hussards. Arch. hist.

(2) Mémoire sur la nécessité de conserver une partie des compagnies franches pour former une tête qui sera facile à augmenter à l'ouverture de la première guerre (1736). Carton Organisation, dragons et hussards. Arch. hist.

Nous ne quitterons pas ce rapide exposé consacré à l'infanterie et à la cavalerie sans signaler le faible effectif des compagnies de ces deux armes en paix et en guerre.

Des raisons d'économie, et surtout la difficulté toujours croissante pour les capitaines de recruter et d'entretenir leurs unités, ont réduit, dans l'infanterie, à 30 hommes l'effectif des compagnies. A l'approche d'une guerre, ce nombre est augmenté et porté, à l'aide de recrues, à 40 hommes dans les compagnies de fusiliers et à 45 hommes dans les compagnies de grenadiers. Le total du bataillon est alors de 685 hommes. C'est là, de l'avis des esprits éclairés, un effectif trop faible et pour la compagnie et pour le bataillon. Il n'est pas rare de voir, au milieu d'une campagne, la compagnie déjà diminuée de 10 hommes, et les 5 chambrées dont elle se compose réduites ainsi de 8 à 6 hommes. Les soldats, pesamment chargés de quatre jours de vivres, de leurs armes, de leur havresac, portent en tout temps un fardeau évalué à près de 50 livres. Il faut encore qu'ils se partagent, par chambrée, une tente du poids de 17 livres, ses accessoires, des ustensiles de campement et des outils, ce qui élève la charge de chaque soldat à environ 55 livres. Déjà trop chargé quand la chambrée est complète, l'homme se trouve écrasé par un supplément de fardeau pour peu que sa compagnie s'affaiblisse, « et ne se trouvant plus la force, à son arrivée au camp, de soutenir les fatigues indispensables pour s'apprêter à manger, s'abandonne au repos, néglige ce qui peut le soutenir, et, réduit pour se soulager à vendre ou jeter ustensiles ou vivres le jour de distribution, deux jours après manque de tout. C'est dans cette extrémité que voyant accroître ses peines, les uns, guidés par l'honneur, résistent jusqu'à extinction ; d'autres, découragés, traînent et gagnent les hôpitaux et les autres s'éloignent et se livrent à la désertion ou à tout le désordre que (*sic*) leur penchant peut les entraîner (1). » Aux yeux de M. de Bombelles, « le plus grand défaut de nos troupes a toujours été d'être sur un pied trop faible (2) », et lui-même rédigeait en 1739, à la veille de la guerre de la Succession d'Autriche, un Mémoire sur l'organisation de l'infanterie, dans lequel il disait : « Tout le monde sait que les compagnies d'infanterie sont trop faibles à 30 hommes et qu'elles ne peuvent pas, en cet effet, suffire à un service vif.

« Les vieux officiers connaissent le mouvement considérable que la désertion, les maladies, des abus inévitables causent dans l'infanterie, indépendamment des hommes tués, blessés ou prisonniers à la guerre.

« De sorte que, pour avoir, en temps de guerre, les compagnies d'infanterie, l'une portant l'autre, à 40 hommes à la moitié de la campagne, il faut les mettre à 50, et, pour les avoir en temps de paix à 30, il faut les mettre à 35. L'expérience a prouvé, dans tous les temps, ces vérités. Elle a encore fait voir que l'infanterie française a toujours été belle en temps de paix mais que les pertes indispensables pendant la guerre l'affaiblissent si considérablement à la seconde ou à la troisième campagne que, malgré la bonne volonté des capitaines, elle se trouve mal recrutée et en très mauvais état (3). »

A l'issue de la guerre de la Succession de Pologne, les

---

(1) *Démonstration du fardeau du soldat dans les mouvements de guerre afin de se rapprocher des premiers accidents qui opèrent successivement la ruine de l'infanterie.* — Cette « démonstration » se trouve dans un manuscrit intitulé : « Carte militaire des troupes du Roi entretenues avant, pendant et après la guerre de 1741, avec une idée succincte de la guerre de Bohême ». Arch. hist. Voir les *Campagnes du maréchal de Saxe*, t. I, p. 82.

(2) Mémoire concernant l'augmentation des troupes (vers 1744). Cartons Organisation, Infanterie. Arch. hist.

(3) Cartons Organisation, Infanterie. Arch. hist.

compagnies de cavalerie ont été réduites à 25 maîtres, les escadrons à 100 maîtres, et, comme nous le verrons, les hostilités commenceront en Bavière sans que Fleury, par économie, se décide à les augmenter. Le Cardinal se bornera, en 1742, à porter les compagnies à 35 hommes et à élever l'escadron de 100 à 140 hommes, chiffre trop faible en regard des escadrons autrichiens qui comptent 150 hommes et que le maréchal de Belle-Isle estime devoir conserver la supériorité numérique, à la fin d'une campagne, sur les escadrons français augmentés même jusqu'à 160 hommes. « Je réponds, écrivait-il de Metz au comte d'Argenson, le 23 juillet 1750, que l'escadron autrichien à 150 sera non seulement égal mais presque toujours supérieur, au bout de deux ou trois mois de campagne, à l'escadron français de 160. L'espèce de notre cavalier n'approche point du cavalier allemand pour le soin et l'entretien du cheval. Ils ont de plus un nombre de bas officiers uniquement occupés du détail de cette conservation, ressource presque inconnue dans nos compagnies. Tous ceux qui ont servi dans les guerres où il fallait aller au fourrage savent la différence qu'il y a sur la règle et la discipline de la cavalerie allemande, et nous avons appris, par une expérience continuellement suivie,, que les armées allemandes subsistent un tiers et même le double plus longtemps que nous dans un pays, et qu'ils ont souvent vécu dans des camps et dans des lieux que nous quittions parce que nous n'y pouvions plus subsister. Je n'entre dans ce détail que pour faire connaître que, au milieu d'une campagne, qui est le temps le plus ordinaire où l'on donne les batailles, nos escadrons sur le pied de 160 seront tout au plus égaux à ceux des Autrichiens et fort au-dessous dans le temps de l'arrière-saison parce qu'ils se maintiennent à tous égards beaucoup mieux que nous. Ce serait se faire illusion de penser autrement car, pour peu que l'on jette les yeux sur la composition de notre cavalerie, on verra qu'il n'y a jamais eu moins d'anciens officiers ni de vieux cavaliers, et, quelque discipline que l'on cherche à y établir, je veux croire qu'elle influera beaucoup pour les batailles et les actions particulières, mais il ne faut point se flatter de changer l'esprit général de la nation sur l'article des fourrages et du soin journalier des chevaux (1) »

Nous ne dirons qu'un mot du génie et de l'artillerie.

Grâce aux leçons et à la doctrine de Vauban, notre corps d'ingénieurs nous conserve, pour l'attaque et la défense des places, une supériorité enviée sur les autres puissances. L'artillerie comprend le régiment Royal-Artillerie encore rattaché à l'infanterie, destiné au service des pièces, et le corps royal de l'artillerie composé des officiers qui forment en quelque sorte l'état-major particulier de l'arme. Astreints à une résidence prolongée dans leurs garnisons, sans cesse occupés dans les écoles, les fonderies et les manufactures, ces officiers possèdent à un haut degré la pratique de leur métier. Vallière, le directeur général de l'artillerie, a, depuis 1732, arrêté définitivement les calibres aux pièces de 24, de 16, de 12, de 8, et de 4, et fixé d'une manière irrévocable le poids de ces bouches à feu. Dans cette réforme, il a malheureusement fait table rase de l'artillerie plus légère, dite « de la nouvelle invention », auxiliaire indispensable d'une tactique plus agissante et plus offensive, que les grands artilleurs du règne de Louis XIV, Du Metz et le marquis François de la Frézelière, avaient employée avec succès durant la guerre de la Ligue d'Augsbourg. Le comte de Belle-Isle n'a cessé de combattre de tout son pouvoir, à Metz, l'action rétrograde de Vallière. En rappelant l'activité déployée par lui sur

(1) Carton I, Cavalerie. Arch. hist.

notre frontière lorraine (1), nous l'avons vu favoriser en
1739 et en 1740 les essais de Bélidor, le protéger ouvertement contre Vallière et ses adhérents et lui permettre
de fixer définitivement la charge des pièces au tiers du
poids du boulet au lieu des deux tiers. Sous son impulsion, l'artillerie reprend à Metz une idée déjà mise en
pratique par le marquis de la Frézelière à la fin du siècle
précédent, celle de tirer horizontalement les mortiers
sur affût, à défaut d'obusiers, et de réaliser ainsi contre
les troupes le tir à plein fouet et à ricochet de projectiles
creux et d'une grande puissance. Enfin, comme nous
l'avons déjà mentionné (2), c'est grâce à ses démarches
répétées qu'il obtient en 1740 l'adoption d'un canon de
4 à la suédoise, ne pesant que 600 à 625 livres et
capable de tirer de 8 à 10 coups à la minute.

Médiocrement instruite et exercée, l'armée est profon-
dément atteinte dans sa force morale par le relâchement
de la discipline et le manque de subordination. Le mauvais exemple, venant d'en haut, s'est propagé dans
tous les rangs de l'armée. Durant la guerre de la
Succession de Pologne, les officiers généraux n'ont
semblé préoccupés que du soin d'assurer leurs loge-
ments, de se faire suivre de leurs équipages, de s'emparer, pour eux seuls, des villages où ils regorgeaient
de tout et ne laissaient pas approcher le soldat. En
contravention avec les ordonnances royales, ils se sont
fait suivre d'une longue file de chaises de poste, de
voitures, de chevaux aussi nombreux que ceux d'un
escadron. Ils ont étalé un luxe ruineux et un jeu insensé
à leurs tables encombrées des mets les plus rares et les
plus exquis. On a vu les officiers se présenter par

---

(1) Au chapitre IV de l'ouvrage : *Les Préliminaires de la guerre de la
Succession d'Autriche.*
  (2) *Ibid.*

centaines aux tables des Princes du sang, y demeurer depuis 10 heures du matin jusqu'à 5 heures du soir, et le Ministre de la guerre se trouver dans l'obligation d'écrire au maréchal de Berwick, le 13 juin 1734 : « Il est revenu au Roi, Monsieur, que MM. les Princes avaient toujours à dîner 100 ou 150 officiers et que même les choses en étaient venues au point que, dès le matin, les subalternes se rendaient chez eux pour s'assurer d'une chaise à leur table. Sa Majesté trouve cette magnificence très louable dans un sens, mais, comme il peut y avoir excès dans les meilleures choses, Elle pense qu'il ne convient, en aucun temps, qu'un aussi grand nombre d'officiers restent éloignés de leurs corps, surtout quand l'armée est à portée de l'ennemi. Le Roi désire, Monsieur, que vous parliez à MM. les Princes et que vous leur témoigniez que son intention est qu'ils se réduisent à une table de vingt couverts ou environ, et Sa Majesté sait bien que cette règle ne peut et ne doit pas avoir lieu dans les haltes (1). » Le maréchal de Berwick et son successeur, le maréchal d'Asfeld, se trouvèrent impuissants à réprimer cet abus, et l'un des princes du sang, le comte de Clermont, en signalait l'extension dans ses *Remarques sur la discipline militaire*, à la suite de la campagne de 1734 sur le Rhin, en comparant les ducs à la grenouille et les princes au bœuf de la fable. « A l'exemple des Princes du sang, MM. les Ducs (à l'exception de fort peu d'entre eux qui sont plus sensés que leurs confrères) veulent avoir des tables immenses. Cela produit donc que tous les officiers d'une armée sont répandus en une douzaine de tables et qu'il n'en reste point à leur troupe. Il y a, de plus encore chez ces Messieurs que chez les Princes, un jeu immense

---

(1) M. d'Angervilliers au maréchal de Berwick, 3 juin 1734, à Versailles. Vol. 2729. Arch. hist.

où petits et grands se ruinent (1). » Colonels et brigadiers se dispensent de camper avec leurs troupes, vont
chercher un abri loin d'elles, et leur exemple est suivi
par nombre d'officiers. Le soldat, abandonné à lui-
même, « devient un vaurien (2) », court la campagne,
maraude, pille et commet mille excès impunément. A
la fin de la campagne de 1735, le comte de Belle-Isle
dépeignait en ces termes les déprédations des maraudeurs de notre armée : « Ils tuent, ils pillent, ils violent,
ils brûlent, ils n'épargnent point les églises ni les vases
sacrés ni même le Saint-Sacrement, et, comme voilà
trois semaines que ce désordre dure sans aucuns
remèdes, les peuples vont réellement achever d'abandonner (3). » Durant la campagne précédente, sur le
Rhin, le maréchal d'Asfeld avait difficilement réprimé
le brigandage de nos maraudeurs « qui pillent tout le
pays. Si, ajoutait-il dans sa lettre au Ministre, le
6 août 1734, les colonels et commandants de corps voulaient bien me seconder, il ne serait pas difficile d'arrêter
ce libertinage qui va au delà de ce que je puis vous mander (4) ». Mais « les colonels sont les premiers à donner
le mauvais exemple en regardant comme au-dessous
d'eux d'entrer dans des détails sans lesquels néanmoins
ils ne peuvent ni remédier aux abus qui s'établissent
dans leurs régiments ni y rétablir l'ordre. Le lieutenant-
colonel, et le peu de vieux officiers qui se trouvent dans
leur corps et qui ont vieilli sous les harnais, ont beau
représenter que, dans leur temps, les colonels se trou-

---

(1) Remarques sur la discipline militaire. Vol. 1296. France, Mémoires
et documents, Aff. étrang. Ce mémoire a été adressé à Fleury, sur sa
demande, par le comte de Clermont, le 20 mai 1735.

(2) *Ibid.*

(3) Le comte de Belle-Isle à M. d'Angervilliers, 20 octobre 1735.
Vol. 2798. Arch. hist.

(4) Vol. 2734. Arch. hist.

vaient honorés de l'être, qu'ils faisaient leur métier avec application, qu'ils s'attiraient la confiance et l'estime du corps qu'ils commandaient, que, par conséquent, ils y avaient toute l'autorité et qu'on leur obéissait avec plaisir et exactitude. Les pauvres gens ont le sort de Cassandre. Non seulement ils ne sont pas écoutés, mais même ils sont tournés en ridicule. Ils s'en aperçoivent alors et cessent de conseiller. Le jeune colonel en fait à sa tête ou suit les avis de quelque capitaine de son régiment aussi peu sensé et aussi peu instruit, ayant d'ailleurs tous les talents et tout l'esprit du monde, appelant son colonel Monseigneur, faisant les commissions comme s'il était son valet, buvant jusqu'à la générale, ne voyant jamais sa troupe et sachant à peine le nom de son lieutenant. Pour celui du maréchal des logis, un homme comme lui, favori de son colonel, conduisant tout le régiment, peut-il connaître un faquin comme un maréchal des logis? C'est pourtant l'âme de sa compagnie. Il n'aurait pas un cavalier ni un cheval sans lui (1). »

Pendant les campagnes de 1734 et 1735 en Italie et sur le Rhin, le plus grand désordre ne cesse de régner dans les marches, les fourrages et les équipages. En arrivant à l'étape, certaines compagnies ne sont plus représentées que par une poignée d'hommes et par leurs officiers. Les traînards se forment en bandes de 2,000 à 3,000 hommes qui marchent à leur guise sans qu'aucun officier général et le commandant de l'arrière-garde s'emploient à leur faire rejoindre la colonne. Les capitaines sont les premiers à fermer les yeux sur la disparition momentanée et sur la maraude continuelle de leurs hommes, de peur de provoquer, par une juste répression, la désertion des coupables. « Dès que le soldat a

____

(1) Remarques sur la discipline militaire, par le comte de Clermont. Vol. 1296. France, Mémoires et documents. Aff. étrang.

gagné un autre régiment, on ne lui dit rien ou l'on se contente des mauvaises raisons qu'il invente pour s'éloigner de la colonne. Plusieurs, se trouvant rassemblés dans le même cas, vont souvent piller de concert, étant bien assurés qu'ils n'ont que le prévôt à craindre jusqu'au camp, où les officiers ne les dénonceront pas parce que la loi ne les y oblige point. Elle dit seulement à ce sujet que tout soldat pris en maraude sera pendu, que son capitaine payera 50 livres d'amende et que son commandant sera interdit. Personne ne veut faire perdre un homme et 50 livres à un capitaine, et le colonel ou commandant n'oserait prendre les précautions nécessaires pour contenir sa troupe parce qu'elles ne sont pas dictées par la loi ni en usage dans toute l'armée. Tous souffrent de ce relâchement, plusieurs s'en plaignent, mais aucun ne veut y remédier le premier parce qu'on lui reprocherait sans cesse de vouloir se distinguer aux dépens des autres et qu'il ruinerait son régiment par la désertion si tous les autres ne suivaient d'abord ses maximes (1). »

Il se gaspille dans les fourrages autant de grains qu'il s'en recueille. Les valets d'infanterie et ceux des quartiers généraux s'y répandent en désordre avant qu'une chaîne de protection soit établie, s'occupent « à ravager avant de commencer à faire leur trousse et se chargent de brimborions qui leur sont inutiles (2) ». Enfin l'armée est encombrée d'équipages et affaiblie par les gardes sans nombre qu'exige leur escorte. Les officiers généraux y consacrent leurs gardes particulières, et, à leur exemple, les colonels et les capitaines se permettent d'affecter des soldats à la conservation de leurs

---

(1) Motifs d'un projet d'ordonnance pour régler les devoirs de chaque emploi militaire (1742). Carton I, Tactique générale. Arch. hist.

(2) Remarques sur la discipline militaire, par le comte de Clermont.

bagages. « Les gros équipages qu'on a vus aux simples capitaines pendant les deux dernières campagnes, écrivait M. de la Garrigue en 1736, ont fait connaître le poison que le luxe a répandu parmi les officiers. MM. les officiers généraux ont été témoins de la difficulté qu'il y a eu pour les faire subsister et n'ont pas ignoré les désordres qu'ont faits les valets pendant les marches, aux fourrages commandés, aux pâtures, aux environs de Trèves et sur la route de cette place à Phalsbourg, mais ils auraient vu de plus près et avec plus de douleur le préjudice que ces gros équipages causaient à l'État si l'armée avait donné une bataille parce qu'il aurait manqué au moins 80 hommes par bataillon qui servaient de valets, et qu'au lieu d'être sur le champ de bataille pour défendre l'honneur de la patrie et remplir les fonctions de leurs états ils étaient aux équipages de leurs officiers où ils pillaient peut-être les magasins du Roi et les paysans (1). » Parfois les équipages précèdent les colonnes au lieu de les suivre ; parfois ils s'y trouvent mêlés ; parfois aussi ils vont à l'aventure, sans attendre les vaguemestres qui doivent les conduire. Les valets qui les accompagnent s'installaient avant le campement « pendant que ceux qui devaient loger au quartier général, ne sachant point où il serait, allaient toujours devant eux et s'arrêtaient au premier village qu'ils rencontraient jusqu'à ce que les marqueurs fussent arrivés. Souvent le quartier général ne se trouvait point être au village où ils avaient été. Cependant ils s'étaient emparés de toutes les maisons et s'y étaient arrangés. Il fallait les envoyer avertir de revenir, ce qui fatiguait beaucoup les équipages de ceux qui habitaient le quartier général et causait un grand désordre quand ils y rentraient.

---

(1) Mémoire sur la nécessité d'appliquer les officiers à s'instruire et étudier l'art militaire (1736). Cartons Organisation générale. Arch. hist.

Chacun, étant pressé d'avoir ses gens, envoyait au-devant d'eux pour les faire doubler les uns sur les autres afin de les avoir plus tôt, et il en arrivait qu'on les avait beaucoup plus tard que s'ils étaient venus en règle. De là naissait encore un autre inconvénient. Quand, par hasard, des troupes arrivantes se trouvaient obligées de traverser le quartier général pour entrer dans leur camp, c'est qu'il fallait absolument qu'elles fissent des détours fort considérables et souvent par des chemins extrêmement difficiles. On sait que les villages d'Allemagne ne se tournent pas aisément et qu'ordinairement ils sont entourés de haies, de bourbiers et de ravins. Il y a de plus à observer que, quand les équipages du camp sont arrivés dans la plaine où on doit camper avant le campement et qu'ils l'ont garnie, il est presque impossible de reconnaître son terrain exactement et d'avoir son coup d'œil juste pour son alignement à moins de les faire ranger, ce à quoi on ne peut réussir (1) ».

De temps en temps, la Cour, émue des bruits alarmants qui lui parviennent de l'armée, essaie de réagir contre ce laisser-aller général. Une ordonnance royale rappelle les officiers à l'observation de la discipline sans autre résultat que celui d'éveiller leurs plaisanteries et leurs récriminations. « ..... Nos généraux, écrivait le comte de Clermont après la campagne de 1734, crurent que quelques lettres du Roi, qui leur seraient adressées avec ordre de les communiquer à l'armée, feraient que les officiers serviraient avec plus d'attention et d'exactitude. Ces lettres arrivèrent. Sa Majesté marquait qu'Elle était très mécontente des désordres qui se commettaient et que, si ses ordres n'étaient pas mieux exécutés à l'avenir, Elle entendait que les officiers fussent sévère-

---

(1) Remarques sur la discipline militaire, par le comte de Clermont.

ment punis. Mais ces lettres ne firent que révolter ou divertir la plupart de ces officiers. Les uns trouvaient que le style n'en était pas noble, les autres qu'on leur parlait trop durement et que le Roi leur manquait de respect de désirer avec tant d'ardeur qu'ils fissent leur devoir. L'ordre donné au général de châtier ne fut point exécuté et tout continua à mal aller, si on ne fit pas encore pis. Il est vrai qu'il est bien difficile à un général de pouvoir, sans se faire haïr et sans s'attirer quelques coups de dessous auprès du Gouvernement, punir des gens de grande naissance et qui tiennent tous les uns aux autres. Il ne peut être à l'abri de cet inconvénient qu'autant que le Roi veut bien le protéger et se souvenir que, quand il lui a ordonné de maintenir l'ordre ou de l'établir dans son armée, c'est lui avoir ordonné de se faire des ennemis; qu'ainsi on doit toujours être en garde contre le mal qu'on en pourrait dire et qui parviendrait jusqu'aux oreilles de Sa Majesté (1). »

La subordination n'est pas mieux établie que la discipline. « Elle a totalement manqué à l'armée d'Allemagne, lit-on dans un Mémoire sur les désordres de la campagne de 1734, jusqu'au point qu'un officier général n'osait pas avertir un subalterne et que toute discipline et subordination peuvent être regardées comme anéanties même dans chaque corps si l'on ne songe au plus tôt à faire ce qu'il faudra pour les rétablir (2). » Du haut en bas de l'échelle, le principe est établi de ne désobliger personne. L'auteur d'un Mémoire sur la police et la discipline, écrivant en 1742, dit aussi « qu'il n'y a aucune subordination entre le soldat et le sergent, et peu du sergent à l'officier parce qu'ils ne veulent ou ne savent

---

(1) Remarques sur la discipline militaire.
(2) Vol. 1290. France, Mémoires et documents. Aff. étrang.

leur commander (1) ». Un simple gendarme avait insulté grossièrement à l'armée d'Allemagne, en 1734, un capitaine de dragons. Emporté par la colère, ce dernier avait frappé le gendarme qui, faisant usage de ses armes, avait tué net l'officier. A la suite de l'émotion soulevée par ce meurtre, le comte de Belle-Isle écrivait au Ministre de la guerre : « ..... Les officiers de gendarmerie sont les premiers qui excitent indirectement les gendarmes à manquer de respect et de subordination pour les officiers des autres troupes, parce que, non seulement ils ne les châtient point assez sévèrement lorsqu'ils y contreviennent, ils sont au contraire les premiers à les soutenir et à les réfugier. Il est même souvent arrivé plusieurs fois que, des gendarmes ayant eu des discussions avec des officiers qui étaient en fonctions, les officiers de gendarmerie les ont poussés à aller se battre contre ces officiers, et, comme toutes les troupes en sont instruites, c'est ce qui cause leur indisposition et qui les porte à passer les bornes et à insulter de gaiété de cœur les gendarmes mal à propos et sans raison quand ils en trouvent l'occasion. » En promettant d'user de son autorité pour calmer l'animosité des dragons et des cavaliers contre les gendarmes, le comte de Belle-Isle ajoutait : « ..... A qui parler dans notre cavalerie? Il n'y a personne à la tête qui y ait ni crédit ni considération. Presque tous les colonels des régiments, je n'en excepte même pas les brigadiers, sont composés ou de seigneurs de la cour qui n'ont ni goût ni application pour leur métier. Le peu qu'il y en a d'une autre espèce ou n'ont guère plus d'acquit ou se sont rouillés et négligés pendant la longue durée de la paix, et ce qu'il pouvait y avoir de meilleur s'est dégoûté, soit par le peu d'attention que la cour a fait à leurs services, soit parce

---

(1) Carton, Police et Discipline (1735-1765). Arch. hist.

qu'en plusieurs occasions où ils ont voulu maintenir la discipline ils ont été contredits au lieu d'être soutenus par le Ministère.

« La plus grande partie des capitaines de cavalerie, qui sont aussi de jeunes seigneurs ou gentilshommes fort riches, à l'exemple des colonels, n'ont aucune application à leur métier. Ils regardent tous leur état au-dessous d'eux et veulent avoir des régiments sans avoir appris comment il fallait conduire une compagnie. Il résulte de ce détail, qui n'est que trop véritable, une espèce d'anarchie qui produit tous les désordres dont vous n'avez que trop ouï parler cette campagne. Je ne dis pas que l'on n'y pût apporter de remède : je le crois même facile quand la cour d'une part, et le général de l'autre, prendront avec suite et fermeté les mesures nécessaires, mais c'est ce que je n'ai point encore vu commencer. Le mal n'est pas tout à fait si grand dans l'infanterie, mais il le sera bientôt ..... (1). »

Tous les témoignages des contemporains, que nous pourrions multiplier à loisir, s'accordent à signaler les vices d'organisation, le manque d'instruction et le défaut de discipline de notre armée. Il est cependant une qualité que personne ne conteste aux officiers et aux soldats, une bravoure sans égale, mais cette éminente qualité n'est soutenue ni par l'application ni par le savoir et devient en quelque sorte inutile. « Il n'y a dans nos troupes, écrivait le maréchal de Puységur, le 27 octobre 1734, qu'une valeur brute qui, n'étant soutenue d'aucune théorie pour l'employer utilement, s'émoussera facilement contre celles qui seront instruites avec art (2). » Nous avons vu que notre armée, où les liens de

---

(1) Le comte de Belle-Isle à M. d'Angervilliers, au camp d'Essingen, près Landau, le 18e septembre 1734. Vol. 2748. Arch. hist.

(2) Vol. 1290. France, Mémoires et documents. Aff. étrang.

la discipline et de la subordination sont relâchés, où l'exercice, les manœuvres, le service en campagne se font en dehors de toute uniformité et de toute règle, comptait dans son sein des maréchaux déjà vieillis, des lieutenants généraux et maréchaux de camp choisis dans une seule caste et sur le seul mérite de leur naissance, des colonels trop jeunes et inexpérimentés, des officiers subalternes sans avenir, sans émulation et sans application, des soldats peu exercés et trop souvent abandonnés à eux-mêmes; qu'ainsi elle renfermait bien des causes de faiblesse et accusait déjà bien des symptômes de décadence. Et c'est à ce tableau, si attristant qu'il soit, qu'il faudra souvent se reporter pour comprendre la raison de la plupart de nos revers au début de la guerre de la Succession d'Autriche.

CHAPITRE II

L'armée de Bavière.

Ordonnances rendues en France, à partir du 15 mai 1741, pour l'augmentation de l'infanterie, des hussards et des compagnies franches. — Malgré les instances du maréchal de Belle-Isle, aucune modification n'est apportée aux effectifs de la cavalerie.

Premières mesures arrêtées par le Ministre de la guerre et Paris du Verney, à partir du 22 juin 1741, pour constituer le service des vivres ainsi que les équipages des vivres et de l'artillerie de l'armée de Bavière.

Composition de cette armée. — Le maréchal de Belle-Isle est désigné pour la commander, mais, retenu pendant quelque temps à Francfort par les négociations engagées dans cette ville, il est remplacé momentanément à sa tête par le marquis de Leuville. — Officiers généraux qui lui sont adjoints. — Aides de camp du Maréchal. — Officiers d'état-major, d'artillerie et du génie, intendant et commissaires des guerres, médecins et chirurgiens, appelés à faire partie de l'armée de Bavière.

Tandis que le succès des négociations du maréchal de Belle-Isle dans les différentes cours de l'Allemagne rendait la guerre inévitable, les préparatifs militaires en France étaient loin de seconder la vivacité et le caractère belliqueux de ses démarches auprès du roi de Prusse et de l'Électeur de Bavière. C'est seulement le 15 mai 1744 que Fleury, souvent sollicité par lui, s'était, comme nous l'avons vu (1), enfin décidé à ordonner une augmentation dans notre infanterie.

Ce même jour paraissait une ordonnance qui portait, dans l'infanterie française et irlandaise, les compagnies de fusiliers de 30 à 40 hommes, les compagnies de grenadiers de 30 à 45 hommes, et le bataillon de 510 à

---

(1) Au chapitre V, p. 254 de l'ouvrage : *Les Préliminaires de la guerre de la Succession d'Autriche.*

685 hommes. Une ordonnance, analogue à la précédente, élevait au chiffre de 175 hommes les compagnies suisses par une augmentation de 15 hommes dans tous les régiments, sauf dans le régiment grison de Travers où les compagnies étaient augmentées de 75 hommes pour atteindre le chiffre uniforme de 175. Le bataillon suisse comprenait ainsi 700 hommes au lieu de 640. Dans l'infanterie allemande, le régiment d'Alsace voyait ses compagnies portées de 50 à 80 hommes et formait trois bataillons de huit compagnies, le bataillon d'un effectif de 640 hommes. Les compagnies des quatre autres régiments allemands de Saxe, La Marck, Appelghren et Royal-Bavière, composées de 40 hommes, avaient leur effectif doublé et formaient deux bataillons de huit compagnies, le bataillon du même effectif de 640 hommes.

C'était une augmentation totale d'environ 33,000 hommes qui devait être achevée au mois d'août pour l'infanterie française et irlandaise, au mois de septembre pour l'infanterie suisse et allemande. Chaque capitaine (sauf dans les régiments suisses où il n'était rien accordé en vue de la levée des hommes) devait recevoir 50 livres par recrue, et 15 livres de gratification, sa compagnie portée au complet. Le Roi se chargeait de « fournir à ses dépens l'habit, le chapeau et le fusil avec la baïonnette, les capitaines étant chargés seulement de la façon de l'habit ainsi que de donner l'épée, le ceinturon, le cartouche et le fourniment à chaque soldat (1) ».

Les dépenses de cette augmentation s'élevaient à plus de 7,500,000 livres, les frais de levée et d'habillement

---

(1) Ordonnance du Roi pour mettre à 40 hommes chacune des compagnies de fusiliers de ses régiments d'infanterie française et irlandaise, ainsi que celles du régiment des Gardes-Lorraines, et celles de grenadiers à 45 hommes chacune. — Recueil des ordonnances. Bibliothèque du Ministère de la guerre.

dépassant 3,500,000 livres et la paye de ces 33,000 hommes, 4 millions de livres par année. Les 38 millions de dépenses annuelles pour la solde des troupes étaient ainsi portés à 42 millions (1).

Si l'on veut remarquer que chaque capitaine de fusiliers, fournissant un soldat à la compagnie de grenadiers, se trouvait dans l'obligation de recruter 11 hommes et de remplacer en même temps les soldats hors d'état de faire campagne, on peut admettre qu'après l'augmentation, les régiments d'infanterie française et irlandaise devaient compter en recrues près du tiers de leur effectif, les régiments allemands la moitié et les régiments suisses un dixième seulement. En outre, comme l'ouverture des hostilités suivit de près l'augmentation, nos régiments d'infanterie entrèrent en Allemagne avec des recrues n'ayant en moyenne que deux mois de service.

La misère, qui désolait l'intérieur du royaume, facilita la tâche des officiers recruteurs. « Les enrôlements pour l'augmentation ordonnée, écrivait à son maître le représentant de la Prusse, M. de Chambrier, le 2 juin 1741, se font avec assez de succès dans cette capitale, qui est remplie de beaucoup de gens oisifs que la misère dans les provinces a attirés à Paris et d'autres que le libertinage et la fainéantise y retenaient. On assure qu'on en a engagé plus de 6,000 dans le peu de temps qu'on a commencé à y travailler (2). » Quelques jours plus tard, le même ministre mandait à Frédéric II : « Les enrôlements pour l'augmentation ordonnée continuent de se

---

(1) État de l'augmentation des troupes, suivant les ordonnances du 15 mai 1741, de la dépense de la levée des hommes et de la paye par année de cette augmentation. Carton M. 642. Arch. nat. — Voir cette pièce à l'appendice 1 du chapitre II, sous ce titre : *L'augmentation d'infanterie du 15 mai 1741.*

(2) M. de Chambrier à Frédéric, de Paris, le 2 juin 1741. Correspondance de Prusse. Vol. 114. Aff. étrang.

faire dans cette capitale avec tant de succès qu'on assure qu'ils vont déjà à près de 10,000 hommes... (1). »

La rapidité avec laquelle les levées furent faites n'aurait pas été sans nuire au choix des recrues, d'après le témoignage de M. de Chambrier qui écrivait le 3 juillet 1741 : « On continue d'assurer que l'augmentation dans l'infanterie à laquelle on travaille est fort avancée et qu'elle sera finie le 20 de ce mois, mais on croit qu'il y aura bien des petits hommes que les commissaires ne passeront pas, qui ont été faits à la hâte et qu'il faudra remplacer par d'autres plus grands et mieux faits (2). » Dans ses *Mémoires pour servir à l'histoire de la guerre de 1741*, le marquis de Langeron dit aussi : « La nouveauté et la guerre plaisent toujours en France. L'augmentation fut faite en moins d'un mois, mais avec une précipitation qui ne permit pas de choisir les hommes. On enrôla tout ce qui se présenta. Les équipages de l'armée se firent à la hâte et par conséquent mal (3). »

---

(1) M. de Chambrier à Frédéric, de Paris, le 19 juin 1741. Correspondance de Prusse. Vol 114. Aff. étrang.

(2) M. de Chambrier à Frédéric, de Paris, le 3 juillet 1741. Correspondance de Prusse. Vol. 114. Aff. étrang. — D'après cette lettre de M. de Chambrier, Alsace était déjà complet au début de juillet 1741. Il entra dans ce régiment 760 hommes de l'augmentation et 300 hommes en remplacement d'un même nombre réformés, soit 1,060 recrues sur un effectif total de 1,920 hommes.

(3) Le marquis de Langeron était, en 1741, capitaine au régiment de cavalerie de Saint-Simon. Colonel-lieutenant du régiment d'infanterie de Condé en 1743, brigadier en 1747, il écrivit, en 1750, des *Mémoires pour servir à l'histoire de la guerre de 1741*, dont un exemplaire manuscrit existe à la Bibliothèque nationale sous le numéro 360. — On lit aussi au manuscrit des Archives historiques de la guerre qui a pour titre : *Carte militaire des troupes par terre du Roi entretenues avant, pendant et après la guerre de 1741, avec une idée succincte de la guerre de Bohême et de Bavière :* « Il fallait donc que les armées fussent mises en mouvement dans le commencement de juillet..... Il ne fut pas possible, pour arriver au but désiré, de se soustraire à la dure nécessité de

En même temps que Fleury souscrivait à ce renforce-ment de nos régiments d'infanterie, les cent bataillons de milice étaient convoqués sur le pied de 300 hommes par bataillon, et, le 8 juillet 1741, l'ordre était donné de les faire entrer dans les places de nos frontières pour y remplacer les troupes destinées à passer en Allemagne.

Il serait superflu de répéter ici que Fleury avait con-senti à ces premières mesures militaires avec une pro-fonde répugnance et l'arrière-pensée bien arrêtée de conjurer la guerre. M. de Chambrier, en observateur perspicace, écrivait à son maître, le 22 mai 1741 : « Le Cardinal affecte de s'expliquer modestement avec les ministres étrangers sur l'augmentation qu'il vient de faire, faisant entendre qu'elle était indispensable par la conduite des autres puissances qui, augmentant leurs troupes au point qu'elles le font, mettent la France dans la nécessité de sortir un peu du pied médiocre où elle avait réduit les siennes, langage que le Cardinal tient pour qu'on ne s'alarme pas de la démarche qu'il vient de faire et qu'il n'a faite qu'à son corps défendant tant il craint la guerre générale et la dépense, si on peut le dire, encore davantage (1). »

L'augmentation de notre cavalerie eût dû suivre logi-quement celle de notre infanterie, mais le contrôleur général des finances, Orry, effrayé des dépenses qu'en-traînaient nos démarches en faveur de la Bavière, se contenta de la laisser espérer au maréchal de Belle-Isle pendant son séjour à Versailles du 10 au 25 juillet 1741. Le Maréchal n'avait pas manqué de démontrer aux Ministres les inconvénients multiples de la faiblesse de

recevoir, dans les recrues, deux tiers de jeunes gens dont la plupart, trop faibles pour résister aux fatigues des premières marches, fondit (*sic*) à mesure que les armées s'éloignaient des frontières, et le reste profita à la suite de quelques campagnes. »

(1) Correspondance de Prusse. Vol. 114. Aff. étrang.

nos escadrons de cavalerie et de dragons à 100 hommes en face de ceux des Autrichiens à 150 hommes. Il les avait vus se rendre à ses arguments, et il était parti de Versailles avec l'espoir que notre cavalerie serait bientôt augmentée de 10,000 chevaux. « Elle n'était point du tout en état, disent ses *Mémoires*. Cet article est un de ceux que je traitai le plus en détail avec tous nos Ministres ensemble et séparément. On aurait dit que c'était un procès d'où dépendait ma vie ou ma fortune que je sollicitais. C'est ce qui m'obligea à tant de conférences particulières et à faire des calculs et des mémoires multiples. M. Orry n'a jamais mieux montré qu'il n'était point homme d'État. Il était inflexible, et les autres Ministres le ménageaient. Cependant, à force d'instances et de démonstrations, l'on convint décisivement, dans un comité où étaient tous les Ministres, que l'on ferait une augmentation de 10,000 chevaux, et, sans doute, pour me mieux tromper, les calculs de la dépense furent faits et constatés et les états de répartition furent dressés. L'on me promit positivement qu'elle allait être ordonnée, les fonds remis et que toutes celles des régiments qui m'étaient destinés joindraient leurs corps au plus tard dans la fin de l'automne par l'arrangement agréé de prendre des miliciens choisis pour cette augmentation, suivant l'exemple de ce qui avait été pratiqué pour la cavalerie passée en Bavière en 1703. Je partis donc dans cette confiance. L'on verra dans la suite que l'on n'en exécuta rien du tout et que, sans doute, l'on n'en avait même pas eu l'intention, et que l'on voulait empêcher que je ne prisse sur cela des précautions vis-à-vis du Roi et de M. le Cardinal qui n'avait pu assister à toutes ces conférences, sa santé étant alors fort altérée. Ce manquement de parole est une seconde époque du renversement du projet le plus glorieux pour le Roi, le plus utile à l'État et le plus avantageux à tous les égards qui eût été formé par les heureuses circonstances depuis que la race régnante est sur le trône. L'on verra les malheureux effets de ce manquement d'exécution dans la suite de ces *Mémoires* (1). »

Le maréchal de Belle-Isle fut plus heureux en ce qui concerne l'augmentation des hussards et des compagnies franches. Il obtint que le nombre des premiers fût doublé. Une ordonnance du 5 août 1741 porta les compagnies de nos trois régiments de hussards de 25 maîtres à 50 maîtres. Par une ordonnance du même jour, les huit compagnies franches de dragons alors sur pied, celles de Dumoulin et de Mandres, au nombre de 40 hommes, celles de Romberg, La Croix, Saint-Ceny, Goderneau, Jacob et Galhau, au nombre de 30 hommes, furent augmentées jusqu'au nombre de 150 dragons montés, avec la composition suivante : 1 capitaine en

---

(1) *Mémoires* du maréchal de Belle-Isle. Autriche, mémoires et documents. Vol. 31. Aff. étrang. — Dans le cours de cette guerre, nos escadrons seront portés à 140 maîtres, chiffre trop faible aux yeux du maréchal de Belle-Isle. Consulté en 1750 par le comte d'Argenson, Ministre de la guerre, sur *la manière uniforme dont les escadrons devront combattre et se former*, il demanda que nos escadrons fussent portés à 160 maîtres comme il l'avait proposé en 1741 : «,..Je crois pouvoir assurer, écrivait-il au Ministre, de Metz, le 23 juillet 1750, que ce n'est pas le Roi qui a jugé à propos de fixer les escadrons à 140 maîtres dans la dernière guerre. Cette discussion ne fut point du tout portée devant Sa Majesté. J'ose dire que j'ai plus approfondi cette matière que qui que ce soit. Je les demandai à 160 par toutes les mêmes raisons qui furent bien débattues dans un comité de tout le ministère, chez M. Amelot, dans le voyage que je fis à la cour au mois de juillet 1741. L'on en convint, l'ordre même en fut donné par M. le cardinal de Fleury. M. Orry en retarda l'exécution, même de toute autre augmentation, ce qui n'eut lieu pour la cavalerie qu'en 1742, bien tard. On disputa sur l'argent, et les compagnies ne furent portées qu'à 35 par cette seule raison qu'il en coûterait moins, et aucun militaire ne fut consulté..... Si vous avez agréable de lire ma lettre au Roi, Sa Majesté vous confirmera sûrement qu'Elle n'a eu aucune part à la décision de nos escadrons à 140 et qu'il ne lui en fut même pas rendu compte. » Cavalerie, carton 1. Arch. hist.

pied, 1 capitaine réformé, 1 premier lieutenant, 1 second lieutenant, 5 lieutenants réformés, 3 maréchaux des logis, 6 brigadiers et 144 dragons, y compris 3 tambours.

Sur les dix compagnies franches d'infanterie de fusiliers-partisans, les neuf compagnies de Galhau, Bock, Lahaye, Duchemin, Pauly, La Harte, La Croix, Jacob et Dulimont furent portées à 150 hommes et composées de la façon suivante : 1 capitaine en pied, 1 réformé, 2 lieutenants en pied, 5 réformés, 6 sergents, 9 caporaux, 9 anspessades, 123 fusiliers et 3 tambours. La compagnie franche de Vandal, d'abord fixée au chiffre de 130 hommes, fut définitivement arrêtée au chiffre de 100 hommes (1) avec la composition suivante : 1 capitaine en pied, 1 capitaine réformé, 2 lieutenants en pied, 4 lieutenants réformés, 4 sergents, 6 caporaux, 6 anspessades, 82 fusiliers et 2 tambours. Un compagnie de fusiliers-guides, tirée de cette compagnie de Vandal et placée sous les ordres du sieur de Bruck, fut primitivement arrêtée au chiffre de 20 hommes, définitivement portée au chiffre de 50 hommes (2) et composée de : 1 capitaine, 1 lieutenant en pied, 1 lieutenant réformé, 2 sergents, 3 caporaux, 3 anspessades, 41 fusiliers et 1 tambour (3).

Si l'infanterie, rapidement augmentée, et la cavalerie, laissée sans changement, pouvaient entrer en Allemagne dès le mois d'août, il n'en était pas de même des

---

(1) Ordonnance du 1ᵉʳ septembre 1741.

(2) *Ibid.*

(3) Nos compagnies franches trouvèrent de grandes facilités pour compléter leur effectif en faisant de nouveau appel aux dragons et aux fusiliers qu'elles avaient dû licencier après la guerre de la Succession de Pologne, et qu'elles avaient recrutés dans nos provinces de l'Est et les pays allemands qui les avoisinent. Nous avons supposé leur augmentation assez avancée à la fin d'août et au mois de septembre 1741 pour les compter, dans l'évaluation de nos forces, sur le pied de 150 hommes.

services de l'artillerie et des vivres. Ces derniers exigeaient la création de tout un matériel et la réunion d'attelages qui n'existaient pas en temps de paix. Bien qu'il fût d'usage d'affermer à une compagnie le service des vivres, ainsi que la formation et l'entretien des équipages des vivres et de l'artillerie, Paris du Verney, le bras droit du Ministre de la guerre, l'habile munitionnaire dont les guerres de la Succession d'Espagne et de la Succession de Pologne avaient mis les talents hors de pair, fit valoir le peu de temps dont on disposait avant l'ouverture des hostilités, la nécessité de ne point découvrir nos projets, l'incertitude du premier théâtre d'opérations, les variations du prix des fourrages et des grains à l'étranger, pour démontrer l'avantage de mettre en régie, au compte du Roi, les deux services des vivres et des équipages. Les Ministres, réunis en conseil, agréèrent cette proposition et décidèrent « que les dépenses du service des vivres et celles des équipages, tant des vivres que de l'artillerie, se feraient, pendant les six derniers mois de 1741, par économie pour le compte de Sa Majesté qui en avancerait tous les fonds nécessaires à mesure des besoins et qu'ensuite, les motifs ne devant plus être les mêmes, les deux services seraient mis en traité à commencer du 1er janvier 1742 (1) ».

Ce fut seulement le 22 juin 1741, lorsque le maréchal de Belle-Isle eut fait parvenir de Munich tous les éclaircissements demandés par Paris du Verney, le 15 mars précédent (2), lorsque la conclusion de notre alliance

---

(1) Mémoire sur la régie des vivres d'Allemagne (1741-1743). Manuscrit de la Bibliothèque du Ministère de la guerre, A2 C. 370. — La régie devait rester en vigueur jusqu'à l'évacuation de la Bavière par nos armées en juillet 1743.

(2) Voir le chap. VI des *Préliminaires de la guerre de la Succession d'Autriche.*

avec la Prusse eut enfin forcé le cardinal de Fleury à sortir de son inaction, que M. de Breteuil se vit autorisé à nommer comme régisseur des vivres M. Pavée, assisté de deux directeurs, les sieurs Gillet et Deschamps. Le premier, réputé pour sa grande expérience, était destiné à suivre l'armée : ses deux collègues devaient rester à Paris, l'un chargé de la comptabilité et l'autre de la correspondance.

Paris du Verney avait demandé un délai de trois mois, à partir du 22 juin 1741, pour mettre sur pied les équipages des vivres et de l'artillerie. Il semblait difficile d'abréger ce délai car « il fallait travailler à la formation des équipages pour les vivres, il était question d'abattre des bois qui étaient encore sur pied, de les couper et de les détailler pour être ensuite transportés dans les chantiers où l'on devait fabriquer les chariots des vivres. Il fallait rassembler une grande quantité d'osiers pour le vannage des chariots, acheter et peindre en huile les toiles qui devaient servir de couvertures, rassembler les cordages et cuirs nécessaires à la construction des harnais, les mettre en œuvre et enfin acheter en Suisse les chevaux dont on avait besoin tant pour les vivres que pour le charroi de l'artillerie (1) ».

Délivré des entraves de Fleury, Paris du Verney se mit à l'œuvre sans retard : « Les ordres nécessaires pour agir n'ont été signés que le 22 de ce mois, écrivait-il au maréchal de Belle-Isle, le 28 juin 1741, et j'ai fait partir, dès le 25, M. Pavée avec les instructions et les différents ordres par écrit dont il avait besoin pour la formation des équipages des vivres et de l'artillerie et pour l'achat des chevaux. Quelques ouvriers et autres personnes nécessaires sont aussi partis le même jour. J'ai mis tout

---

(1) Mémoire sur la régie des vivres d'Allemagne, manuscrit A2 C. 370 de la Bibliothèque du Ministère de la guerre.

en mouvement, et j'ai lieu de me persuader que tout
sera prêt pour la marche des troupes à la fin du terme
de trois mois, c'est-à-dire au 22 septembre prochain....
Si j'avais été autorisé plus tôt à faire quelques dispositions qui n'auraient pas fait d'éclat, ce terme aurait
été abrégé d'un mois, mais, depuis votre départ de
Paris, on m'avait laissé dans l'indécision. Je n'ai garde
de vous fatiguer, Monseigneur, par le récit des difficultés qui se rencontrent dans l'opération. C'est à moi
de les surmonter, et je ne doute pas que je n'en vienne
à bout ..... (1). »

M. Pavée se rendit en Bassigny avec l'autorisation de
procéder, en dehors de la présence des officiers des eaux
et forêts, aux coupes nécessaires dans toutes les forêts,
que ces dernières appartinssent au Roi ou aux particuliers. Il lui était enjoint, par une lettre du Ministre du
24 juin 1741, de faire construire 700 chariots pour le
service des vivres et 24 chariots pour le service des hôpitaux. Le 17 juillet, un nouvel ordre de M. de Breteuil
portait à 1,000 le nombre des chariots à construire et
dispensait la régie des vivres « du soin de fournir
des voitures aux hôpitaux et des chevaux aux Récollets,
un particulier ayant obtenu du Ministre un traité pour
être chargé de ce petit service (2). » L'abatage des bois
commença le 2 juillet. En suivant le profil que le maréchal de Belle-Isle avait envoyé de Bavière, on ne donna
aux essieux des caissons qu'une largeur de voie de
3 pieds 8 pouces et 9 lignes. « La précipitation avec
laquelle il fallait travailler aux constructions exposa à
des inconvénients inévitables. Les bois qu'on employa
étaient pleins de sève. Afin de leur en faire perdre une

---

(1) Paris du Verney au maréchal de Belle-Isle, Paris, le 28 juin 1741.
Vol. 2924. Arch. hist.
(2) Mémoire sur la régie des vivres d'Allemagne.

partie, on fit sécher au four les pièces destinées à entrer dans la construction des roues ; mais, nonobstant cette précaution, on dut s'attendre que ces bois en général travailleraient beaucoup, qu'ils se déjetteraient et pourriraient promptement. Il fallut se soumettre à la cupidité des vendeurs pour les autres marchandises nécessaires et augmenter la paye ordinaire des ouvriers afin de leur inspirer toute l'activité que les circonstances exigeaient (1). »

Malgré la diligence déployée par M. Pavée et ses aides, les caissons ne pouvaient être prêts qu'à la fin de septembre. Les projets du maréchal de Belle-Isle, définitivement approuvés à Versailles en juillet 1741, comportaient la mise en mouvement, au milieu du mois d'août, d'un corps, de 25 bataillons et de 56 escadrons, destiné à rejoindre l'Électeur de Bavière, ainsi que le départ, à la fin du même mois, d'une armée d'observation, de 41 bataillons et de 76 escadrons, appelée à se porter sur le bas Rhin. On résolut donc de recourir aux voitures d'ordonnance, c'est-à-dire aux voitures prélevées par les intendants des provinces frontières, pour porter les vivres des premiers détachements de l'armée de Bavière et celles de l'armée du Bas-Rhin jusqu'à leur arrivée à destination. Les conducteurs ainsi commandés devaient recevoir 5 livres par jour et par voiture attelée de quatre chevaux.

Au lieu des 2,500 chevaux que M. de Breteuil, par lettre du 24 juin 1741, avait enjoint à M. Pavée de se procurer, le Ministre lui ordonna, le 17 juillet, de pousser ses achats jusqu'au nombre de 4,000 et de faire travailler à la confection des harnais dans la même proportion. De ces 4,000 chevaux, 2,000 étaient destinés au service des vivres de l'armée de Bavière et devaient être

---

(1) Mémoire sur la régie des vivres d'Allemagne.

attelés à 500 caissons : 1,200 étaient comptés pour le charroi de l'artillerie des mêmes troupes, et 800 pour le charroi de l'artillerie de l'armée du Bas-Rhin. Les achats, activement poussés en Franche-Comté et en Suisse, permirent à M. Pavée de réunir, avant la fin de septembre et à un prix raisonnable, 4,000 chevaux aptes à un bon service. Le 24 juillet 1741, rendant compte à Paris du Verney de ses travaux, il lui écrivait : « ..... Je ne puis prendre sur moi de vous donner une époque certaine pour la fin de la levée des 4,000 chevaux parce que j'ai le malheur de tomber dans une saison où tout le paysan est occupé à sa récolte, ce qui fait que les foires et marchés ne sont nullement garnis de chevaux. Il faut donc aller de villages en hameaux et dans les censes des montagnes. Vous sentez, Monsieur, mieux que personne la difficulté de la besogne. Dans tout autre temps, on ferait au moins le double d'achats qu'à présent. Cependant, que ce récit ne vous donne point d'inquiétude ; j'ai bien du monde en campagne, et chacun a son petit arrondissement.

« Tous les officiers des corps qui ont ordres de marcher, même les autres qui ne les ont pas encore reçus, se retournent de toutes façons pour avoir des chevaux, ce qui en fait augmenter le prix. Cependant les achats, qui sont présentement faits, n'iront pas à plus de 22 pistoles, et je puis vous assurer qu'ils sont des meilleurs, surtout ceux destinés à l'artillerie. Si on avait pu les engraisser seulement trois semaines avant leur départ, cela les aurait sauvés ; mais, des chevaux qui sortent du vert et les faire partir si précipitamment, il y a bien à craindre qu'ils ne dépérissent beaucoup plus par les chemins, grand désagrément pour moi. Il arrive encore un inconvénient, qui est qu'on les amène des montagnes sans être ferrés, ce qui fait qu'on est obligé de les faire séjourner, après la réception, pour les ferrer, ce qui occasionne un nouvel embarras par rapport aux subsis-

tances, suite des opérations forcées..... (1). » Dès le
1er août, M. Pavée tenait 800 chevaux avec leur harna-
chement prêts à atteler l'artillerie de l'armée du Bas-
Rhin. 692 chevaux étaient également en mesure de
suivre, au milieu du mois d'août, les premières colonnes
de l'armée de Bavière.

En même temps qu'il veillait à la constitution des
équipages des vivres et de l'artillerie, Paris du Verney
se préoccupait d'assurer la subsistance des troupes appe-
lées à se rendre en Bavière au mois d'août. Comme la
fabrication du biscuit exigeait une durée d'environ six
semaines, M. de Breteuil donna l'ordre, le 11 juillet, à
M. de Brou, intendant d'Alsace, d'en commencer la cuisson à Strasbourg, à Fort-Louis et à Landau ; de confectionner, à Strasbourg, 2,080 tonneaux destinés à contenir le biscuit ; de remettre en état trente-six fours de
cintre de fer, de les garnir des ustensiles nécessaires
tels que chaudières, pétrins, baquets, pelles, etc. ; enfin
de passer en revue les sacs vides, confiés à la garde de
l'entrepreneur des fourrages de ce département, en mettant à part ceux qui seraient propres à recevoir les blés
et les farines et ceux qui ne pourraient être employés
qu'à l'ensachement des avoines.

La construction des voitures, la levée des chevaux, la
confection des harnais, la formation des équipages de
l'artillerie et des vivres, devaient retenir en France
M. Pavée jusqu'à la fin de septembre. Aussi, pour assurer
le service des subsistances des premiers détachements
de notre armée de Bavière, du Verney fit choix de
M. Brailly, directeur des vivres à Lille, « un élève, écrivait-il à Belle-Isle (2), que j'ai formé dans la dernière
guerre et qui a toujours été en fonction depuis ». A

---

(1) Vol. 2924. Arch. hist.
(2) Du Verney à Belle-Isle, Paris, 28 et 29 juin 1741. Vol. 2924.
Arch. hist.

l'avantage de parler l'allemand, **M.** Brailly joignait « beaucoup d'application et d'activité », ainsi qu'une « exacte probité (1) ». Mandé à Paris au début de juillet, M. Brailly y recevait les instructions de du Verney et en partait pour Strasbourg, suivi de 200 boulangers qui devaient être plus tard répartis dans les colonnes de notre armée de Bavière. 540,000 rations de biscuit furent confectionnées sous sa surveillance à Strasbourg et à Fort-Louis ; il constitua en même temps une réserve de 400 sacs de farine pour approvisionner de pain blanc les officiers en cours de route, le cas échéant. La fourniture de la marche évaluée à 22 jours, des bords du Rhin à Donauwerth sur le Danube, fut réglée sur le pied de 4 jours de pain ordinaire, 6 jours de pain biscuité et 12 jours de biscuit, pour le corps de 25,000 hommes qui devait se mettre en mouvement au milieu d'août. En évaluant la consommation journalière à 930 rations par bataillon de 685 hommes, à 180 rations par escadron de 100 maîtres, on obtenait 1,004,070 rations pour la consommation totale du trajet. Le biscuit devait être transporté dans des tonneaux contenant 140 rations, le pain biscuité dans des sacs d'une contenance de 50 rations : le tout chargé sur des voitures d'ordonnance à raison, par voiture, de 7 tonneaux de biscuit ou de 20 sacs de pain biscuité. Les premières colonnes devaient aussi transporter à leur suite 40,000 sacs vides, propres à l'ensachement des avoines achetées en Bavière.

Telles furent les mesures de détail arrêtées à l'intérieur du royaume par Paris du Verney en prévision de l'ouverture des hostilités au mois d'août 1741. Nous verrons, dans un prochain chapitre, les précautions analogues prises, sous son impulsion et celle du maréchal de

---

(1) Du Verney à Belle-Isle, Paris, 28 et 29 juin 1741. Vol. 2924. Arch. hist.

Belle-Isle, en Allemagne et en Bavière pour y assurer la subsistance et l'équipement de notre armée.

Pendant son séjour à Versailles, en juillet 1741, le maréchal de Belle-Isle n'était point seulement parvenu à obtenir les 40,000 hommes demandés par l'Électeur et par lui pour l'armée de Bavière, mais encore à composer cette armée entièrement au gré de ses désirs. « L'état des troupes est tel que nous l'avons réglé ensemble », écrivait-il avec une joie évidente à son frère le chevalier, le 21 juillet 1741 (1). L'armée de Bavière devait comprendre 45 bataillons, 72 escadrons de cavalerie, 24 de dragons, 4 de hussards, 2 compagnies d'ouvriers d'artillerie, 2 compagnies de mineurs, 1 compagnie de fusiliers-guides, 7 compagnies franches d'infanterie et 6 de dragons, dont le détail suit :

Armée de Bavière.

Infanterie.

Régiments.	Colonels, avec la date de leur commission.	Bataillons.	Effectif.
Navarre.........	Comte de Mortemart, 1740.......	4	2,740
Piémont.......	Comte de La Massais, 1740.......	4	2,740
La Marine......	Marquis d'Aubigné, 1737.........	4	2,740
Rohan.........	Duc de Rohan, 1738.............	3	2,055
Du Roi (2).....	Duc de Biron, 1734.............	4	3,080
Touraine.......	Prince de Tingry, 1738..........	3	2,055
Anjou.........	Marquis d'Armentières, 1727......	2	1,370
Souvré........	Marquis de Souvré, 1730.........	2	1,370

(1) Le maréchal de Belle-Isle au chevalier son frère, à Versailles, ce 21 juillet 1741. Vol. 2914. Arch. hist. — Voir cette lettre à l'appendice 2 du chapitre II, sous ce titre : Lettre du maréchal de Belle-Isle au chevalier son frère, du 21 juillet 1741, donnant quelques détails sur la composition de l'armée de Bavière.

(2) Une ordonnance du 7 septembre 1741 prescrivit d'entretenir 5 hommes surnuméraires en chacune des 68 compagnies du régiment du Roi.

Régiments.	Colonels, avec la date de leur commission.	Bataillons.	Effectif.
La Reine........	Marquis de Tessé, 1734	2	1,370
Royal-Vaisseaux.	Marquis de Guerchy, 1734........	3	2,055
Rochechouart...	Comte de Rochechouart-Faudoas, 1734	1	685
Luxembourg ...	Marquis de Broglie, 1734.........	1	685
Alsace.........	Prince palatin Frédéric de Deux-Ponts, 1734	3	1,920
Penthièvre	Vicomte de Coëtlogon, 1737......	2	1,370
Berry..........	Marquis de Molac-Carcado, 1735...	1	685
Beauce	Duc de Caumont, 1734...........	1	685
Rosnyvinen.....	Marquis de Rosnyvinen, 1733.....	1	685
Royal-Bavière...	Comte de Bavière, 1709..........	2	1,280
Bataillon de Labory (Royal-artillerie)...............		1	560
Bataillon de Marsay (Royal-artillerie)		1	560
Compagnie de mineurs de Turmel		»	50
Compagnie de mineurs de Rochefort................		»	50
Compagnie d'ouvriers de du Brocard..............		»	40
Compagnie d'ouvriers de Chevreau................		»	40
Compagnie de fusiliers-guides de Brück.............		»	50
Compagnie franche de Pauly		»	150
— — de Bock		»	150
— — de La Haye...................		»	150
— — de Duchemin..................		»	150
— — de Jacob.....................		»	150
— — de Galhau		»	150
— — de La Harte...................		»	150
Totaux............		45	31,970

Cavalerie.		Escadrons.	Effectif.
Colonel général.	Le Gendre de Lormoy, 1730......	3	300
Mestre de camp général	Marquis de Clermont-Tonnerre, 1736	3	300
Royal.........	Comte de Beuvron, 1738.........	3	300
Du Roi........	Comte de Fournez, 1734.........	3	300
Carabiniers.....	Prince de Dombes (1), 1736......	10	1,000

(1) Le prince des Dombes n'ayant point quitté la cour, les cinq brigades de carabiniers étaient en réalité aux ordres de M. de Valcourt, maréchal de camp, assisté de cinq brigadiers : MM. de Vichy-Chamron, de Chieza, de Prémont, de Créquy et le chevalier de Beauvais.

Régiments.	Colonels, avec la date de leur commission.	Escadrons.	Effectif.
La Reine.......	Marquis de Beauvau, 1734........	3	300
Orléans........	Marquis de Graville, 1734........	3	300
Penthièvre.....	Marquis de Crenay, 1736.........	3	300
Du Rumain....	Comte du Rumain, 1740.........	3	300
Sabran.......	Marquis de Sabran, 1738.........	3	300
Clermont – Ton – nerre........	Comte de Clermont-Tonnerre, 1740.	3	300
Egmont........	Comte d'Egmont...............	3	300
Chabrillant.....	Marquis de Chabrillant, 1738......	3	300
Grammont.....	Comte de Grammont, 1735.......	3	300
D'Andlau......	Comte d'Andlau, 1734..........	2	200
Fleury........	Marquis de Pérignan de Fleury, 1738.....................	2	200
Vogüé........	Marquis de Vogüé, 1734..........	2	200
Brissac......	Duc de Brissac, 1734...........	2	200
Foucquet.......	Comte Foucquet de la Bouche-folière, 1740.................	2	200
Heudicourt.....	Comte d'Heudicourt, 1735........	2	200
Fiennes.......	Marquis de Fiennes, 1735........	2	200
Lévis.........	Comte de Lévis-Châteaumorand, 1727.....................	2	200
Pons.........	Vicomte de Pons, 1735..........	2	200
Asfeld........	Marquis d'Asfeld, 1738..........	2	200
	Totaux...........	72	7,200

Dragons.

Régiments.	Colonels, avec la date de leur commission.	Escadrons.	Effectif.
Mestre de camp général......	Duc de Chevreuse, 1736..........	4	400
Royal.........	Duc de Fleury, 1734............	4	400
Dauphin.......	Marquis de Vassé, 1727..........	4	400
Bauffremont....	Marquis de Bauffremont, 1730....	4	400
Armenonville...	Marquis d'Armenonville, 1727.....	4	400
Sainte-Mesme...	Comte de l'Hôpital Sainte-Mesme, 1739.....................	4	400
	Totaux..........	24	2,400

Hussards.

Régiments.	Colonels, avec la date de leur commission.	Escadrons.	Effectif.
Ratsky........	Baron de Ratsky, 1707...........	2	400
Berchény.....	Comte de Berchény, 1719.........	2	400
	Totaux..........	4	800

Compagnies franches de dragons.	Escadrons.	Effectif.
Compagnie de Mandres	»	150
Saint-Ceny	»	150
Romberg	»	150
Goderneau	»	150
Jacob	»	150
Galhau	»	150
Totaux	»	900

Totaux de la cavalerie, des dragons, des hussards
et des compagnies franches de dragons........ 100   11,300

A ces 31,970 fantassins et à ces 11,300 cavaliers, il faut joindre 1,800 officiers d'infanterie et 1,600 officiers de cavalerie (1), ce qui porte à 46,670 officiers et soldats l'effectif total de l'armée de Bavière.

Le maréchal de Belle-Isle comptait joindre à cette armée trente-quatre petites pièces de 4 à la suédoise, quatre pièces de 24 et un équipage de 30 pontons. Comme le siège de Prague devait constituer l'opération capitale de toute la campagne et que l'Électeur de Bavière disposait seulement de douze pièces de 24, le Maréchal fit porter à huit le nombre des pièces de ce dernier calibre. L'équipage des pièces à la suédoise, qui devait accompagner l'armée de Bavière, fut en dernier ressort réduit à trente pièces.

11 lieutenants généraux, 18 maréchaux de camp et 36 brigadiers, furent désignés pour faire partie de cette armée.

LIEUTENANTS GÉNÉRAUX.

Marquis DE LEUVILLE (Louis-Thomas du Bois de Fiennes).
Marquis DE GASSION (Jean).
Comte D'AUBIGNÉ (Louis-François d'Aubigné de Tigny).

---

(1) Le chiffre des officiers est emprunté au manuscrit 4775 de la Bibliothèque de l'Arsenal qui contient, entre autres pièces, un *État de l'armée qui passe le Rhin pour aller en Bavière, 1741.*

Marquis DE LA FARE (Philippe-Charles).
Comte DE SAXE (Arminius-Maurice).
Marquis DE CLERMONT-TONNERRE (Gaspard).
Marquis DE CURTON (Jacques de Chabannes).
Comte DE POLASTRON (Jean-Baptiste).
Marquis DU CAYLA (François de Baschi de Saussan).
Comte DE SÉGUR (Henri-François).
Comte DE BAVIÈRE (Maximilien-Emmanuel-François-Joseph).

MARÉCHAUX DE CAMP.

Marquis DE LA GERVAISAIS (Auguste-Nicolas Mahon).
Marquis DE XIMÉNÈS (Augustin).
Comte DE MARCIEU (Pierre-Émé de Guiffrey).
Comte DE BÉRENGER (Pierre de Bérenger du Gua).
DE LA TOUR (Louis-René Sandrier).
Chevalier DE BELLE-ISLE (Louis-Charles-Armand Foucquet).
Marquis DU CHATEL (Louis-François Crozat).
Duc DE LUXEMBOURG (Charles-François de Montmorency).
Comte D'ESTRÉES (Louis-César Le Tellier).
Comte DE BERCHÉNY (Ladislas-Ignace de Bercsény, dit Berchény).
Milord CLARE (Charles O'Brien de Clare, comte de Thomond).
Chevalier D'APCHIER (Claude Annet de Châteauneuf).
Marquis DE MIREPOIX (Gaston-Charles-Pierre de Lévis).
DE VALCOURT (Jean-François de Queste).
Comte DE TRESMES (Léon-Louis Potier de Gesvres).
Duc DE BOUFFLERS (Joseph-Marie).
Duc DE BIRON (Louis-Antoine de Gontaut).
Baron DE RATSKY (Georges Bor).

BRIGADIERS.

Brigadiers d'infanterie :

Marquis DE ROSNYVINEN (Joachim-Amaury-Gaston), colonel du régiment de Rosnyvinen.
Marquis DE SOUVRÉ (François-Louis Le Tellier), colonel du régiment de Souvré.
Marquis D'ARMENTIÈRES (Louis de Conflans) colonel-lieutenant du régiment d'Anjou.
DE CHARRON (Guillaume), lieutenant-colonel du régiment de la Marine.

Prince DE TINGRY (Charles-François-Christian de Montmorency-Luxembourg), colonel du régiment de Touraine.

Comte DE TESSÉ (René-Marie de Froulay), colonel-lieutenant du régiment de la Reine.

Baron D'ESTRÉES (Jean-Charles Pelletier d'Escrots), lieutenant-colonel du régiment du Roi.

SCHMIDBERG, lieutenant-colonel du régiment d'Alsace.

Brigadiers de cavalerie :

DE BEAUREGARD, lieutenant-colonel du régiment de Grammont.

DE VARENNES D'ÉGLETENS, lieutenant-colonel du régiment de Vogüé.

Comte DE GRAVILLE (Louis-Robert Malet de Valsemé), mestre de camp-lieutenant du régiment d'Orléans.

Duc DE BRISSAC (Jean-Paul-Timoléon de Cossé), mestre de camp de Brissac.

Comte DE BEUVRON (Anne-Pierre de Harcourt), mestre de camp-lieutenant du régiment Royal.

Comte DE VICHY-CHAMRON (Gaspard-Nicolas), commandant une brigade de carabiniers.

DE WIGNACOURT, lieutenant-colonel du régiment de Penthièvre.

MONTAUBAN, lieutenant-colonel du régiment d'Orléans.

DE PRÉMONT, commandant une brigade de carabiniers.

Comte DE CHIEZA (François de Chieza de Servignasco), commandant une brigade de carabiniers ;

RIBBING, lieutenant-colonel du régiment Royal-Allemand.

Chevalier DE PREIGNES, lieutenant-colonel du régiment Royal.

Marquis DE SABRAN, mestre de camp du régiment de Sabran.

Vicomte DE PONS, mestre de camp du régiment de Pons.

Marquis DE FIENNES (Charles-Maximilien), mestre de camp du régiment de Fiennes.

Marquis DE FOUGIÈRES (François), capitaine au régiment de Lévis.

Chevalier DE MONTMORENCY-LOGNY (Philippe-François), capitaine au régiment de Penthièvre.

Marquis DE CRÉQUY (Jacques-Charles), commandant une brigade de carabiniers.

Comte DE LÉVIS (François-Charles de Lévis-Châteaumorand), mestre de camp du régiment de Lévis.

LE GENDRE DE LORMOY, mestre de camp-lieutenant du régiment Colonel général.

Chevalier DE BEAUVAIS, lieutenant-colonel de la brigade de carabiniers de Valcourt.

Brigadiers de dragons :

Duc DE CHEVREUSE (Marie-Charles-Louis d'Albert de Luynes), mestre de camp général des dragons.

DE ROMECOURT (Charles-Antoine), lieutenant-colonel du régiment de Bauffremont.

DES PLASSONS, lieutenant-colonel du régiment Dauphin.

Marquis D'ARMENONVILLE, mestre de camp du régiment d'Armenonville.

Vidame DE VASSÉ, mestre de camp du régiment Dauphin.

Marquis DE BAUFFREMONT (Louis), mestre de camp du régiment de Bauffremont.

Duc DE FLEURY (André-Hercule de Rosset de Roccosel), mestre de camp du régiment de Fleury (1).

Lorsque la question du commandement de l'armée de Bavière avait été examinée, le 14 juillet 1741, devant le cardinal de Fleury, les Ministres et le maréchal de Belle-Isle assemblés à Issy, ce dernier, vers qui tous les suffrages s'étaient portés, ne leur avait pas caché l'embarras où le jetait son double rôle de négociateur et de général.

---

(1) On trouve dans la *Chronologie historique militaire*, de Pinard, les noms et la biographie de la plupart des officiers généraux et brigadiers de l'armée de Bavière.

Les noms de tous les brigadiers de cette armée sont reproduits dans un *État des troupes d'infanterie, cavalerie et dragons, destinés à passer le Rhin dans les mois d'août et de septembre*. Pièce 224 du volume 2916 des Archives historiques de la guerre.

On rencontre encore des indications utiles sur la composition de l'armée de Bavière dans le manuscrit des Archives historiques de la guerre qui a pour titre : *Carte militaire des troupes par terre du Roi entretenues avant, pendant et après la guerre de 1741, avec une idée succincte de la guerre de Bohême et de Bavière ;* dans le volume 408, France, Mémoires et documents, aux Archives du Ministère des affaires étrangères, qui renferme, parmi les *Tableaux des guerres de Louis XIV et de Louis XV*, par Brunet, un état de l'*Armée auxiliaire de France que le Roi envoya à l'Électeur de Bavière en 1741 ;* enfin, dans le manuscrit 4775 de la Bibliothèque de l'Arsenal, où se voit un *État de l'armée française qui passe le Rhin pour aller en Bavière avec les jours de leur passage.*

D'un côté, il tenait en main tous les fils de l'élection du nouvel empereur pour laquelle sa présence était encore indispensable à Francfort. D'un autre côté, il brûlait d'un extrême désir de commander l'armée qui devait conquérir un royaume à son héros, à l'Électeur Charles-Albert. Partagé entre ces deux extrémités, le Maréchal eut l'habileté de ne point faire lui-même un choix et de s'en remettre entièrement à la décision du Cardinal et des Ministres. « Je déclarai, disent ses *Mémoires*, à Son Éminence et aux Ministres assemblés, que la négociation était devenue d'une telle importance, si difficile, si compliquée, si étendue, et que j'y avais acquis un tel crédit et une telle considération dans l'Empire qu'étant d'ailleurs instruit de tout et au fait du local et des personnages, je n'y pourrais plus être suppléé par qui que ce soit ; que, d'un autre côté, il y avait quarante ans passés que je servais avec zèle, une application suivie et des travaux infinis, que ce n'avait été que dans le point de vue de parvenir à la dignité de maréchal de France pour, en cette qualité, commander les armées; que celle que le Roi me destinait aujourd'hui était plus glorieuse et plus flatteuse qu'un particulier pût jamais commander puisqu'il s'agissait d'y faire un empereur et de conquérir des royaumes ; qu'il n'était donc pas douteux que, ne consultant que mon goût et ma convenance, je ne préférasse sans balancer le commandement de l'armée, mais que, connaissant la nécessité de préférence pour le bien de l'État à la négociation, il ne fallait me compter pour rien et que je n'avais de volonté que d'exécuter ce que Sa Majesté ordonnerait et jugerait le plus utile pour le bien de son service.

« Son Éminence, après avoir applaudi avec les Ministres à mon désintéressement et à ma façon de penser, a décidé qu'il fallait confier cette armée à un lieutenant général le plus expérimenté qui serait à mes ordres, à quoi j'ai représenté la difficulté de pouvoir suivre les détails d'une armée de 100 lieues de loin, ce qui était impossible et que, tout au plus, je pouvais donner les projets généraux et mes idées, que je suppliais instamment Son Éminence d'y faire toute l'attention que la chose exigeait, qu'au surplus je ferais de mon mieux et avec toute l'attention dont j'étais capable.

« Il fut question de choisir un ancien lieutenant général. Son Éminence examina toute la liste. Elle m'a demandé mon avis comme pouvant mieux les connaître. J'ai supplié Son Éminence de m'en dispenser parce que celui qui proposait répondait et que la place était trop importante. M. le Cardinal et les Ministres après avoir bien délibéré, on s'est fixé sur MM. de Gassion ou de Montal (1). »

En réalité, le maréchal de Belle-Isle se flattait secrètement que l'élection d'un empereur serait assez avancée, au mois de novembre 1741, pour lui permettre de rejoindre l'armée et d'achever à sa tête la conquête de Prague et de la Bohême. Le lieutenant général, investi en son absence des prérogatives du commandement, ne devait être ni M. de Montal ni M. de Gassion, bien que les Ministres se fussent prononcés pour ce dernier. Un officier général, leur ancien, le marquis de Leuville, avait brigué et obtenu cet honneur avant le départ du Maréchal, de Versailles pour Francfort. « Leuville, écrivait Belle-Isle à son frère le 21 juillet 1741, est arrivé de sa campagne, qui a demandé avec instance de servir sous mes ordres en disant, à cette occasion, sur mon projet les choses les plus obligeantes. Cela a été accepté, et je suis fort aise qu'il soit le premier par préférence à Gassion, qui y sera également (2). » L'avenir devait montrer

---

(1) Mémoires de Belle-Isle.

(2) Le maréchal de Belle-Isle à son frère le chevalier, à Versailles, le 21 juillet 1741. Vol. 2914. Arch. hist. — Se reporter à l'appendice 2 du chapitre II.

que ce choix, dont le Maréchal s'applaudissait sur l'heure, n'était pas heureux. M. de Leuville ne le cédait à personne sous le rapport de la bravoure et avait fait, en vaillant soldat, les campagnes des guerres de la Ligue d'Augsbourg et de la Succession d'Espagne. Admirateur de César dont il citait à tout propos les Commentaires, d'humeur facile, il lui manquait la fermeté de caractère indispensable à l'exercice du commandement. Cette qualité essentielle se retrouvait au contraire, à un haut degré, dans le marquis de Gassion. En outre M. de Leuville, âgé de 73 ans, ne possédait plus l'activité de corps et d'esprit qui doit être aussi le partage d'un général en chef.

Les autres lieutenants généraux étaient d'anciens combattants de la guerre de la Succession d'Espagne où la plupart avaient acquis une réputation de valeur justifiée. M. de Gassion, ancien colonel du régiment de Navarre, le commandait à Malplaquet où il enlevait quatre drapeaux à l'ennemi. M. d'Aubigné ne s'était pas moins distingué dans cette grande journée à la tête du régiment Royal où, suivant le témoignage du maréchal de Boufflers, il avait « fait des merveilles (1) ». Inspecteur général de l'infanterie en 1711, directeur général de cette arme en 1736, M. d'Aubigné en connaissait à fond les détails et les besoins.

Trois des principaux officiers de l'armée de Bavière, le marquis de La Fare, le marquis de Clermont-Tonnerre et le comte de Saxe, devaient plus tard parvenir à la dignité de maréchal de France. Le chevalier Folard, écrivant son Commentaire sur Polybe en 1728, avait déjà porté ce jugement prophétique en disant du brillant colonel du régiment de Saxe : « C'est un des plus beaux

---

(1) Le maréchal de Boufflers à Voysin, 14 septembre 1709. Vol. 2152. Arch. hist.

génies pour la guerre que j'aie connus. L'on verra, à la
première guerre, que je ne me trompe point dans ce que
je pense (1). » Comme frère de l'Électeur de Saxe,
Auguste III, Maurice prenait un puissant intérêt à la
guerre qui s'ouvrait, de même que le comte de Bavière,
frère naturel de l'Électeur Charles-Albert. Tous deux
avaient ardemment sollicité la faveur de servir sous les
ordres du Maréchal qui appréciait leur mérite, les ayant
vus à l'œuvre au camp de Richemont en 1732 et dans la
campagne de 1734 sur le Rhin. Une étroite amitié, que
rien ne devait démentir, unissait enfin le Maréchal au
comte d'Aubigné, au comte de Polastron, sous-gouverneur du Dauphin, et au comte de Ségur, ce dernier
appelé à servir à Metz sous ses ordres depuis 1737.

Plusieurs des maréchaux de camp de l'armée de
Bavière étaient appelés à un brillant avenir. Le bâton de
maréchal de France devait être la récompense des services de six d'entre eux : du duc de Biron, déjà célèbre
par sa brillante conduite à Parme et à Guastalla qui lui
avait valu d'être choisi pour colonel-lieutenant du régiment du Roi ; de milord Clare, l'un des officiers d'infanterie les plus expérimentés de son temps ; du duc de
Mirepoix, notre ambassadeur à Vienne de 1735 à 1740 ;
du comte d'Estrées, le futur vainqueur d'Hastembeck ;
enfin du duc de Luxembourg, petit-fils du vainqueur de
Guillaume d'Orange, toujours prêt à donner l'exemple
de la valeur et de la discipline. A côté d'eux, il faut encore
citer le jeune duc de Boufflers, digne héritier d'un grand
nom, l'héroïque défenseur de Gênes en 1747, que nul ne
surpassera en bonne volonté et en courage (2); le che-

____

(1) *Histoire de Polybe*, t. III, p. 396.

(2) Il se trouvait à Metz et venait d'être nommé colonel du régiment
de Bourbonnais, alors en Guyenne, lorsque le comte de Belle-Isle
écrivit à son sujet au Ministre de la guerre, de Metz, le 25 juin 1727 :
« Je serais très affligé de son départ si je n'avais l'espérance que vous

valier de Belle-Isle, aussi propre aux négociations qu'à
la guerre et dévoué corps et âme à son frère; le chevalier d'Apchier, ancien capitaine au régiment de dragons
de Belle-Isle; M. de La Tour, glorieux combattant de
Malplaquet et de Denain; M. de Marcieu, inspecteur
général d'infanterie; M. de Valcourt qui avait parcouru
une longue carrière dans les rangs des carabiniers et
s'était signalé entre tous, à leur tête, aux batailles de
Malplaquet et de Guastalla; enfin M. de Ratsky qui,
comme mestre de camp d'un des premiers régiments de
hussards au service de la France, avait su mériter
maintes fois les éloges de Villars.

La plupart des brigadiers d'infanterie et de cavalerie
appartiennent aussi à la haute noblesse de cour. Le duc
de Brissac et le comte de Tessé se sont déjà signalés en
Italie durant la guerre précédente. Les marquis de
Souvré, d'Armentières et de Bauffremont, le prince de
Tingry, le duc de Fleury, neveu du Cardinal, et le duc
de Chevreuse, fils du duc de Luynes, comptent parmi
les officiers les plus jeunes de l'armée et les plus impa-
tients de se distinguer.

Un grand nombre de régiments d'infanterie, de cavalerie et de dragons, sont solidement composés. L'esprit
de corps est loin d'avoir disparu des anciens régiments
d'infanterie de Navarre, Piémont, la Marine, Alsace,

---

voudrez bien le faire revenir sur cette frontière, car, outre les raisons
particulières que j'ai de lui être attaché par le souvenir et la reconnaissance que je conserve de l'amitié dont feu M. le Maréchal son père m'a
honoré et des services importants qu'il m'a rendus, dont je chercherai
toute ma vie à marquer ma reconnaissance, je ressens à présent personnellement pour lui, par inclination, ce que je ne faisais d'abord que
par devoir.

« Je dois la justice à M. le duc de Boufflers que je n'ai vu aucun
homme de son âge servir avec plus de zèle et d'application et d'exactitude ni marquer plus de volonté, et il eût été l'exemple du camp de la
Moselle comme il l'a été de cette garnison. » Vol. 2630. Arch. hist.

Touraine, les Vaisseaux, comme des vieux régiments de cavalerie de Colonel général, Mestre de camp général, Royal, la Reine, qui comptent dans leur passé tant de glorieux faits d'armes. Les 6 régiments de dragons forment 24 escadrons choisis. Les carabiniers constituent, sous M. de Valcourt, une troupe incomparable, dont la réputation n'a cessé de grandir depuis Nerwinden. Le régiment du Roi-Infanterie sous son ardent colonel, le duc de Biron, sert toujours d'école à la jeune noblesse désireuse de s'instruire (1). Les régiments à un bataillon sont en petit nombre et rachètent la faiblesse de leur effectif par l'excellence de leur composition et de leur commandement. Beauce fait l'admiration de l'armée par la discipline qu'y entretient son lieutenant-colonel, Chevert. Luxembourg est commandé par un jeune colonel, plein d'ambition et de talent, le marquis de Broglie, le futur vainqueur de Bergen et sans contredit le meilleur des maréchaux de Louis XV dans la guerre de Sept-Ans. Grâce à ses brillants services, le colonel du régiment de Rochechouart, le comte de Rochechouart-Faudoas, sera, après cette guerre, nommé ambassadeur à Parme auprès de l'infant don Philippe.

Avant d'énumérer les officiers de l'état-major de l'armée de Bavière, nous dirons un mot des aides de camp que le maréchal de Belle-Isle, non sans de vives instances, parvint à attacher à sa personne.

Jusqu'alors les fonctions d'aide de camp ne comportaient, pour les officiers qui les exerçaient, ni activité de service, ni avancement, ni appointements. Aussi nos généraux n'avaient comme aides de camp « que des enfants ou des domestiques, ou quelquefois des officiers

---

(1) Vauvenargues, l'écrivain délicat que la mort devait enlever prématurément, est capitaine au régiment du Roi.

tirés des troupes contre la règle (1) ». Frappé de « tous
les inconvénients qui résultaient que les ordres du
général fussent portés par des jeunes gens sans expérience ou des personnes sans caractère », Belle-Isle
essaya d'obtenir des officiers de choix, placés en activité de service auprès des généraux. Il demanda au
Ministre que le nombre en fût fixé à quatre par maréchal
de France, commandant en chef. Il rappela à M. de
Breteuil l'usage en vigueur dans les armées étrangères
où les fonctions d'aide de camp étaient confiées à des
officiers choisis. Il cita l'exemple de Frédéric qui avait
à ses côtés, quand le Maréchal lui rendit visite à son
camp de Mollwitz, en avril 1741, « huit adjudants généraux, quatre choisis par leur mérite et par leurs services,
auxquels il donne tous les jours des commissions dis-
tinguées, quatre plus jeunes mais pourtant au-dessus de
25 ans, qu'il a tirés de ses troupes par distinction et auxquels le brevet d'adjudant donne aussi le rang de lieutenant-colonel (2) ». En sa qualité d'otage après la
capitulation de la citadelle de Lille en 1708, Belle-Isle,
avide de s'instruire, n'avait pas manqué d'approcher le
prince Eugène de Savoie. Il lui avait entendu exprimer
cette opinion sur le choix des aides de camp : « Le
prince me dit lui-même, en me parlant des aides de camp
de l'Empereur qui étaient près de sa personne, qu'il
était étonné que les généraux n'eussent pas des aides de
camp choisis par le général et nommés par le Roi, que
c'était la meilleure école que l'on pût donner à ceux que
l'on veut élever et que l'on en croit susceptibles, parce
qu'ils étaient à portée de prendre journellement des
leçons et instructions du général. Lorsque ce prince me
parla ainsi en 1708, au siège de Lille, pendant huit jours

---

(1) Belle-Isle à M. de Breteuil, à Francfort, le 3 septembre 1741.
Vol. 2925. Arch. hist.
(2) *Ibid.*

que j'ai passés auprès de lui, il avait six adjudants généraux de l'Empereur, dont deux étaient généraux-majors, savoir : les comtes de Brenner et de Rabutin, deux colonels qui avaient 25 à 30 ans, qui étaient le comte de Palfy et M. de Styrum, et deux anciens officiers choisis par leur acquit et leur mérite, à qui le brevet d'adjudant général donnait, comme il donne encore, rang de lieutenant-colonel (1). »

Les arguments du Maréchal lui obtinrent gain de cause à Versailles. Il fit désigner, pour être attachés à sa personne, d'abord le duc de Picquigny et le prince de Soubise. Il avait reconnu d'heureuses dispositions dans ce dernier, le futur maréchal de la guerre de Sept Ans, alors brigadier et capitaine-lieutenant des gendarmes de la Garde. « M. de Soubise, écrivait-il au Ministre, le 3 septembre 1741, est de l'espèce de ceux qui sont susceptibles de se former et qui, par son zèle et son application, en apprendra plus dans une campagne auprès d'un général que dans six à la tête de la compagnie des gendarmes, et c'est un grand bien pour le service du Roi et de l'État de mettre des sujets de cette espèce à portée de se former. » A ces deux officiers, choisis dans la haute noblesse de cour, Belle-Isle adjoignit deux officiers de carrière : l'un, le chevalier de Courten, brigadier d'infanterie d'une expérience consommée, dont lui-même disait : « C'est un officier de mérite et propre à tout, capable même dans l'occasion de suppléer à l'ordre du général suivant les lieux et les circonstances (2) » ; l'autre, M. Du Plessis, ayant rang de mestre de camp, entièrement dévoué à sa personne et capable de servir utilement « par son mérite, ses talents et son acquit (3) ».

---

(1) Belle-Isle à M. de Breteuil, à Francfort, le 3 septembre 1741. Vol. 2925. Arch. hist.

(2) *Ibid.*

(3) *Ibid.*

La composition de l'état-major de l'armée de Bavière fut ainsi arrêtée :

MM. DE MORTAIGNE, DE THIERS, maréchaux généraux des logis de l'armée.

MM. DE BAYE, DE BEAUSOBRE, ROBERT, aides-maréchaux généraux des logis.

Comte FOUCQUET, maréchal général des logis de la cavalerie.

MM. DE MONTMORT, D'AULTANNE, aides-maréchaux généraux des logis de la cavalerie.

M. DE CHAMPIGNY, major général de l'infanterie.

MM. TOURNIER, LA TOUR, D'ASTIER, aides-majors généraux de l'infanterie.

M. PIERON, exempt de la maréchaussée de Metz, assisté d'un fourrier et d'un aide, vaguemestre général.

Maréchaussée : M. D'OSBELLE, prévôt, assisté d'un lieutenant, d'un procureur du roi, d'un greffier, de deux exempts, de vingt archers et d'un exécuteur.

Belle-Isle n'avait pas hésité un instant sur le choix du principal maréchal général des logis de son armée. De longue date il avait désigné, pour ces importantes fonctions de chef d'état-major, le comte de Mortaigne, major du régiment Royal-Allemand, ayant rang de mestre de camp. Il l'y avait préparé lui-même à Metz dès 1728, et M. de Mortaigne les avait remplies à merveille dans les corps détachés sous ses ordres pendant les campagnes de 1734 et 1735 sur le Rhin. « A l'égard du maréchal des logis, écrivait Belle-Isle au Ministre de la guerre, le 11 septembre 1734, je ne saurais vous en proposer un meilleur, plus actif, plus intelligent, d'une plus grande volonté et qui me convienne mieux que M. de Mortaigne (1). » La guerre de la Succession de Pologne terminée, Belle-Isle n'avait cessé d'employer à des reconnaissances sur les deux rives du Rhin, jusque dans les pays

____

(1) Belle-Isle à M. d'Angervilliers, 11 septembre 1734. Vol. 2748. Arch. hist.

de Liége et Juliers, M. de Mortaigne, à qui il reconnaissait « tous les talents, connaissances et volonté possibles (1) ». Nous avons vu (2) déjà en quels termes élogieux il avait présenté le futur maréchal général des logis de son armée au ministre de l'Électeur de Bavière, au comte de Terring, et l'accueil flatteur que M. de Mortaigne avait reçu de Charles-Albert à Munich, au mois d'avril 1741.

D'un caractère entier, prévenu en sa faveur, sans fortune mais fier de ses lointains aïeux, M. de Mortaigne était encore insatiable d'honneurs et de dignités, mais le maréchal de Belle-Isle oubliait les travers de l'homme pour ne voir que ses réelles qualités militaires. M. de Mortaigne avait fait ses premières armes en 1707 sous les ordres de son père, alors colonel réformé au régiment Royal-Allemand, et s'était élevé par son mérite au grade de mestre de camp. L'emploi de major qu'il occupait depuis 1728 l'avait familiarisé avec les détails du service. D'une grande activité de corps et d'esprit, possédant admirablement la langue allemande, il avait fait d'utiles reconnaissances dans les pays voisins de nos frontières. Belle-Isle n'avait épargné aucune démarche, pendant son dernier séjour à Versailles, pour lui obtenir le grade de brigadier et le revêtir d'un caractère qui lui permît d'exercer ses fonctions avec plus d'autorité. Fleury, qui s'était laissé difficilement arracher cette faveur, en avait à peine fait la promesse qu'il y mettait l'étrange condition de ne la rendre publique qu'à la fin de la campagne, de peur de provoquer les réclamations de M. Crozat de Thiers, le possesseur de la charge de maréchal des

---

(1) Belle-Isle à M. d'Augervilliers, 28 avril 1737. Vol. 2864. Arch. hist.

(2) *Les Préliminaires de la guerre de la Succession d'Autriche,* chap. V, p. 222.

logis, charge vénale à cette époque. M. de Thiers, qui appartenait à une famille riche et influente, avait suivi dans ses visites aux divers princes de l'Allemagne le maréchal de Belle-Isle qui, sans lui reconnaître la valeur de M. de Mortaigne, l'estimait comme « un bon sujet (1) » et l'avait employé également dans plusieurs reconnaissances sur le Rhin. A la pensée d'être subordonné à M. de Mortaigne et de ne point recevoir les mêmes distinctions, M. de Thiers avait d'abord manifesté quelque mauvaise humeur, mais le chevalier de Belle-Isle s'employa habilement à le ramener et à suggérer à son frère un expédient qui, mis en pratique, permit de prévenir tout différend. Comme l'armée devait entrer en Allemagne en deux corps principaux au mois d'août et au mois de septembre, il fut convenu que M. de Mortaigne remplirait les fonctions de maréchal général des logis auprès du premier, M. de Thiers auprès du second, et que, dans le cas où nos forces se réuniraient et où le maréchal de Belle-Isle ferait exercer au seul M. de Mortaigne la charge de maréchal général des logis, M. de Thiers ne serait pas subordonné à son collègue.

Les aides-maréchaux des logis de l'armée de Bavière, MM. de Beausobre, Robert et de Baye, devaient être pour M. de Mortaigne des auxiliaires précieux. Le premier, colonel réformé à la suite du régiment d'Appelghren, avait suivi avec fruit, comme volontaire, les dernières campagnes des Autrichiens contre les Turcs. Le second, capitaine au régiment de Picardie, avait reçu dès l'enfance les leçons de son oncle, le célèbre tacticien Folard. « Il a, disait de lui le comte de Belle-Isle qui l'avait vu à l'œuvre au camp de la Moselle en 1732, toutes les bonnes qualités et toutes les connaissances de

---

(1) Belle-Isle à M. de Breteuil, à Francfort, le 2 septembre 1741. Vol. 2925. Arch. hist.

son oncle et n'en a aucun des défauts (1). » Dans les
fonctions d'aide-maréchal général des logis en Italie,
pendant la guerre de la Succession de Pologne, M. Robert
avait « obtenu l'estime et l'approbation uniformément
des différents généraux qui y ont successivement commandé l'armée du Roi (2) ». En 1737, Belle-Isle l'avait
chargé, de concert avec M. de Mortaigne, de « prendre
connaissance et avec exactitude de tout le pays qui doit
nécessairement être le théâtre de la guerre depuis la
Suisse, le long du Rhin, tant en deçà qu'au delà, et le
long de la Sarre, la Moselle et la Meuse, jusqu'en Flandre
et à la mer (3) ». Quant à M. de Baye, capitaine dans
Royal-Roussillon avec rang de mestre de camp, Belle-
Isle le connaissait de longue date car il l'avait eu sous
ses ordres, de 1719 à 1725, en qualité de lieutenant et
de capitaine réformé dans son régiment de Mestre de
camp général-dragons.

Le maréchal général des logis de la cavalerie de l'armée était un cousin du Maréchal, le comte Foucquet,
mestre de camp d'un régiment de cavalerie de son nom
depuis le 21 février 1740. Craignant que cette charge ne
fût trop lourde pour un colonel jeune et inexpérimenté,
Belle-Isle lui avait associé, comme aides, M. de Montmort, pourvu d'une commission pour tenir rang de mestre
de camp, qui avait fait sous lui, en 1735, à l'armée du
Rhin, les fonctions d'aide-maréchal des logis de la cavalerie, et M. de Mesplex, lieutenant-colonel du régiment
de Dauphin-cavalerie avec rang de mestre de camp, et
l'ancien maréchal général des logis de la cavalerie à

---

(1) Belle-Isle à M. d'Angervilliers, 1er octobre 1732. Manuscrit
11.250. Bibl. nat.

(2) Belle-Isle à M. d'Angervillers, 28 avril 1737. Vol. 2854. Arch.
hist.

(3) Belle-Isle à M. d'Angervilliers, 28 avril 1737. Vol. 2854. Arch.
hist.

l'armée d'Italie en 1735. De peur de froisser M. de Mesplex qui, par la date de sa commission de mestre de camp, était l'ancien de M. Foucquet, Belle-Isle sollicita et obtint son remplacement par M. d'Aultanne, major du régiment de Clermont-Tonnerre, avec rang de lieutenant-colonel, officier de grande expérience qui comptait déjà trente-cinq années de service.

Pour les importantes fonctions de major de l'infanterie, le maréchal avait proposé un officier qui lui était sincèrement attaché et dont l'armée était unanime à proclamer les talents, M. de Bombelles, l'ancien major du régiment de Boufflers en 1706, le précepteur militaire du duc de Chartres. Ses sages projets de réforme dans l'exercice, les manœuvres et le service en campagne de l'infanterie, vivement appuyés par Belle-Isle depuis dix ans, étaient malheureusement demeurés en suspens. M. de Bombelles eut le regret de se voir supplanter, dans le poste où le Maréchal l'appelait de tous ses vœux, par M. de Champigny, capitaine de grenadiers aux Gardes françaises et maréchal de camp. Sur la recommandation de l'Électeur de Bavière, Charles-Albert, Fleury s'était prononcé en faveur de ce dernier qui était inconnu de Belle-Isle. « Jamais, écrivait le Maréchal à son frère le 21 juillet 1741, Son Éminence n'a voulu de Bombelles, dont je suis très affligé, et, vu la nécessité d'un homme à caractère, j'ai consenti que ce fût Champigny, capitaine des grenadiers des Gardes. L'on m'en dit des merveilles, et je crois que vous approuverez mes raisons (1). » Les trois officiers, adjoints à M. de Champigny, MM. de La Tour, d'Astier et Tournier, étaient déjà anciens de service et versés dans les détails du service de l'infanterie.

______

(1) Le maréchal de Belle-Isle au chevalier, son frère, à Versailles, le 21 juillet 1741. Vol. 2914. Arch. hist.

L'artillerie de l'armée de Bavière devait être commandée par M. du Brocard, brigadier, comptant sous ses ordres les officiers dont les noms suivent :

MM. BAILLY, chevalier DE LA GUETTE, DE TURMEL, chevalier PELLETIER, lieutenants en second.

MM. DE ROSTAING, GUYOL DE GUIRAN, DESMARETS, DE VALLIÈRE fils, VILLERAY, chevalier DE SANCE, commissaires provinciaux.

MM. TAURINE, SABREVOIS DE BISSET, DE GRÉAUME, DUHAMEL, LE GRAND, ESMONIN fils, SAINTILLIER, chevalier DE HAULT DE MALAVILLÉ, LIÉGEAULT, commissaires ordinaires.

MM. SAINT-AUBAN DE MIRAVAL, LE DUCHAT-DOUDERNE, DALLOT DE MÉROUVILLE, GEOFFROY fils, GOMBAULT DE CHARMOIS, SAVONNIÈRES DE LA BRETÈCHE, chevalier DE BIENASSISE, chevalier DE FONTENAY, chevalier DE BRON, PERRIN DE SALMON, CHAIS DE MUSSY, commissaires extraordinaires.

MM. Chevalier DE CAYLUS, DAUBIGNAS, chevalier DE LA PAILLETERIE, SAUTRAY fils, chevalier DE GRÉAUME, DALLEGRIN, BAILLEUL, chevalier DESMAZIS, D'HEMERY, DESPICTIERS l'aîné, DE BOISSET, LA FAVERIE, FREDY, chevalier BOIDINEAU DE MESLAY, DE BIRAGUES, SAUTRIER DE CORVOL, LE FÉRON, BAZON DE BEAULENS, SAINT-AUBIN, officiers pointeurs.

M. DUC-GRAVIER, major.

M. BEAUSIRE, commissaire du parc.

M. MICHELET, contrôleur.

***, aumônier.

M. LAFARGUE, chirurgien.

M. VIART, prévôt.

M. CUISINIER, capitaine d'ouvriers d'état.

M. LIQUOIS DE BEAUFORT, capitaine général du charroi.

MM. LECLERC, BAZIRE, capitaines du charroi.

MM. GUILLOT le cadet, COLLIN DE LAUNAY, GILLET, BEAUDOUIN, conducteurs (1).

Le commandant de l'artillerie de l'armée de Bavière

---

(1) État de l'équipage d'artillerie de l'armée du Rhin, commandée par M. le maréchal de Belle-Isle, campagne de 1741. Rendez-vous à Metz et à Strasbourg le 25 juillet. Vol. 2916. Arch. hist. — Aux noms des commissaires provinciaux donnés par cet état, il faut joindre celui de M. Loustau.

comptait parmi les officiers les plus en vue de son arme et les amis les plus sûrs du maréchal de Belle-Isle. Il n'avait pas été sans contribuer à l'introduction de la baguette de fer dans notre infanterie, et il s'était aussi déclaré partisan résolu de l'adoption des pièces à la suédoise. Belle-Isle l'estimait autant pour ses qualités militaires que pour la franchise et la droiture de son caractère. Le maréchal l'avait jugé à l'œuvre, à ses côtés, pendant les sièges de Trarbach et de Philipsbourg en 1734 et à l'affaire de Clausen en 1735. « Je ne saurais aussi, écrivait-il au Ministre de la guerre le 2 mai 1734, trop me louer de M. du Brocard qui est un officier d'une distinction et d'une ressource infinies et que tout homme, qui aura l'honneur de commander, sera trop heureux d'avoir avec soi (1). »

Les lieutenants d'artillerie de l'armée de Bavière étaient dignes d'un tel chef. M. Bailly et le chevalier de La Guette avaient, comme lui, fait leurs premières armes dans la guerre de la Succession d'Espagne et s'y étaient déjà fait hautement apprécier. Le dernier, qui avait surtout combattu en Espagne, y avait été deux fois grièvement blessé. Le chevalier Pelletier, d'une famille d'artilleurs déjà célèbres, devait, comme commandant l'artillerie de nos armées d'Allemagne pendant la guerre de Sept-Ans, porter à son apogée la gloire de son nom. M. de Turmel passait à bon droit pour l'officier le plus versé dans la science des mines à son époque.

Parmi les commissaires provinciaux, Belle-Isle tenait en particulière estime M. de Rostaing. Il lui avait fait obtenir en 1737 la croix de chevalier de Saint-Louis et

---

(1) Belle-Isle à M. d'Angervilliers, au camp devant Trarbach, le 2 mai 1734. Vol. 2728. Arch. hist. — En parlant de M. du Brocard, Belle-Isle s'exprimait ainsi dans une lettre à M. de Breteuil, de Metz, le 21 mai 1740 : « M. du Brocard, dont le zèle répond aux talents supérieurs qu'ils possède..... » Vol. 3315. Arch. hist.

avait écrit à cette occasion au Ministre de la guerre :
« Cet officier a tant de mérite, de talents et d'activité que
je ne puis refuser l'occasion de lui rendre encore auprès
de vous ce témoignage (1). » Guyol de Guiran, qui devait
commander plus tard avec un si brillant succès notre
artillerie à la prise de Port-Mahon, et M. de Vallière,
fils, étaient aussi appelés à parcourir une brillante
carrière dans l'arme de l'artillerie. M. Loustau, capitaine d'une compagnie d'ouvriers, était réputé pour
son habileté hors de pair dans la construction des ponts.

Il faut encore joindre aux officiers, dont l'état est
reproduit plus haut, Bélidor, le savant professeur de
mathématiques à l'École d'artillerie de la Fère, qui, las
des persécutions de Vallière, avait obtenu, grâce à
Belle-Isle, d'être attaché, au mois d'avril 1741, en qualité
de capitaine réformé, à la place de Metz. Grâce également à son protecteur, Bélidor avait été désigné pour
l'armée de Bavière, où le maréchal comptait bien trouver
l'occasion d'utiliser ses talents.

Vingt-quatre ingénieurs, divisés en trois brigades,
devaient être attachés à cette armée. Le 18 août 1741, le
maréchal d'Asfeld, directeur général des fortifications,
transmettait à M. de Breteuil un « État des ingénieurs
que le Roi a choisis pour servir à l'armée de Sa Majesté
qui s'assemble sur le Rhin ».

Voici la reproduction de cet état :

	Appointe- ments par mois.	Rations par jour	
		de pain.	de fourrages.
M. DE PERDIGUIER, brigadier des armées du Roi, directeur des fortifications d'Alsace, commandant les ingénieurs......	500	25	16
Son dessinateur......................	100	2	1

(1) Belle-Isle à M. d'Angervilliers, à Metz, le 5 août 1737. Vol. 2864.
Arch. hist.

	Appointe- ments par mois.	Rations par jour	
		de pain.	de fourrages.
1re brigade.			
DES VALLONS, brigadier..............	400	12	6
GARNOT, sous-brigadier.............	250	8	4
DU PORTAL fils, chef de brigade........	200	6	3
LAMOUROUX DE BEAUME..............	150	4	2
LAMBERT......................	150	4	2
Chevalier DE VERVILLE..............	150	4	2
LEFEBVRE DE SAHURS................	150	4	2
LE BESGUES DE NONSART.............	150	4	2
2e brigade.			
DU VIVIER, brigadier................	400	12	6
BOTTET, sous-brigadier..............	250	8	4
DE MONGE, chef de brigade...........	200	6	3
RUFFÉ........................	150	4	2
RIANCOURT.....................	150	4	2
BISCOURT......................	150	4	2
DE RAMSAULT...................	150	4	2
DE FOURCROY...................	150	4	2
3e brigade.			
DOYRÉ, brigadier.................	400	12	6
RIVERSON, sous-brigadier............	250	8	4
CHERMONT, chef de brigade..........	200	6	3
DESNOYER.....................	150	4	2
GODELLE......................	150	4	2
MONTFORT.....................	150	4	2
BARONVILLE....................	150	4	2
Chevalier DE RAMSAULT.............	150	4	2

Fait à Colombes, le 18 août 1741.

Le maréchal D'ASFELD (1).

Le corps des ingénieurs de l'armée de Bavière n'était
pas moins bien composé que celui des officiers d'artil-

----

(1) Vol. 2916. Arch. Hist. — A cette liste, il faut joindre M. Paret,
ingénieur-géographe.

lerie. M. de Perdiguier et ses principaux lieutenants, MM. des Vallons, du Vivier et Doyré, étaient d'anciens combattants de la guerre de la Succession d'Espagne, formés aux leçons de Vauban ou de ses élèves immédiats. M. de Perdiguier avait pris part, sous du Puy-Vauban, à la belle défense de Béthune en 1710 et y avait été grièvement blessé. M. du Vivier, ancien aide de camp du marquis de Blainville, aux côtés duquel il s'était vaillamment comporté à Hochstedt, avait aussi contribué à défendre Landrecies en 1712 (1).

Le service de l'intendance était placé sous la direction de M. de Séchelles, intendant du Hainaut, assisté des commissaires des guerres dont les noms suivent :

MM. La Borde de Marcilly, Le Liepvre, Renaud, Sainte-Marthe, de Montrosier, Gineste, Baron de Fregwal, Dolhassary, Du Laurent (de Sarrelouis), Pottier, Chateauvillard, Laurent (du Hainaut), Patiot, Lassault, Defitte, Dalmas, de Vic, Lenoir, Bulcamp, Pichon de Fontanière, Thomas de Pange (2).

Jamais désignation ne fut plus heureuse que celle de M. de Séchelles pour occuper les fonctions d'intendant de l'armée de Bavière. Ce dernier n'était pas seulement un organisateur incomparable, aux ressources inépuisables, au caractère énergique et plein de sang-froid : il comptait encore parmi les amis du Maréchal les plus dévoués à ses intérêts et à sa gloire. Belle-Isle l'avait demandé avec une insistance telle, avec « des raisons si pressantes et si décisives (3) », que le cardinal de Fleury

---

(1) Deux des ingénieurs de l'armée de Bavière, MM. Lambert et Riverson, devaient se distinguer au siège de Schweidnitz, en 1757, et parvenir au grade de maréchal de camp.

(2) État des commissaires des guerres destinés à précéder les troupes de l'armée du Rhin ou à marcher avec elles, du 25 juillet 1741. Vol. 2916. Arch. hist.

(3) Mémoires de Belle-Isle.

n'avait pu le lui refuser. Le Maréchal ne tardait pas à s'applaudir de ce choix car, aux heures difficiles, M. de Séchelles devait devenir pour l'armée une véritable providence, et son meilleur éloge est renfermé dans cette ligne des *Mémoires* de Belle-Isle : « Sans lui, tout eût manqué en plus d'une occasion. »

A côté de M. de Séchelles et sous son active direction, MM. Le Liepvre, Sainte-Marthe, Lassault, de Vic, Lenoir, feront bientôt preuve de qualités d'administrateurs de premier ordre. M. Renaud se révélera même comme un négociateur d'une grande habileté, destiné à parcourir plus tard une brillante carrière dans la diplomatie.

L'hôpital ambulant de l'armée de Bavière avait été organisé sur les bases suivantes :

Médecins : CASTERAS, médecin principal; MEDALON, DARRAGON.

Chirurgiens : LA MARTINIÈRE, chirurgien-major (1), 20 chirurgiens aides-majors, 30 garçons.

Apothicaires : BOUCHAUD, apothicaire-major, 2 apothicaires aides-majors, 4 garçons.

Aumôniers : 4 Récollets prêtres, 2 frères, 3 valets.

Autres employés : PAILLY, directeur, 3 contrôleurs, 7 commis ou gardes-meubles (2).

Durant les années précédentes, Belle-Isle avait employé avec succès Casteras à visiter les hôpitaux de nos places des Trois-Évêchés et à y rétablir l'ordre. La Martinière et lui s'étaient acquis la réputation du meilleur chirurgien et du meilleur médecin de leur temps.

---

(1) Aux appointements de 390 livres par mois, de 6 rations de pain de munition et de 4 rations de fourrages par jour.

(2) État des principaux employés de l'hôpital ambulant de l'armée de Bavière et du nombre des autres. Vol. 2916. Arch. hist.

Par les solides régiments, les officiers généraux et les aides remarquables dont il s'était entouré, le maréchal de Belle-Isle avait remédié, dans la mesure du possible, à la faiblesse d'une infanterie hâtivement recrutée, d'une cavalerie incomplète, et aux imperfections d'un matériel trop rapidement construit. « C'est moi qui ai fait le choix des troupes, écrivait-il non sans un légitime orgueil à notre représentant à Berlin, le 14 août 1741, et vous pouvez assurer le roi de Prusse qu'il n'y a qu'à désirer qu'elles puissent être à même de combattre et à portée de le joindre, n'ayant rien tant à cœur que de trouver des occasions de mériter son estime et être dans la situation de lui rendre mes très humbles services (1). »

L'activité du Maréchal ne s'était pas déployée moins heureusement en Allemagne et en Bavière où, par ses soins, nos troupes allaient trouver leur marche facilitée et leur subsistance assurée jusque sur les frontières de l'Autriche et de la Bohême.

____

(1) Belle-Isle à M. de Valory, à Francfort, le 14 août 1741. Correspondance de Prusse. Vol. 117. Aff. étrang.

CHAPITRE III

Préparatifs militaires en Bavière.

Envoi à Munich, en juillet 1741, de M. Gayot de Bélombre comme directeur
des vivres, et du marquis de Beauvau comme représentant la France
auprès de l'Électeur. — Difficultés rencontrées par eux faute d'argent,
faute d'auxiliaires bavarois dignes de ce nom, dans la constitution des
approvisionnements de blé nécessaires à notre armée, — De Francfort, le
maréchal de Belle-Isle adresse lettres sur lettres à Versailles pour réclamer l'envoi des fonds sans lesquels MM. de Beauvau et de Bélombre sont
réduits à l'impuissance. — Activité déployée par Paris de Montmartel
pour donner satisfaction au Maréchal et réparer la faute initiale de notre
ministère : l'envoi de notre directeur des vivres en Bavière avec un crédit
insuffisant.

Manque presque total de fourrages dans le pays de l'Électeur. — Impuissance de Charles-Albert à en réunir sans argent. — Donauwerth est encore,
le 17 août, quinze jours avant l'arrivée des premières colonnes de notre
armée dans cette ville, sans un sac d'avoine, sans une ration de paille et
de foin. — Prix exorbitant de la ration de fourrage en Bavière. —
Instances de Belle-Isle pour décider l'Électeur à fournir gratuitement le
foin à nos troupes. — M. de Beauvau parvient à munir Donauwerth des
fourrages nécessaires à notre armée pendant son séjour sous les murs de
cette ville. — Il répond également, avec l'aide de M. de Bélombre, de
réunir dans les magasins de la Bavière, au 30 septembre, un approvisionnement de 20,000 sacs de froment et de 10,000 sacs de seigle qui assurera
la fourniture du pain à nos troupes jusqu'au 1er novembre.

Pénurie des arsenaux de la Bavière. — M. de Rostaing, commissaire
provincial d'artillerie, et M. Loustau, capitaine d'une compagnie d'ouvriers d'artillerie, sont envoyés de France pour y remédier. — Le premier
doit constituer l'équipage de campagne et de siège nécessaire à notre armée,
le second veiller à la construction de plusieurs ponts. — Ils relèvent dans
les arsenaux bavarois de nombreux manquements, qu'ils ne peuvent
combler qu'avec une dépense évaluée à 835,000 livres. — Activité féconde
de MM. de Rostaing et Loustau.

Établissement d'un premier hôpital à Donauwerth par les soins du
commissaire des guerres Leliepvre.

Le 31 juillet 1741, l'Électeur de Bavière requiert le Roi de France de
soutenir par les armes ses prétentions sur la Succession autrichienne.
— Le maréchal de Belle-Isle supplée aux retards de notre cour et de
celle de Munich en envoyant aux villes et aux princes allemands intéressés des officiers, munis de lettres de créance au nom du Roi, qui les
préparent au passage de notre armée et débattent à l'avance, pour nos
troupes, les conditions de la fourniture des fourrages et des vivres autres
que le pain de munition. — Le Maréchal envoie également un ingénieur,

M. de Regemorte, pour réparer la route que doivent suivre nos colonnes.
— Il demande et obtient, par la convention du 16 août 1741, qu'Ingolstadt reçoive une garnison française. — Vivres, fourrages, artillerie, ponts,
hôpital, place de sûreté, sont ainsi assurés à notre armée jusqu'à son
entrée en Bohême.

Pendant son séjour à Nymphenbourg, au début de juin 1741, le maréchal de Belle-Isle avait pu toucher du doigt la profonde détresse de l'Électeur de Bavière. Elle était telle que Charles-Albert, soutenu par l'or de la France, ne devait apporter à notre armée d'opérations qu'un faible appoint de 12,000 hommes environ, et que l'état lamentable de ses finances ne lui permettait pas de constituer le moindre magasin de vivres et de fourrages. Belle-Isle avait appris avec étonnement le défaut absolu de pontons et d'agrès pour la construction des ponts, le manque presque total d'artillerie de siège et la faible quantité de poudre, de plomb, de boulets et d'outils, qui existait dans les arsenaux de la Bavière. C'était tout un approvisionnement de vivres et tout un matériel de guerre à créer, et comme, pour répondre à l'impatience pleine de menaces du roi de Prusse, le Maréchal avait fixé le départ de nos troupes au milieu du mois d'août et leur arrivée sur le Danube au début de septembre, il fallait que la plus grande partie de cet approvisionnement et de ce matériel fût réunie dans un délai de trois mois à peine, en admettant que le cabinet de Versailles ne perdît pas un instant à seconder, par l'activité de ses démarches, les projets du maréchal de Belle-Isle.

Or, comme nous l'avons vu (1), Fleury, mis en demeure par Frédéric et par Belle-Isle de commencer immédiatement la guerre, usait, à la même heure, d'une dernière ruse pour retarder l'ouverture des hostilités jusqu'à

---

(1) Au chapitre VI des *Préliminaires de la guerre de la Succession d'Autriche.*

l'année suivante. N'osant résister de face aux exigences impétueuses du premier et aux instances réitérées du second, il s'était déclaré en apparence prêt à agir, mais il nourrissait en réalité l'espoir, par l'insuffisance du secours qu'il se proposait de prêter à l'Électeur de Bavière, de rendre impossible, pour cette année du moins, la conquête de la Bohême. Charles-Albert et Belle-Isle avaient demandé l'envoi d'une armée de 40,000 hommes. Fleury prit le parti de ne leur accorder que 22,000 hommes. Par le plan d'opérations envoyé de Munich au Cardinal le 6 juin 1741, Belle-Isle avait réclamé la constitution sans délai d'un approvisionnement de 40,000 sacs de blé, échelonnés sur le Danube à Donauwerth, Ingolstadt et Passau ; Fleury se proposa de réduire cet approvisionnement au chiffre dérisoire de 6,000 sacs. Bien que, dans son projet d'opérations et dans sa lettre au Ministre de la guerre du 6 juin 1741, le Maréchal eût nettement spécifié que « l'envoi d'un munitionnaire pour les achats des blés et d'avoine ne souffrait pas un moment de délai (1) », le Cardinal persista à interdire jusqu'au 22 juin, de la part de M. de Breteuil et de son conseiller Paris du Verney, toute démarche qui, même de loin, se rattachât à une préparation des hostilités. Inquiet du silence que l'on gardait à Versailles sur les plus importantes de ses demandes, Belle-Isle écrivait à M. de Breteuil, le 23 juin 1741 : « ..... Chaque jour perdu devient à présent irréparable, et je tremble quand je songe que nous n'avons point encore le premier sac de grains acheté en Bavière, que le munitionnaire qui doit être chargé de cet approvisionnement n'est peut-être pas encore parti et que l'argent nécessaire à l'Électeur n'est peut-être pas accordé (2) ».

(1) Belle-Isle à M. de Breteuil, à Nymphenbourg près Munich, le 6 juin 1741, 8 heures du soir. Vol. 2914. Arch. hist.

(2) Belle-Isle à M. de Breteuil, à Mayence, le 23 juin 1741. Vol. 2914. Arch. hist.

Les lettres d'Amelot et de M. de Breteuil lui apprirent,
vers la fin de juin, qu'il ne devait compter que sur une
armée d'un effectif de 25,000, puis de 22,000 hommes ;
qu'il lui fallait renoncer à la conquête de la Bohême et
qu'on lui demandait un nouveau plan d'opérations de
moindre envergure que le premier, mais ces lettres restaient muettes sur « la plus urgente » de nos opérations,
« l'envoi en Bavière du munitionnaire principal qui doit
faire les achats de grains et approvisionnements, car
l'envoi des 25,000 hommes ne change rien aux emplacements que j'ai proposés sur le Danube à Donauwerth,
Ingolstadt et Straubing. Les premiers dépôts doivent se
faire dans ces trois places, soit qu'on agisse à la droite
contre la Haute-Autriche soit qu'on se porte, suivant
mon projet, à la rive gauche dans la Bohême : et, quoiqu'il ne faille pas une aussi grande quantité de grains
pour 25,000 hommes comme pour 50,000, comme tout
ne s'achète pas à la fois, l'on ne peut trop tôt commencer
parce qu'il se passera par force un temps beaucoup trop
long pour ces achats, et, jusque-là, vous ne sauriez
envoyer personne. Cet article est donc celui qui, sans
comparaison, presse le plus, et ce munitionnaire devrait
déjà être parti avec tout l'argent nécessaire. C'est sur
quoi je ne puis trop insister car, pour peu qu'on
perde de temps, tout manquera, ce qui serait irréparable ...... (1) ». Le 1ᵉʳ juillet 1741, Belle-Isle était
encore dans l'ignorance des mesures tardivement prises
à Versailles pour assurer la subsistance de nos troupes
en Bavière, et il écrivait à M. de Breteuil le même jour :
« ..... Je suis toujours également étonné et affligé de
n'avoir point vu arriver de munitionnaire pour l'achat
des grains, dont l'approvisionnement sera bien long à

----

(1) Belle-Isle à M. de Breteuil, à Francfort, le 26 juin 1741. Vol. 2914.
Arch. hist.

faire pour les transporter dans les places du Danube, où ils sont nécessaires, et les pousser de là dans les entrepôts relatifs aux expéditions. J'avoue que cette lenteur m'effraye par les suites funestes qu'elle peut avoir, et je manquerais essentiellement à mon premier devoir envers le Roi et à l'amitié que j'ai pour vous si je vous parlais autrement (2). »

Belle-Isle avait vu aussi avec peine l'inutilité de ses démarches auprès de Paris du Verney à qui il avait proposé, à plusieurs reprises, de devancer en Bavière l'intendant de l'armée et d'y assurer par lui-même les premiers magasins : « Je suis extrêmement affligé, disait-il dans sa lettre qui précède, de voir qu'il (du Verney) persiste à se refuser à une besogne qui ne peut absolument être bien conduite que par lui. Il n'y en eut jamais de si difficile et qui ait eu autant besoin d'un homme aussi consommé et aussi supérieur que lui. Je vous dirai même que sa présence est si nécessaire, du moins pour le premier établissement, qu'il y aurait de la témérité ou de la folie à se charger du commandement de cette armée, y ayant une partie aussi principale que celle de la subsistance dans une pareille incertitude, qui est le terme le plus doux que je puisse employer .... ». Si Paris du Verney persistait à invoquer le prétexte de sa mauvaise santé pour ne pas se rendre en Bavière, le marquis de Breteuil était fermement résolu à ne point se séparer d'un collaborateur dont il sentait la présence indispensable à ses côtés pour mener à bien les préparatifs de cette guerre. Le Ministre faisait choix, le 28 juin, comme directeur des vivres de l'armée de Bavière, de M. Gayot de Bélombre. L'avenir devait montrer combien était heureuse cette désignation ins-

---

(2) Belle-Isle à M. de Breteuil, à Francfort, le 1ᵉʳ juillet 1741. Vol. 2914. Arch. hist.

pirée par Paris du Verney qui, dans sa lettre au Maréchal du 28 juin, annonçait en ces termes le départ de M. de Bélombre : « ..... Vous verrez, Monseigneur, par l'instruction remise à M. de Bélombre et par les dépêches dont il est chargé pour M. le comte de Terring, quelles sont les mesures actuelles. Il me paraît que les points supérieurs, comme la fixation des lieux où l'on établira les magasins et où l'on fera construire les fours, dépendent tous de votre décision. M. de Bélombre ne manquera pas d'exécuter très ponctuellement, à tous égards, les ordres dont vous voudrez bien l'honorer. Il a de l'intelligence, du feu et de l'honneur. Je l'ai vu remplir très bien plusieurs fonctions différentes dans les vivres de la dernière guerre, et je ne doute pas que le désir de vous plaire ne lui donne l'émulation de faire encore mieux. J'ose vous prier, Monseigneur, de lui accorder votre protection à proportion de ce qu'il s'en rendra digne (1). »

En cours de route, M. de Bélombre rencontra près de Worms, le 5 juillet, le maréchal de Belle-Isle qui se rendait à Versailles pour y livrer lui-même la bataille décisive d'où dépendait la poursuite ou le renversement de ses plans belliqueux. Nous avons déjà mentionné (2) l'extrême surprise du Maréchal à la lecture des instructions de M. de Bélombre. Elles concernaient l'envoi d'un faible corps de 22,000 hommes en Bavière, autorisaient seulement l'achat de 6,000 sacs de grains et la confection de 8,000 sacs de treillis, enfin mettaient à la disposition du directeur des vivres un fonds insignifiant de 100,000 florins d'Allemagne (3). Mais tout entier à la

---

(1) Paris du Verney à Belle-Isle, Paris, le 28 juin 1741. Vol. 2924. Arch. hist.

(2) Au chapitre VI, p. 340 des *Préliminaires de la guerre de la Succession d'Autriche.*

(3) Extrait des articles de l'instruction donnée par M. le marquis de

volonté de vaincre les obstacles accumulés devant lui par le Cardinal, outré mais non découragé à la vue des préparatifs de notre ministère, « misérables en tout (1) », Belle-Isle n'hésita pas, sous sa responsabilité, à donner à M. de Bélombre des instructions plus étendues. Comme le temps lui manquait pour les rédiger, il adressa le directeur des vivres à son frère, demeuré à Francfort, dans la certitude que le chevalier, confident de toutes ses pensées, ne laisserait point parvenir jusqu'à l'Électeur de Bavière la connaissance des mesures informes et mesquines de notre ministère.

M. de Bélombre quitta Francfort le 7 juillet, muni d'une nouvelle instruction du chevalier de Belle-Isle qui lui enjoignait de constituer l'approvisionnement des blés nécessaire à une armée de 45,000 à 50,000 hommes pendant quatre mois, de faire descendre le premier quart de ses achats à Straubing, le deuxième quart à Ingolstadt, le reste à Donauwerth, et de réunir à Amberg 20,000 sacs d'avoine, au cas ou l'Électeur adopterait le projet primitif du Maréchal de déboucher en Bohême par le Haut-Palatinat. Le chevalier de Belle-Isle chargeait aussi le directeur des vivres de remettre au comte de Terring une lettre où il priait, dans les termes les plus pressants, le ministre de l'Électeur de faciliter de tout son pouvoir la mission de M. de Bélombre, de mettre à la disposition de ce dernier « les commissionnaires les plus intelligents et les plus expéditifs. Vous jugerez mieux que personne, lui disait-il, que ces deux qualités sont absolument nécessaires, vu l'importance de la matière et le peu de temps que nous avons. Il serait bien fâcheux que le départ des troupes pût être retardé par le défaut de trouver les magasins faits pour les recevoir.

Quoique le sieur de Bélombre ne soit particulièrement chargé que

---

Breteuil, le 28 juin 1741, au sieur de Bélombre, directeur de la régie des vivres en Bavière. Vol. 2924. Arch. hist.

(1) Chapitre VI, p. 340 des *Préliminaires de la guerre de la Succession d'Autriche.*

des achats de blé et de seigle pour la fourniture du pain, je lui ai recommandé de veiller à l'achat des avoines pour aider et diriger vos commissionnaires. Vous verrez, par les états que je lui ai remis, les quantités qu'il en faut.

Vous avez reçu, Monsieur, il y a quelques jours, une lettre de mon frère concernant l'article du fourrage, les lieux où il croit que l'on en doit trouver, et la consommation en sera si imminente, vu la conservation du pays de l'Électeur dans lequel il ne convient point d'aller au fourrage, que l'on ne doit point craindre d'en trop ramasser à Amberg ; au surplus, le calcul (1) que j'ai fait pour l'avoine doit déterminer pour les quantités de foin qu'il faut même faire plus abondantes, parce qu'il n'y a que la belle saison pour en faire les transports et qu'on l'aura à bien meilleur marché en l'achetant sur le pré, comme mon frère vous l'a proposé, et avant que l'on sache dans le pays que les troupes soient en marche pour s'y rendre.

Pour revenir à l'article du blé, il n'y a rien à dire de plus quant aux achats, qu'il faut, par préférence, faire le plus à portée du Danube que l'on pourra afin de profiter de la navigation pour les faire descendre dans les dépôts convenus.

Un point tout aussi pressé que les achats est de disposer les magasins pour recevoir cette quantité de grains. Comme il convient que tout se fasse sous le nom de l'Électeur, en employant son nom et son autorité, toutes les difficultés doivent s'aplanir. Le sieur de Bélombre visitera Donauwerth en allant vous joindre ; il convient que vous l'envoyiez ensuite à Ingolstadt et à Straubing. Ne jugeriez-vous point à propos de le faire accompagner par quelqu'un, préposé par l'Électeur, pour faire faire sur-le-champ les constructions et autres arrangements indispensables pour la conservation des blés ?.....

A mesure que les grains commenceront à arriver dans les dépôts, il faut user de la plus grande diligence pour les convertir en farine jusqu'à la concurrence que mon frère en fixera par les détails qu'il aura l'honneur de vous envoyer de la cour, en distinguant celle réservée pour faire le biscuit d'avec celle qui sera destinée au pain de munition ordinaire, et, comme dans cette saison il peut n'y avoir pas, comme en hiver, autant de moulins qui travaillent, ayez la bonté, s'il vous plaît, de favoriser cette mouture de toute l'autorité de l'Électeur.

Il n'est pas moins nécessaire d'entrer dans le détail de la construction des fours, de leurs emplacements, où il faut réunir autant qu'il sera possible des amas de bois nécessaires et généralement tous les arti-

---

(1) Voir à l'appendice 1 du chapitre III l'*État estimatif de la quantié de chevaux qu'il y aura au camp d'Amberg.*

cles qui auront rapport à la cuisson. Le sieur de Bélombre vous porte
un plan des fours de cintre en bois pour en commencer la construction.

Je ferais un volume si je voulais reprendre l'un après l'autre tous les
articles qu'il faut qui concourent également pour faire paraître les
troupes du Roi et celles de l'Électeur avec l'éclat qui leur convient et
qu'aucune des choses nécessaires à leur subsistance n'en arrête les progrès. Vous êtes instruit beaucoup mieux que moi, Monsieur, de tout ce
qu'il faut. Je craindrais de vous offenser si je disais que rien n'égale le
zèle qui nous anime, mon frère et moi. Permettez-moi de le mettre à
côté du vôtre, et, qu'après avoir arrangé tout ce qu'il faut pour rassembler promptement cette armée, elle remplisse notre attente sous les
yeux et sous les ordres de Son Altesse Électorale. Je vous ajouterai que
vous ne sauriez trop presser vos préparatifs, et même mettre trop d'éclat
dans ceux que cette publicité ne renchérira point, pour que le roi de
Prusse les apprenne et voie que vous vous mettez en état de le seconder
et de remplir les engagements que l'on a pris avec lui (1). . . . .

Arrivé à Munich vers le 9 juillet, M. de Bélombre y
était bientôt rejoint par l'envoyé extraordinaire que
Louis XV avait, à la prière du Maréchal, désigné pour
demeurer auprès de l'Électeur de Bavière, par le marquis de Beauvau. De grande naissance, d'éducation
parfaite, d'un caractère droit, animé de sentiments
nobles et élevés, le brillant mestre de camp du régiment
de la Reine était aussi un serviteur passionné de la
France et un ami dévoué du Maréchal. Si quelque défaut
se découvrait en lui, c'était son impétuosité qui l'empor-
tait parfois, sans réflexion suffisante, vers les partis d'action et de vigueur. L'Instruction (2) qu'il avait reçue de
notre Ministre des affaires étrangères lui indiquait qu'il
était envoyé à l'Électeur « comme une personne de confiance, pour être continuellement à portée de concourir à
faciliter et à accélérer l'exécution » des arrangements
que Belle-Isle avait concertés avec Charles-Albert au

---

(1) Le chevalier de Belle-Isle au comte de Terring, à Francfort, le
6 juillet 1741. Vol. 2924. Arch. hist.
(2) Correspondance de Bavière. Vol. 92. Aff. étrang.

mois de juin précédent. Il lui était prescrit de suivre les mesures destinées à « assurer la marche et la subsistance des troupes auxiliaires que le Roi se dispose à faire passer en Bavière », et de donner, par son autorité, aux préparatifs militaires une énergique impulsion.

Dès leurs premières démarches, M. de Bélombre et le marquis de Beauvau se virent arrêtés par l'insuffisance des crédits mis à leur disposition, l'épuisement des finances de l'Électeur et la lenteur des Bavarois. La faible somme de 100,000 florins, apportée par M. de Bélombre, ne pouvait entrer en ligne de compte en face des immenses dépenses qu'il devait engager. De son côté, Charles-Albert ne vivait au jour le jour que par les subsides de la France. Son premier ministre, le comte de Terring, avait fait un suprême effort pour avancer 92,000 florins à M. de Bélombre, mais, à bout de ressources, il écrivait au maréchal de Belle-Isle le 3 août 1741 : « ..... Une difficulté pas moins importante, c'est celle de l'argent. Au nom de Dieu, redoublez vos représentations là-dessus, faute de quoi les choses les plus essentielles manqueront et feront mourir de chagrin l'Électeur qui, pour n'être pas à charge au Roi, voudrait vendre et engager sa chemise pour qu'il puisse trouver de l'argent dont il est si extraordinairement pressé (1) ».

Le manque d'auxiliaires bavarois, d'une capacité éprouvée, accroissait encore les difficultés que M. de Bélombre et M. de Beauvau rencontraient par suite du manque d'argent. L'Électeur, dépourvu de fermeté de caractère, passait son temps à écouter les avis de son entourage, à remanier et à changer ses projets d'opérations sans examiner la possibilité et les conséquences de

---

(1) Terring à Belle-Isle, à Munich, le 3 août 1741. Correspondance de Bavière. Vol. 92. Aff. étrang.

ses variations. A ses côtés, son premier ministre, le comte de Terring, était seul chargé de tous les ministères et voulait tout faire par lui-même. Débordé par l'immensité du travail et manquant souvent des lumières nécessaires, il ne finissait rien (1). On devait le harceler sans trêve pour qu'il donnât à ses promesses un commencement d'exécution. M. de Mortaigne, exprimant à Belle-Isle ses inquiétudes de le savoir retenu à Francfort loin de notre armée, lui écrivait le 23 août : « Si jamais votre présence a été nécessaire quelque part pour le service du Roi, c'est dans cette occasion à la tête de l'armée.

« L'Électeur, comme vous savez, n'a pas de détail pour les parties militaires. Le comte de Terring n'est pas expéditif pour les faire exécuter, et il est à craindre que d'autres ne les embrouillent. Je crois devoir vous dire tout cela, Monseigneur, pour que vous puissiez y faire vos réflexions (2). »

Le Ministre de l'Électeur était mal secondé par des commissaires et des agents lents, incapables et engourdis dans une longue paix. Le principal commissaire qu'il adjoignit à M. de Beauvau était, au dire de notre envoyé, « un vieux bonhomme qui a la fièvre quarte et qui ne vivra pas huit jours si on me le laisse entre les mains (3) ». Sans se laisser décourager par le faible concours qu'il trouvait autour de lui, M. de Bélombre écrivait au chevalier de Belle-Isle, le 19 juillet 1741 : « Vous m'aviez prévenu, Monsieur, du peu de ressources

---

(1) Belle-Isle à M. de Mortaigne, à Francfort, le 28 août 1741 : « Je vois avec plaisir que vous vous soyez entièrement mis au détail de l'armée. Ce n'a été qu'en votre absence que M. de Beauvau a dû en suivre plusieurs articles auprès de l'Électeur et du maréchal de Terring qui ne finit rien. » Vol. 2915. Arch. hist.

(2) M. de Mortaigne à Belle-Isle, à Munich, le 23 août 1741. Vol. 2915. Arch. hist.

(3) M. de Beauvau à Belle-Isle, à Munich, le 14 août 1741, à 11 heures du soir. Correspondance de Bavière. Vol. 95. Aff. étrang.

que je trouverais dans les gens du pays, et je ne l'éprouve que trop. Malgré cela, si on me donne le temps et les moyens d'aller en avant, j'espère que je parviendrai à remplir tous les objets qui sont confiés à mes soins (1). »
M. de Beauvau, plus impatient, sentait le sang bouillonner dans ses veines au spectacle de la lenteur des Bavarois, dont il citait ces quelques traits caractéristiques dans sa lettre au maréchal de Belle-Isle, du 14 août 1741 :

..... Vous ne pourrez jamais croire que ce n'est pas ma faute si tout va si lentement, et de mon côté je suis effrayé quand je m'éveille les matins et que je pense que je suis plus vieux d'un jour. En vérité j'ai résolu de ne pas me rebuter, mais je suis pénétré de sentir qu'avec tout le zèle imaginable mon séjour ici aura été entièrement inutile au service du Roi. Je forme les demandes, j'y donne la forme convenable pour qu'il n'y ait qu'à signer ; j'en indique les moyens, suivant qu'ils me sont fournis ou par les gens chargés des détails de chaque partie ou par les perquisitions que je peux faire par moi-même. On n'écoute ni on ne répond..... On ne peut pas même compter sur les faits. J'avais l'honneur de vous mander que nous aurions 15,000 paires de souliers pour le 1er de septembre. Point du tout, j'apprends hier au soir, par M. de Terring, qu'on ne doit plus compter sur rien pour le temps où ils seront faits, que la matière manque aux cordonniers, qu'on ne saurait les obliger à travailler pour une époque fixe. Sur quoi tabler ? Il en est de même de tout ; c'est pour la dixième fois au moins que je demande que, si on ne peut pas acheter de fourrages sans que nous en fassions les avances, qu'au moins on me donne une note des lieux où on peut les tirer et de la quantité qu'on peut en espérer ; que cela est nécessaire pour statuer la préférence des premiers achats à faire, relativement aux routes préparées pour le service des vivres ; que, sans cet ordre nécessaire, on fera les choses au hasard et qu'on emploiera en aveugle les premiers fonds, qui arriveront, en portant peut-être d'abord les emplettes dans les lieux où elles pourraient être différées et en les négligeant dans ceux où il faudrait qu'elles fussent commencées d'abord. On me répond à tout cela que, pourvu que l'argent ne manque pas, rien ne manquera ; qu'on a fait la guerre autrefois et sans entrer dans de si grands détails ; que les autres armées n'y sont pas assujetties et ne laissent pas d'opérer.....

---

(1) M. de Bélombre au chevalier de Belle-Isle, à Munich, le 19 juillet 1741. Vol. 2924. Arch. hist.

On n'a jamais voulu nous dire combien il y avait de chevaux d'artillerie, et ce n'est que par nos recherches particulières que nous sommes parvenus à savoir qu'il n'y en avait pas plus de 100. Vous sentirez mieux que moi combien il est nécessaire d'éclairer toutes ces obscurités pour parvenir à des connaissances certaines, propres à constater des projets solides, et en même temps qu'il faut s'y prendre avec insinuation et douceur pour porter M. le comte de Terring à nous donner une confiance plus entière, car, avant tout, l'union et l'harmonie sont nécessaires, et il vaudrait mieux que tous nos arrangements manquassent que de les perdre. J'y apporte, de mon côté, tout le liant et toute la patience possibles, mais il faut accorder avec cela la célérité et la réalité des opérations, et ce grand ouvrage ne peut être que le fruit du poids de votre autorité ici et de la grande considération qu'on y a pour vous. J'espère donc que, sans rien mettre de trop vif dans vos premières lettres, vous voudrez bien insinuer qu'on ajoute dorénavant plus de confiance à nos calculs réels sur les détails qui sont inconnus ici, et qu'on ne les perde pas de vue pour y préférer des idées vagues et d'un usage impossible dans la pratique, surtout qu'on ne tarde pas des trois ou quatre jours à faire des réponses à nos demandes, ou à les oublier entièrement. J'espérais remédier à une partie de ces lenteurs par le commissaire qu'on m'a accordé pour travailler avec lui, mais c'est un vieux bonhomme qui a la fièvre quarte et qui ne vivra pas huit jours si on me le laisse entre les mains.

M. de Mortaigne et moi nous demandâmes, la veille de son départ, qu'on établît des ordonnances pour porter nos lettres. On nous promit que cela serait fait le lendemain matin. Il y a trois jours de cela, et, quand aujourd'hui j'ai voulu faire usage de cette voie, il n'y avait pas le moindre ordre donné. On ne savait même comment s'y prendre pour en faire l'établissement, et il a fallu que j'en donne l'arrangement par écrit. La traduction en sera faite en allemand, portée à la Chambre, et Dieu sait quand cela sera fait (1).....

Laissé sans ordres de Versailles, sans complément d'instruction, sans argent et sans crédit, M. de Bélombre n'avait pu, pendant le mois de juillet, s'employer aussi utilement qu'il se l'était proposé à l'achat des grains. « Ce n'est que de ce matin, écrivait-il au chevalier de Belle-Isle le 31 juillet 1741, que j'ai commencé d'avoir

---

(1) Correspondance de Bavière. Vol. 95. Aff. étrang.

des notions certaines sur le nombre des troupes qui doivent passer en Bavière et le temps qu'elles y arriveront, par le détail contenu à ce sujet dans la dépêche que M. le comte Terring a reçue avant-hier au soir de Mgr le Maréchal et dont il a eu la bonté de me faire part relativement aux objets qui concernent mon ministère. Ils n'y sont cependant traités que fort superficiellement, Mgr le Maréchal renvoyant en quelque façon M. le comte de Terring aux mesures que je dois avoir prises jusqu'à présent et aux ordres plus précis qui doivent m'être envoyés. Il ne m'en est encore parvenu aucun depuis que je suis ici, et je reste dans la même incertitude sur l'objet des achats sans savoir jusqu'où ils doivent être portés en supposant la remise des fonds qui y sont nécessaires (1). »

De retour à Francfort le 1er août, après avoir triomphé à Versailles des hésitations du cardinal de Fleury, le maréchal de Belle-Isle ne perdait pas un instant à se mettre au courant de nos préparatifs militaires en Bavière et à écrire à M. de Breteuil pour lui marquer combien il était « indispensable d'envoyer au plus tôt, à mon dit sieur de Bélombre, tous les fonds qu'il demande avec les ordres pour les achats et emplacements proposés (2) ». Par le même courrier, il demandait en termes pressants à du Verney que l'on fît passer sans retard à M. Bélombre : « 1° tous les fonds qu'il demande ; 2° l'ordre d'acheter tous les grains arrhés par M. le comte de Terring, dont il est fait mention dans les états et lettres de mon dit sieur de Bélombre..... Enfin, Monsieur, vous savez le nombre des troupes qui marchent et l'époque de leur arrivée. Vous savez aussi qu'il faut également approvisionner la droite et la

____

(1) Vol. 2914. Arch. hist.
(2) Belle-Isle à M. de Breteuil, à Francfort, le 1er août 1741. Vol. 2924. Arch. hist.

gauche, qu'à la fin d'octobre il faudra faire l'entreprise projetée en Bohême et porter avec soi quarante jours de pain, biscuit ou farine, pour la totalité de l'armée; que le supplément qui ne doit marcher que le 24 septembre, quoique indécis, exige néanmoins que sa subsistance soit préparée et constatée, parce qu'il ne serait pas temps alors d'y pourvoir dans des emplacements aussi difficiles et aussi longs à faire. Ainsi vous connaissez mieux que qui que ce soit combien le temps est court, de quelle nécessité il est de n'en pas perdre une minute pour des préparatifs faute desquels non seulement toute entreprise deviendrait impossible mais entraînerait la destruction de l'armée et la honte de tous ceux qui ont le maniement des affaires et politiques et militaires (1) ».

Toujours préoccupé de la subsistance de l'armée, « le premier et le principal » des détails militaires à ses yeux, le maréchal de Belle-Isle mandait au Ministre de la guerre, le 8 août 1741 :

..... Le sieur de Bélombre se plaint de n'avoir encore reçu aucun ordre de qui que ce soit depuis qu'il est en Bavière. Vous avez vu, Monsieur, dans la longue dépêche (2) que j'ai eu l'honneur d'écrire à l'Électeur, laquelle a eu votre approbation, que tous nos projets militaires sont faits sur le pied d'un approvisionnement suffisant de grains et de farines déposés à la droite et à la gauche du Danube et dans les places situées sur ce fleuve qui fait le centre.

La situation actuelle nous fait espérer de pouvoir faire le siège de Linz. Les mouvements des troupes autrichiennes, et encore plus ceux que pourrait faire la Saxe, exigeront peut-être que l'on abandonne le premier plan de la droite pour porter au plus tôt nos forces dans le Haut-Palatinat et sur la frontière de Bohême.

Ces deux différentes opérations exigent qu'on ait à l'avance des magasins de vivres et fourrages tout formés des deux côtés à la fois.

---

(1) Belle-Isle à du Verney, à Francfort le 1ᵉʳ août 1741. Vol. 2924. Arch. hist.

(2) Voir cette dépêche à l'appendice 2 du chapitre VII des *Préliminaires de la guerre de la Succession d'Autriche*.

Je n'ai pas besoin de vous en dire davantage pour que vous sentiez combien le temps presse et combien il est fâcheux que M. de Bélombre n'eût pas encore reçu, le 3e de ce mois, ni les ordres ni les fonds qui lui sont nécessaires (1).

Grâce à son activité, M. de Bélombre se voyait bientôt en mesure de répondre des premières subsistances à l'arrivée de nos troupes en Bavière, mais, comme il l'écrivait au maréchal de Belle-Isle le 7 août, il prévoyait, jusqu'au 15 septembre, une dépense de plus de 530,000 florins pour constituer l'approvisionnement général qui lui était demandé, et il n'avait reçu jusqu'à ce jour que 72,000 florins. En outre, il n'avait pu tenir, comme il en avait l'ordre, 100,000 écus à la disposition du comte de Terring pour faciliter aux Bavarois un premier amas de fourrages. « Il n'est pas praticable qu'avec des secours aussi lents, écrivait-il au Maréchal, je puisse assurer un objet qui demande d'être suivi avec la dernière vivacité et en aussi peu de temps. La langueur, qui s'y est déjà introduite par le manque de fonds, m'effraye à juste titre lorsque je considère qu'elle s'augmentera par le défaut de voitures qui nous manqueront au temps de la récolte. Si je ne suis pas en état de les forcer aujourd'hui à prix d'argent, on ne sera plus maître d'y revenir qu'avec le temps (2). »

De concert avec M. de Bélombre, le marquis de Beauvau arrêtait, le 13 août, un « Plan général des mesures à prendre pour assurer la subsistance des troupes à leur arrivée en Bavière et relativement aux différents mouvements qui peuvent avoir lieu (3) ».

---

(1) Belle-Isle à M. de Breteuil, à Schwetzingen ce 8 août 1741. Vol. 2924. Arch. hist.

(2) M. de Bélombre à Belle-Isle, Munich, 7 avril 1741. Correspondance de Bavière. Vol. 92. Aff. étrang. Vol. 2924. Arch. hist.

(3) Correspondance de Bavière. Vol. 92. Aff. étrang. Voir ce plan à l'appendice 2 du chapitre III.

En évaluant à 33,620 rations journalières la fourniture
en pain des 25 bataillons et des 56 escadrons qui devaient
passer le Rhin au mois d'août, MM. de Beauvau et de
Bélombre étaient parvenus à l'assurer, pour 10 jours, à
Donauwerth et, pour 13 jours, à Neumarkt et à Amberg.

Comme le sac de farine produisait 180 rations, il fallait
réunir 1,870 sacs à Donauwerth et 2,430 à Neumarkt et
à Amberg.

Or un approvisionnement de 2,121 sacs était assuré à
Donauwerth pour le 25 août, et il était possible de tirer
à la même date 3,747 sacs des magasins d'Ingolstadt. En
faisant transporter de cette ville 1,500 sacs à Amberg et
1,500 sacs à Neumarkt, M. de Beauvau comptait pourvoir, le cas échéant, à la fourniture des troupes bavaroises qui se joindraient à l'armée française dans le Haut-
Palatinat.

La construction des fours était activement poussée à
Donauwerth, terminée à Neumarkt et sur le point d'être
entreprise à Amberg.

On comptait, dans les magasins de Straubing, 3,250 sacs
de froment et plus de 5,000 sacs de seigle. Comme les
achats se poursuivaient avec assez de succès aux environs
de cette ville, comme elle offrait d'abondantes ressources
pour moudre les grains, M. de Beauvau espérait y rassembler, au 15 septembre, plus de 500,000 rations de
biscuit, qui pouvaient suffire à la subsistance de l'armée
pendant 15 jours. Par les emplacements assignés à nos
magasins, il laissait au maréchal de Belle-Isle et à l'Électeur de Bavière la faculté de se déterminer pour une
attaque de la Bohême venant soit du Haut-Palatinat, soit
du Danube et de la route de Linz à Budweis.

De son côté, M. de Bélombre, rendant compte au
maréchal de Belle-Isle, le 16 août, des détails de son
service, lui annonçait que les fours d'Amberg seraient,
au dire de l'entrepreneur, prêts pour le 2 septembre,
qu'il y faisait passer 20 fours de cintre de bois faits à

Munich, qu'il venait de recevoir ce jour-même 500 pièces de treillis pour la confection des sacs et qu'il en attendait 200 le lendemain, mais qu'il ne cessait d'appréhender le défaut d'argent et la difficulté croissante des achats de grains.

Mes inquiétudes sur la possibilité de pousser les achats s'augmentent tous les jours, et il est plus à craindre que jamais que je ne puisse y réussir faute de secours d'argent que je demande depuis si longtemps et qu'il n'a pas tenu à Votre Excellence de me procurer.

Tous les passages se ferment insensiblement. Il ne vient plus rien de Bohême, d'où nous avons tiré jusqu'à présent la meilleure partie de nos grains. Il vient d'être défendu d'en laisser sortir du Würtemberg. Mêmes défenses subsistent dans l'évêché d'Eichstädt. Il a été arrêté une quantité d'environ 2,000 scheffels (1) de froment, seigle et avoine, dans le duché de Neubourg. Pour peu que nous trouvions encore les passages fermés en Souabe et en Franconie, d'où l'excessive cherté nous a jusqu'à présent empêchés de rien tirer, il faudra de nécessité que nous prenions sur la Bavière même, et c'est ce que je voudrais éviter autant qu'il sera possible. Je ne puis m'empêcher, Monseigneur, d'être pénétré de regret lorsque je considère que, si j'avais été pourvu de fonds et libre d'agir par moi-même dès le premier moment où je suis venu ici, j'aurais actuellement en magasin plus de 30,000 sacs de grains qui me donneraient tout le temps de laisser baisser les prix, au lieu que la nécessité d'acheter contribuera d'autant à les tenir hauts. Il s'en faut de beaucoup que je sois dans cet état de tranquillité. Votre Excellence aura pu en juger par le plan que M. le marquis de Beauvau lui a adressé de nos dispositions, et suivant lequel Elle verra que la sûreté des subsistances au delà de six semaines n'est fondée que sur les achats qui se suivent sans interruption, mais cependant avec cette langueur inévitable qu'y apporte la disette de fonds. Elle nous occasionne fréquemment de voir transporter à Augsbourg et ailleurs des grains qui nous avaient été promis. Les transports deviennent de jour en jour plus difficiles par les occupations de la récolte. Rien n'est cependant capable, Monseigneur, de ralentir mon zèle et mes efforts. Un prompt et ample secours d'argent serait peut-être encore à temps de leur rendre un certain succès. Votre Excellence peut s'assurer que je ne lui laisserai

---

(1) Le scheffel ou boisseau de froment pesait 315 livres et le scheffel de seigle 305 livres, poids de marc.

rien à désirer sur tout ce qui dépendra de moi pour l'étendre jusqu'où il pourra l'être (1).

Les plaintes qui parvenaient de toutes parts au Maréchal sur le manque d'argent le jetèrent dans une inquiétude mortelle. « Je vois avec bien de la douleur, lui écrivait M. de Mortaigne le 12 août, le peu de progrès qui se fait dans toutes nos opérations. Faute d'argent, tout languit, et cela me fait trembler (2). » Belle-Isle adressait lettres sur lettres à Paris du Verney, à M. de Breteuil, à Amelot, pour accélérer le départ des fonds réclamés par M. de Bélombre. Il avait appris avec peine du correspondant de Paris de Montmartel à Francfort, du banquier Harscher, que ce dernier n'était pas en mesure de faire passer à Munich plus de 20,000 à 25,000 florins par semaine, « ce qui, mandait-il à M. de Breteuil le 12 août, n'est pas la dixième partie de ce qu'il faudrait à présent. Il serait bien affligeant, le Roi faisant d'aussi grands efforts, et après un plan général d'opérations si bien concerté et dont les succès sont aussi utiles que glorieux et immanquables, si l'exécution s'ensuit, que tout s'évanouît par le retardement des remises des fonds convenus, qu'il faudra également dépenser mais qui, l'étant trop tard, toutes ces mêmes dépenses deviendront inutiles. Vous ne sauriez, Monsieur, trop représenter ces inconvénients à M. le Cardinal et à M. le Contrôleur général pour qu'aussitôt la présente reçue, l'on mette M. de Montmartel en état d'envoyer un courrier en Hollande pour faire passer ici tous les fonds nécessaires avec toute la diligence requise, sans quoi réellement il y aurait de quoi se désespérer de voir manquer des entreprises décisives pour remplir toutes les vues de

____

(1) Vol. 2924. Arch. hist.

(2) M. de Mortaigne à Belle-Isle, à Munich, le 12 août 1741. Vol. 2915 Arch. hist.

Sa Majesté et abréger la durée d'une guerre que nous ne saurions rendre trop courte (1) ». Dans sa hâte, le Maréchal proposait à M. de Breteuil de faire passer « en droiture », de France en Bavière, une voiture chargée de louis d'or neufs. A mesure que le temps s'écoulait, ses lettres trahissaient plus vivement son impatience et son mécontentement. Le 18 août, il exprimait à Paris du Verney ses regrets du retard apporté à l'envoi des fonds.

Toute espèce d'opération, préparatif et arrangement, est suspendue, plusieurs parties même ne sont pas commencées. Les lettres que je reçois journellement de tous ceux que l'on a envoyés les premiers sont plus tristes et plus pressantes les unes que les autres sur le défaut d'argent. Comment a-t-on pu imaginer, après les détails que j'ai faits de l'impuissance totale de l'Électeur, de l'indigence excessive de son pays, à cause de la disette générale qui avait régné les deux dernières années consécutives, que l'on pourrait tirer aucune espèce de secours d'un pays et d'un Prince auquel j'ai mandé qu'il fallait généralement tout donner, et surtout beaucoup d'argent, si l'on voulait qu'il pût se soutenir et en tirer quelque utilité. Il a donc été constaté qu'il fallait que le Roi, en prenant le parti d'envoyer une armée en Bavière, y fît passer aussi tout l'argent nécessaire, d'autant que l'on n'ignore pas que la circonstance actuelle exige qu'il faut tout payer comptant et que l'on ne peut rien tirer du pays et des voisins que l'argent à la main. Tout cela a été dit et prévu. Cependant M. de Bélombre est parti avec des fonds si médiocres que c'est par lui-même que j'apprends, par sa lettre du 7 août, qu'il n'avait encore touché que 72,000 florins et que ses premiers marchés eussent manqué sans le secours de M. le comte de Terring, qui a lui-même besoin de sommes considérables pour les dépenses et le service de son maître (2).

Le même jour, dans une longue lettre, remplie de « choses tristes et désagréables, dont la plus grande par-

---

(1) Belle-Isle à M. de Breteuil, à Francfort, ce 12 août 1741. Vol. 2924. Arch. hist.

(2) Belle-Isle à Paris du Verney, à Francfort, ce 18 août 1741. Vol. 2924. Arch. hist.

tie dérive du défaut d'argent », le Maréchal écrivait à
M. de Breteuil :

..... La guerre ne se fait point de cette manière, surtout dans les
circonstances où nous nous trouvons d'aller chez un prince ami, dénué
d'argent, à qui nous sommes obligés d'en fournir, dont le pays est
dans la plus grande disette, entouré de princes voisins pour lesquels
nous sommes obligés d'avoir les plus grands ménagements et desquels
nous ne devons rien tirer ni attendre qu'à force d'argent.

Je conviens qu'une pareille guerre est excessivement onéreuse, mais
on en a connu toutes les circonstances avant de s'y résoudre, et, du
jour qu'on s'y est déterminé, on a dû prendre les mesures en conséquence, dont la première était de faire remettre à l'avance, en envoyant
les officiers d'artillerie et le sieur de Bélombre, au moins un million de
florins pour remplir tous les différents objets, établir le crédit, éviter
les marchés onéreux et réparer par cette précaution le temps que
chacun convenait avoir été perdu.

Je crois qu'il est inutile que je m'étende davantage sur la nécessité
de réparer au plus tôt le mal. Vous le sentez à présent comme moi,
vous en voyez toutes les suites. Il y en a même qui ne se peuvent plus
réparer, mais il faut du moins empêcher le renversement total de toutes
nos opérations, et pour cet effet vous ne sauriez trop tôt envoyer
l'argent qui manque. Les journées et les heures sont si précieuses
qu'elles n'ont pas de prix (1).

Les supplications répétées du maréchal de Belle-Isle
avaient été entendues à Versailles. S'il avait pu se transporter à la cour, il eût été témoin de la bonne volonté
que M. de Breteuil, Paris de Montmartel et Paris du Verney, même le contrôleur général Orry, déployaient à
l'envi (2) pour satisfaire à ses demandes d'argent et pour

-----

(1) Vol. 2924. Arch. hist.

(2) Avant de se rendre à l'armée, M. de Séchelles, de passage à Versailles, écrivait à Belle-Isle le 29 juillet 1741. « Je me persuade plus que
jamais, par ce que je vois, que M. du Verney veut que vous soyez content. M. Orry prend de bons arrangements pour nos fonds et m'a
assuré que nous ne manquerions (point) par sa faute. J'ai été hier
deux heures avec lui. Il veut que je vous mande qu'il a envie de vous
satisfaire. M. de Breteuil est ferme sur vos arrangements..... »
Vol. 2924. Arch. hist.

réparer la faute initiale de Fleury, cet envoi de M. de Bélombre en Bavière avec un crédit notoirement insuffisant. Se rendant compte que le directeur des vivres était trop éloigné pour recevoir directement ses ordres et ceux du Ministre, Paris du Verney avait enjoint à M. de Bélombre de se mettre directement en rapport avec Belle-Isle et de prendre en tout ses instructions du Maréchal et de l'intendant de l'armée, M. de Séchelles (1). Le 16 août, M. de Bélombre apprenait enfin, par un courrier de Versailles, l'heureuse nouvelle qu'il devait recevoir, « d'ici au 10 de septembre, une somme de 500,000 florins pour le service des vivres, à laquelle succéderont de nouveaux fonds à proportion de nos besoins (2) ». Comme Paris de Montmartel l'écrivait au Maréchal le 18 août 1741, il avait été averti seulement le 4 août des demandes du directeur des vivres, et il n'avait pu envoyer qu'à cette date à ses correspondants de Hollande les instructions nécessaires. Le passage des ducats d'Amsterdam à Francfort et à Munich entraînait des opérations de longue durée. Pourvu qu'on le prévînt six semaines à l'avance des besoins de l'armée, Paris de Montmartel se promettait de faire face à toutes les dépenses. Il demandait seulement que l'établissement d'un tarif donnât cours en Bavière aux pistoles d'Espagne, louis d'or neufs et vieux de France, carolins de Wurtemberg, c'est-à-dire aux monnaies que ses correspondants de Suisse seraient en mesure de rassembler dans le cas où la voie d'Amsterdam viendrait à lui manquer. Paris de Montmartel joignait à sa lettre un « état des fonds disposés pour l'armée de Bavière jusqu'à la fin de septembre (3) », et le maréchal

---

(1) M. de Bélombre à Belle-Isle, à Munich, le 17 août 1741. Vol. 2924. Arch. hist.

(2) *Ibid.*

(3) Vol. 2924. Arch. hist.

de Belle-Isle apprenait avec joie que le contrôleur général avait disposé jusqu'au 25 septembre, pour le service de cette armée, de 3,350,000 livres, dont 1,944,674 livres pour le service des vivres seul, et qu'à la même date cette dernière somme serait entièrement aux mains de M. de Bélombre.

Si, vers le 20 août, les inquiétudes du maréchal de Belle-Isle avaient pris fin sur la remise des fonds réclamés par notre directeur des vivres et sur la constitution de nos premiers magasins de blé, il s'en fallait de beaucoup qu'il eût la même tranquillité d'esprit sur nos approvisionnements de fourrages. A l'instigation de Paris du Verney, M. de Breteuil avait demandé, le 28 juin, au comte de Terring que l'Électeur voulût bien se charger de fournir à nos troupes, pendant la traversée de la Bavière, l'avoine, le foin et la paille aux conditions suivantes : « Tous les fourrages que l'Électeur aura fait fournir, tant aux troupes du Roi qu'aux équipages de l'attirail des guerres, seront payés des deniers de Sa Majesté aux prix dont il sera convenu pour chaque ration par les commissaires respectifs, eu égard à leur valeur actuelle dans le pays, et, pour parvenir à dresser un compte final de cette fourniture, les commis bavarois, à mesure qu'elle se fera, retireront des officiers français leurs récépissés des rations et quantités de fourrages qui leur seront délivrées (1). » Si M. de Breteuil n'avait pas mis en doute l'accession de l'Électeur à cette demande, Belle-Isle, qui connaissait l'impuissance et la détresse des Bavarois, avait représenté de son côté, à Versailles, la nécessité de remettre sans délai à Charles-Albert une avance de 300,000 livres qui l'aiderait à faire une première imposition de fourrages sur ses sujets. Cette somme

____

(1) Vol. 2924. Arch. hist.

avait été accordée au Maréchal, et il s'était empressé, le 20 juillet, de dépêcher à M. de Bélombre l'ordre de déposer entre les mains du ministre de l'Électeur 100,000 écus sur les fonds mis à sa disposition. Nous avons vu M. de Bélombre laissé sans argent et dans l'impossibilité de faire la moindre avance au comte de Terring, de telle sorte que les Bavarois n'avaient encore commencé aucun approvisionnement de fourrages au milieu du mois d'août. M. de Mortaigne rendait compte au maréchal de Belle-Isle, le 12 août, qu'il n'y avait pas « un chariot de foin d'acheté. M. le maréchal de Terring dit toujours qu'on en aura tant qu'on voudra, mais, avec ce tant qu'on voudra, la possibilité ne se trouvera pas à l'avoir où on voudra si on attend les pluies, et, au lieu de former des magasins de foin, on en formera de fumier (1). »

Le 15 août 1741, le marquis de Beauveau, inquiet de ne voir prendre aucune mesure sur un objet aussi essentiel, et impatient de secouer l'apathie du ministre de l'Électeur, lui remettait le Mémoire suivant (2) :

Mémoire remis par M. de Beauvau à M. le maréchal de Terring,
le 15ᵉ de ce mois.

La subsistance de l'armée vient d'être assurée, savoir : pour 10 jours à Donauwerth, pour 13 jours à Neumarkt et à Amberg, et pour 15 jours en biscuit de quelque côté qu'elle se porte, ce qui la mènera jusqu'au 15 octobre, d'ici auquel temps la matière se remplacera successivement, et l'on est certain que l'armée ne manquera pas pour la partie qui regarde les vivres.

Mais les mesures prises jusqu'à présent pour les subsistances deviendront infructueuses si elles ne sont point accompagnées de la même précaution du côté des fourrages. On compte fort que le maréchal de

---

(1) M. de Mortaigne à Belle-Isle, à Munich, le 12 août 1741. Vol. 2915. Arch. hist.

(2) Correspondance de Bavière. Vol. 92. Aff. étrang.

Terring en est vivement persuadé, et l'on sait en même temps qu'il a été retenu jusqu'ici (dans les emplettes qu'il n'aurait pas manqué de faire) par l'attente des fonds qui ne sont point arrivés, et l'on ne saurait raisonnablement exiger qu'il y supplée entièrement.

Cependant la crise dans laquelle nous allons nous trouver mérite toute l'attention de Son Altesse Électorale et de Son Excellence M. le maréchal de Terring.

L'armée du Roi a passé le Rhin aujourd'hui. Vainement les gens chargés des affaires de Sa Majesté ont-ils assuré la subsistance des vivres, si celle des fourrages n'y répond pas. Que faire de la cavalerie et des équipages, et comment répondre de la discipline, si l'infanterie ne trouve point de paille pour se coucher, et les cavaliers de quoi nourrir leurs chevaux ?

Le temps est bien court d'ici le 5 du mois prochain, et, si l'on persévère à attendre l'arrivée des fonds et qu'ils soient malheureusement arrêtés encore pour quelques jours par la difficulté des remises, aura-t-on le temps de rassembler les fourrages ? On espère que Son Excellence y réfléchira plus sérieusement que jamais.

Ce qu'on demande aujourd'hui (et cette demande en vérité ne permet plus de délai) consiste à assurer au moins :

	Rations.
Pour 4 jours de fourrages à Donauwerth, sur le pied de 18,745 rations de foin et autant d'avoine par jour.....	18,745
Pour les 4 jours..	74,980
Pour 8 jours de marche de Dinkesbühl et Nordlingen à Amberg et Neumarkt, suivant la route qu'en a donnée M. de Mortaigne	140,960
Idem pour 8 jours de marche au moins de Donauwerth à Passau à emplacer le long de cette route, si les troupes la prennent, pareille somme de......................	140,960
A Amberg et Neumarkt pour 5 jours de séjour, non compris l'armée de Bavière...........................	93,725
En partant d'Amberg et de Neumarkt, à emplacer sur la route que les troupes tiendront pour traverser les montagnes, non compris l'armée de Bavière..............	93,725
Idem pour 5 jours de marche depuis Passau jusqu'aux endroits où l'armée se puisse porter, aussi............	93,725
TOTAL général................	647,075

lesquelles 647,075 rations doivent être emplacées sur toutes les routes ci-dessus d'ici au 1er septembre au plus tard, qui est le temps où les troupes arriveront au bout de leur route, soit à Amberg, soit à Passau.

Il est surtout question des avoines qui ne se trouvent pas dans le pays, à ce que Votre Excellence m'a fait l'honneur de me dire, ne pouvant jamais être rassemblées et portées à leur destination si on diffère encore 2 jours.

J'espère donc que Votre Excellence, sans attendre davantage l'arrivée incertaine des fonds, se portera au plus tôt à assurer l'objet demandé des 647,075 rations : et si, pour y parvenir, il est question de donner un intérêt, quelque considérable qu'il puisse être, sur les sommes à emprunter à cet effet, je me fais fort que le Roi y entrera et en dédommagera l'Électeur.

Grâce à son insistance, le marquis de Beauvau, qui ne laissait point les Bavarois « jouir d'un repos dont il ne jouissait pas lui-même », était, le 17 août, en mesure de renseigner le maréchal de Belle-Isle sur le peu de progrès de nos magasins de fourrages. « Ce n'était pas sans fondement, lui mandait-il, que j'ai toujours été inquiet de l'objet des fourrages et peiné qu'on ne voulût point s'ouvrir avec moi sur cet article, car la réponse qu'on en trouverait toujours pourvu que l'argent ne manquât pas ne me tranquillisait point. Enfin, je suis parvenu à creuser la matière aujourd'hui, et voici l'état où l'on est.

« Il y a 6,000 ou 7,000 scheffels d'avoine, tant à Ingolstadt qu'à Straubing, 200,000 rations à Neumarkt, fort peu de foin et de paille emplacés dans tous ces endroits et rien de porté encore sur aucune des routes que les troupes pourront tenir, mais ce qui vous étonnera davantage, pas une botte de foin, de paille, ni un sac d'avoine à Donauwerth ..... (1). »

C'était à Donauwerth que devaient se succéder sans interruption, à partir du 5 septembre, les troupes françaises qui avaient passé le Rhin au mois d'août, et le maréchal de Belle-Isle apprenait que, moins de trois semaines avant leur arrivée, aucun magasin de four-

____

(1) M. de Beauvau à Belle-Isle, le 17 août 1741. Correspondance de Bavière. Vol. 95. Aff. étrang.

rages n'y était encore formé. Il voyait aussi, par les calculs de M. de Beauvau, que le prix de la ration de fourrages atteindrait en Bavière un prix exorbitant, 25 sols, et, sachant le vif émoi que causaient au cardinal de Fleury les dépenses sans nombre de cette guerre, il se résolut à écrire à M. de Beauvau pour que ce dernier fit comprendre à l'Électeur et à son ministre la nécessité de se procurer les fourrages par imposition sur la Bavière et de se contenter, à cet effet, des 100,000 écus à eux remis par M. de Bélombre. Voulant donner plus de poids aux représentations de M. de Beauvau, le Maréchal l'autorisa à parler sans ménagement en son nom : « Vous ne sauriez rendre vos instructions trop vives, et, pour que l'on ne s'en prenne pas à vous, mettez-moi tout cela sur le corps, et dites que chaque jour je vous écris des lettres très vives et que vous ne voulez pas que je vous soupçonne de ne pas seconder le zèle dont je suis animé (1). »

Non content de dicter à M. de Beauvau cette attitude pleine de fermeté, Belle-Isle écrivit lui-même au comte de Terring et à l'Électeur, dans les termes les plus pressants, pour obtenir au moins la fourniture du foin et de la paille nécessaires à nos troupes. Rappelant au premier les charges écrasantes que la France s'était déjà imposées en faveur de Charles-Albert, il disait :

Je connais votre impuissance sur l'argent. La nôtre, proportion gardée, est, pour le moment présent, égale. Tout ce qu'il y avait dans le trésor royal a été épuisé : il en est sorti plus de *trente millions*. Voilà plusieurs receveurs généraux qui viennent de faire banqueroute, ce qui discrédite leurs confrères; l'interruption du commerce des Indes occidentales et le retard des galions est la première source de ce désordre qui fait que les gens de finance les plus accrédités ne se fient plus les uns aux autres; nous sommes actuellement dans les mois appelés vul-

----

(1) Belle-Isle à M. de Beauvau, Francfort, le 20 août 1741. Vol. 2915. Arch. hist.

gairement les mois morts, pendant lesquels il ne se fait aucun recouvrement. M. le Contrôleur général, n'ayant point la ressource des emprunts, est obligé d'attendre que les recettes commencent, et ce n'est qu'à la fin d'octobre. Il lui sera plus facile de vous donner un million au mois de décembre que cent mille écus aujourd'hui. Ce sont des détails qu'il est nécessaire que vous sachiez pour que vous soyez persuadé qu'il n'est point question ni d'économie, ni de mauvaise volonté; l'impuissance présente est réelle, et je serais assuré de rebuter tout à fait M. le Cardinal si j'allais lui demander de payer la nourriture des chevaux de l'armée à pareil prix (1).

La lettre, que le Maréchal adressa le même jour à l'Électeur, était conçue dans des termes destinés à produire sur l'esprit de ce Prince la plus profonde impression. Ouvrant son cœur à Charles-Albert et prenant « la liberté de lui parler non comme ministre du Roi mais comme le plus vif et le plus zélé de tous ses serviteurs », Belle-Isle lui témoignait son étonnement et sa douleur d'apprendre par le courrier de M. de Beauvau, du 17 août, « qu'il n'y avait audit jour pas une seule ration de foin, de paille ni d'avoine, de préparée à Donauwerth, et qu'il n'y avait même aucun ordre donné, ni arrangement, ni mesures prises ». Il rappelait les combats qu'il avait dû livrer pour obtenir l'envoi d'une nombreuse armée en Bavière, le payement comptant de toutes les dépenses afférentes à la subsistance de nos troupes jusqu'à leur arrivée sur le Danube, le secours de 300,000 livres qu'il avait demandé pour soulager l'Électeur dans la fourniture des fourrages, les frais de construction des ponts et d'un matériel considérable d'artillerie entièrement à la charge du Roi, bien que le cardinal de Fleury ne voulût point d'abord en entendre parler, et il faisait comprendre à Charles-Albert qu'un effort de sa part devenait indispensable et qu'il lui appartenait d'imposer

---

(1) Belle-Isle au maréchal de Terring, à Francfort, le 20 août 1741. Vol. 2915. Arch. hist.

à ses peuples la fourniture du « fourrage nécessaire pour le séjour, le passage et la marche des troupes jusqu'à ce qu'elles soient dans le pays ennemi.

..... La circonstance présente, disait-il en terminant, ne permet point de rien prendre sur les princes voisins pour ne pas exciter une guerre d'Empire; tout exige donc que Votre Altesse Sérénissime Électorale fasse fournir par ses sujets tous les fourrages nécessaires, et, comme je vois qu'il n'y a point d'avoine dans son propre pays, c'est précisément à cette dépense qu'on peut employer les cent mille écus, et je ferai mes efforts pour faire fournir encore tout l'argent nécessaire pour cet objet. Mais, si j'allais rendre compte qu'il n'y a encore aucun fourrage d'assuré en Bavière; que, pour en avoir, il en coûtera plus de 25 sols par jour par cheval, l'impuissance absolue, où je sais que l'on est pour le présent à Versailles, ferait relever avec plus d'attention une demande de cette espèce qui n'a, en effet, je crois, jamais encore été faite, et l'on ne manquerait pas de me répéter que le Roi, envoyant en Bavière une armée de 40,000 hommes, voulant bien l'y conduire à ses dépens, l'y payer et nourrir ses officiers et ses soldats, c'est à Votre Altesse Sérénissime Électorale à pourvoir au reste, soit sur ses sujets et dans ses États, soit sur les ennemis chez lesquels Elle est la maîtresse d'en prendre avec de pareilles forces. C'est donc pour éviter de pareilles réponses, auxquelles je n'aurai plus de réplique à faire, que j'ai pris la hardiesse de parler, comme je fais ici, avec franchise à Votre Altesse Sérénissime Électorale. Je n'aurai peut-être jamais d'occasion qui me coûte plus, ni de marque plus essentielle de mon attachement à lui donner, mais j'aurais à me reprocher de ne lui avoir pas montré la vérité, d'autant que plus le mal est pressant, plus le remède est pressé et plus Votre Altesse Sérénissime Électorale me saura gré du parti que je prends, puisqu'il me serait beaucoup plus agréable de n'avoir qu'à l'entretenir des choses qui peuvent lui plaire et me borner à lui renouveler simplement mon inviolable attachement et le plus profond respect avec lequel je suis, etc. (1).....

Les prières du Maréchal, jointes à celles de MM. de Beauvau et de Mortaigne, furent entendues de l'Électeur et de son ministre qui se chargèrent de fournir gratuitement le foin dont nos troupes auraient besoin dès leur arrivée en Bavière. Ce point acquis, il fallait à

---

(1) Belle-Isle à l'Électeur de Bavière, à Francfort, le 20 août 1741. Vol. 2915. Arch. hist.

tout prix assurer un premier magasin de fourrages à Donauwerth, où la tête de notre armée devait arriver le 5 septembre. Le 22 août, le marquis de Beauvau concluait avec le bourgmestre de Munich, le sieur Schönberg, un marché aux termes duquel, moyennant le payement de 124,996 florins échelonné le 25 août et le 1er septembre, ce dernier s'engageait à livrer à Donauwerth, pour le 4 septembre au plus tard, 4,000 scheffels d'avoine, 3,714 scheffels d'espiottes en paille et 18,000 quintaux de paille (1).

M. de Beauvau avait ainsi conjuré le danger que courait notre armée de se trouver sans fourrages, à l'heure même où il voyait cesser ses inquiétudes sur la constitution, en temps opportun, de nos magasins de blé. Les envois d'argent, dont Paris de Montmartel venait d'annoncer l'arrivée imminente, et le succès des démarches du maréchal de Belle-Isle pour faire lever les défenses de la sortie des grains dans les pays voisins de la Bavière comme le Würtemberg et le duché de Neubourg, facilitaient de jour en jour sa tâche et celle de M. de Bélombre. Le 20 août, il avait la joie d'écrire au Maréchal :

Vous verrez, Monseigneur, par l'état ci-joint, que nos magasins ont doublé depuis ma lettre du 14. Ce progrès rapide a résulté des soins du sieur de Bélombre, du crédit que nous avons trouvé par nos recherches vives et du parti que j'ai pris d'employer le peu d'argent que nous avons pu rassembler à airer les grains dans tous les endroits où nous avons pu les découvrir. Il n'est guère possible de se remuer plus vivement et avec plus de succès (2).....

---

(1) Conditions sous lesquelles le sieur de Schönberg, bourgmestre de la ville de Munich, s'est engagé envers M. le marquis de Beauvau, ministre du Roi auprès de Son Altesse Électorale de Bavière, de livrer à Donauwerth les fourrages en pailles, avoines et espiottes, ainsi qu'il va être dit. — Correspondance de Bavière. Vol. 92. Aff. étrang.

(2) M. de Beauvau à Belle-Isle, à Munich, le 20 août 1741. Correspondance de Bavière. Vol. 95. Aff. étrang.

M. de Beauvau donnait, dans le tableau suivant (1), la situation des magasins de la Bavière au 19 août 1741 :

NOMS DES PLACES.	FROMENT.		SEIGLE.		TOTAL	
	Schef-fels.	Produit en sacs de 203 livres.	Schef-fels.	Produit en sacs de 202 livres.	des schef-fels.	des sacs de 202 livres.
Donauwerth.	2,900	4,522	1,540	2,287	4,440	6,809
Ingolstadt...	1,293	2,066	1,070	1,624	2,363	3,690
Straubing...... .:..	3,330	5,192	3,526	5,251	6,856	10,443
Totaux... .	7,523	11,780	6,136	9,162	13,659	20,942

Le 23 août 1741, M. de Bélombre transmettait aussi au Maréchal des renseignements d'heureux augure. Il prévoyait une dépense de 437,373 florins pour avoir terminé, au 30 septembre, l'achat de 20,000 sacs de froment et de 10,000 sacs de seigle, la confection de 12,000 sacs vides, la construction des fours, la mouture des grains, etc. Comme il avait ordre de réserver pour le payement des fourrages, le prêt des troupes, certains travaux d'artillerie, une somme de 445,000 florins, ses besoins s'élevaient à 882,373 florins jusqu'au 30 septembre. Or le total des fonds qui lui étaient annoncés jusqu'au 10 septembre atteignait 700,000 florins. Il suffisait donc que, du 10 au 30 septembre, la somme de 182,373 florins lui parvînt de France pour lui permettre

---

(1) État de la situation des magasins des vivres du département de Bavière au 19 août 1741, avec un tableau de celle dans laquelle ils se trouveront au dernier dudit mois, relativement aux ordres qui ont été donnés à ce sujet au sieur de Bélombre par M. le marquis de Beauvau. Correspondance de Bavière. Vol. 95. Aff. étrang.

de faire face à toutes les dépenses jusqu'alors engagées (1).

Grâce aux soins de MM. de Beauvau et de Bélombre, le pain était assuré à nos troupes jusqu'au 1ᵉʳ novembre ; il en était de même du fourrage nécessaire pendant la traversée de la Bavière, et, l'esprit plus en repos, le Maréchal écrivait au premier, le 28 août :

> Je vois avec grand plaisir que vous êtes enfin assuré des subsistances pour l'arrivée des troupes à Donauwerth et pour leur passage jusque dans le pays ennemi, qu'enfin l'on a pris le parti de faire l'imposition du foin dans le pays de l'Électeur..... (2).

Vivement préoccupé de la pénurie des arsenaux de la Bavière, le Maréchal avait maintes fois réclamé, en même temps que l'envoi d'un munitionnaire général, le départ d'officiers d'artillerie de choix, appelés à créer sur place le matériel et les munitions que notre armée ne pouvait amener de France. Cédant à ses instances, le Ministre avait désigné au début de juillet, pour se rendre en Bavière, M. de Rostaing, commissaire provincial d'artillerie fort estimé de Belle-Isle, et M. Loustau, commandant une compagnie d'ouvriers d'artillerie, passé maître dans la construction des ponts. Deux commissaires extraordinaires, employés à l'école de Strasbourg, MM. Savonnières de la Bretèche et le chevalier de Bron, reçurent aussi l'ordre d'accompagner M. de Rostaing (3).

---

(1) État estimatif des fonds qui sont nécessaires au sieur de Bélombre, d'ici au dernier septembre, pour faire face à tous les objets dont il est chargé, en supposant un approvisionnement de 30,000 sacs de grains. Vol. 2924. Arch. hist. — Voir cette pièce à l'appendice 3 du chapitre III.

(2) Belle-Isle à M. de Beauvau, à Francfort, ce 28 août 1741. Vol. 2915. Arch. hist.

(3) Lettres de M. de Breteuil à M. de Rostaing, des 3 et 6 juillet 1741. Correspondance du ministre. Archives de l'artillerie.

M. Loustau arriva le premier à Munich, le 14 juillet 1741, avec deux calfats ou constructeurs de bateaux, tous deux bourgeois de Strasbourg, et un charron, sergent de sa compagnie. Son instruction lui enjoignait de réunir sans retard les agrès nécessaires à la construction de deux grands ponts sur le Danube et de deux ponts moyens pour le passage de rivières de faible importance, mais, jusqu'à la fin de juillet, il se voyait réduit à l'impuissance faute d'argent. « Les gens du pays à qui il est dû, écrivait-il au chevalier de Belle-Isle le 30 juillet, ne veulent point travailler qu'avec de l'argent comptant et à des prix exorbitants (1). » Le 29 juillet, le comte de Terring lui faisait enfin remettre un premier fonds de 6,000 florins, et, pourvu que le ministre de l'Électeur tînt sa promesse de ne pas le laisser manquer d'argent, M. Loustau comptait assembler en six semaines la plupart des agrès qui lui étaient nécessaires (2).

Le 23 juillet, M. de Rostaing parvenait à son tour à Munich, après avoir vu, à son passage à Francfort, le chevalier de Belle-Isle et reçu de ce dernier l'ordre de tout disposer pour l'équipage d'artillerie de siège et de campagne d'une armée de 50,000 hommes.

Huit jours s'écoulèrent avant que M. de Rostaing pût établir ses calculs sur une base certaine. « Je n'ai cessé d'importuner, écrivait-il au chevalier de Belle-Isle le 2 août, pour être mis au fait des munitions des différentes places de la Bavière, mais beaucoup de difficultés à rassembler ces registres, l'absence de l'officier principal ..... sont cause qu'enfin je ne suis parvenu à cette connaissance que depuis avant-hier. Mais quelle connaissance, Monsieur ! Il ne se trouve dans la Bavière que

---

(1) M. Loustau au chevalier de Belle-Isle, à Munich, le 30 juillet 1741. Vol. 2914. Arch. hist.

(2) *Ibid.*

beaucoup de canon, tout neuf à la vérité et bien monté, mais qui n'a pas seulement des affûts de rechange, à peine la poudre dont nous avons besoin pour entrer en campagne, tout au plus moitié du plomb nécessaire, et presque rien d'ailleurs (1). »

A cette lettre était joint un « état des pièces et munitions d'artillerie nécessaires pour une armée de 50,000 hommes, tant pour siège que pour campagne, par lequel on verra ce que l'on peut tirer des arsenaux de la Bavière et ce qu'il faut acheter ou faire construire (2) ».

Pour la bonne composition de son équipage, M. de Rostaing portait le nombre de pièces de 24 à 27, de 12 à 40, de 6, de 4 et de 3 à 50, le nombre des mortiers à 18, d'obusiers à 6, de boulets de 24 à 27,000, de boulets de 12 à 40,000, enfin de boulets de 6, de 4 et de 3 à 8,500. Or l'enquête approfondie à laquelle il se livra lui apprit que les arsenaux de la Bavière renfermaient seulement 12 pièces de 24, que les autres canons s'y trouvaient en quantité suffisante, mais qu'on ne pouvait s'y procurer que 6,887 boulets de 24 et 33,840 de 12. Il n'y avait aussi qu'une infime quantité de bombes, 2,491 au lieu de 12,000, pour obusiers et mortiers, point d'affût de rechange pour pièces de 24, aucune fusée à bombes et à grenades.

Dans toute la Bavière, la poudre ne montait qu'à 983,000 livres, et M. de Rostaing en demandait 600,000 livres d'augmentation. L'approvisionnement de plomb, qui s'élevait à 206,950 livres, devait être, suivant lui, accru de 200,000 livres au moins. Il n'existait ni sacs à

---

(1) M. de Rostaing au chevalier de Belle-Isle, à Munich, le 2 août 1741. Archives de l'artillerie, carton 3 B. 159.

(2) Carton 3 B. 141. Archives de l'artillerie. — Voir cette pièce à l'appendice 4 du chapitre III sous ce titre : *État des arsenaux de la Bavière au 30 juillet 1741.*

terre, ni pierres à fusil. 15,000 outils à pionniers, bêches, pics-hoyaux, et écoupes, et 600 outils tranchants, haches ou serpes, dont il était nécessaire de s'approvisionner, faisaient entièrement défaut, de même que les outils de mineur, forges, câbles, prolonges, caissons, chariots ou charrettes pour porter les munitions aux batteries, etc. M. de Rostaing établissait que la mise sur pied de l'équipage d'artillerie qui devait permettre à notre armée le siège d'une place de second ordre, telle que Linz, entraînerait une dépense de 769,073 livres.

De son côté, M. Loustau évaluait à 66,010 livres la fourniture des agrès de ses quatre ponts (1). C'était donc, pour l'artillerie, une dépense totale de 835,083 livres, dont la nouvelle parvint à Versailles vers le 10 août.

On peut aisément se représenter la surprise avec laquelle furent accueillis à la cour les mémoires de MM. de Rostaing et Loustau, qui ajoutaient aux frais excessifs de cette entrée en campagne près d'un million de dépenses imprévues, dont l'urgence ne pouvait être contestée. Une fois de plus, la cherté des achats réveillait les résistances du cardinal de Fleury et du contrôleur général des finances, Orry. Le millier de bombes devait coûter en Bavière 100 livres, le millier de boulets un prix égal, le quintal de plomb 32 livres 10 sols, alors que les mêmes objets n'auraient point dépassé en France 68, 50 et 20 livres. S'attendant à l'émotion que soulèveraient ses demandes, M. de Rostaing crut devoir les justifier en écrivant, le 8 août 1741 :

Je n'ai demandé en canons et mortiers que ce que M. le maréchal de Belle-Isle a lui-même arrêté par un mémoire qui m'a été remis et n'ai

---

(1) Mémoire sur les munitions de guerre et attirails dont il est nécessaire de se pourvoir par des achats en Bavière. Carton 3 B. 159. Archives de l'artillerie.

approvisionné lesdites pièces que conformément audit mémoire, savoir les pièces de 24 et de 12 pour 1,000 coups chacune et celles de campagne pour 200, y compris 30 coups à grappe de raisin. Les mortiers et obus ne sont approvisionnés que sur le pied de 500 coups chacun. C'est tout au plus pour dix jours de tir dans un petit siège. L'infanterie ne sera pourvue que sur le pied de 85 coups, ainsi que la cavalerie et les dragons. On ne peut rien de plus faible que cet approvisionnement, qui le serait infiniment trop si l'infanterie française et bavaroise n'étaient déjà munies d'un grand nombre de cartouches. Cependant cela ne laisse pas de faire à peu près les 980,000 livres de poudre qui se trouvent dans la Bavière ; et, si l'on veut faire attention combien peu cette provision durera si l'on trouve quelque résistance, on conviendra que rien n'est si pressé que de s'en pourvoir, et ce n'est pas l'affaire d'un moment. On m'a dit en premier lieu que la Bavière ne pouvait fournir plus de 100,000 livres de salpêtre par an. On nous a dit depuis que cela pourrait doubler, et, selon cette supposition dernière, on tirera d'ici à un an environ 250,000 livres de poudre des moulins de Bavière. Qu'est-ce que cette quantité ? Rien. Est-on en état d'attendre ? Non. Il faut donc se retourner d'un autre côté et chercher des entrepreneurs qui fournissent de mois en mois au moins 200,000 livres, ce que j'espère trouver dès que je pourrai travailler à découvert puisqu'il s'en est autrefois présenté à M. de Terring qui n'en a fait aucun usage, faute d'avoir prévu la guerre.

Il ne faut pas se presser moins pour du plomb. L'approvisionnement de 85 coups par homme en consomme 45,000 au delà de tout celui qui est dans la Bavière. Il en faut donc et pour le présent et pour l'avenir. Les emplettes sont fort chères : la poudre, fabriquée dans les moulins de Bavière, revient à l'Électeur à près de 72 livres de notre monnaie le quintal pesant. M. le comte de Terring me dit hier devant M. le marquis de Beauvau qu'elle pouvait coûter jusqu'à 37 florins par entreprise extraordinaire, ce qui serait de notre monnaie plus de 95 livres le cent pesant, mais je ne sache à cela de remède que d'en apporter de France. Les fers coulés en bombes et gros calibres pour les canons ne m'embarrasseront guère moins. Si la consommation devient considérable, il n'y a que deux fourneaux en Bavière. Ils y travaillent actuellement, à ce que M. le comte de Terring m'a assuré, mais la capacité de ces fourneaux ne m'est pas connue. J'attends tous les jours le retour de M. Forchener, que ce ministre veut y envoyer avec moi. Je compte y diligenter la besogne, en faisant, s'il est possible, travailler à la française et mettant dans chacun 5 ou 6 canonniers français qui veillent à la diligence des ouvriers qui sont ici, aussi lents que paresseux ; mais malgré tout cela il faudra, je crois, avoir recours aux fourneaux que nous pourrons rencontrer dans la Bohême, ou en chercher vers le Tyrol.

J'ai eu l'honneur de dire à **M.** le marquis de Beauvau que nous manquions absolument d'outils, fondé sur ce que 2,000 qui ont été fournis depuis quelque temps étaient destinés aux fortifications de Scharding d'où l'on ne voulait pas les distraire, et sur ce que les états qu'on nous a fait voir ne font aucune mention des 3,000 ou environ que **M.** le comte de Terring nous a dit hier être à Ingolstadt. En voilà donc à peu près 5,000. De quelle espèce sont-ils? Nous l'ignorons encore, mais en les supposant dûment appairés et en bon état, qu'est-ce que 5,000 outils quand il est question de pousser la besogne. J'en ai demandé 15,000 et j'ai compté demander peu. Il faut du temps pour les construire. On ne peut donc trop tôt se pourvoir d'un entrepreneur.

Il n'y a point de pierres à fusil dans les arsenaux de Bavière, et l'on est dans l'usage d'en donner aux troupes aussi souvent qu'on leur délivre de la poudre. Il faut donc en avoir. J'ai pour cela en mains un entrepreneur qui en fournira, en trois semaines ou un mois du jour d'avertissement, environ 300,000 au prix marqué par mon état et qui n'est pas si cher à proportion que le reste, mais il me faut des ordres et de l'argent..... (1).

C'était surtout l'argent qui manquait à MM. de Rostaing et Loustau comme il manquait, à la même heure, à M. de Bélombre. « Il ne faut pas compter que j'aille bien loin sans argent, disait le premier dans sa lettre du 8 août. Les ouvriers ici ne veulent ou ne peuvent rien avancer, l'Électeur ne veut rien fournir, et tout ce que je prévois qu'on pourra en tirer seront les bois nécessaires pour nos constructions... ». Le second mandait à M. du Brocard, de Munich, le 6 août : « ... Il paraît, par toutes les manœuvres, qu'il n'y a ici ni argent ni crédit. M. Gayot de Bélombre, qui est chargé de la direction des vivres, qui a de l'argent et des lettres de crédit sur Francfort, ne saurait en avoir ici. Il a fait offrir, pour 40,000 livres qu'il était pressé d'avoir, un demi pour cent sans pouvoir réussir. Il faut que l'on lui

____

(1) Lettre sans indication de destinataire, adressée peut-être à **M.** du Brocard. Vol. 3315. Arch. hist.

envoie son argent de Francfort en espèce. Tout manque ici...(1) »

Aussitôt qu'il avait connu les embarras de MM. de Rostaing et Loustau, le maréchal de Belle-Isle n'avait plus laissé de répit à M. de Breteuil que ce dernier ne lui eût fait savoir qu'un premier envoi d'argent permettrait de faire face aux dépenses les plus urgentes du domaine de l'artillerie. Il transmettait, le 8 août, par un courrier spécial, leurs demandes à M. du Brocard, le commandant désigné de l'artillerie de l'armée de Bavière, en le priant de joindre ses instances aux siennes auprès du Ministre de la guerre. Entièrement dévoué au Maréchal, M. du Brocard s'acquittait aussitôt de cette démarche. « J'envoie tous les écrits de MM. de Rostaing et Loustau à M. de Breteuil, mandait-il à Belle-Isle le 13 août, pour qu'il connaisse au naturel l'état des choses. Je lui écris très pathétiquement, ainsi qu'à M. le Contrôleur général, et je leur fais connaître que c'est l'intérêt de la France dont je leur parle, et par conséquent celui de leur honneur, puisque voilà les troupes en avant. Je souhaite pouvoir leur toucher assez le cœur pour qu'ils deviennent sensibles à la nécessité (2). »

Malgré les difficultés de sa situation, M. de Rostaing ne laissait pas de travailler avec succès aux achats qui devaient combler les vides des arsenaux de la Bavière. Faisant bonne contenance, assurant aux ouvriers et aux marchands que l'argent venait tous les jours, il pouvait annoncer, le 14 août, au Maréchal, qu'il attendait, vers le 20, une première livraison de 1,000 sacs à terre et que la fourniture s'en continuerait sans interruption jusqu'au

---

(1) M. Loustau à du Brocard, à Munich, le 6 août 1741. Carton 3 B. 159. Archives de l'artillerie.

(2) Du Brocard à B. lle-Isle, à Strasbourg, le 13 août 1741. Vol. 2915. Arch. hist.

nombre de 50,000 ; qu'il aurait dans dix jours 100,000 pierres à fusil ; qu'il ne tarderait pas à réunir 40 à 50 milliers de plomb, et qu'il n'était pas sans espérance de se procurer de la poudre. « Les fers coulés m'embarrassent davantage. Ils sont on ne peut plus mal conduits et, qui pis est, M. le comte de Terring n'en est pas persuadé. Bien des contrariétés ne m'ont que trop appris combien sont faux les comptes qu'on lui rend, combien peu sont capables ceux qui jusqu'ici ont dirigé cette besogne, et combien il est impossible que l'armée soit munie des fers coulés nécessaires si je ne suis incessamment revêtu et d'argent et d'autorité suffisante pour changer la forme des choses et faire du tout à mon gré... (1). »

Par son industrie, M. de Rostaing trouvait à emprunter 3,000 florins pour 15 jours. « Il pétillait », suivant le témoignage de M. de Beauvau (2), au spectacle de la lenteur des Bavarois. Le 16 août, ses recherches l'amenaient à découvrir à Sulzbach un fourneau capable de livrer 600 à 700 boulets de 24 par semaine ; il faisait aussi entrer à l'arsenal de Munich 25,000 livres de plomb et en attendait 80,000 livres à bref délai ; enfin, sur ses modèles, les forges de cette ville procédaient à un essai de construction d'outils (3).

M. de Bélombre ne tardait pas à recevoir de Paris de Montmartel l'ordre de mettre à la disposition de MM. de Rostaing et Loustau l'argent nécessaire à leurs travaux. En annonçant, le 21 août, cette « grande nouvelle (4) »

---

(1) M. de Rostaing à Belle-Isle, à Munich, ce 14 août 1741. Carton 3 B. 159. Archives de l'artillerie.

(2) « Le pauvre M. de Rostaing pétille aussi bien que moi ». M. de Beauvau à Belle-Isle, à Munich, ce 17° août 1741 à minuit. Correspondance de Bavière. Vol. 95. Aff. étrang.

(3) Lettre de M. de Rostaing à Belle-Isle, Munich, ce 16° août 1741. Vol. 3315. Arch. hist.

(4) M. de Rostaing à Belle-Isle, Munich, ce 21 août 1741. Vol. 2915. Arch. hist.

à Belle-Isle, M. de Rostaing l'informait en même temps que 20 ouvriers en bois avaient commencé la construction des affûts de rechange pour les pièces de 24 amenées de France et qu'il se voyait plus en repos sur l'article des boulets et des bombes, M. de Mortaigne ayant réduit l'équipage d'artillerie, qui devait suivre notre armée, à 12 pièces de 24, 30 pièces de 12, 30 pièces de 3 et 12 mortiers de 11 pouces 8 lignes. Il se proposait d'ailleurs de visiter au premier jour toutes les forges de la Bavière : à la suite de cette visite, il comptait faire savoir au Maréchal, « à point nommé, sur combien de bombes et boulets vous pourrez compter chaque jour dans chaque fourneau et combien, par conséquent, vous en aurez en provision pour le printemps prochain (1) ». Bien que M. de Mortaigne ne lui eût demandé que 5,000 outils, il se proposait d'en faire pousser la fabrication jusqu'au nombre de 15,000, et il était assuré de les avoir à meilleur marché en les faisant construire en Bavière qu'en les faisant acheter dans le Tyrol.

Si l'article de la poudre inquiétait encore M. de Rostaing, s'il ne pouvait tirer que peu d'argent de M. de Bélombre, gêné par des dépenses sans nombre, les nouvelles qu'il transmettait au Maréchal étaient de jour en jour plus rassurantes.

Nos quatre affûts de 24 sont presque achevés, lui écrivait-il le 1er septembre. L'on travaille à force à six chariots porte-corps qui seront finis la semaine prochaine et nous commencerons les caissons ; pour les chariots, j'ai été obligé de les distribuer aux ouvriers de la ville et des villages voisins ; ils ne seront malgré cela finis que le 20 du courant, temps pour lequel je compte aussi que finiront nos convois pour Passau. J'ai commencé à faire charger aujourd'hui des radeaux que j'ai rassemblés avec toutes les peines imaginables, attendu le besoin qu'on a eu de tout enlever pour le transport des troupes. On m'en promet 150 d'ici

---

(1) M. de Rostaing à Belle-Isle, Munich, ce 21 août 1741. Vol. 2915. Arch. hist.

au temps susdit 20 du courant, et j'aurai de reste de quoi les charger si l'on me tient parole. Il me vient tous les jours du plomb, mais c'est en petite quantité, et il n'arrive encore point de poudre, article qui m'inquiète autant que celui des boulets et même plus, car je prévois que, n'emmenant que 12 pièces de 24, selon l'arrangement de M. de Mortaigne, nous aurons aisément nos 1,000 boulets par pièce et nous sommes pour le présent au large sur le reste des autres calibres; il vient de m'arriver 150,000 pierres à fusil que je n'ai encore pu visiter, mais que l'on dit être fort belles. Nous ne manquerons pas d'outils. La précaution que j'ai eue d'en commander en vingt endroits différents nous en fournira, à ce que j'espère, plus que vous n'en demanderez pour commencer, et suffisamment par la suite pour les besoins qui pourront naître. En un mot, tout va bien, à la poudre près et l'argent..... (1).

La tâche de M. Loustau avait été aussi entravée par les mêmes difficultés qui avaient arrêté un instant M. de Rostaing. Il espérait néanmoins, avec les secours nécessaires, réunir vers le 15 ou le 20 septembre « les agrès pour un grand pont sur le Danube et pour un moyen (2) », mais il éprouvait de vives inquiétudes pour le payement de ses achats. Peu satisfait des bateliers du Danube, il avait demandé que l'on fît passer en Bavière quelques bateliers de Strasbourg, et M. du Brocard avait donné ordre à 20 d'entre eux de se rendre à Donauwerth vers la fin de septembre.

De Versailles, l'intendant de l'armée de Bavière, M. de Séchelles, ne perdait point de vue l'établissement de nos hôpitaux. Il avait fait choix, le 26 juillet, de M. Leliepvre, commissaire des guerres plein d'expérience, et du sieur de Marcilly, « garçon actif et entendu (3) », pour former deux hôpitaux, l'un à Donau-

----

(1) M. de Rostaing à Belle-Isle, Munich, ce 1er septembre 1741. Carton 3 B. 159. Archives de l'artillerie.

(2) M. Loustau à Belle-Isle, le 14 août 1741. Carton 3 B. 159. Archives de l'artillerie.

(3) M. de Séchelles à Belle-Isle, à Versailles, le 26 juillet 1741. Vol. 2914. Arch. hist.

werth et l'autre à Ingolstadt. Tous deux, arrivés à Munich vers le 10 août, ne purent recevoir de M. de Bélombre qu'un crédit insuffisant et se bornèrent à constituer à Donauwerth un premier hôpital de 400 lits, dont l'établissement était achevé au début de septembre 1741.

En même temps qu'il se tenait au courant, presque jour par jour, des travaux de MM. de Beauvau, de Bélombre, de Rostaing, Loustau et Leliepvre, le maréchal de Belle-Isle ne donnait pas moins d'attention aux mesures propres à assurer le passage et la subsistance de nos troupes en territoire allemand jusqu'à leur arrivée en Bavière. Il comprenait l'importance capitale d'éviter que nos troupes prêtassent par leur conduite aux défiances et au mécontentement de l'Empire, et que leur entrée en Allemagne fût marquée par des désordres qui auraient permis à l'Autriche et à ses partisans de réveiller et d'exploiter à leur profit les haines allumées contre nous, cinquante ans auparavant, par les exécutions sanglantes du Palatinat. Il était résolu de conjurer à tout prix les malentendus et les négligences dans la fourniture de la paille, des fourrages, du bois, en territoire neutre, et de ne laisser à nos soldats aucun prétexte, aucune tentation, de recourir à la maraude et d'échapper au frein de la discipline. Le Maréchal savait qu'à la moindre exaction, à la moindre violence, l'Autriche ne manquerait pas de sonner le tocsin contre l'entrée des Français en Allemagne et chercherait, suivant sa manœuvre favorite, à entraîner l'Empire dans sa propre querelle avec l'Électeur de Bavière. Afin que les cercles de Souabe et de Franconie, les margraves de Bade et de Dourlach, l'évêque de Spire, le duc de Wurtemberg, l'évêque de Bamberg, les margraves de Bayreuth et d'Anspach, les villes impériales comme Nuremberg, etc., ne pussent prendre ombrage du passage de nos troupes, le Maréchal avait pressé, à la fin de juillet, l'Électeur de Bavière d'adresser au roi de France sa réquisition d'un secours armé, de la faire suivre de la notification du passage de nos troupes aux princes allemands intéressés et de la demande du *transitus innoxius* à travers leurs États ; enfin, de faire débattre par ses agents, sur le parcours de notre armée, les conditions et les prix de la fourniture de toutes les denrées, autres que le pain de munition. Se rendant aux instances de Belle-Isle, Charles-Albert adressait, le 31 juillet, à Louis XV la lettre réquisitoriale qui suit :

Sire,

Les engagements, que Votre Majesté et ses glorieux ancêtres ont pris avec les miens et avec moi pour le soutien des droits de ma Maison, m'inspirent une trop juste confiance pour ne point recourir à sa puissante protection dans la plus importante occasion de ma vie.

Votre Majesté est instruite, aussi bien que le reste de l'Europe, des prétentions que j'ai formées sur la succession du feu empereur Charles VI, dernier mâle de la maison d'Autriche-Habsbourg, par l'ample déduction que j'ai fait répandre. Elle l'est aussi des titres sur lesquels mes droits sont fondés et qui en prouvent incontestablement la solidité.

Votre Majesté aura reconnu en même temps que la garantie qu'Elle a donnée de la Sanction Pragmatique ne pouvait porter sur mes droits, non seulement parce que le préjudice d'un tiers est réservé de droit dans tous les actes, traités et conventions, mais aussi parce que le feu Empereur même, lorsqu'il a demandé ladite garantie, a déclaré solennellement qu'elle ne préjudiciait à personne, de sorte qu'ainsi que Votre Majesté, sans donner la moindre atteinte aux engagements antérieurs qu'Elle et ses ancêtres ont contractés pour le soutien des droits de ma Maison, a pu garantir la dite Sanction Pragmatique sur le pied que l'Empereur l'a demandé, Elle peut de même, aujourd'hui, sans manquer aux engagements qu'Elle a pris avec le feu Empereur, remplir ceux qu'Elle a avec moi et m'accorder les secours que je viens Lui demander pour m'aider à obtenir la satisfaction qui m'est due si légitimement.

Il est vrai que les lois de l'Empire défendent aux membres de ce corps de se faire justice eux-mêmes, mais ce n'est que dans les cas et pour des différends qui peuvent être décidés par les tribunaux de justice établis dans l'Empire. A quel tribunal pourrais-je avoir recours aujourd'hui, étant notoire que la cour de Vienne compte pour le plus beau et le premier de ses prétendus privilèges de ne reconnaître aucun juge dans les contestations qui peuvent naître entre Elle et d'autres Princes et États de l'Empire, et que sa volonté et sa convenance en ont fait jusqu'à présent la seule décision.

Votre Majesté sait mieux que personne qu'il n'a pas tenu à moi que mes prétentions n'aient été examinées du vivant encore de l'Empereur, puisqu'Elle a bien voulu s'y employer Elle-même en faisant les instances les plus vives pour porter ce Prince à produire les documents authentiques qui devaient éclaircir la chose et dont il lui avait promis si positivement l'exhibition.

Vous êtes donc, Sire, Vous-même le témoin que toutes les voies amiables ont été vainement employées pour obtenir justice de la cour de Vienne, qu'au contraire la modération dont j'ai usé jusqu'ici n'a servi qu'à la faire interpréter par cette cour à mon désavantage, comme si c'était plutôt un aveu fait de ma part du peu de solidité de mes prétentions qu'un effet de mon sincère désir de conserver la paix aussi longtemps qu'il serait possible.

Ainsi obligé, malgré moi, à en venir à des extrémités que j'ai toujours souhaité d'éviter, je n'ai d'autre ressource que de réclamer la protection de Votre Majesté et l'exécution de ses engagements en La suppliant de m'envoyer incessamment un corps de troupes auxiliaires assez considérable pour pouvoir résister aux ennemis qui m'entourent et me menacent de tous côtés, et qui ont pour objet de m'ôter toute espérance, toute voie et tout moyen de revendiquer et faire valoir la justice de mes droits sur des États qui m'appartiennent si légitimement et à tant de titres. C'est le seul moyen d'établir sur des fondements solides et stables le repos et la tranquillité du Corps germanique qui a toujours fait l'objet des soins et des désirs de Votre Majesté.

Il n'est pas nécessaire que j'allègue ici, comme je le pourrais, le grand nombre d'exemples qui autorisent l'introduction des troupes auxiliaires dans l'Empire. Il suffit d'en rappeler le plus récent, qu'a fourni même le feu Empereur lorsqu'il fit venir en 1734 un corps de troupes moscovites, moins pour la défense de l'Empire auquel Votre Majesté avait offert la continuation de son amitié, que pour soutenir une guerre que l'Empereur avait entreprise uniquement pour ses vues particulières.

Je ne manquerai pas, Sire, de demander en son temps les passages pour ce corps de troupes auxiliaires aux Princes par les États desquels elles auront à passer, et j'espère qu'ils me les refuseront d'autant moins que je connais assez les intentions de Votre Majesté, et ses égards pour le Corps germanique, pour pouvoir assurer ces Princes que les troupes de Votre Majesté se conformeront aux constitutions de l'Empire en observant ce qu'elles prescrivent sur le transit innoxe.

Je suis avec autant d'attachement que de respect, Sire, de Votre Majesté, très humble et vrai serviteur et cousin,

CHARLES-ALBERT (1).

Munich, ce 31 juillet 1741.

Il avait été convenu à Versailles qu'en même temps que l'Électeur et le comte de Terring expédieraient des lettres réquisitoriales aux princes, seigneurs et villes sur le territoire desquels nos troupes devaient passer, notre Ministre des affaires étrangères confierait de son côté à un négociateur fort connu des princes allemands de la Souabe, à M. Hatzel, la mission de les informer de l'arrivée de notre armée. Le maréchal de Belle-Isle avait instamment rappelé, à Munich et à Versailles, l'urgence de ces démarches, mais, se défiant de la lenteur des deux cours, il s'était résolu, de son propre mouvement, à envoyer, au commencement d'août, auprès des princes et des villes intéressés, quelques-uns des officiers qui l'avaient suivi à Francfort comme volontaires. Il les avait munis de lettres de créance au nom du Roi, ayant eu soin de se faire délivrer plusieurs exemplaires de ces lettres à son départ pour l'Allemagne. Le chevalier de Courten, l'un de ses aides de camp, se rendit auprès des margraves de Bade et de Durlach; le chevalier de Gravel, aide-major au régiment des Gardes, auprès du duc administrateur de Wurtemberg; M. Houël, capitaine au régiment de Nivernais, auprès des villes impériales de Souabe; enfin M. de Salaberry, capitaine au régiment de Piémont, auprès de l'évêque de Bamberg, des margraves de Bayreuth et d'Anspach et de la ville de Nuremberg. En attendant l'arrivée de nos commissaires des guerres, ces officiers devaient

---

(1) Correspondance de Bavière, vol. 92. Aff. étrang.

débattre le prix de la fourniture de toutes les denrées nécessaires à nos troupes et donner l'assurance que l'intendant, M. de Séchelles, acquitterait, à son passage, les livraisons faites à notre armée. Le Maréchal n'eut qu'à se louer de cette sage précaution. M. Hatzel ne parut en effet à Stuttgard que le 13 août, « au moyen de quoi sa présence trop tardive a été fort inutile (1) ». Le principal envoyé de l'Électeur, le comte de Truchsess, arriva également « un peu tard et a passé bien légèrement dans chaque lieu (2) ». Ainsi, par son activité et par l'envoi en temps opportun de ses lieutenants, le Maréchal vint à bout de réparer la négligence des deux cours. « Il a fallu, mandait-il à M. de Breteuil le 12 août, que j'écrivisse plus de 50 lettres pour assurer les fournitures et l'ordre de la marche des troupes qui doivent passer le Rhin le 15e, parce que rien de tout ce qui avait été convenu n'a été exécuté à temps, ni de la part de l'Électeur pour la réquisition des Princes, ni de la nôtre pour l'envoi des commissaires et de M. Hatzel qui devait tout arranger à l'avance. Cependant MM. de Gravel et de Courten, que j'ai envoyés à Stuttgard, à Dourlach et à Rastadt, ont trouvé les Princes dans une parfaite ignorance, n'ayant été requis ni avertis par qui que ce soit... (3). »

Le Maréchal, dont les précautions s'étendaient à tout, avait aussi confié à l'un de nos meilleurs ingénieurs, M. de Regemorte, la mission de reconnaître la route que devait suivre notre armée et de réparer les chemins aux endroits défectueux. M. de Regemorte arrivait à Rastadt le 13 août et en repartait le 14, muni d'un « ordre du

---

(1) Belle-Isle à M. de Breteuil, à Francfort, ce 18 août 1741. Vol. 2924. Arch. hist.

(2) Belle-Isle au comte de Terring, à Francfort, le 15 août 1741. Vol. 2915. Arch. hist.

(3) Belle-Isle à M. de Breteuil, à Francfort, le 15 août 1741. Vol. 2915. Arch. hist.

prince de Bade à ses baillis de lui faire fournir les travailleurs qu'il demandera pour faire travailler aux chemins (1) ». A Carlsruhe comme à Stuttgard, M. de Regemorte trouvait les mêmes secours, et le duc administrateur du Wurtemberg chargeait même un de ses officiers de seconder l'ingénieur français dans ses travaux.

Témoin de la défaite subie par nos armes à Hochstedt, le 11 août 1704, le maréchal de Belle-Isle avait gardé le souvenir du rôle important qu'avait joué à cette époque la place d'Ulm, dont l'occupation, par une garnison française, avait été le salut de notre armée. Comme il voulait procurer à nos troupes une place de sûreté et assurer leur retraite en cas d'insuccès, il avait suggéré à Amelot l'idée de demander qu'Ingolstadt, la meilleure des forteresses de la Bavière, fût remise à une garnison française, et, le 16 août 1741, le représentant de l'Électeur, le prince de Grimberghen, signait avec notre Ministre des affaires étrangères une convention stipulant que, sans dépouiller le gouverneur bavarois de ses prérogatives à l'intérieur de la place, Ingolstadt recevrait « une garnison des troupes de France », et que cette ville leur servirait « d'entrepôt et de place de sûreté pour établir les magasins et les hôpitaux de l'armée de Sa Majesté ». Ce point capital arrêté, la même convention réglait quelques mesures de détails : l'ordre du commandement et du service entre les troupes du Roi et celles de l'Électeur devait être conforme au règlement observé en Bavière durant les années 1703 et 1704 ; les contributions imposées aux pays autrichiens se répartiraient entre Français et Bavarois à proportion du nombre des troupes de chaque nation ; le droit de l'Électeur resterait entier à la nomination des états-majors des places conquises ;

______

(1) Le chevalier de Courten à Belle-Isle, de Rastadt le 13 ? (août) au soir. Vol. 2915. Arch. hist.

enfin, en cas de siège, il fournirait, de ses arsenaux, l'artillerie et les munitions en son pouvoir (1).

Ainsi, du jour où notre armée devait franchir le Rhin, elle était assurée de trouver, dans la traversée de la Souabe et de la Franconie, sa subsistance préparée et les chemins remis en état. A son arrivée en Bavière, elle pouvait compter sur un approvisionnement de vivres et de fourrages, suffisant jusqu'à son entrée en Bohême, sur l'équipage d'artillerie et les munitions nécessaires au siège d'une place de second ordre, sur les agrès propres à la construction d'un grand pont sur le Danube, sur l'établissement d'un premier hôpital à Donauwerth et sur une place de sûreté de premier ordre, Ingolstadt. Ces créations, improvisées en quelques semaines, témoignaient de l'activité déployée sur les lieux par les aides du Maréchal, des secours abondants que les frères Paris n'avaient pas manqué de leur faire parvenir de France, enfin de l'intervention féconde de Belle-Isle auprès des cours allemandes et du cabinet de Versailles. Nous avons vu l'ardeur dont avaient fait preuve, dans leur sphère spéciale, MM. de Beauvau, de Bélombre, de Rostaing, Loustau et Leliepvre. Leur zèle et leur habileté avaient heureusement surmonté les difficultés que faisait naître sous leurs pas le manque d'argent. En appelant M. de Bélombre à la direction des vivres de l'armée de Bavière, Paris du Verney avait donné au Maréchal et à M. de Beauvau un auxiliaire d'une capacité hors ligne ; en activant l'arrivée des fonds en Bavière, en remédiant par l'importance des envois d'argent à la mesquinerie initiale de notre ministère, Paris de Montmartel était venu à bout d'assurer, en temps

_____

(1) Articles signés entre le Roi et l'Électeur de Bavière, à Paris, le 16 août 1741. Correspondance de Bavière. Vol. 92. Aff. étrang. — Voir cette pièce à l'appendice 5 du chapitre III.

opportun, le fonctionnement de tous les services de notre armée. Les deux frères, qui avaient à cœur de regagner l'estime et l'amitié du Maréchal, trouvaient, dans l'étendue de leurs services, le véritable chemin de leur rentrée en grâce (1). Le Maréchal était trop juste appréciateur du mérite pour ne point reconnaître leur

---

(1) Pour rendre plus complète leur réconciliation avec le Maréchal, Paris du Verney et son frère ne tardèrent pas à faire appel à un ami intime de ce dernier, à M. de Chavigny, alors ambassadeur au Portugal. Heureux de s'employer à ce rapprochement qui pouvait être si utile à Belle-Isle, M. de Chavigny lui écrivait de Lisbonne, le 21 novembre 1741 : « Il s'agit aujourd'hui, mon très cher Maréchal, de faire un office d'ami, et jamais je ne me serai acquitté d'aucun qui me soit plus agréable. Dépositaire de toutes mes actions de même que de toutes mes pensées, vous avez su mes liaisons avec MM. Paris, les circonstances qui les avaient interrompues, celles qui les ont renouées. M. de Montmartel a fait depuis pour moi ce qu'un père aurait peine à faire pour son propre fils. Les obligations que je lui ai, et qui se multiplient tous les jours, sont de celles que je ne pourrai jamais reconnaître. Je ne vous ai pas laissé ignorer, ou à M. le Chevalier, que je reconnaissais quelquefois dans leur amitié pour moi l'espérance que je pourrais les rapprocher de vous ou plus tôt ou plus tard. Je leur dois la justice, surtout depuis la dernière campagne du Rhin, qu'ils n'ont cessé de vous envisager avec moi, et moi avec eux, comme le seul homme dans l'État propre aux grandes choses, si l'on se rendait capable de les entreprendre et de les exécuter. J'ai pensé en même temps que, quant aux arrangements pécuniaires, on ne pourrait rencontrer, si ce n'est avec eux et par eux, toute l'activité, toute l'intelligence, toute la résignation et toute la volonté nécessaires pour seconder des desseins glorieux. Dieu soit loué que mes prévoyances et mes vœux se vérifient et s'accomplissent si heureusement et si pleinement. Pour venir au fait, M. de Montmartel me mande que je puis être en plein repos sur les travaux qui sont confiés aux deux frères ; que, quelque pénibles qu'ils soient, ils trouvent leur récompense dans la satisfaction du gouvernement, mais que ce dont ils sont le plus touchés est celle que vous leur témoignez dans la correspondance très suivie avec vous ; que rien n'est plus obligeant ni plus fort que ce que vous daignez leur écrire ; que, connaissant ma confiance en vous et la vôtre en moi, ils désireraient fort que je vous témoigne, avec leur extrême sensibilité, la résolution où ils sont de demeurer voués pour le reste de leur vie à votre personne et à votre service. Vous n'avez pas

dévouement, et, le 28 août 1741, il écrivait à M. de Breteuil : « ..... L'on est trop heureux d'avoir trouvé tant de ressources dans l'activité de M. de Montmartel et dans la prévoyance de M. du Verney (1) ». Quant à lui-même, déjà chargé d'une vaste négociation qui embrassait toute l'Allemagne, il n'avait point perdu de vue, un seul instant, les précautions adaptées au bien-être et à la discipline de notre armée. Par ses lettres pressantes et l'à-propos de ses démarches auprès de nos ministres, de l'Électeur de Bavière, du comte de Terring et des cours de l'Allemagne, il avait grandement contribué à ce que tout fût prêt pour le passage de nos troupes en territoire étranger. Au risque de compromettre sa santé, réduisant à quatre heures son sommeil de chaque nuit (2), prenant à peine le temps nécessaire à ses repas, il parvenait à suivre de Francfort, avec une persévérance et une prévoyance inlassables, les préparatifs d'une guerre qui était son œuvre et au succès de laquelle étaient liées ses espérances et sa fortune.

---

besoin d'un autre garant que vous-même de ces dispositions de leur part, mais je le serai bien volontiers parce que je connais le fond de leur âme sur diverses personnes comme sur diverses choses. » Correspondance d'Allemagne, vol. 419. Aff. étrang.

(1) Belle-Isle à M. de Breteuil, à Francfort, le 28 août 1741. Vol. 2915. Arch. hist.

(2) Belle-Isle à M. de Breteuil, à Francfort, le 12 août 1741 : « ..... Tous ces détails (militaires) et ce travail, joint à celui de la négociation qui est dans sa plus grande activité, ne me laissent pas le temps de dormir quatre heures, et je prévois que, pour peu que ce travail forcé dure, ma santé n'y résistera pas, et je succomberai à la fin, ce qui sera encore pire quoique, grâce à Dieu, jusqu'à présent, je me porte encore à merveille. » Vol. 2924. Arch. hist.

CHAPITRE IV

Marche d'un premier corps de l'armée de Bavière, des bords du Rhin à Donauwerth, sur le Danube.

Ouverture des hostilités. — Occupation de Passau par l'Électeur de Bavière, le 31 juillet 1741. — Un premier corps français, de 25 bataillons et de 56 escadrons, franchit le Rhin à partir du 15 août et gagne Donauwerth où la tête de nos troupes arrive le 5 septembre. — Détails sur cette marche. — Sa bonne exécution. — Discipline exemplaire observée par notre armée. — Impression favorable qu'elle produit à Francfort et dans toute l'Allemagne.

A la fin de juillet 1741, sans attendre le passage du Rhin par nos premières troupes comme il l'avait d'abord projeté, l'Électeur de Bavière se rendait aux instances du maréchal de Belle-Isle, à l'impatience du roi de Prusse (1), et donnait le signal des hostilités contre l'Autriche. Un de ses lieutenants généraux, le comte de Minucci, recevait l'ordre de s'emparer par surprise de Passau avec l'aide des troupes rassemblées à proximité de cette place, au camp de Scharding. Passau commandait, par son château, l'Oberhaus, la navigation du Danube. Capitale d'une principauté ecclésiastique, elle obéissait au cardinal Lamberg, qui n'y entretenait qu'une faible garnison de 70 hommes. Suivi de 900 fantassins, de 400 cavaliers et de quelques pièces d'artillerie, le comte Minucci arrivait, dans la nuit du 30 au 31 juillet,

---

(1). Voir à ce sujet le dernier chapitre des *Préliminaires de la guerre de la Succession d'Autriche.*

en vue de Passau. Au point du jour, vers 3 heures du matin, un directeur des sels bavarois, demeurant au village de Saint-Nicolas près de Passau et bien connu dans cette dernière ville, demandait à la traverser en poste. Le caporal de garde ne faisait aucune difficulté de l'introduire dans la place et se préparait à l'accompagner jusqu'à la porte opposée, conduisant à l'Oberhaus. La barrière était à peine ouverte qu'au signal du Bavarois quelques grenadiers, embusqués à peu de distance, accouraient baïonnette au canon, se saisissaient du caporal, désarmaient la garde et facilitaient au corps de Minucci l'occupation de la ville. Le général envoyait aussitôt au palais du prince-évêque un de ses lieutenants porteur d'une lettre de l'Électeur. Charles-Albert, invoquant la nécessité de pourvoir à la sécurité de ses États, demandait à entrer en possession immédiate de l'Ober-haus et à y mettre « une garnison suffisante de troupes bavaroises..... promettant le plus efficacement et foi d'Électeur que cette garnison ne préjudicierait en aucune manière à la supériorité territoriale de Son Éminence, ne voulant pas s'approprier la moindre partie de ses revenus, les troupes devant être nourries sans qu'il en coûte rien à Son Éminence ni à ses sujets et qu'elles observeraient une bonne discipline et le respect qui est dû (1). »

A la lecture de cette lettre, l'évêque dépêcha au comte de Minucci « le directeur de son Conseil aulique, chargé de lui faire un compliment civil et de lui dire de sa part que la matinée lui était devenue, contre toute attente, bien désagréable et pleine de trouble, ayant entendu le

---

(1) Mémoire touchant la surprise aussi inopinée que violente de la ville de Passau par les troupes de Son Altesse Sérénissime Électorale de Bavière, lesquelles se sont emparées de la forteresse qu'on nomme la Maison supérieure (Oberhaus). Correspondance de Bavière. Vol. 92. Aff. étrang. — Voir ce mémoire à l'appendice 1 du chapitre IV.

bruit qui s'était fait entendre dans toutes les rues et appris ensuite la nouvelle inopinée que nombre de troupes bavaroises s'étaient emparées des portes de la ville, de sa résidence et du corps de garde ; que Sa Dite Éminence avait bien reçu, avec la vénération due, la lettre que S. A. E. de Bavière lui avait écrite à ce sujet mais qu'Elle ne pouvait pas sitôt se déclarer catégoriquement là-dessus avant d'avoir conféré avec son vénérable chapitre, qui était déjà effectivement assemblé pour délibérer sur cette matière, et qu'ainsi Elle le priait de lui accorder un petit délai (1) ». Minucci ayant réduit ce délai à deux heures, l'évêque lui dépêcha une députation de son chapitre avec mission d'obtenir « autant de temps qu'il en faudrait pour faire, à Son Altesse Sérénissime Électorale même, les remontrances très nécessaires et bien fondées soit par des députés ou par un courrier exprès ». La réponse fut négative. « ..... M. le général représenta au contraire qu'il ne pouvait pas se dispenser d'insinuer cordialement qu'un plus long retardement ne pouvait qu'être très nuisible au pays et à la ville. Il assura en même temps qu'il avait à portée d'autre artillerie et d'autres troupes, de sorte qu'il n'attendait autre chose qu'une réponse catégorique et finale dans deux heures (2). » Sentant toute résistance inutile, le Cardinal se décida à livrer l'Oberhaus aux Bavarois qui l'occupèrent et, suivant leur promesse, évacuèrent la ville en n'y laissant qu'un détachement nécessaire à la garde des ponts et des portes.

L'Électeur voulut être le premier à annoncer au maréchal de Belle-Isle l'heureux succès de la surprise de Passau, en lui écrivant le 1er août : « Pour vous con-

---

(1) Mémoire touchant la surprise aussi inopinée que violente de la ville de Passau.

(2) *Ibid.*

vaincre, Monsieur, que vos avis ont été suivis de bien près par leur exécution, je vous donne part que la ville de Passau a été surprise hier matin à la pointe du jour, et que M. le Cardinal, voyant les appareils d'un bombardement, a trouvé à propos de rendre le château vers les 10 heures. C'est le comte de Minucci et mon maréchal de-camp de Gabrielli qui ont été chargés de cette expédition, et que 900 hommes d'infanterie et 400 de cavalerie ont exécutée (1). »

Le Maréchal apprit cette nouvelle avec une joie d'autant plus grande que la conquête de l'Électeur s'était accomplie sans effusion de sang. La violence n'eût pas manqué de provoquer un redoublement de clameurs chez les partisans de l'Autriche qui sonnaient déjà le tocsin dans tout l'Empire. Belle-Isle savait avec quelle impatience Frédéric attendait ce premier gage de l'ouverture des hostilités de la Bavière contre l'Autriche, cette première démarche offensive de l'Électeur, et il se félicitait du revirement qu'elle devait fatalement amener dans l'esprit jusqu'alors plein de défiance du roi de Prusse. Charles-Albert avait aussi fait part de sa prise de possession de Passau à l'allié de la France, et Frédéric s'était empressé de prodiguer l'encens de ses flatteries au prince crédule qui s'y montrait particulièrement sensible. « Monsieur mon Cousin, lui écrivait-il le 11 août, j'ai été dans la joie de mon cœur d'apprendre par la lettre de Votre Altesse Électorale l'heureux succès

---

(1) Correspondance de Bavière. Vol. 92. Aff. étrang. — Cette lettre de l'Électeur est datée, par erreur, du 31 juillet 1741. Son expéditeur, le comte de Terring, fait connaître qu'elle a été en réalité écrite le 1er août. Terring mandait en effet à Belle-Isle, le 3 août : « L'Électeur a voulu avoir lui-même, mon cher Maréchal, la satisfaction de vous apprendre par la lettre ci-jointe, qui est du 1er août, quoique datée du 31 juillet, l'heureux succès de l'entreprise sur Passau..... » Correspondance de Bavière. Vol. 92. Aff. étrang.

de ses armes dans l'entreprise de Passau. Elle peut être persuadée que j'y prends la part le plus sincère et que son bonheur est inséparable de mon contentement. Je Le regarde dès ce jour comme un allié auquel tout me lie, et surtout le penchant et l'inclination (1). » N'ayant d'ailleurs qu'à se louer de l'attitude de la Bavière et de la France, Frédéric continuait à appeler Belle-Isle, l'instigateur de leurs complaisances à son égard, son « cher Maréchal ». Tout lui souriait et la France mettait un empressement sans égal à satisfaire aux exigences de son jeune allié car, quinze jours après la surprise de Passau, à l'époque promise par Belle-Isle, les premières troupes françaises franchissaient le Rhin et se portaient au secours de l'Électeur de Bavière.

Les reconnaissances du maréchal général des logis de notre armée, M. de Mortaigne, avaient abouti au choix de deux routes pour le passage des 25 bataillons et des 56 escadrons qui devaient entrer en Allemagne au mois d'août 1741. L'une de ces routes partait de Fort-Louis et conduisait à Donauwerth par Rastadt, Pforzheim, Kannstadt, Gmund, Aalen et Nordlingen : l'autre, partant de quelques lieues plus bas sur le Rhin, de Lauterbourg, aboutissait également à Donauwerth par Bruchsal, Bietighem, Gaildorf, Dinkelsbühl et Œttingen (2).

L'infanterie entière, au nombre de 24 bataillons, 1 bataillon de Royal-Artillerie, 4 escadrons de cavalerie et 2 de hussards, sans compter quelques compagnies franches, devaient suivre la première de ces routes.

---

(1) *Politische Correspondenz Friedrich's des Grossen*, t. Ier, p. 301.

(2) Se reporter au croquis donnant l'itinéraire des deux premières colonnes de l'armée de Bavière, des bords du Rhin à Donauwerth.

50 escadrons de cavalerie et de dragons, un certain nombre de compagnies franches, un faible détachement de Royal-Artillerie, devaient suivre la seconde.

Afin de faciliter la marche de nos deux colonnes, le maréchal de Belle-Isle avait partagé la première en 4 divisions, la seconde en 2 divisions, se suivant à deux jours de distance. Il avait attaché 2 commissaires des guerres, un certain nombre d'ingénieurs et de chirurgiens, à chaque division. Le service postal, entre l'armée et Strasbourg, devait être assuré par 1 directeur, 4 commis, 18 postillons et 36 chevaux.

Comme le Ministre de la guerre s'attendait à ne réunir qu'une faible proportion d'attelages au 15 août, il avait été convenu que quelques pièces d'artillerie seraient seulement réparties entre les différentes divisions au fur et à mesure de l'arrivée des chevaux. Contrairement à ces prévisions, M. du Brocard, le commandant de notre artillerie, se vit en état de faire partir, en un même convoi, près de la moitié de son équipage aux ordres du plus ancien de ses lieutenants, M. Bailly. 4 pièces de 24, 13 pièces de 4 à la suédoise, 13 caissons pour canons à la suédoise, chargés de 215 cartouches chacun, 8 caissons de cartouches pour l'infanterie, renfermant chacun 30 caisses de 600 cartouches, 39,600 pierres à fusil, 15 pontons, purent ainsi accompagner la 1re division, partant de Fort-Louis, sous l'escorte du bataillon de Labory, du Royal-Artillerie (1).

4 pièces de canon à la suédoise, 15 pontons, un déta-

---

(1) D'après l' « État des pièces de canon et autres munitions pour l'artillerie qui existent aujourd'hui, 4 septembre, dans la 1re division et arrivées le 5 au soir (à Donauwerth) ». Cet état est joint à une lettre de M. Bailly au maréchal de Belle-Isle, du 6 septembre 1741. Vol. 2916. Arch. hist.

chement de 50 hommes du bataillon de Labory, furent attachés à la 1re division partant de Lauterbourg.

4 pièces de 24 et 13 pièces à la suédoise furent laissées à Metz et à Strasbourg pour accompagner le deuxième échelon de nos troupes qui ne devait franchir le Rhin qu'en septembre.

La composition, l'itinéraire, la date d'arrivée à Donauwerth, des deux colonnes et de leurs divisions, étaient ainsi fixées :

1re colonne (colonne de la droite) partant de Fort-Louis en quatre divisions, les 15, 17, 19 et 21 août 1741.

1re DIVISION.

MM.
De Léoville, lieutenant général.
De Ximénès........) maréchaux de
De Béranger......) camp.
De Champigny, major général.
D'Astier, aide-major général.
Pieron, vaguemestre général.
Dosuelle, prévot.
De Montrosier....) commissaires des
Gineste ....) guerres.
Bailly, lieutenant d'artillerie.

Brigade de Navarre. (Navarre... 4 bat.
Brigadier : M. de) Rosnyvinen.... 1 —
Rosnyvinen......) Beauce... 1 —
— 6 bat.

Bataillon d'artillerie de Labory. 1 bat.
Compagnie de mineurs de Tusmel.
Compagnies franches de dragons de Jacob et de Galliau.
Compagnie des guides de Bruck.
Quatre pièces de 24, treize pièces de 4 à la suédoise, quinze pontons.

2e DIVISION.

MM.
D'Aubigné, lieutenant général.
Milord Clare, maréchal de camp.
La Martinière, chirurgien-major.
Baron de Fregwal. (commissaires des
Dolhassary........) guerres.

Brigade de la Marine. (La Marine. 4 bat.
Brigadier : M. de) Ponthièvre 2 —
Charon..........) — 6 bat.

Hussards de Ratsky (2 escadrons).

3e DIVISION.

MM.
De la Fare, lieutenant général.
De Luxembourg....) maréchaux de camp.
De Mirepoix.......)
Tournier, aide-major général.
Du Laurent.......) commissaires des guerres.
Potier............)

Brigade de Touraine. (Touraine .... 3 bat.
Brigadier, M. le) Royal des Vais-
prince de Tingry.) seaux........... 3 —
— 6 bat.

Pons, cavalerie (2 escadrons).

4e DIVISION.

MM.
De Curton, lieutenant général.
De Boufflers......) maréchaux de camp.
De Maucler.......)
De Séchelles, intendant.
Du Brocard, commandant l'artillerie.
Chateauvillard....) commissaires des guerres.
Laurent ....)

Brigade d'Anjou. Bri- (Anjou .... 2 bat.
gadier, M. d'Ar-) Rochechouart.... 1 —
menyières ......) Alsace .... 3 —
— 6 bat.

Lévis, cavalerie (2 escadrons).
Compagnie d'ouvriers d'artillerie de du Brocard.

Lieux de passage :

	1re DIVISION.	2e DIVISION.	3e DIVISION.	4e DIVISION.
Rastadt	15 août	17 août	19 août	21 août
Ettlingen	16 août	18 août	20 août	22 août
Ellmendingou	17 et 18 août	19 et 20 août	21 et 22 août	23 et 24 août
Pforzheim	19 août	21 août	23 août	25 août
Heimsheim	20 août	22 août	24 août	26 août
Ditzingen	21 et 22 août	23 et 24 août	25 août	27 et 28 août
Kannstadt	23 août	25 août	27 août	29 août
Gros-Hoppach	24 août	26 août	28 août	30 août
Schondorf	25 et 26 août	27 et 28 août	29 et 30 août	31 août et 1er septembre
Lorch	27 août	29 août	31 août	2 septembre
Gmund	28 août	30 août	1er septembre	3 septembre
Mögglingen	29 et 30 août	31 août et 1er septembre	2 et 3 septembre	4 et 5 septembre
Aalen	31 août	2 septembre	4 septembre	6 septembre
Bopfingen	1er septembre	3 septembre	5 septembre	7 septembre
Nördlingen	2 et 3 septembre	4 et 5 septembre	6 et 7 septembre	8 et 9 septembre
Möttingen	4 septembre	6 septembre	8 septembre	10 septembre
Donauwerth	5 septembre	7 septembre	9 septembre	11 septembre

2e colonne (colonne de la gauche) partant de Lauterbourg les 19 et 21 août 1741.

1re DIVISION.	2e DIVISION.
MM.	MM.
Le comte DE SAXE, lieutenant général.	Le comte DE SÉGUR, lieutenant général.
Le comte D'ESTRÉES, maréchal de camp.	DU CHATEL ..)
DE BAYE....) aides – maréchaux géné-	DE BERCHÉNY. } maréchaux de camp.
ROBERT .....) raux des logis.	DE TRESMES..)
DE MONTMORT, aide-maréchal des logis de la cavalerie.	D'AULTANNE, aide-maréchal des logis de la cavalerie.
LASSAULT..:.) commissaires des guerres.	DELMAS .....) commissaires des guerres.
DE FITTE ...)	DE VIC .....)
Chevalier DE LA GUETTE, lieutenant d'artillerie.	

1re DIVISION — *Cavalerie :*		2e DIVISION — *Cavalerie :*	
Carabiniers...........	10 escadrons.	Colonel général.......	3 escadrons.
Orléans	3 —	Royal-Allemand......	3 —
Du Rumain...........	3 —	La Reine.............	3 —
Du Roi..............	3 —	Royal................	3 —
	19 escadrons.	Penthièvre	3 —
		Vogüé	2 —
Dragons :		Hussards de Berchény.	2 —
Mestre de camp général	4 escadrons.		19 escadrons.
Dauphin	4 —	*Dragons :*	
	8 escadrons.	Armenonville	4 escadrons.
TOTAL...	27 escadrons.	TOTAL...	23 escadrons.

1re DIVISION :

Compagnies franches à pied de PAULY, BOCK, LAHAYE, DUCHEMIN.
Compagnie de mineurs de Rochefort.
Compagnie d'ouvriers d'artillerie de CHEVREAU.
50 hommes du bataillon de LABORY (Royal-Artillerie).
4 pièces de 4 à la suédoise, 15 pontons.

2e DIVISION :

Compagnies franches à pied de JACOB, GALHAU et LAHARTE.

1re DIVISION — *Lieux de passage :*		2e DIVISION — *Lieux de passage :*	
		Fort-Louis	21 août.
Rheinzabern....	19 août.	Söllingen.......	22 août.
Graben	20 et 21 août.	Mühlburg......	23 août.
Bruchsal.......	22 août.	Bruchsal.......	24 août.
Gondelsheim ...	23 août.	Gondelsheim ...	25 et 26 août.
Knittlingen	24 août.	Knittlingen	27 août.
Illingen........	25 août.	Illingen........	28 août.
Bietigheim.....	26 et 27 août.	Bietigheim.....	29 et 30 août.
Steinheim......	28 août.	Steinheim......	31 août.
Oppenweiler....	29 août.	Oppenweiler....	1er septembre.
Murrhardt	30 et 31 août.	Murrhardt	2 et 3 septembre.
Gaildorf.......	1er septembre.	Gaildorf........	4 septembre.
Ober-Sontheim .	2 septembre.	Ober-Sontheim .	5 septembre.
Crailsheim	3 et 4 septembre.	Crailsheim	6 et 7 septembre.
Dinkelsbühl	5 septembre.	Dinkelsbühl....	8 septembre.
Wittelshofen...	6 septembre.	Wittelshofen...	9 septembre.
Œttingen......	7 et 8 septembre.	Œttingen	10 et 11 septembre.
Allerheim	9 septembre.	Allerheim......	12 septembre.
Donauwerth....	10 septembre.	Donauwerth....	13 septembre (1).

(1) On trouve des tableaux analogues à ceux que nous avons établis, sauf de légères variantes, dans le mémoire du lieutenant général de Vault : *Campagne en Bavière et en Bohême*, 1741. Ce mémoire forme aujourd'hui le volume 2961 des Archives historiques.

Les lieutenants généraux, chargés de conduire chaque division, reçurent du Ministre de la guerre une instruction rédigée par le maréchal de Belle-Isle, et résumant leurs principaux devoirs dans le trajet des bords du Rhin à Donauwerth.

Cette instruction indiquait que la subsistance en pain de la troupe serait assurée par une distribution de quatre jours faite au moment de passer le Rhin, puis à l'aide du pain biscuité et du biscuit transportés à la suite des divisions.

Chaque soldat, cavalier ou dragon, devait recevoir par jour deux onces de riz ainsi qu'une demi-livre de viande délivrée par l'entremise du fournisseur de la viande, M. Charpentier.

Les troupes seraient munies au départ de deux jours d'avoine ; les équipages des vivres et de l'artillerie, de quatre jours.

Le soin des distributions incombait aux commissaires des guerres auxquels il était ordonné de partir toujours la veille, avec un détachement, pour mettre les distributions en règle au nouveau camp.

Dans le cas où les distributions d'avoine, de foin et de paille, ne pourraient être assurées sur le parcours, les généraux feraient visiter les granges et, au besoin, fourrager le pays, en prenant les précautions nécessaires pour éviter tout désordre. Ils se procureraient le bois qui viendrait à manquer à l'aide de corvées, toujours conduites par des officiers. Il leur était enjoint de faire camper avec leurs brigades les officiers, jusqu'au grade de brigadier inclus, et de réprimer sévèrement, suivant les ordonnances en vigueur, la chasse, la maraude et tout abandon momentané du rang. Nul ne pouvait se procurer des chariots de paysan sans une autorisation écrite du commandant de la colonne. Ce dernier devait s'assurer d'un certain nombre de ces chariots pour le transport des malades, et ne laisser aux soins des baillis, sur le parcours, que les soldats trop gravement atteints pour être transportés. Il lui était enfin recommandé de faire reconnaître les marches un jour à l'avance, de placer à la tête de sa division deux piquets munis d'outils, et d'avoir soin de camper, sur le bord des rivières, l'infanterie en amont et la cavalerie en aval (1).

Le maréchal de Belle-Isle avait si vivement à cœur la discipline de notre armée, il en sentait les suites si importantes pour le succès de ses négociations dans les diverses cours de l'Allemagne que, par précaution, il adressait de Francfort, le 11 août, un exemplaire de cette instruction à M. de Leuville. Il y joignait ses instances les plus pressantes pour que le général intérimaire de notre armée de Bavière s'employât à empêcher, « à tel prix que ce soit, que les troupes fassent le moindre désordre ». Il attirait son attention sur la nécessité de « défendre la chasse à tous Messieurs les officiers de quelque grade et caractère qu'ils soient, sans exception. Cet article est un de ceux qui blessent et offensent le plus les princes et seigneurs allemands. Ils regardent cette licence non seulement comme une entreprise faite à leurs souverainetés et seigneuries, mais aussi comme un outrage personnel et une marque de mépris. C'est pourquoi la défense n'en peut être trop connue et la punition trop sévère pour ceux qui y contreviendront ».

Après avoir demandé que les brigadiers et colonels

---

(1) On trouve, avec quelques variantes, des exemplaires de cette instruction à la page 355 du volume 2961 des Archives historiques, qui n'est autre que le Mémoire de de Vault sur la campagne de Bavière et de Bohême en 1741 ; dans le volume 2914, pièce 102 ; dans le volume 2915, pièce 7. Cette dernière a pour titre : « Instruction du Roi au Sieur comte de Saxe, l'un des lieutenants généraux de Sa Majesté en ses armées, allant commander le corps de ses troupes qui doit partir de Lauterbourg pour passer le Rhin, le 19 août prochain, pour marcher par la Souabe à Donauwerth. »

donnassent l'exemple en campant au milieu de leurs troupes, le Maréchal disait :

Outre la règle générale qui exige en tout temps la discipline la plus exacte parmi les troupes, la circonstance où nous nous trouvons aujourd'hui le demande plus décisivement.

Tout l'Empire est ému de l'entrée des troupes du Roi en Allemagne. Les ennemis de la France ne manquent pas d'exciter à cette occasion tous les esprits pour tâcher de faire faire des convocations et associations pour parvenir à engager l'Empire à faire la guerre au Roi. Il est d'une conséquence extrême d'empêcher que cela ne soit; vous en sentez toutes les suites qui seraient : 1° de n'avoir plus de communication de la Bavière avec le royaume, plus de commerce de lettres, plus de sûreté à voyager, au lieu que, si les troupes du Roi marchent présentement avec la même sagesse que si elles étaient en France, les peuples de l'Allemagne par où elles vont passer s'y accoutumeront, et reviendront de la prévention qu'on leur a donnée contre les Français; ils nous fourniront des vivres et toutes les choses et secours nécessaires; ils ne feront aucun mal aux voyageurs et allants et venants; le commerce sera libre et les chemins aussi assurés qu'avant notre entrée. Si chacun veut bien faire réflexion au bien qu'il recevra en observant la règle, du mal et de toutes les incommodités qu'il essuiera en faisant ou laissant faire du désordre, on verra bien quelle utilité il y a d'une part et combien d'inconvénient de l'autre, indépendamment des motifs généraux qui ne vont pas moins qu'à nous faire déclarer une guerre par l'Empire qui, comme je vous l'ai dit ci-dessus, n'est déjà que trop effarouché de nous voir passer le Rhin. Je suis ici pour faire face contre tout ce que les ennemis de la France publient, et j'espère parvenir à détruire toutes les calomnies et faire comprendre à chacun des princes ou principaux membres du corps germanique que leur intérêt est de se tenir en repos, et dans une exacte impartialité, mais il faut pour cela que l'on n'ait aucune plainte fondée à me faire sur la conduite de nos troupes. Je vous prie donc, Monsieur, de vouloir bien faire sur cela toute l'attention nécessaire et donner de tels ordres, tant à la division à laquelle vous marchez qu'à celles qui doivent vous suivre, qu'il ne puisse réellement me revenir ici aucune plainte fondée.

Enfin, Monsieur, vous voyez que l'objet essentiel et capital est de conduire les troupes du Roi en Bavière avec une telle règle qu'il n'en revienne aucune plainte, que nous conservions l'amitié des peuples et habitants du pays, et que je ne reçoive ici que des remerciements et n'entende que des louanges de la sagesse de nos troupes. J'ai assez de contradictions à essuyer et d'obstacles à aplanir sans que la mauvaise conduite de nos troupes vienne à les augmenter. Le tout ne peut

être en de meilleures mains que les vôtres, et c'est ce qui fait ma
confiance. Je vous prie de vouloir bien me donner de vos nouvelles
de chacun de vos séjours. Au moins ce sera pour moi un sujet de tranquillité que de savoir que tout s'est bien passé, et qui me mettra en
état de contredire plus sûrement toutes les faussetés que ne manqueront
pas de débiter ici les Autrichiens selon leur coutume ; je ne serai pas
moins empressé d'en recevoir quand vous serez arrivé à Donauwerth et
encore plus quand vous aurez joint l'Électeur. Il sera même très nécessaire que notre correspondance soit aussi exacte et aussi suivie que les
circonstances l'exigent. Je serai charmé d'avoir par là de plus fré-
quentes occasions de vous renouveler tous les sentiments avec lesquels
je fais profession d'être depuis longtemps, Monsieur, votre très humble
et très obéissant serviteur (1)..... »

Le 21 juillet 1741, M. de Breteuil avait prescrit au
maréchal de Broglie, commandant en Alsace, de faire
délivrer, par les commandants des places frontières, à
chaque bataillon de l'armée de Bavière, 270 livres de
poudre, 672 livres de plomb en balles, du calibre de 18,
et 600 pierres à fusil ; à chaque régiment de dragons,
160 livres de poudre, 400 livres de plomb et 400 pierres
à fusil ; à chaque escadron de cavalerie, 26 livres de
poudre et 65 livres de plomb. La livre de poudre permettant de confectionner 45 cartouches, l'infanterie et
les dragons étaient ainsi approvisionnés à 18 coups par
homme, la cavalerie à 12 coups (2).

Le 15 mars précédent, le Ministre avait ordonné à
Metz la confection de 900,000 cartouches, la construction de 1,500 caisses à cartouches, d'une contenance de
600 cartouches, et de 50 caissons destinés à porter chacun 30 caisses (3).

---

(1) Vol. 2915. Arch. hist.

(2) Correspondance du Ministre de la guerre. Archives de l'artillerie.

(3) Lettre de M. de Breteuil à M. Guérin, lieutenant d'artillerie à
Metz, du 15 mars 1741. Correspondance du Ministre de la guerre.
Archives de l'artillerie.

Il fut emporté de Metz, à la suite de l'armée de Bavière, 1,188,000 cartouches, de telle sorte que l'infanterie se trouva approvisionnée à 36 coups par homme, en plus des 18 cartouches que chaque soldat portait sur lui (1).

Le maréchal de Belle-Isle avait demandé qu'une avance de 2,000 écus fût faite aux bataillons avant leur entrée en campagne, et que le droit au fourrage fût décompté aux officiers à partir du 1er août. Après un entretien avec le Ministre de la guerre, au milieu de juillet 1741, il s'était empressé d'annoncer aux officiers que ce droit leur serait octroyé sans opposition. Le Maréchal avait compté sans la mesquinerie du cardinal de Fleury qui ne voulut ouvrir ce droit aux officiers qu'à partir du 10 août. En outre, le trésorier de l'extraordinaire des guerres, M. de Launay, prévenu à la dernière heure, ne put faire parvenir les 2,000 écus aux bataillons qu'à l'époque du passage du Rhin et non dans leurs villes de garnison où cette somme leur eût été d'un bien plus grand secours. Ces retards dans la remise de l'argent, joints à la précipitation avec laquelle les officiers durent former leurs équipages et au renchérissement subit de tous les achats (2), occasionnèrent quelques murmures dont le maréchal de Belle-Isle, qui regagnait Francfort, se fit l'écho à son passage à Metz, le 28 juillet 1741 : « ...Toutes les troupes que j'ai vues ont un zèle

---

(1) État des pièces et munitions d'artillerie menées à l'armée de Bavière. Carton 3 B., 141. Archives de l'artillerie.

(2) Dans une lettre adressée à sa mère de Strasbourg, le 14 juillet 1741, Balthazar de Barquier, cadet au régiment de Piémont, donne de curieux détails sur la formation de son équipage. Il s'était joint, pour camper, à un lieutenant et à un garçon-major de son régiment. Après s'être procuré un domestique, il se proposait d'acheter un cheval « propre à monter », qui se payait alors 9 à 10 louis à Strasbourg. Il ne lui restait plus qu'à trouver, de concert avec ses camarades de tente, un cheval

extrême, mais elles ont un besoin pressant de secours. Les officiers ont fait les derniers efforts pour leur augmentation. La précipitation avec laquelle il faut à présent qu'ils fassent des équipages leur fait tout acheter et payer au double : c'est les réduire à l'impossible et leur jeter une amertume mortelle dans le cœur, (chose) bien triste à l'ouverture d'une guerre. Je leur ai annoncé les grâces que vous vouliez bien leur procurer : 1º de leur faire donner des fourrages à commencer du 1ᵉʳ août ; 2º de leur faire donner 2,000 écus d'avance par bataillon, sans quoi je dois vous observer que, les officiers de semestre ne pouvant rejoindre avant les revues qui se feront pour le départ, il est nécessaire que vous donniez un ordre au trésorier de faire le décompte sur le pied complet, sans quoi les régiments seraient dans le dernier embarras. Il n'y a, pour cela, pas un moment à perdre. Plusieurs régiments n'ont point encore reçu les menues fournitures pour l'habillement de l'augmentation. Ce sera un grand inconvénient s'ils viennent à marcher, les recrues point habillées, et ces menues fournitures en arrière (1)... ». La plupart des officiers subalternes avaient dû contracter des emprunts ruineux pour se mettre en état d'entrer en campagne, et M. d'Aubigné, l'un des directeurs généraux de l'infanterie les plus anciens et les plus expérimentés, dépeignait en ces termes au Ministre l'état précaire des officiers de cette arme, à la veille de passer le Rhin : « Je partirai demain (17 août) avec les troupes que je dois

---

de bât. « Je compte, disait-il dans cette lettre, que ma portion de la maison de toile meublée me reviendra à 40 livres. Les meubles consistent à un matelas, une paillasse et un bois de lit sans rideaux pour défendre de l'humidité de la terre, une marmite et une casserole..., six assiettes de fer-blanc, un plat du même métal en commun. » Archives de M. Muterse, à Antibes.

(1) Vol. 2914. Arch. hist.

conduire, qui m'ont paru remplies de bonne volonté malgré la misère affreuse dont sont les officiers. Cela passe toute imagination. Ils ont fait ce qui ne s'est jamais vu, des emprunts solidairement les uns pour les autres et un pour le tout. Vous imaginerez sans peine la mésaisance, pour un nombre infini d'années, qui résultera pour les officiers de ces emprunts et peut-être même la ruine totale de quelques-uns qui seront tôt ou tard obligés de payer pour ceux qui viendront à manquer, dont le très plus grand nombre n'a (*sic*) pas un sol de bien et n'ont ni feu ni lieu. Je n'avais rien vu de semblable depuis quarante ans que je sers, et j'en suis fort peiné pour le bien des troupes et du service. D'un autre côté les officiers n'auraient pas été en état de marcher s'ils n'avaient pris ce parti (1)... »

Le Ministre de la guerre ayant ordonné l'établissement de deux ponts de bateaux, l'un à Fort-Louis pour le 15 août, l'autre en regard de Rheinzabern pour le 19 août, un officier d'artillerie de la garnison de Strasbourg, M. de Buffier, s'acquitta de cette double opération (2).

Les quelques détails qui suivent permettront de se rendre compte de la marche de chacune des divisions jusqu'à Donauwerth.

Marche de la 1re division de la colonne de la droite.— Le 13 août 1741, M. de Leuville arrivait au Fort-Louis. Il s'y rencontrait avec le chevalier de Courten, venu pour lui annoncer que nos troupes trouveraient, dans les États de Bade et de Wurtemberg, les fournitures dont elles

______

(1) M. d'Aubigné à M. de Breteuil, au Fort-Louis du Rhin, le 16 août 1741. Vol. 2924. Arch. hist.

(2) Lettre de M. Dupas, lieutenant d'artillerie de la province d'Alsace, à M. de Breteuil, à Strasbourg, le 31 août 1741. Carton 3 B., 159. Archives de l'artillerie.

auraient besoin (1), et, le 15 août, il passait le Rhin à la tête de la brigade de Navarre.

Les premières journées de marche furent assez pénibles. La pluie ne cessa pour ainsi dire de tomber, du 16 au 19 août, d'Ettlingen à Pforzheim. Malgré les travaux de M. de Regemorte et la précaution de M. de Turmel de faire marcher sa compagnie de mineurs avec des paysans vingt-quatre heures en avant de la colonne (2), l'artillerie, surtout les lourdes pièces de 24 et les pontons, souffrit particulièrement des chemins étroits de la Forêt-Noire. Toutefois nos pièces, confiées à deux hommes d'expérience, MM. Bailly et de Turmel, et attelées de chevaux vigoureux, ne laissèrent pas de suivre l'infanterie. La place assignée à l'artillerie, à la queue de tous les équipages, avait aussi accru les difficultés de sa marche, mais les représentations des officiers d'artillerie leur obtinrent bientôt de marcher immédiatement après les bagages du quartier général (3). Avec le mauvais temps, la dysenterie fit son apparition, et, en arrivant à Pforzheim, M. de Leuville confia à l'un des commissaires des guerres qui l'accompagnaient, M. de Montrosier, le soin de créer dans cette ville un petit hôpital et d'y installer les quelques malades trop gravement atteints pour continuer leur route (4).

La pluie eut encore pour conséquence fâcheuse de gâter près de 28,000 rations de biscuit ou de pain biscuité. Les tonneaux qui renfermaient le biscuit avaient

(1) Lettre de M. de Leuville à M. de Breteuil, au Fort-Louis, le 14 août 1741. Vol. 2912. Arch. hist.

(2) Lettre de M. de Turmel au maréchal de Belle-Isle, à Pforzheim, le 20 août 1741. Vol. 2915. Arch. hist.

(3) Lettre de M. du Brocard à M. de Breteuil, à Ellmendingen, le 24 août 1741. Vol. 2912. Arch. hist.

(4) Lettre de M. de Leuville à M. de Breteuil, au camp de Heimsheim, le 20 août 1741. Vol. 2912. Arch. hist.

été maladroitement placés sur les voitures dans la position debout, de façon à retenir l'eau, et les sacs chargés
de pain biscuité n'avaient été protégés que par une
couche de sacs vides posés par-dessus le chargement.
M. de Brailly, le directeur des vivres qui marchait avec
M. de Leuville, trouva le moyen de remédier à cette
perte en faisant exécuter en cours de route deux cuis-
sons extraordinaires qui eurent l'avantage de procurer
aux troupes du pain frais (1).

M. de Leuville n'eut qu'à se louer de l'exactitude et de
la qualité des subsistances que lui fournirent, sur le
parcours, les margraviats de Bade et de Dourlach, le
Wurtemberg, les villes impériales telles que Gmund,
Aalen et Nordlingen, et le comté d'Œttingen. « En arrivant à tous les camps, écrivait-il à M. de Breteuil, le
1er septembre, nous avons trouvé la paille, le foin,
l'avoine et le bois tout prêt comme nous aurions pu
faire dans une ville de France (2). » Les princes et les
villes de la Souabe avaient rivalisé de zèle pour ne donner lieu, de la part des Français, à aucune plainte. Le duc
Charles-Rodolphe, administrateur du Wurtemberg, et la
duchesse douairière, veuve du duc Alexandre, s'étaient
particulièrement fait remarquer par la gracieuseté et la
magnificence de leur accueil. Le 22 août, profitant du
séjour de nos troupes à Ditzingen, M. de Leuville se
rendait à Stuttgard, sur une invitation de la duchesse.
Il y était reçu « en perfection (3) ». Le lendemain, 23,
la duchesse, entourée d'une cour brillante, assistait à
l'entrée de la brigade de Navarre dans son camp de

____

(1) Lettre de M. de Séchelles à Belle-Isle, à Aalen, le 31 août 1741.
Vol. 2924. Arch. hist.

(2) M. de Leuville à M. de Breteuil, au camp de Bopfingen, le
1er septembre 1741. Vol. 2912. Arch. hist.

(3) Lettre de M. de Champigny à M. de Breteuil, au camp de
Ditzingen, le 22 août 1741. Vol. 2912. Arch. hist.

Kannstadt. Elle y était reçue avec les honneurs réservés à la Reine et donnait aux officiers un « grand souper » de plusieurs tables, suivi d'un bal qui se prolongeait jusqu'au matin (1). La sage conduite des troupes françaises leur attirait la bienveillance des peuples et de leurs souverains. Au spectacle de leur admirable discipline, qui ne se démentit pas un instant, les Allemands ne cachaient pas leur étonnement et leur admiration. « Nous voilà à la moitié du chemin qu'il y a d'ici à Donauwerth, écrivait le 26 août, du camp de Schondorf, le major général, M. de Champigny, et il n'y a pas plus de plaintes de nous que si nous traversions la cour de Versailles (2). » Au dire du même officier, « nous aurions eu plus de peine à mener des capucins (3) ». M. de Leuville recevait « partout des compliments (4) », et partout les municipalités ne faisaient aucune difficulté de lui délivrer, en bonne et due forme, un certificat de bien-vivre (5). Nos troupes s'étaient, dès les premiers jours, rompues si aisément à la discipline qu'elles continuaient à l'observer sans qu'il leur en coûtât la moindre peine. « Il y a longtemps que je sers, mandait M. d'Astier, l'un des aides-majors, à M. de Breteuil, le 31 août 1741, et je n'ai pas vu, marchant dans notre propre pays, rien de plus exact. Enfin il n'y a rien à désirer sur cet article (6). »

---

(1) Lettre de M. de Champigny à M. de Breteuil, au camp de Schondorf, le 26 août 1741. Vol. 2912. Arch. hist.

(2) M. de Champigny à M. de Breteuil, au camp de Schondorf, le 26 août 1741. Vol. 2912. Arch. hist.

(3) Lettre de M. de Champigny à Belle-Isle, à Nordlingen, le 3 septembre 1741. Vol. 2916. Arch. hist.

(4) Lettre de M. Leuville à M. de Breteuil, au camp de Lorch, le 27 août 1741. Vol. 2912. Arch. hist.

(5) Voir à l'appendice 2 du chapitre IV deux modèles de ces certificats de bien-vivre.

(6) M. d'Astier à M. de Breteuil, au camp de Mögglingen en Souabe, le 30 août 1741. Vol. 2912. Arch. hist.

Animée de cet excellent esprit, la 1re division de nos
troupes arriva le 5 septembre à Donauwerth. Plusieurs
des malades laissés en arrière, « quelques-uns même
avant d'être entièrement rétablis », avaient déjà voulu
reprendre leur place dans le rang, et M. de Leuville, parvenu au terme du trajet, avait la satisfaction d'écrire au
Ministre de la guerre ces lignes élogieuses à l'adresse
de nos soldats : « Je n'ai jamais vu tant de bonne volonté
dans les troupes (1) ».

Marche de la 2e division de la colonne de la droite. —
Parti de Fort-Louis, le 17 août, à la tête de la brigade
de la Marine, M. d'Aubigné eut aussi à souffrir du mauvais temps et de la difficulté des chemins pendant la
traversée de la Forêt-Noire. Une faible partie de son pain
biscuité et quelques tonneaux de biscuits furent avariés,
mais cette perte n'eut point de suite fâcheuse grâce aux
mesures de précaution prises par le commissaire des
guerres, Baron de Fregwal, « garçon fort entendu et fort
actif (2) », dont M. d'Aubigné n'eut qu'à se louer pendant tout le trajet. Les malades, atteints de fièvre et de
dysenterie, furent en assez grand nombre, non seulement parmi les soldats et les valets mais encore parmi
les officiers, pour que le chirurgien-major, La Martinière,
jugeât nécessaire d'établir à Kannstadt un deuxième
hôpital, et, à ce sujet, le commandant de la 2e division
écrivait au Ministre de la guerre, le 5 septembre 1741 :
« Ce qui me fait le plus de peine, c'est le grand nombre
d'officiers malades que nous avons, qui augmente tous
les jours, dont je prévois qu'il en faudra laisser plusieurs

---

(1) M. de Leuville à M. de Breteuil, au camp de Donauwerth, le
5 septembre 1741. Vol. 2912. Arch. hist.

(2) M. d'Aubigné à M. de Breteuil, au camp de Schondorf, le
28 août 1741. Vol. 2912. Arch. hist.

à Donauwerth si nous n'y séjournons pas quelque temps. J'ai déjà eu l'honneur de vous mander que la misère du plus grand nombre d'entre eux avait beaucoup de part à la durée de leurs maladies. J'ai entré dans cela dans une connaissance intérieure qui me met en état de vous en parler, je crois, plus pertinemment que qui que ce soit (1). »

Constatant la bonne grâce des princes allemands à fournir les subsistances qui leur étaient demandées, M. d'Aubigné disait dans cette même lettre : « Du reste les fournitures de subsistances et autres ont été faites et livrées aux troupes avec autant de régularité qu'on le pouvait désirer dans les lieux où nous avons passé, et il n'y a, dans le fond, qu'à se louer de tout le monde. » Faisant connaître au Ministre de la guerre, le 25 août, que la duchesse de Wurtemberg n'avait pas manqué de renouveler à son égard la politesse qu'elle avait faite à M. de Leuville, il lui écrivait : « Je dois aux princes et princesse de Wurtemberg la justice de vous informer qu'on ne peut rien ajouter aux attentions et aux politesses dont ils accablent tous les officiers de nos divisions. Il y en avait plus de cent à dîner avec moi chez la duchesse douairière de Wurtemberg. Le repas a été magnifique, et il n'y en a pas eu un qu'elle n'ait accablé de politesses. Ils en sont sortis tous on ne peut plus contents. Vous croyez bien que la santé du Roi fut bue fort copieusement. Tout s'est passé de la meilleure grâce du monde de la part de cette princesse et du prince administrateur qui m'a témoigné un grand désir que le Roi fût content de lui et que ses troupes ne manquassent de rien dans les États de Wurtemberg. Ils sont fort soigneux de fournir exactement tout ce qui leur est nécessaire. Les ordres

---

(1) M. d'Aubigné à M. de Breteuil, au camp de Nordlingen, le 5 septembre 1741. Vol. 2912. Arch. hist.

ont été jusqu'à présent bien exécutés, et la nature des choses a été bonne (1). »

Sous le rapport de l'ordre et de la discipline, la brigade de la Marine ne l'avait point cédé à celle de Navarre, et la règle observée par nos troupes avait valu à M. d'Aubigné les éloges les plus flatteurs des princes sur le territoire desquels il venait de passer. Le margrave de Bade lui avait déclaré « en être non seulement content mais même dans l'admiration (2) ». Le duc administrateur et la duchesse douairière de Wurtemberg lui avaient avoué « qu'ils ne comptaient point du tout que leurs peuples pussent rester aussi tranquillement dans leurs maisons qu'ils y étaient actuellement lorsque les troupes du Roi passeraient, et encore moins qu'ils fussent assez assurés pour porter leurs denrées aux camps que nous ferions, où en effet ils viennent et apportent de tout en abondance (3) ». Les princes n'étaient pas seuls à se louer de la discipline de nos troupes. « Tous les peuples nous chantent des louanges, ajoutait M. d'Aubigné, et on admire partout la sagesse des troupes du roi (4). » A la veille d'atteindre Donauwerth, il rendait compte en ces termes au maréchal de Belle-Isle des bonnes dispositions qui n'avaient cessé d'animer nos soldats sans qu'il fût besoin de recourir à aucune mesure de rigueur : « On ne peut rien ajouter à la discipline que chacun observe. Le soldat m'étonne de plus en plus, car il n'y a en vérité pas un mot à lui dire, et je n'ai pas encore ouï parler du plus petit désordre. Les magistrats de cette ville (Nord-

---

(1) M. d'Aubigné à M. de Breteuil, au camp de Kannstadt, le 25 août 1741. Vol. 2912. Arch. hist.

(2) M. d'Aubigné à M. de Breteuil, à Ettlingen, le 18 août 1741. Vol. 2915. Arch. hist.

(3) M. d'Aubigné à M. de Breteuil, au camp de Kannstadt, le 25 août 1741. Vol. 2912. Arch. hist.

(4) Même lettre.

lingen) me disaient hier au soir, avec un très grand
flegme, qu'on n'imaginait pas en Allemagne que les
Français pussent vivre dans un aussi bon ordre ; qu'il
n'y avait nulles troupes en Allemagne qui y eussent
jamais passé ni vécu de même, pas même leurs propres
troupes du Cercle dont ils étaient cependant bien les
maîtres. Je crois que ce bon ordre vous fait grand plaisir,
et vous avez d'autant plus de raisons que réellement tout
cela se passe ainsi sans que nous soyons obligés de nous
y donner beaucoup de peine. Le soldat ne cherche point
à s'écarter et ne paraît pas même tenté de la moindre
des choses qu'il voit sur son chemin, et si le peuple, qui
a pris confiance en sa sagesse, le tente bien, car nous
trouvons dans les villages, où nous passons, poules, pou-
lets et autres volailles dans les rues et tous les bestiaux
dans les champs et les jardins garnis de légumes, dont
ils pourraient être d'autant plus tentés que c'est presque
la seule chose qu'on leur vend horriblement cher, et, en
un mot, cela va tout au mieux (1). »

Marche des 3ᵉ et 4ᵉ divisions de la colonne de la droite.
— La brigade de Touraine, aux ordres de M. de La Fare,
et celle d'Anjou, sous le commandement de M. de Curton, quittèrent Fort-Louis le 19 août et le 21 août. C'est
dans une lettre du marquis de La Fare à M. de Breteuil,
du 3 septembre 1741, qu'il est pour la première fois fait
mention de quelque désertion parmi nos troupes. 6 soldats de Royal-Vaisseaux avaient disparu quelques
jours auparavant « sans faire apparemment aucun désordre (2) ». La désertion fut un peu plus forte à la divi-

---

(1) M. d'Aubigné à Belle-Isle, au camp de Nordlingen, le 5 septembre 1741. Vol. 2916. Arch. hist.

(2) M. de La Fare à M. de Breteuil, au camp de Mögglingen en
Souabe, le 3 septembre 1741. Vol. 2912. Arch. hist.

sion de M. de Curton où le régiment d'Alsace, traversant des pays de langue allemande, perdit, à lui seul, 20 hommes (1). Les commandants des deux divisions n'eurent aussi qu'à se louer de l'accueil des princes et villes de la Souabe, de la régularité de leurs fournitures et de la discipline de nos troupes. L'un des lieutenants de M. de Curton, le comte de Marcieu, écrivait à ce sujet à M. de Breteuil, du camp de Gmund, le 3 septembre 1741 : « Nous continuons notre marche avec la même sûreté, le même ordre et la même discipline, à la grande satisfaction des pays où nous passons, qui, surpris de la règle sévère que nous observons et alléchés par l'argent qu'ils tirent de ce qu'ils nous vendent en abondance mais assez chèrement, ne font pas façon de dire qu'ils voudraient que le passage durât trois ou quatre ans et même qu'ils désireraient être au roi de France. Sans les prendre au mot, il est important, pour ceux qui viennent après nous, et même pour notre retour, que les Allemands persistent à penser et à agir ainsi. Nous avons si bien persuadé ce point de vue à notre division qu'il y a lieu d'espérer que nous arriverons, le 11 du courant, à Donauwerth, sans être obligés d'en venir à des punitions ni à payer des dédommagements, car, jusqu'ici, personne n'a enfreint les bans, et il n'a paru aucune plainte, de quoi nous portons des certificats authentiques (2). » Les deux dernières divisions de la colonne de la droite n'avaient point fait la route moins « gaillardement (3) que les précédentes ». « Aucun malade ne veut retourner au Fort-Louis », mandait le comte

---

(1) Lettre de M. de Marcieu (maréchal de camp aux ordres de M. de Curton) à M. de Breteuil, au camp de Gmund, ville impériale, le 3 septembre 1741. Carton supplémentaire XV (1741-1742). Arch. hist.

(2) Carton supplémentaire XV. Arch. hist.

(3) Lettre du comte de Marcieu à M. de Breteuil, au camp de Pforzheim, le 25 août 1741. Vol. 2915. Arch. hist.

de Marcieu à M. de Breteuil le 25 août (1) : et, arrivé à
Donauwerth, M. de Curton était en droit d'écrire au
maréchal de Belle-Isle, le 12 septembre 1741 : « Toute
notre marche s'est passée avec l'ordre et la discipline
que vous pouviez désirer (2). »

Marche de la 1ʳᵉ division de la colonne de la gauche.
— Parti de Lauterbourg le 19 août, Maurice de Saxe
était venu camper, le soir, à Rheinzabern pour passer le
Rhin, le 20 août, à peu de distance de cette petite ville,
au village de Schrœck, où avait été établi un pont de
bateaux. Il avait eu la précaution de faire avancer, sur
le bord du fleuve, son convoi, ses pontons, son artillerie, et de faire garder les abords du pont par 300 hommes de la garnison de Landau. Le Rhin ayant grossi
dans la nuit du 19 au 20 août, Maurice de Saxe, prévenu
à minuit par l'officier de garde au pont, transmettait à
son second, le comte d'Estrées, l'ordre de se mettre en
marche au point du jour avec le campement, le convoi,
les pontons et l'artillerie. Il chargeait en même temps
M. Robert, l'un des aides-maréchaux des logis attachés
à sa division, de prendre les devants pour lui rendre
compte de la crue du Rhin. Tandis que le comte d'Estrées
parvenait à gagner la rive droite du fleuve, M. Robert
revenait en hâte, vers 7 heures du matin, avec la nouvelle que le Rhin grossissait d'heure en heure et que les
abords du pont étaient déjà envahis par les courants.
Sans perdre un instant, le comte de Saxe se présentait à
la tête de sa cavalerie pour franchir le fleuve. Les
premiers escadrons durent, en certains endroits, avant

---

(1) Lettre du comte de Marcieu à M. de Breteuil, au camp de
Pforzheim, le 25 août 1741. Vol. 2915. Arch. hist.

(2) M. de Curton à Belle-Isle, à Donauwerth, le 12 septembre 1741.
Vol. 2916. Arch. hist.

d'atteindre le pont, traverser des courants, en ayant de l'eau jusqu'aux sangles. 7 escadrons, sur 27, avaient seuls passé le pont quand le comte de Saxe jugea prudent d'arrêter le reste de la colonne, les eaux du fleuve ne cessant de grossir. Par bonheur, M. Chevreau, capitaine d'une compagnie d'ouvriers d'artillerie, parvint à établir un deuxième pont qui, commencé à midi, fut achevé vers 6 heures du soir, et toute la cavalerie put arriver à 10 heures du soir, à son camp de Graben. Elle y séjourna le 21. L'officier laissé avec les équipages, le lieutenant-colonel de Montauban, trouva le moyen, dans les deux jours qui suivirent, de faire passer en barques les voitures, et, le 23 août, tous les équipages avaient rejoint la colonne au camp de Gondelsheim. Le passage s'était opéré sans perdre « un chiffon (1) ». Dans ces circonstances difficiles, Maurice de Saxe avait fait preuve d'une décision prompte et hardie.

Notre 1re division de cavalerie poursuivit sa route jusqu'à Donauwerth sans autre accident. Le comte de Saxe avait rédigé une instruction très détaillée où rien n'avait été omis des précautions propres à assurer la police, la discipline et la sûreté de la marche, et, au moyen de laquelle, ses troupes ne cessèrent de marcher et de camper en gens de guerre (2).

A son passage à Bruchsal, Maurice de Saxe reçut la visite des trois princesses de Sulzbach, petites-filles de

---

(1) Maurice de Saxe à X... (probablement Amelot), au camp de Gondelsheim, le 23 août 1741. — On trouve encore quelques détails sur le passage du Rhin par notre première division de cavalerie dans les lettres de Maurice de Saxe à Belle-Isle, du 21 août 1741, et à M. de Breteuil, du 23 août 1741, ainsi que dans une lettre de M. de Baye, aide-maréchal des logis de la cavalerie, à M. de Breteuil, du 21 août 1741. Ces lettres sont au volume 2915. Arch. hist.

(2) On trouve une copie de cette instruction dans le volume 2915 des Archives historiques, pièces 99 et 178.

l'Électeur Palatin, « grosses beautés très étoffées (1) », et des fiancés de deux d'entre elles, le prince de Sulzbach et le jeune duc Clément de Bavière, neveu de Charles-Albert. Il leur fit les honneurs du corps qu'il commandait « en bel ordre, toute la cavalerie en buffle. Le terrain, qui était montueux, les faisait extrêmement paraître. Il faisait beau, et nous occupions une grande lieue de terrain. Après les avoir menés de la gauche à la droite, j'ai fait défiler les troupes devant eux, et, comme les princesses sont sans conséquence, je les ai fait saluer et leur a fait rendre tous les honneurs militaires. Tout marchait en bon ordre. Ils ont vu passer les troupes, le canon, les pontons et les munitions. Ils en auraient eu pour cinq heures s'ils avaient voulu voir la fin des vivres et des équipages quoique nous n'en eussions que très peu, ne nous ayant pas encore joints. Ils ont tous été persuadés qu'il y avait plus de 10,000 hommes là (2) ». Les princes et les princesses prirent congé du comte, « fort contents de leur promenade (3) », et aussi « fort contents de la beauté des troupes, qui, en effet, sont admirables (4) ».

---

(1) Le comte d'Estrées à M. de Breteuil, de Gondelsheim, le 23 août 1741. Vol. 2915. Arch. hist.

(2) Maurice de Saxe à M. de Breteuil, au camp de Gondelsheim, le 23 août 1741. Vol. 2915. Arch. hist.

(3) Maurice de Saxe à X... (probablement Amelot), au camp de Gondelsheim, le 23 août 1741 : « ... Le corps d'armée que je commande tenait une grande lieue de pays. Il faisait fort beau soleil. Je les avais fait mettre en buffle. Ce sont l'élite de la cavalerie de France, et cela faisait une belle parade.

« Le tout a défilé devant eux avec le canon, les pontons et les équipages, pendant quatre heures, et ils s'en sont retournés à Schwetzingen rejoindre l'Électeur Palatin, fort contents de leur promenade... » Vol. 2915. Arch. hist.

(4) Le comte d'Estrées à M. de Breteuil, de Gondelsheim, le 23 août 1741. Vol. 2915. Arch. hist.

Le 27 août, jour de repos pour la cavalerie à Bietighem, les carrosses de la duchesse de Wurtemberg
vinrent prendre dans cette localité Maurice de Saxe et
plusieurs de ses officiers qu'ils amenèrent à Stuttgard.
Le comte y fut « l'objet de beaucoup de politesses, et
l'on s'est extrêmement loué du bon ordre que les troupes
tiennent (1) ». De retour à son camp, il usa, de son côté,
d'un procédé plein de délicatesse à l'égard de la duchesse.
5 dragons, déserteurs d'un régiment wurtembergeois,
avaient été arrêtés la nuit par une de nos grand'gardes.
Maurice de Saxe eut « l'honneur d'en écrire d'abord à
Mme la duchesse de Wurtemberg et de lui marquer que,
l'ivresse ou la mauvaise fortune de ces gens les ayant
fait donner dans notre grand'garde, ils avaient été
arrêtés ; que j'étais prêt à les lui faire remettre, mais
que j'osais espérer qu'elle voudrait bien leur faire grâce.
Elle m'a fait une réponse fort polie et me l'a accordée
très gracieusement. J'ai fait remettre ces cinq hommes
à un officier qui est venu ce matin avec un détachement
pour les prendre (2) ».

La marche de la cavalerie s'était poursuivie par le
beau temps. Le 27 août, suivant le rapport du commissaire des guerres, M. de Lassault, il n'était encore
« tombé aucun cavalier, dragon, ni soldat malade (3) ».
Le 4 septembre, le même commissaire écrivait à M. de
Breteuil, de Crailsheim : « Il y a quelques officiers
malades et quelques canonniers et mineurs. Je n'ai

---

(1) Maurice de Saxe à M. de Breteuil, au camp d'Oppenweiler, le
29 août 1741. Vol. 2915. Arch. hist. — Lettre analogue au maréchal
de Belle-Isle, au camp d'Oppenweiler, le 29 août 1741. Vol. 2915. Arch.
hist.

(2) Maurice de Saxe à M. de Breteuil, au camp d'Oppenweiler, le
29 août 1741. Vol. 2915. Arch. hist.

(3) M. de Lassault à M. de Breteuil, au camp de Bietighem, le
27 août 1741. Vol. 2915. Arch. hist.

point de connaissance qu'il y en ait aucun, carabiniers, cavaliers ni dragons, hors un du régiment de la Reine (1) qui a la petite vérole (2). » Au 27 août, le nombre des chevaux éclopés ne dépassait pas 103 pour les 27 escadrons de la division (3), et M. de Lassault émettait, le 4 septembre, l'espérance que la cavalerie arriverait « en aussi bon état qu'elle était lorsqu'elle a passé le Rhin ». Pour franchir le pays montagneux de Murrhardt à Crailsheim, Maurice de Saxe avait eu la précaution, le 1ᵉʳ et le 2 septembre, de faire renforcer ses équipages par cent paires de bœufs (4). Sur son ordre, M. de Baye, en sa qualité d'aide-maréchal général des logis, précédait de plusieurs jours la division et faisait réparer les chemins dans la mesure du possible. Hommes et chevaux n'avaient jamais manqué, en cours de route, de vivres et de fourrages. « Au reste, Monsieur, écrivait le comte de Saxe à M. de Breteuil, le 23 août, nous avons abondance et affluence de tout. Le camp ressemble plutôt à une foire qu'à un camp. Les paysans nous apportent jusqu'à des lapins domestiques, de toutes sortes de couleurs, parce qu'ils savent que les Français en mangent, et notre ordre est si grand que personne n'a encore voulu prendre une lettre de sauvegarde (5). » Le commissaire des guerres, de Lassault, ne pouvait « trop se louer des procédés des commissaires du duché de Wurtemberg, chargés de fournir les subsistances aux troupes du Roi. Le foin et l'avoine sont excellents, et il

---

(1) Il faut lire sans doute « du Roi » au lieu de « de la Reine ».

(2) Vol. 2912. Arch. hist.

(3) État des chevaux éclopés dans les troupes commandées par M. le comte de Saxe au camp de Bietighem, le 27 août 1741 (joint à la lettre du comte d'Estrées, du même jour). Vol. 2924. Arch. hist.

(4) Lettre de M. de Lassault à M. de Breteuil, à Crailsheim, le 4 septembre 1741. Vol. 2912. Arch. hist.

(5) Vol. 2915. Arch. hist.

ne manque rien ni au poids ni à la mesure. D'ailleurs ils en font la distribution de bonne grâce. Les chariots, les guides et tout ce qu'on leur demande est fourni avec exactitude et activité, et jusqu'à présent il paraît que leurs maîtres et eux veulent se faire un mérite de ce service auprès de Sa Majesté (1) ».

Sur tout le parcours, la cavalerie aux ordres du comte de Saxe avait effectué sa marche sans le moindre désordre. Pour peindre la sagesse des troupes, le comte d'Estrées citait ce trait à M. de Breteuil : « Les cerfs passent impunément dans la marche, et je puis vous répondre, avec la vérité dont je fais profession, que vous ne pouvez vous imaginer à quel point la discipline est observée (2). » Maurice de Saxe se louait aussi de la conduite de sa division, dont il n'avait encore reçu « la moindre plainte (3) » le 4 septembre. Six jours plus tard il entrait à Donauwerth après avoir, comme il l'écrivait au Ministre, le 11 septembre, « amené en très bon état (4) » la cavalerie qui lui avait été confiée.

Marche de la 2e division de la colonne de la gauche.— Informé des difficultés que le comte de Saxe avait rencontrées au passage du Rhin par suite de la crue des eaux, M. de Ségur avait pris le sage parti de remonter jusqu'à Fort-Louis où il passait le Rhin le 22 août et venait camper à Söllingen. En deux grandes marches, la première de Söllingen à Mühlburg, la seconde de Mühl-

---

(1) M. de Lassault à M. de Breteuil, au camp de Bietighem, le 27 août 1741. Vol. 2915. Arch. hist.

(2) Le comte d'Estrées à M. de Breteuil, à Bietighem, le 21 août 1741 Vol. 2924. Arch. hist.

(3) Maurice de Saxe à M. de Breteuil, au camp de Crailsheim, le 4 septembre 1741. Vol. 2912. Arch. hist.

(4) Maurice de Saxe à M. de Breteuil, à Donauwerth, le 11 septembre 1741. Vol. 2916. Arch. hist.

burg à Bruchsal, ses 23 escadrons regagnaient, le 24 au soir, la route qui leur avait été assignée. Comme la longueur de l'étape du 23 avait forcé M. de Ségur à décliner l'invitation du prince de Bade de s'arrêter à Rastadt, ce dernier fit suivre, dans une voiture, une « halte » qui fut servie à Mühlburg (1). Le lendemain 24, M. de Ségur trouvait sur sa route, à 3 lieues de Mühlburg, deux tentes dressées par les soins du margrave de Dourlach, et une « grande halte qu'il fallut accepter (2) ». Le 30 août, pendant le séjour de nos troupes à Bietighem, il venait saluer à Stuttgard le duc administrateur et la duchesse de Wurtemberg. Cette princesse le retenait à souper jusqu'à minuit, et, le lendemain, elle assistait au passage du Neckar par notre cavalerie. « Il n'y a sortes de bontés et de politesses qu'elle ne témoigna à tout le monde et à moi en particulier, écrivait M. de Ségur à M. de Breteuil, le 3 septembre 1741. Elle admira et loua beaucoup toutes les troupes et dit à M. l'envoyé de Prusse, qui était avec elle, qu'elle répéterait, au sujet de la cavalerie, ce qu'elle avait dit en voyant l'infanterie, qui était que : Quand le Roi prêtait quelque chose, c'était du beau et du bon (3). »

Vivant dans l'abondance, la division aux ordres de M. de Ségur n'eut qu'un petit nombre de malades de la dysenterie. Les vivres et les fourrages affluaient dans tous les lieux où nos troupes s'arrêtaient. « Tout continue à se passer à merveille pour toutes les fournitures des troupes, mandait le comte à M. de Breteuil, le 3 septembre. Il n'y a sortes de prévenances que nous ne recevions de tout le monde, et il semblerait, à voir tous

----

(1) M. de Ségur à M. de Breteuil, au camp de Gondelsheim, le 26 août 1741. Vol. 2912. Arch. hist.

(2) *Ibid.*

(3) M. de Ségur à M. de Breteuil, au camp de Murrhardt, le 3 septembre 1741. Vol. 2916. Arch. hist.

les paysans dans le camp et tous les gens des environs
qui viennent nous voir, que ce fût la même nation (1) ».
Quant à la discipline de nos cavaliers, elle ne s'était pas
démentie un instant jusqu'à leur arrivée, le 13 septembre, à Donauwerth, d'où M. de Ségur écrivait le lendemain à M. de Breteuil : « Je puis vous répondre qu'il
n'y a pas eu la moindre plainte, et je ne saurais trop me
louer de l'exactitude de tous les officiers généralement et de la sagesse de nos troupes (2) ». Suivant le
témoignage du commissaire des guerres Dalmas, leur
bonne conduite avait « attiré au chef et aux particuliers un éloge général dans tous les lieux où nous avons
passé (3) ».

Le maréchal de Belle-Isle avait été tenu au courant de
la marche de nos colonnes par la correspondance que
n'avaient cessé d'entretenir avec lui, sur sa demande,
M. de Leuville et les commandants de nos divisions.
Leurs rapports élogieux sur la sagesse de nos troupes
lui avaient été confirmés par un témoin oculaire, l'intendant de l'armée, M. de Séchelles. Ce dernier s'était un
instant détourné, à Pforzheim, de la route suivie par
notre colonne de la droite pour venir de sa personne à
Francfort et y prendre ses dernières instructions du
Maréchal. Il avait ensuite rejoint, le 29 août, à Kannstadt,
la division de M. de Curton. M. de Séchelles avait mis à
profit son passage à la suite de notre dernière division
pour régler définitivement, avec les princes et les villes
de la Souabe, le payement de toutes les fournitures
faites à nos troupes, et, en défendant les intérêts de son

---

(1) M. de Ségur à M. de Breteuil, au camp de Murrhardt, le 3 septembre 1741. Vol. 2916. Arch. hist.

(2) M. de Ségur à M. de Breteuil, à Donauwerth, le 14 septembre 1741.
Vol. 2912. Arch. hist.

(3) M. Dalmas à M. de Breteuil, à Donauwerth, le 14 septembre 1741.
Vol. 2916. Arch. hist.

souverain, l'habile intendant avait su donner satisfaction à toutes les parties intéressées. Il avait aussi mis ordre, en passant, aux hôpitaux de Pforzheim et de Kannstadt : « Il y a, écrivait-il à Belle-Isle, le 31 août, dans ces deux hôpitaux 173 malades et il n'en est mort que deux. J'ai fait les marchés pour ce qui doit être fourni, et j'ai laissé un contrôleur qui visitera les deux hôpitaux et m'en rendra compte. Vous observerez que ce nombre n'est pas considérable eu égard au nombre de 25 bataillons, y compris celui d'artillerie, qui ont déjà passé. Il est vrai qu'il reste encore des infirmes à chaque régiment. Il y a même quelques officiers qui sont restés dans la route. La maladie la plus régnante est la dysenterie. On l'attribue aux eaux du pays qui sont très vives, et dont les habitants disent eux-mêmes qu'ils sont souvent incommodés. L'administration du Würtemberg m'a donné 40 fournitures de ses casernes, qui feront grand bien à nos malades de Kannstadt (1) ». Parlant à Belle-Isle de la discipline de nos soldats qui ne s'était pas démentie un instant, l'intendant disait : « Tous les généraux conviennent qu'ils n'ont aucune peine à contenir les soldats, cavaliers et dragons. Le seul nom de leur général fait plus d'effet sur eux que tout ce qu'on pourrait leur dire (2) ».

Officiers et soldats s'étaient en réalité rendus de bonne grâce à l'appel du Maréchal qui leur avait demandé,

---

(1) M. de Séchelles à Belle-Isle, à Aalen, le 31 août 1741. Vol. 2924. Arch. hist. La veille, M. de Séchelles avait écrit au Maréchal, de Kannstadt : « L'hôpital de Pforzheim est d'environ 80 malades. Il y en a à peu près autant ici. Je viens de faire les arrangements pour ces deux hôpitaux les plus convenables. Le nombre de 160 malades ne doit pas vous effrayer. Il y en aurait davantage dans la garnison. Il n'est mort ici qu'un soldat. » Vol. 2915. Arch. hist.

(2) M. de Séchelles à Belle-Isle, à Kannstadt, le 30 août 1741. Vol. 2915. Arch. hist.

avant tout, une exacte discipline. De leur côté, en cours
de route, ils avaient pu constater les effets de la sollici-
tude bien connue de Belle-Isle à leur égard, car l'entière
satisfaction de tous leurs besoins avait été une suite des
démarches et des attentions du Maréchal. Les Allemands
ne reconnaissaient pas le Français pillard et maraudeur,
dont les partisans de l'Autriche leur avaient fait à l'envi
le portrait, dans ce soldat qui se pliait sans effort à la
règle la plus absolue. La bonne renommée des Français
et du maréchal de Belle-Isle avait singulièrement grandi
dans l'Empire, et M. de Ségur, témoin de ce revirement
d'opinions en notre faveur, écrivait au maréchal, le
31 août : « Vous avez tourné et changé la tête de tous
les Allemands dans tout ce pays-ci aussi bien qu'à Francfort, car nous y sommes reçus on ne peut pas mieux.
J'ai eu bien du plaisir à entendre M. de Séchelles me
raconter tout ce que vous faites à Francfort, le respect
et la considération où vous y êtes parmi tous ces ministres étrangers (1) ». Le Maréchal s'était fait « un point
d'honneur capital (2) », vis-à-vis des représentants de
l'Allemagne assemblés à Francfort, de contenir nos
troupes dans une exacte discipline, mais, quelles que
fussent ses espérances, il était loin de concevoir une
sagesse telle que notre armée ne donnerait lieu à aucune
plainte sur son passage. « L'attention et la vigilance des
officiers généraux, l'exactitude de tous les officiers particuliers, et l'obéissance de toute la soldatesque, » faisaient
« actuellement l'admiration de tout l'empire et un honneur infini à la nation (3) ». Les témoignages flatteurs

---

(1) M. de Ségur à Belle-Isle, au camp de Bietighem, le 31 août 1741.
Vol. 2915. Arch. hist.
(2) Belle-Isle à M. de Beauvau, à Francfort, le 1er septembre 1741.
Vol. 2916. Arch. hist.
(3) Belle-Isle à M. de Breteuil, à Francfort, le 28 août 1741.
Vol. 2915. Arch. hist.

que Belle-Isle en recevait le consolaient des nouvelles
attristantes qui lui parvenaient à la même heure soit de
la détresse pécuniaire et de la lenteur des préparatifs
militaires de la Bavière, soit, comme nous le verrons
plus tard, du manque de fixité de l'Électeur dans ses
projets d'opérations.

CHAPITRE V

De Donauwerth à Linz.

Belle-Isle indique à Charles-Albert Prague et la Bohême comme l'objectif de
la campagne de 1741, sans s'opposer à ce que l'Electeur commence ses
opérations par l'occupation de la Haute-Autriche. — Frédéric II envoie à
Munich le feld-maréchal Schmettau pour engager Charles-Albert à une
marche sur Vienne. — Le maréchal général des logis de l'armée de
Bavière, Mortaigne, présente à l'Electeur, le 12 août 1741, un premier
projet d'opérations conforme en apparence aux désirs du roi de Prusse. —
Ce projet comporte la conquête immédiate de la Haute-Autriche et l'adoption de mesures défensives sur la frontière du Haut-Palatinat. — Influence
croissante de Schmettau auprès de l'Electeur. — Dissentiments entre le
marquis de Beauvau et Mortaigne.

Conseil de guerre du 20 août, à Munich, où le projet d'opérations est
arrêté.

Les quatre divisions de l'infanterie française descendront le Danube en
s'embarquant à Donauwerth les 7, 9, 11 et 13 septembre. Les trois premières se joindront à l'Electeur : la dernière seule quittera le fleuve à
Straubing et se dirigera vers Amberg et les frontières du Haut-Palatinat.
La cavalerie suivra par terre la rive droite du Danube.

Insuffisance des mesures prises par les commissaires de l'Electeur pour
faire face aux besoins de nos troupes pendant leur traversée de la Bavière.
— Accueil peu empressé des Bavarois, qui contraste avec la réception des
villes et des princes de Souabe.

Désordres dans l'embarquement à Donauwerth. — Retards de Charles-
Albert dans l'organisation de son armée. — Coup d'œil sur les troupes
bavaroises. — Le 11 septembre, l'Electeur quitte son camp de Scharding
pour entrer dans la Haute-Autriche et marcher sur Linz à la tête de
12 bataillons et 15 escadrons bavarois. — Mesures tardives et insuffisantes
arrêtées à Vienne pour la défense de cette province. — L'Electeur est joint,
le 13 septembre, à Eferding, par la première division de nos troupes, aux
ordres de M. de Leuville. — Occupation de Linz, le 14, par nos deux premières divisions. — Entrée de l'Electeur à Linz le 15. — Séjour de
l'armée sous les murs de cette ville. — La troisième division de notre
infanterie l'y rejoint le 19 septembre.

Activité et fermeté de M. de Séchelles pour assurer la subsistance de
l'armée. — Contributions demandées à la Haute-Autriche.

Premiers symptômes d'indiscipline. — Jalousie des officiers généraux
contre Mortaigne et Beauvau. — Difficultés pour régler le commandement
et l'ordre du service entre les Bavarois et les Français. Faiblesse de
Charles-Albert et de M. de Leuville, qui laisse l'armée sans chef. —

Mécontentement du maréchal de Belle-Isle à l'annonce des fausses démarches de M. de Leuville et de ses lieutenants.

Encore incertain de l'alliance prussienne au début de juin 1741, Belle-Isle avait arrêté, pendant son séjour à Nymphembourg, un premier projet d'opérations qui comportait la concentration de l'armée de secours envoyée à l'Électeur de Bavière autour de Neumarkt et d'Amberg, l'entrée en Bohême par le Haut-Palatinat, la conquête de Prague, puis celle de la Haute-Autriche. Pour la campagne de 1741, le Maréchal bornait ses espérances à occuper d'abord la partie occidentale de la Bohême à la gauche de la Moldau, ensuite la Haute-Autriche.

Ce plan était à peine arrêté que la conclusion de l'alliance prussienne avait forcé le Maréchal à y apporter de profondes modifications. Désireux d'apaiser l'impatience du roi de Prusse qui réclamait en termes menaçants l'entrée en action immédiate de la France, il était parvenu, « en forçant nature », à obtenir, pendant son séjour à Versailles, au milieu de juillet, qu'une importante fraction de l'armée de Bavière se portât au secours de l'Électeur sans attendre les chevaux et les caissons des vivres et de l'artillerie qui ne pouvaient être prêts avant le 22 septembre. Sur ses instances, comme nous l'avons vu (1), le cardinal de Fleury avait consenti à faire passer le Rhin, dès le 15 août, à 25 bataillons et à 56 escadrons.

Il ne pouvait plus être question, après l'arrivée de cet important renfort de 25,000 hommes, précédant de plus d'un mois la mise en branle du deuxième échelon de notre armée, que l'Électeur bornât ses premières opérations à la prise de Passau. C'est alors que le maréchal

---

(1) Dans un précédent volume : *Les Préliminaires de la Guerre de la Succession d'Autriche*, p. 344 et suiv.

de Belle-Isle, dans sa lettre à Charles-Albert du 24 juillet (1), lui avait suggéré l'idée de commencer la campagne par la conquête de Linz et de la Haute-Autriche, et de se faire joindre à cet effet par environ 15 bataillons et la presque totalité des escadrons appelés à passer en Bavière au mois d'août. La conquête de Linz ne demanderait sans doute pas plus de dix jours, et l'Électeur aurait le loisir, jusque dans les premiers jours d'octobre, d'assurer l'occupation de la Haute-Autriche contre une incursion des troupes autrichiennes venant du Tyrol ou de l'Italie. Pendant ce temps, 1,000 chevaux, et les bataillons français non employés sur le Danube, se porteraient à Amberg, couvriraient les approvisionnements de vivres et de fourrages que l'Électeur amasserait dans le Haut-Palatinat, s'assureraient des débouchés de la Bohême en occupant les gorges des montagnes, et attendraient ainsi les 20 bataillons et les 5,000 chevaux que le Roi tiendrait prêts à passer le Rhin à la fin de septembre pour mettre l'Électeur en mesure de conquérir Prague et la partie de la Bohême à la gauche de la Moldau. Le corps qui se serait emparé de Linz viendrait aussi, en descendant la Moldau, concourir à la prise de Prague, après avoir laissé à la garde de la Haute-Autriche 7,000 à 8,000 hommes de vieille infanterie, 2,000 à 3,000 chevaux, et quelques bataillons de milice.

Ainsi, aux yeux de Belle-Isle, la conquête de Prague restait l'objectif principal. L'expédition de la Haute-Autriche ne devait avoir d'autre but que de faciliter à notre armée l'entrée de la Bohême. Charles-Albert partageait les vues du Maréchal. « Je suis toujours d'avis, lui écrivait-il de Nymphembourg, le 31 juillet, qu'il faudrait, s'il est possible, commencer par la grande entre-

____

(1) *Les Préliminaires de la Guerre de la Succession d'Autriche,* p. 614 et suiv.

prise de la Bohême. Prague n'est pas si fort que nous l'avons cru. Si 32 bataillons pouvaient passer avec la première et la seconde colonne, joints à 8,000 ou 10,000 chevaux, je croirais la conquête de la Bohême assurée (1) ».

Quant au siège de Vienne, mis en avant par Frédéric, l'Électeur avait été d'accord avec Belle-Isle pour en repousser le projet. Le 18 juillet, il avait fait part au roi de Prusse des raisons qui lui faisaient préférer la conquête de la Bohême à une marche sur Vienne (2). L'arrivée tardive des troupes françaises, la saison déjà avancée, et surtout le manque de grosse artillerie, étaient autant d'arguments contre cette entreprise de Vienne, dont l'Électeur avait senti la force et que Belle-Isle jugeait sans réplique. « Si nos opérations avaient pu commencer deux ou trois mois plus tôt, écrivait ce dernier à Frédéric le 14 août, et que l'Électeur eût toute la grosse artillerie, munitions de guerre et autres agrès et préparatifs nécessaires, il aurait fallu sans difficulté porter la guerre par le Danube en Autriche, combattre et passer sur le ventre à tout ce qui se serait présenté et faire le siège de Vienne, auquel Votre Majesté, après avoir battu et poussé devant elle M. de Neipperg par la Moravie, eût pu venir se rendre en personne avec son armée, mais, la saison avancée d'une part et le manquement de toutes les choses nécessaires pour un siège rendant cette entreprise absolument impraticable, l'on est obligé de se borner à la conquête de la Haute-Autriche, et d'entreprendre à force ouverte celle de Prague et de la Bohême pour y établir l'armée en quartiers d'hiver..... (3) »

---

(1) Correspondance de Bavière. Vol. 92. Aff. étrang.

(2) Voir le chapitre VII des *Préliminaires de la Guerre de la Succession d'Autriche,* p. 416.

(3) Belle-Isle à Frédéric, Francfort, le 14 août 1741. Corresp. de Prusse. Vol. 117. Aff. étrang.

Mais, comme il importait avant tout à Frédéric que l'Électeur dirigeât ses opérations dans un sens favorable aux intérêts de la Prusse, que les troupes autrichiennes s'éloignassent des frontières de la Silésie, laissant Neisse à la merci de l'armée prussienne, le Roi ne s'était pas tenu pour battu. Le 27 juillet, il faisait partir pour Munich son feld-maréchal Schmettau, muni d'une instruction secrète qui lui prescrivait de pousser l'Électeur non seulement à commencer de suite les hostilités, mais encore et surtout à diriger ses opérations le long du Danube et à marcher droit sur Vienne. Schmettau devait aussi renseigner le Roi sur les préparatifs militaires, l'armée, les généraux, l'artillerie et les magasins de la Bavière (1). En annonçant le départ de son envoyé, Frédéric écrivait à Charles-Albert, le 26 juillet 1741 : « Je vous conjure, par tout ce qui vous est le plus au cœur, pour l'amour de vos intérêts et de la cause commune, écoutez toutes les raisons que le maréchal de Schmettau a ordre de vous dire, et, au lieu de marcher sur la Bohême, portez toutes vos forces à Vienne. C'est le moyen de finir la guerre par un, au lieu que vous la traînez en longueur en entrant en Bohême, et que vous ne faites que blesser la cour de Vienne au lieu de lui porter le coup mortel. Je vous conjure encore une fois d'y penser mûrement (2) ».

Silésien d'origine et déserteur récent, à l'exemple d'un de ses frères, du service de la reine de Hongrie qui venait de l'élever à la dignité de feld-maréchal, Schmettau était intéressé à mener à bien la première mission que lui confiait son nouveau maître. Sa défection avait

------

(1) *Instruction vor den Grand-Maître de l'artillerie Freiherrn von Schmettau wegen seiner Sendung nach München.* — *Politische Correspondenz*, t. I, p. 286.

(2) Frédéric à Charles-Albert, camp de Strehlen, 26 juillet 1741. *Politische Correspondenz*, t. I, p. 285.

causé à l'Autriche une perte sensible, car Schmettau jouissait, comme ingénieur, d'une réputation méritée. « Il a des talents pour le génie et pour le choix des postes, disait de lui le maréchal de Belle-Isle dans une lettre au comte de Terring du 15 août 1741 ; il connaît parfaitement le pays, et il pourra donner à l'Électeur des éclaircissements fort utiles (1) ». A Munich, on était cependant prêt à accueillir avec quelque méfiance l'envoyé du roi de Prusse. On le savait revêtu d'une mission qui contrecarrait les plans arrêtés entre Charles-Albert et le maréchal de Belle-Isle et qui remettait en question le siège de Vienne. Exprimant la pensée de son maître, le comte de Terring écrivait à Belle-Isle, le 8 août 1741 : « J'ai de la peine à croire que M. de Schmettau puisse nous convaincre de la réussite (du siège de Vienne), et l'Électeur ne peut se défendre contre une certaine défiance qu'il a de ce général qui a passé trop légèrement d'un service à l'autre pour qu'on puisse s'y livrer avec confiance. Si ce n'est que blesser la cour de Vienne que de lui enlever le royaume de Bohême, la blessure sera certainement bien douloureuse et aura tous les symptômes d'un coup mortel, puisque, après la conquête de ce royaume, ne pouvant plus empêcher la jonction des forces du roi de Prusse et de l'Électeur, la perte de la Moravie et de la Basse-Autriche avec la ville de Vienne s'ensuivrait infailliblement. C'est sur ce pied-là que Son Altesse Électorale est intentionnée de répondre au roi de Prusse. ... (2) ». Notre envoyé à Munich, M. de Beauvau, avait aussi engagé l'Électeur à presser sa réponse à la lettre du roi de Prusse, du 26 juillet, « pour prévenir le voyage inutile, sûrement incommode et peut-être sus-

---

(1) Belle-Isle au comte de Terring, à Francfort, le 15 août 1741. Vol. 2915. Arch. hist.

(2) Corresp. de Bavière. Vol. 92. Aff. étrang.

pect, du maréchal de Schmettau (1) », mais il était trop tard. L'envoyé prussien suivait de près la lettre de son maître.

Dès le début, adoptant une tactique pleine d'habileté, ne faisant qu'une allusion discrète au siège de Vienne, empressé à fournir les renseignements qui pouvaient être utiles à l'Électeur sur l'Autriche, ses armées et ses places fortes, s'imposant par le fait de ses connaissances militaires à Charles-Albert et à son entourage, Schmettau eut l'art de ramener peu à peu les esprits d'abord prévenus contre sa personne. Lorsqu'il fut appelé à se prononcer sur les avantages de l'offensive par le Palatinat ou par la Haute-Autriche, il fit ressortir les avantages sans nombre que trouverait l'armée de l'Électeur à déboucher en Bohême par Linz et Budweis. Huit jours ne s'étaient pas écoulés que ses avis étaient écoutés et recherchés, et M. de Beauvau pouvait écrire à notre Ministre des affaires étrangères : « Le maréchal de Schmettau est encore ici, et paraît y donner de bonne foi des lumières utiles tant sur l'état des Autrichiens que sur les projets à former en conséquence et sur les connaissances locales du pays. Il me semble qu'on commence ici à prendre en lui une confiance qu'on ne paraissait pas disposé à y avoir d'abord (2) ».

Si l'envoyé de Frédéric n'éprouvait aucune peine à se faire écouter de l'Électeur, toujours prêt à embrasser les projets de conquête qu'on lui soumettait, son jeu était encore grandement facilité par les divergences de vues qui existaient entre le maréchal général des logis de l'armée de Bavière, M. de Mortaigne, et le ministre de

----

(3) Beauvau à Amelot, à Munich, le 8 août 1741. Corresp. de Bavière. Vol. 92. Aff. étrang.

(1) Beauvau à Amelot, Munich, le 17 août 1741. Corresp. de Bavière. Vol. 92. Aff. étrang.

France auprès de Charles-Albert, M. de Beauvau. Le premier, très arrêté dans ses idées, n'avait renoncé qu'à regret à son plan primitif de déboucher en Bohême par le Haut-Palatinat, tandis que M. de Beauvau, entraînant à sa suite l'Électeur, s'était jeté à corps perdu dans le projet de conquérir d'abord la Haute-Autriche.

Loin de modérer l'ardeur de M. de Beauvau, qui se montrait aussi vif que Charles-Albert à vouloir commencer les opérations par le siège de Linz, Schmettau avait donné à plein collier dans les arguments du bouillant mestre de camp du régiment de la Reine, dont les desseins servaient à merveille ceux de son maître. M. de Beauvau était d'ailleurs en complet accord avec l'Électeur et le comte de Terring sur la direction à imprimer aux premières opérations. La facilité de se rendre maître de la Haute-Autriche, laissée sans défense, avait séduit Charles-Albert et son Ministre qui comptaient ne pas employer à cette expédition plus de quinze jours (1). Se voyant seul de son parti, arrivant de Francfort avec les instructions du maréchal de Belle-Isle qui ne s'opposait pas au siège de Linz pourvu que la prise de cette place fût chose accomplie au 10 octobre (2), Mortaigne se rési-

---

(1) Terring à Belle-Isle, à Munich, le 3 août 1741 : « ..... La conquête de toute la Haute-Autriche n'aura pas de quoi occuper pendant 15 jours une armée aussi considérable que celle qu'aura l'Électeur ». Corresp. de Bavière. Vol. 92. Aff. étrang.

(2) Belle-Isle à Terring, à Francfort, le 5 août 1741 : « Comme je regarde toujours l'objet de la conquête de la Bohême comme le plus essentiel et le plus décisif à tous égards, s'il n'y a pas certitude entière de pouvoir prendre Linz avant le 10 octobre, je pense qu'il faut en ce cas tourner toute l'attention du côté de la Bohême et se rendre maître sans délai de toutes les gorges et s'y fortifier pour s'assurer que l'ennemi ne puisse nous empêcher d'y entrer au mois de novembre quand nos forces seront réunies. J'ai traité la matière à fond avec M. de Mortaigne qui en rendra compte à l'Électeur, et il décidera. » Vol. 2915. Arch. hist.

gna, le 12 août, à rédiger un projet d'opérations conforme aux secrets désirs de l'Électeur. Jouant au plus fin avec l'envoyé de Frédéric, Mortaigne écrivait à Belle-Isle, en même temps qu'il lui soumettait son projet : « M. de Schmettau est arrivé ici. Cela a bien l'air d'être pour voir l'état de l'Électeur. Il est venu avec une lettre de créance. Il insiste au nom de son maître sur le siège de Vienne. Pour sembler acquiescer en quelque façon au projet, celui de l'Électeur semble y viser et laissera le roi de Prusse dans cette idée jusqu'à ce que le moment soit venu de lui en faire sentir l'impossibilité (1) ».

Des 25 bataillons français qni devaient arriver à Donauwerth au début de septembre, Mortaigne proposait de n'en faire descendre sur Passau que 19, lesquels, joints à une partie de notre cavalerie, à 12 bataillons de l'Électeur et à quelques milices bavaroises, s'empareraient de la capitale de la Haute-Autriche et s'établiraient sur la rivière d'Enns, en ayant soin d'appuyer solidement leur droite aux montagnes et de s'ouvrir par leur gauche une communication avec la Bohême.

5 bataillons de l'Électeur, renforcés par 6 bataillons français, se porteraient dans le Haut-Palatinat et se mettraient en possession des débouchés de la Bohême jusqu'à l'arrivée de nos troupes en septembre.

Mortaigne voyait à ce projet l'avantage de se trouver assez en forces partout et de donner à nos troupes le temps de se remettre de leur longue route, ainsi que le moyen de vivre aux dépens du pays ennemi.

Bien que le maréchal général des logis de l'armée de Bavière eût demandé, avant l'adoption définitive de son

____

(1) Mortaigne à Belle-Isle, à Munich, le 12 août 1741. Vol. 2915. Arch. hist.

plan, à reconnaître une dernière fois par lui-même les frontières du Haut-Palatinat et de la Haute-Autriche, l'Électeur, le comte de Terring, le maréchal Schmettau et le marquis de Beauvau, étaient déjà d'accord pour commencer les hostilités par la conquête de Linz. Désireux de gagner le maréchal de Belle-Isle à ses vues, M. de Beauvau lui écrivait, le 14 août :

La décision roule encore, comme vous le dites assez dans toutes vos lettres, sur le parti de se porter sur Linz et pénétrer en Bohême au moins jusqu'à Rosenberg, Krumau et Budweis, pour avoir la clef de ce royaume, et de rester sur la défensive dans le Haut-Palatinat pour couvrir Amberg et Neumarkt et les magasins qu'on y doit former.

Ou celui de rester sur la défensive à Passau, du côté de l'Autriche et du Tyrol, et de porter l'armée par le Haut-Palatinat et sur Egra, si vous le jugez à propos, ou simplement de l'autre côté des montagnes de Bohême pour s'assurer des débouchés. La matière sera préparée sur l'une et sur l'autre route, et vous aurez par là la liberté d'adopter le projet que vous croirez le plus convenable. C'est le but que je me suis proposé dans l'opération forcée que je fais pour le mouvement des vivres. Je ne saurais assez répéter que tout était plus naturel et plus facile en descendant sur Linz par le Danube. M. de Schmettau, qui a fait part ici de toutes ses connaissances, assure que le chemin est beau de Linz à Budweis, qu'il y en a plusieurs, que l'ennemi ne saurait empêcher qu'on entre en Bohême par le débouché, qu'il y a un intérêt capital à se saisir de la tête de la Moldau comme je l'ai toujours pensé ; que les postes de Rosenberg et de Krumau sont avantageux par la nature ; qu'avec peu de travail, on peut les rendre bons et en très peu de jours ; que Budweis est de même très propre à appuyer la gauche d'un camp ; qu'en occupant ces positions, on sera les maîtres de la plus grande partie de la Bohême et d'en tirer les contributions qu'on jugera à propos pour subsister ; que la communication de Budweis à Linz est aisée à établir, qu'elle ne saurait être coupée ni même insultée, la traversée des montagnes se réduisant à deux ou trois points de défensive aisés à garder avec peu de monde. J'apprends aussi que deux régiments de cavalerie, qui étaient aux environs de Linz, viennent d'entrer par cette route en Bohême, pour se rendre à Pilsen et se porter sans doute sur les débouchés du Haut-Palatinat pour en défendre l'entrée.

Toutes ces indications militent en faveur de ce projet, et j'y ajouterai pour dernière raison que l'exécution en serait beaucoup plus prompte, car, si les troupes de l'Électeur se portaient sur Linz le 5 de septembre, elles y seraient jointes le 9 ou le 10 par la première vade (1) de nos troupes, qui arrivera le 5 à Donauwerth et qui descendrait par le Danube. On commencerait à entrer par la gauche dans la montagne en poussant une tête jusqu'à Rosenberg qu'on occuperait, et les trois vades suivantes de nos troupes, qui arriveraient successivement à Donauwerth le 7,

9 et le 12, s'y embarqueraient de même, et, débarquant à Linz, se pousseraient aussi successivement dans le défilé de la montagne, sur quoi il faut observer que, si ce projet était adopté, partie de la cavalerie pourrait aussi arriver en s'embarquant sur des radeaux qu'on construit communément à cet usage. Enfin, Monseigneur, vous nous donnerez vos ordres et nous les exécuterons (2)..... »

MM. de Mortaigne et de Beauvau eurent la satisfaction de voir le maréchal de Belle-Isle se rallier à leurs vues. En recommandant au premier de mettre tout en œuvre pour s'assurer un établissement en Bohême, la possession de Budweis « où nous ne saurions trop tôt nous établir », le Maréchal lui écrivait de Francfort, le 17 août 1741 : « J'approuve très fort l'idée de pousser 19 bataillons français sur Passau, de prendre Linz qui est une affaire de deux ou trois jours, de se fortifier sur la rivière d'Enns, appuyant la droite aux montagnes du Tyrol où il faut s'établir en force, ne laisser que ce qu'il faudra de troupes réglées bavaroises pour garder Linz et toute cette partie à droite du Danube, et tourner toutes nos vues sérieusement sur la Bohême (3) ». C'était toujours la Bohême qui devait rester notre principal objectif, comme le mandait également le maréchal à M. de Beauvau, le 17 août (4), et, informé par notre représentant auprès de l'Électeur des difficultés rencontrées en Bavière pour la constitution d'un approvisionnement de

---

(1) Enchère dont un joueur ouvre le jeu.

(2) M. de Beauvau à Belle-Isle, à Munich, le 14 août 1741, à 11 heures du soir. Corresp. de Bavière, vol. 95. Aff. étrang.

(3) Vol. 2915. Arch. hist.

(4) Belle-Isle à Beauvau, Francfort, le 17 août 1741. Vol. 2915. Arch. hist.

fourrages, il lui écrivait le 20 août 1741 : « Quand je ne me serais point déterminé à donner préférence à porter toutes nos forces par le Danube sur Linz pour entrer en Bohême par les débouchés qui conduisent sur Budweis, le défaut de fourrages serait une raison décisive pour embrasser ce parti..... Je vous répète donc que je persiste à penser qu'il faut embarquer l'infanterie, dès qu'elle arrivera à Donauwerth, pour l'expédition de Linz, et assurer le long de la rivière d'Enns les postes qu'il conviendra d'y établir, la droite appuyée aux montagnes de Salzbourg, la gauche au Danube, dont la garde sera commise aux milices bavaroises et à quelques troupes réglées de la même nation, le surplus à la gauche du Danube avec la totalité des troupes du Roi que je ne veux pas que l'on sépare (1) ».

Avant que cette lettre parvînt à Munich, la question du plan d'opérations y avait fait un pas décisif. Le 20 août, de 6 heures à 11 heures du soir, il se tenait une conférence à laquelle prenaient part l'Électeur, le comte de Terring, Beauvau, Schmettau et Mortaigne qui rentrait de sa reconnaissance des débouchés de la Bohême sur la frontière du Haut-Palatinat.

Après bien des débats, il fut convenu de ce qui suit :

Que la première division de nos troupes, qui arrivera le 5 à Donauwerth, y sera embarquée le 6 sur le Danube pour descendre sur Linz, que les divisions suivantes y seront successivement embarquées le lendemain de leur arrivée.

Qu'on embarquera le plus de cavalerie que faire se pourra, et les carabiniers par préférence, s'il n'y a pas de bateaux ou radeaux pour toute la cavalerie.

Que 4 ou 6 bataillons, de ceux que vous jugerez à propos, avec 1,000 chevaux de notre cavalerie, mettront pied à terre à Straubing pour

---

(1) Belle-Isle à Beauvau, Francfort, le 20 août 1741. Vol. 2915. Arch. hist.

marcher par la gauche vers le débouché du Haut-Palatinat où ils iront joindre 4 ou 6 bataillons des troupes de l'Électeur.

Que, le même jour, 5e du mois, les 4 ou 6 bataillons de ce Prince se porteront déjà en avant sur les dernières crêtes des montagnes pour y commencer des redoutes et des abatis. Ils seront aidés dans ce travail par environ 3,000 hommes de milice qui en recevront l'ordre et un nombre proportionné de paysans. Nos 4 ou 6 bataillons et les 1,000 chevaux viendront les joindre pour occuper les postes qui leur seront destinés le long de la chaîne qu'on se propose de faire pour la défensive du Haut-Palatinat.

Qu'enfin le même jour, 5e du mois, les troupes de l'Électeur qui sont aux environs de Scharding et de Passau s'y embarqueront pour descendre sur Linz dont, selon les circonstances, elles formeront l'attaque ou attendront nos troupes, et, comme les ennemis viennent d'enlever le peu de canons qu'ils avaient dans cette place, je suis persuadé que les troupes bavaroises en seront en possession avant que nous puissions y arriver, et, supposé néanmoins que quelque corps autrichien se portât au-devant d'elles un tant soit peu en force, elles occuperaient selon les circonstances, en nous attendant, des postes avantageux derrière la Traun ou derrière la rivière d'Enns. Je suis persuadé que les ennemis se dissiperont à notre arrivée, et on n'emploiera que le temps nécessaire à mettre Linz et les lignes de l'Enns en sûreté, pour entrer le plus tôt que faire se pourra dans les débouchés de Budweis et se porter en Bohême.

Voilà, Monseigneur, ce qui a été convenu, sur quoi nous attendons votre consentement et votre confirmation. Nous allons nous occuper à présent à digérer les moyens de l'exécution pour vous en rendre compte dans un plus grand détail, ce qui ne me serait pas possible à présent, n'attendant que la réponse de l'Électeur pour vous renvoyer votre courrier que vous attendez vous-même avec impatience.

Je dois seulement vous ajouter que la proportion de nos forces n'a pas paru suffisante pour entrer en Bohême par l'Autriche, comme nous allons faire, et par le Haut-Palatinat en même temps. On se contente donc, si vous l'approuvez, de rester sur la défensive dans cette partie, surtout contre la garnison d'Egra qui pourrait faire des courses. Rien n'eût été si bien, si nous avions été assez forts, que d'entrer effectivement par les deux endroits en débouchant sur un même front et à même hauteur par les trouées de la gauche, depuis Grafenau jusqu'à Waldmunich et Weldhausen en tirant sur Egra. Rien n'est si beau et si solide que la disposition que vous en faisiez si on s'était cru assez forts pour l'exécuter soit par le nombre de troupes, soit par le nombre de chariots qui auraient dû suivre à la queue de chaque colonne pour porter leurs subsistances, mais, après l'estimation qui a été faite des

voitures à cet usage et des troupes qu'il y faudrait employer, on ne
s'est pas cru en état de l'entreprendre. On est convenu, si vous l'agréez,
de ne pénétrer en Bohême que par le débouché de Budweis, et je n'estime pas qu'on doive s'engager plus loin dans la Bohême. Ce sera bien
assez faire d'y rassembler des magasins, d'y profiter des fourrages,
d'établir une bonne et sûre communication avec Linz, d'en rendre les
chemins faciles, d'en ouvrir plusieurs différents si cela est possible,
d'accommoder les postes de Rosenberg, de Krumau et de Budweis et
autres le long de la Moldau et sur la rive droite de cette rivière, s'il y
en a qui en soient susceptibles, pour être toujours les maîtres de l'un
et l'autre bords, et enfin nous occuper uniquement de toutes les choses
que vous me recommandez dans votre lettre qui doit nous servir de plan,
et dont je tâcherai de faire en sorte qu'on ne s'écarte pas..... (1).

Dans cette conférence, comme nous l'apprend une
lettre de Mortaigne à Belle-Isle, du 23 août 1741, les
divers acteurs s'étaient révélés avec leur caractère
propre. L'Électeur, appuyé discrètement par Schmettau,
vivement par Terring et Beauvau, avait montré une
hâte extrême à vouloir précipiter ses opérations contre
la Haute-Autriche. Seul, Mortaigne s'était permis quelques représentations et objections à peine écoutées.
Après s'être avancé dans ses dernières reconnaissances
à 10 lieues de Pilsen, il regrettait plus que jamais de
devoir renoncer à l'attaque de la Bohême par le Haut-
Palatinat. « Les quatre trouées par lesquelles je suis
entré en Bohême, disait-il dans sa lettre au Maréchal,
sont très praticables, et il est bien dommage, faute
d'équipages des vivres et d'artillerie, de n'en pouvoir
faire usage pour aller droit à Prague, car nous serions
assurément assez forts pour cela et tomberions dans une
quantité de subsistances étonnantes, car la Bohême
réellement est à étonner par sa beauté. Outre ces quatre
trouées, il y en a encore six qui sont praticables, ce qui

____

(1) Beauvau à Belle-Isle, à Munich, le 21 août 1741. Corresp. de
Bavière. Vol. 95. Aff. étrang.

fait dix passages depuis le Danube jusqu'à Egra (1) ».

Mortaigne avait insisté pour qu'on prémunît sans retard le Haut-Palatinat contre les courses de la garnison d'Egra et celles de la cavalerie autrichienne qui se rassemblait à Pilsen, mais « il ne voyait prendre aucune précaution, quelque chose qu'il ait pu dire ». L'Électeur avait d'abord destiné 6 bataillons français et 6 bataillons bavarois à la garde du Haut-Palatinat : il jugeait inutile, à l'heure présente, d'y laisser plus de 4 ou 5 bataillons français, 4 bataillons et 5 escadrons bavarois, avec 3,000 hommes de ses milices. Il se proposait de confier le commandement de ce corps à un de ses lieutenants généraux, au comte de Minucci. Les 2 compagnies franches de Jacob et de Galhau lui semblaient suffisantes pour observer la garnison d'Egra. Mortaigne demandait à Belle-Isle de vouloir bien désigner le lieutenant général et les bataillons français qui, à Straubing, quitteraient la vallée du Danube pour se diriger sur Amberg. Telle était la précipitation de l'Électeur et du marquis de Beauvau à faire descendre le Danube à nos troupes que le maréchal général des logis de notre armée de Bavière avait en vain demandé vingt-quatre heures de séjour pour nos divisions à leur arrivée à Donauwerth.

Il s'est agi, il y a deux jours, devant l'Électeur, du passage de nos troupes à Donauwerth. L'Électeur veut les faire passer sans leur y donner aucun séjour, quelque représentation que je lui aie faite sur la nécessité indispensable qu'il y avait de leur en donner après une marche aussi pénible et où il n'est pas possible que les troupes n'aient souffert. Vous avez ordonné huit jours de séjour pour Amberg, mais, l'infanterie devant s'embarquer et les subsistances pour les chevaux manquant, je m'étais réduit à un seul séjour, le croyant indispensable, non pas seulement pour le repos des troupes mais pour l'opération de l'embarquement de l'infanterie et des distributions qui doivent se faire tant à la

---

(1) Mortaigne à Belle-Isle, le 23 août 1741. Vol. 2915. Arch. hist.

cavalerie qu'à l'infanterie. L'Électeur s'est obstiné à le refuser. Je crois pourtant qu'il s'y serait rendu sans M. de Beauvau, qui est auss vif pour aller en avant que lui. Je ne le suis pas moins; mais il faut y mettre l'ordre nécessaire. Si vous jugez à propos, Monseigneur, que ce séjour ait lieu, ayez la bonté d'en écrire à l'Électeur ou au maréchal de Terring sans lui faire mention de moi, contre qui cela pourrait l'indisposer, lui mandant seulement que, dans la disposition de la marche par Donauwerth, vous ne voyez pas que les troupes y aient de séjour, ce que vous trouvez pourtant indispensable. Des troupes fatiguées, de l'humeur peut-être dans l'officier, cela demande des considérations, joint à l'impossibilité que je vois à ce que cet embarquement puisse se faire sans séjour. Les troupes arriveront tard à Donauwerth, ayant une longue marche à faire ce jour-là. En y arrivant, il faudra une distribution de pain, viande, bois, paille et fourrages; il faudra embarquer tout cela et tout ce qui est à la suite, souliers, riz, s'il y en a, et viande; distribuer les bateaux ou radeaux aux troupes, aux officiers généraux et états-majors. Comment peut-on imaginer que cela se puisse faire si facilement ? Je trouve que nous serons fort heureux si cela se fait sans confusion dans un jour franc.

M. de Mortaigne terminait sa lettre en avertissant le Maréchal que, sans son opposition formelle, M. de Beauvau aurait donné suite à son idée d'embarquer toute la cavalerie et qu'il n'avait encore pu le dissuader du projet de faire descendre le Danube jusqu'à Passau à nos 10 escadrons de carabiniers.

Comme on le voit, une trop grande vivacité à soutenir des opinions opposées avait amené un refroidissement entre Beauvau et Mortaigne.

Il est toujours fâcheux, mandait le second à Belle-Isle dans sa lettre du 23 août, qu'il se trouve ensemble deux personnes, à qui on accorde quelque sorte de mérite, sans supériorité l'un sur l'autre ; le maître se trouve embarrassé, sur les attestations favorables, à qui donner sa confiance, et, dans cette incertitude, il penche toujours du côté de celui qui est de son avis ; le subalterne ne sait à qui se livrer. J'ai vu par la lettre que M. de Beauvau a reçue hier que sa commission auprès de l'Electeur porte également sur les opérations militaires comme sur la négociation et la célérité sur ce qu'il y a à faire. Je souhaite de tout mon cœur que cela réussisse et m'y prêterai assurément de mon mieux, mais je souhaiterais bien, Monseigneur, que vous fussiez à la tête de la besogne, et, si jamais votre présence a été nécessaire quelque part pour le service du Roi, c'est dans cette occasion à la tête de l'armée. L'Électeur, comme vous savez, n'a pas de détail pour les parties militaires, le comte de Terring n'est pas expéditif pour les faire exécuter, et il est à craindre que d'autres ne les embrouillent. Je crois devoir vous dire tout cela, Monseigneur, pour que vous puissiez y faire vos réflexions.

Si Mortaigne était parvenu à démontrer l'impossibilité d'embarquer la cavalerie à son arrivée à Donauwerth, il n'avait pu obtenir de l'Électeur et du comte de Terring l'autorisation de reconnaître lui-même la route à suivre par cette cavalerie, de Donauwerth à Passau, ainsi que les points d'atterrissement de l'infanterie le long du Danube. Il ne se trompait pas sur les raisons de ce refus en mandant au maréchal de Belle-Isle : « Les marches ne sont qu'en estimation et ne sont pas constatées. Du premier moment que je suis arrivé ici, je n'ai eu qu'un cri après. M. de Terring dit enfin qu'il a envoyé les reconnaître, et, en attendant, les marches sont évaluées à six jours pour l'infanterie et à dix pour la cavalerie ; mais, les emplacements n'étant pas constatés, les subsistances et choses nécessaires ne peuvent y être placées. L'Électeur n'a pas voulu permettre que je les aille reconnaître. Je n'y vois d'autre raison, cela joint au refus du séjour à Donauwerth, sinon que l'on a peur que je ne fasse les marches trop courtes et qu'on pense ici, comme dans toutes les cours d'Allemagne : on cherche à en faire sortir les troupes le plus tôt qu'il est possible, ou c'est trop de confiance en eux-mêmes. Cependant le temps s'écoule : je prends pourtant des arrangements sur le pied de l'estimation de six jours de marche pour l'infanterie et de dix pour la cavalerie. Plus les choses sont difficiles et plus il faut y mettre d'ordre. Dieu me conserve la tête, car c'est un furieux chaos à débrouiller. J'espère pourtant en venir à bout si je n'essuie pas de contrariétés. »

Répondant, le 28 août, à la lettre de M. de Beauvau du 21, Belle-Isle ne manqua pas de le mettre en garde contre sa précipitation, mais il le fit en termes mesurés et pleins de tact :

Je vois que la 1re division des troupes qui arrivera, le 5, à Donauwerth y sera embarquée, le 6, sur le Danube et successivement les autres, même la cavalerie, si cela se peut, pour descendre à Passau. Je trouve que c'est trop étrangler les troupes que de ne leur pas donner au moins vingt-quatre heures de séjour à Donauwerth où je sais qu'elles arriveront fort fatiguées et manquant d'une infinité de choses, surtout les officiers auxquels le ministère a donné toutes sortes de sujets de mécontentement par l'inexécution de toutes les choses que l'on m'avait promises pour eux. Je suis tout aussi vif que personne pour aller en avant, et je vous voudrais déjà à Budweis, mais il faut, avec la diligence, la prudence et les précautions nécessaires, et ne pas rebuter nos gens d'entrée de jeu. L'on en fera ce que l'on voudra quand on aura pour eux les soins et les attentions convenables : c'est par là que j'ai gagné leur confiance. Il la faut d'autant plus conserver que nous avons un grand usage à en faire d'ici au mois de janvier par la plus rude saison de l'année.

Ce séjour me paraît donc indispensable, et il faudrait plutôt le doubler que le supprimer.

A l'égard de la cavalerie, si tant est qu'on la puisse embarquer, vous ferez encore une tracasserie qu'il faut éviter en prenant les carabiniers, par préférence au régiment du Roi qui est à la même division ; ce régiment et celui d'Orléans, qui forment brigade, sont aussi bons que les carabiniers ; menez-les tous ensemble, si cela se peut, mais ne faites point de passe-droit.

C'est une attention que doit toujours avoir le général. Nous trouverons assez d'occasions de mettre les carabiniers en œuvre, et par préférence, sans que personne puisse s'en plaindre.

Dans cette même lettre, le Maréchal désignait, pour marcher sur la frontière du Haut-Palatinat, la brigade d'Anjou, et, pour en prendre le commandement, M. de Ximénès, le plus ancien maréchal de camp. Il se déclarait « très fâché que l'on n'ait pas pu entrer en Bohême par la gauche en même temps que l'on s'y va porter par la droite sur Budweis ». Il demandait avec insistance qu'on se hâtât d'occuper cette ville et de s'établir sur la haute Moldau : « Je ne serai tranquille que quand je vous y saurai (1) ».

Le même jour, le Maréchal témoignait à Mortaigne ses regrets de ne pouvoir suivre le projet « d'entrer en même temps en Bohême et par la droite et par la gauche et même par le centre ». Il lui recommandait avant tout la marche sur Budweis, « car enfin la Bohême doit être notre objet capital, et je ne serai tranquille que quand je vous y saurai établis en force ». Il lui savait gré d'avoir réclamé un séjour à Donauwerth en faveur de nos divisions, mais, comme il connaissait le caractère entier et susceptible de son lieutenant, il s'employait à rétablir la bonne harmonie entre M. de Beauvau et lui.

Je vois avec plaisir que vous vous soyez entièrement mis au détail de l'armée. Ce n'a été qu'en votre absence que M. de Beauvau a dû en suivre plusieurs articles auprès de l'Électeur et du comte de Terring qui ne finit rien. Il ne nous a pas été moins nécessaire pour l'article des subsistances, mais il faut que chacun fasse sa charge, et il en aura encore suffisamment en sa qualité de ministre du Roi pour une infinité de choses. Je lui connais véritablement du mérite, de la volonté, beaucoup d'élévation, et surtout de l'honneur et de la droiture. C'est par toutes ces raisons que j'ai désiré qu'il fût où il est et qu'il soit de vos amis : je sais qu'il en a toute l'envie et vous me ferez un vrai plaisir d'être des siens. Le caractère dont il est revêtu près de l'Électeur rend son union avec vous nécessaire et sera extrêmement utile au bien et au succès de la besogne, surtout tant que durera mon absence, et je le crois disposé, comme il le doit, à déférer à vos lumières et à votre expérience ; j'excuse sa vivacité pour vouloir aller en avant et vous devez plus l'excuser qu'un autre, mais, comme vous en savez plus long que lui, vous avez eu grande raison de le contredire.....

Belle-Isle annonçait encore à Mortaigne l'arrivée prochaine d'un précieux auxiliaire, M. de Séchelles, et il

____

(1) Belle-Isle à Beauvau, à Francfort, le 28 août 1741. Vol. 2915. Arch. hist.

le faisait en des termes propres à flatter l'amour-propre du maréchal général des logis de l'armée de Bavière : « M. de Séchelles est venu passer ici trois jours avec moi. Ils n'ont point été inutilement employés. Je lui ai dit tout ce qu'il faut sur votre sujet. Il le savait déjà, mais, comme vous êtes l'un et l'autre les deux hommes de l'armée en qui j'ai le plus de confiance et que chacun, dans votre espèce, vous en devez être l'âme, vous ne sauriez être dans une trop grande union et confiance pour tout ce qui y aura rapport (1) ».

Le 30 août, Mortaigne soumettait à Belle-Isle une « copie du projet d'opérations pour le mois de septembre 1741 », projet basé sur les décisions de la conférence du 20 août et approuvé par l'Électeur (2). Il fixait au 7 septembre le départ de ce prince du camp de Scharding, à la tête de 14 bataillons et de 15 escadrons bavarois, pour venir s'emparer de Linz. Il indiquait les postes à occuper pour l'achèvement de la conquête de la Haute-Autriche, déterminait l'emplacement des magasins à Linz et à Enns et l'établissement d'un pont sur le Danube à l'embouchure de l'Enns, entre Lorch et Mauthausen. Il annonçait son intention de porter ensuite l'armée sur Freistadt, puis sur la rivière de la Luschnitz, en faisant occuper Budweis par un détachement. Il demandait que l'Électeur mît sur pied sans retard toutes ses milices pour les employer à la fois sur les frontières du Tyrol, de la Haute-Autriche et du Haut-Palatinat. Il avait enfin soumis à l'Électeur « un projet de chaîne » de postes, afin de mettre cette dernière frontière à l'abri des incursions de la garnison d'Egra et de la cavalerie autrichienne rassemblée à Pilsen.

----

(1) Belle-Isle à Mortaigne, à Francfort, le 28 août 1741. Vol. 2915, Arch. hist.

(2) Voir la copie de ce projet à l'appendice 1 du chapitre V.

Le maréchal de Belle-Isle avait vu avec peine les dissentiments qui s'étaient élevés entre Mortaigne et Beauvau. A la suite de ses remontrances, ce dernier avait loyalement avoué ses torts, et reconnu avoir « donné un peu trop légèrement dans l'empressement de l'Électeur (1) ». De son côté, Mortaigne avait promis de vivre en bonne intelligence avec le ministre du Roi, qui l'avait d'abord « indisposé par des contrariétés trop vives (2) ». Mais cette tentative de rapprochement était à peine ébauchée que de nouvelles difficultés surgissaient dans l'entourage de l'Électeur. Élevé à la dignité de feld-maréchal dans les premiers jours du mois d'août, le comte de Terring s'était flatté, en l'absence de Belle-Isle, d'exercer le commandement de l'armée franco-bavaroise. Or les instructions formelles de Belle-Isle, revêtues de l'approbation de la cour de Versailles, avaient enjoint à M. de Beauvau de déclarer à l'Électeur que le commandement des troupes françaises demeurerait, en toutes circonstances, au lieutenant général le plus ancien, à M. de Leuville, à l'exclusion du maréchal bavarois. Beauvau avait longtemps hésité à remplir cette commission : il sentait toute l'amertume qu'elle devait causer à Charles-Albert et à son premier ministre. « Je crains que l'humeur ne prenne au comte de Terring, écrivait aussi Mortaigne à Belle-Isle le 31 août, ce qui n'avancerait pas à débrouiller le chaos où nous sommes..... Je suis même persuadé que l'Électeur y serait extrêmement sensible. C'est honnêtement lui dire qu'un de ses maréchaux ne vaut pas un lieutenant général français (3) ». Trouvant Belle-Isle inflexible, le mar-

---

(1) Beauvau à Belle-Isle, à Munich, le 30 août 1741 au soir. Corresp. de Bavière. Vol. 95. Aff. étrang.

(2) Mortaigne à Belle-Isle, à Munich, le 30 août 1741. Vol. 2915. Arch. hist.

(3) Vol. 2915, Arch. hist.

quis de Beauvau s'acquitta de sa démarche au début de septembre, mais, suivant ses prévisions, il en resta une blessure profonde, inguérissable, dans le cœur du maréchal bavarois, une blessure presque aussi vive dans celui de l'Électeur, et M. de Séchelles ne se trompait pas en écrivant à Belle-Isle, le 12 septembre : « On vous a rendu compte de l'affaire du commandement. Elle est décidée comme vous l'avez désiré, mais ce n'est pas sans humeur de la part du maréchal de Terring. Je crois même que l'Électeur aurait souhaité que cela fût autrement (1) ».

De Francfort, où les négociations absorbaient toute son activité et ne lui laissaient pas encore entrevoir le moment de rejoindre l'armée, le maréchal de Belle-Isle n'avait pas cru devoir prendre en main la direction des opérations militaires :

..... Éloigné comme je le suis, écrivait-il à Beauvau le 20 août, il m'est impossible d'entrer dans de certains détails par rapport à la mécanique de nos opérations. Vous avez trop de connaissance de notre métier pour ne pas concevoir que, ne connaissant point moi-même le pays où l'on va faire la guerre, n'en ayant que des relations aussi superficielles, n'étant point à portée de faire par moi-même toutes les questions convenables aux gens que l'on a envoyés sur les lieux, il serait imprudent à moi de vouloir déterminer décisivement le détail des mouvements. J'en ai tracé le plan en gros dans la lettre que j'écrivis de Versailles à l'Électeur. Tout autre à ma place s'en serait tenu là, mais le bien du service, mon attachement personnel pour l'Électeur m'ont déterminé à suivre, autant que cela peut être possible, la besogne jusques à ce que celle de la négociation me permette d'aller en personne m'en charger moi-même. Vous me ferez plaisir de continuer à m'informer de tout. Je vous donnerai tous les conseils et toutes les solutions que l'éloignement pourra me permettre, et j'aplanirai, en écrivant à l'Électeur et au comte de Terring, toutes les difficultés qui pourront l'être par écrit, mais il n'est pas possible d'aller au delà et que

---

(1) Séchelles à Belle-Isle, à Passau, le 12 septembre 1741. Vol. 2916. Arch. hist.

je puisse d'ici diriger les mouvements de l'armée comme si je la commandais en personne (1).

En se laissant aller de concession en concession aux projets de l'Électeur et de son entourage, le Maréchal devait pourtant s'attendre aux plus graves mécomptes. Il connaissait assez les personnages pour savoir que l'Électeur, prince débonnaire, accommodant, était prêt à écouter les mille conseils de son entourage et à varier ses résolutions au jour le jour. Il n'ignorait pas que le comte de Terring joignait à des lumières insuffisantes une obstination et une hauteur qui faisaient impression sur l'esprit de son maître; que le marquis de Beauvau se laissait parfois emporter par son impétuosité, et que Mortaigne, esprit entier, n'avait pas l'art de se faire écouter.

Dans ces conditions, peut-être eût-il mieux valu rompre avec les règles de la sagesse ordinaire, imposer de Francfort le plan de campagne, veiller jalousement à ce qu'il fût suivi de point en point, et ne laisser à l'Électeur et à ses conseillers que le choix des moyens d'exécution. L'ascendant du Maréchal sur Charles-Albert était tel que ce dernier n'aurait pas manqué de déférer à sa volonté nettement formulée. Belle-Isle avait comme un pressentiment de l'avenir lorsqu'il écrivait à Mortaigne, le 28 août : « Je comprends tout le chaos qu'il y a à débrouiller et combien il serait nécessaire que je puisse être présent. Je vous assure que, quand j'y réfléchis, je ne suis pas sans inquiétude, mais, comme cela n'est absolument pas possible, je compte essentiellement sur vous pour tous arrangements de précaution et de prévoyance, tant pour le succès des opérations que pour que les troupes ne manquent de rien ».

---

(1) Vol. 2915. Arch. hist.

En outre, bien qu'ils eussent promis de s'amender, ni Beauvau ni Mortaigne ne pouvaient en quelques jours modifier leur caractère. Dès son arrivée à Munich, le 3 septembre, M. de Séchelles n'avait pas eu de peine à découvrir « que M. de Beauvau et M. de Mortaigne étaient contraires en opinion, et, sans qu'il y eût ni aigreur, ni vivacité, il y avait de la contradiction et de l'opiniâtreté des deux côtés (1) ». L'intendant s'était conformé aux intentions du Maréchal « en les rapprochant l'un de l'autre (2) » ; il espérait que le service ne souffrirait point de leur mésintelligence, mais, témoin de l'insuffisance de l'Électeur, il demandait à Belle-Isle de ne plus différer son arrivée en Bavière : « Votre présence sera indispensable, aussitôt que nous serons en état d'agir efficacement, car je tremble toujours sur la faiblesse de notre chef (3) ». M. de Séchelles était bientôt obligé de reconnaître qu' « il y a toujours de la mésintelligence entre M. de Mortaigne et M. de Beauvau qui auront grand'peine à se concilier. La vivacité est trop grande de part et d'autre. L'Électeur fait également cas de tous les deux et a grande confiance dans leurs avis, mais ceux de M. de Beauvau prévalent parce qu'ils sont dans son goût et soutenus par M. Schmettau dont la réputation a fait impression (4) ».

L'envoyé de Frédéric avait seul admirablement joué son rôle. Tenu d'abord à l'écart, regardé avec défiance comme un importun et presque comme un espion, il

---

(1) Séchelles à Belle-Isle, à Munich, le 4 septembre 1741. Vol. 2916. Arch. hist.

(2) Séchelles à Belle-Isle, à Munich, le 8 septembre 1741. Vol. 2916. Arch. hist.

(3) *Ibid.*

(4) Séchelles à Belle-Isle, à Passau, le 12 septembre 1741. Vol. 2916. Arch. hist.

était devenu l'homme indispensable, le conseiller favori de Charles-Albert. Il avait entièrement fait la conquête de M. de Beauvau qu'il tenait sous son charme et qui lui consacrait ces lignes élogieuses dans une lettre à Belle-Isle, du 13 septembre 1741 : « J'espère que M. de Schmettau suivra l'Électeur. C'est un homme du métier et de bon conseil, et qui a d'excellentes connaissances du pays. J'ai le plaisir d'être presque toujours de son avis, et lui du mien (1) ». Comme le serpent tentateur, Schmettau avait attisé l'ardeur de l'Électeur et l'impatience de M. de Beauvau à se porter en avant. Il les avait enveloppés, fascinés, de ses conseils en apparence désintéressés, les entraînant insensiblement là où Frédéric voulait les attirer, et le roi de Prusse, un maître dans l'art de négocier, ne ménageait pas les compliments à son lieutenant dont il admirait le succès inespéré : « J'ai reçu la vôtre du 22 passé, lui écrivait-il le 2 septembre, et ma satisfaction a. été extrême en y voyant l'heureux succès de votre négociation et qu'on a résolu d'agir comme il faut. J'en suis charmé, et, pour vous marquer ma reconnaissance d'un service si signalé que vous venez de me rendre, je ne saurais plus me dispenser de vous conférer l'ordre de l'Aigle noire de Prusse, que vous trouverez ci-joint (2) ». En réalité, grâce aux « merveilles (3) » accomplies par Schmettau, ce n'étaient ni le maréchal de Belle-Isle ni ses lieutenants qui conduisaient l'Électeur vers le théâtre de ses pre-

---

(1) Beauvau à Belle-Isle, au camp de Weizenkirchen, 12 et 13 septembre 1741. Corresp. de Bavière. Vol. 95. Aff. étrang.

(2) Frédéric à Schmettau, camp de Reichenbach, 2 septembre 1741. *Politische Correspondenz*, t. I, p. 324.

(3) Frédéric à Schmettau, camp de Reichenbach, 2 septembre 1741 : « Vous faites des merveilles, continuez de même et assurez-vous que je n'oublierai pas les services que vous me rendez ». *Politische Corres-pondenz*, t. I, p. 328.

mières opérations, mais le roi de Prusse, à qui la fortune continuait de sourire aussi bien sur le Danube qu'en Silésie.

Le marquis de Beauvau s'était fait le promoteur de l'embarquement des troupes françaises sur le Danube, à leur arrivée à Donauwerth. Dès le 14 août, il avait remis au comte de Terring un mémoire très étudié où il passait en revue les mesures propres à assurer le transport de nos troupes par eau. Il y demandait que les camps à occuper chaque soir, le long des bords du fleuve, fussent reconnus avec soin ; que le trajet quotidien fût calculé de manière à ne point faire débarquer les troupes après 3 heures du soir ; que le camp fût tracé à leur arrivée, le bois et la paille portés à la tête des régiments, et que, chaque jour, la garde de police et les campements fussent embarqués sur les premiers radeaux.

Ces dispositions approuvées par l'Électeur, M. de Beauvau avait fait appel à M. Loustau, déjà chargé de la construction de nos ponts sur le Danube, et au sieur Caldera, directeur général des bateaux de la Bavière. Ce dernier avait fait partir, le 14 août, deux de ses commis avec un ordre de l'Électeur de rassembler tous les bateaux sur le cours du Danube et de ses affluents. Au retour de ces commis et sur leur rapport, M. de Beauvau se proposait de faire procéder, par les soins de M. Loustau, à la construction des radeaux destinés à suppléer au manque de bateaux (2).

Attendant vainement un envoi d'argent de France et calculant que les radeaux ne seraient point construits si

---

(1) Ce mémoire, sans titre, se trouve à la date du 14 août dans le vol. 92 de la Corresp. de Bavière. Aff. étrang.

(2) Beauvau à Belle-Isle, à Munich, le 14 août 1741, à 11 heures du soir. Corresp. de Bavière. Vol. 95. Aff. étrang.

on n'y travaillait sans retard, M. de Beauvau donnait à M. Loustau, le 17 août, 7,000 à 8,000 florins, tout ce qu'il possédait, et n'hésitait pas à engager sa vaisselle d'argent, sur laquelle on lui promettait une somme plus considérable (1). Grâce à ce secours, M. de Beauvau était en mesure d'annoncer au maréchal de Belle-Isle, le 30 août, que M. Loustau croyait pouvoir employer à l'embarquement de nos troupes 129 bateaux et 250 radeaux. Les dépenses de construction et de transport devaient dépasser 300,000 livres : « Vous trouverez celles-ci très considérables, écrivait M. de Beauvau à Belle-Isle le 30 août, mais je vous supplie cependant d'observer que les 129 bateaux, qui vont être employés à l'embarquement, nous resteront et serviront tout juste à faire deux ponts sur le Danube sur le pied de 50 bateaux par pont, mais, comme il y en a de différentes grandeurs et quelques-uns moins bons les uns que les autres, les 29 de plus serviront pour le supplément ou pour les transports qu'on aura à faire. Les 250 radeaux ne seront pas perdus non plus, pouvant servir à faire des hangars et à une infinité d'autres usages, mais mon avis serait de conserver les bois qui les composent en magasin pour resservir à faire d'autres radeaux, en cas qu'on voulût descendre à Vienne l'année qui vient (2) ».

De son côté, Mortaigne avait fait expédier à Donauwerth les ordres de l'Électeur pour l'embarquement des quatre brigades d'infanterie qui devaient entrer dans cette ville les 5, 7, 9 et 11 septembre.

Chaque division devait s'y embarquer après un séjour de vingt-quatre heures et descendre à Passau, où l'at-

---

(1) Beauvau à Belle-Isle, à Munich, le 17 août 1741, à minuit. Corresp. de Bavière. Vol. 95. Aff. étrang.

(2) Beauvau à Belle-Isle, à Munich, le 30 août 1741, au soir. Corresp. de Bavière. Vol. 95. Aff. étrang.

tendraient de nouveaux ordres, en cinq jours de navigation marqués par des arrêts aux camps de Gerolfing, Kelheim, Pfatter, Deggendorf et Passau (1).

Il serait fait, à Donauwerth, une distribution de quatre jours de pain, et, à Pfatter, une distribution pour quatre autres jours. Cette dernière distribution serait transportée dans les bateaux à la suite des divisions.

A chaque camp, les troupes seraient fournies de viande, de bois et de foin.

Parvenu à Donauwerth le 2 septembre, M. de Séchelles avait pris la précaution de faire accommoder des bateaux couverts avec des demi-fournitures pour le soulagement des malades, qui « seront aussi bien que dans un hôpital (2) ». Il avait confié cette organisation à un commissaire des guerres, M. de la Borde, et chargé un autre commissaire, M. de Sainte-Marthe, de veiller à l'embarquement des troupes et à la distribution des fourrages.

C'était M. d'Astier, l'aide-major général attaché à notre première division, que Mortaigne avait désigné pour rester à Donauwerth et faire le détail de l'embarquement de toute notre infanterie.

Quelques modifications avaient été apportées à la composition des divisions au moment de leur embarquement.

Ainsi la première division laissait à Donauwerth toute l'artillerie et 7 des 15 pontons qu'elle avait amenés, une partie du bataillon d'artillerie de Labory, ainsi que les compagnies franches de Jacob et de Galhau.

La deuxième division se faisait suivre des 7 pontons laissés par la première.

---

(1) Voir le croquis n° 2.
(2) Séchelles à Belle-Isle, à Donauwerth, le 2 septembre 1741. Vol. 2925. Arch. hist.

La troisième division s'embarquait sans changement. Par contre, la quatrième n'était plus composée que de la compagnie de mineurs de Rochefort, des compagnies d'ouvriers de du Brocard et de Chevreau, et de 15 pontons.

La brigade d'Anjou, détachée de cette division, passait à Donauwerth sous les ordres du marquis de Ximénès. Elle avait ordre de descendre le Danube jusqu'à Straubing seulement et de gagner ensuite le Haut-Palatinat.

Le sieur Galhau, avec ses deux compagnies franches de fusiliers et de dragons, s'embarquait séparément jusqu'à Ratisbonne pour gagner, aux environs d'Egra, une position qui lui permît d'observer et de bloquer cette place.

Quant aux deux divisions de cavalerie du comte de Saxe et de M. de Ségur, elles devaient gagner Passau en dix jours de marche par la rive droite du Danube.

La division du comte de Saxe, grossie des régiments de Ratsky et de Pons, suivie d'une fraction du bataillon de Labory, de 15 canons de régiment, des chevaux et haquets de 15 pontons, devait quitter Donauwerth le 12 septembre et arriver à Passau le 21.

La division du comte de Ségur, augmentée du régiment de Lévis, de la moitié du bataillon de Labory, devait partir de Donauwerth le 14 et suivre la même route par Rain, Neustadt, Straubing et Vilshofen (1).

Le 13 septembre, M. de Viella, commandant un bataillon du régiment de Navarre, avait ordre de prendre possession d'Ingolstadt à la tête d'un détachement de

---

(1) Le détail de ces dispositions se trouve consigné dans les pièces 164 et 166 du vol. 2915 des Archives historiques : 1° Etat des six divisions qui vont arriver consécutivement à Donauwerth. Forme dans laquelle elles repartiront; 2° L'instruction remise à M. de Leuville à son arrivée à Donauwerth. — Les deux pièces ont été rédigées par Mortaigne.

150 hommes, 2 capitaines et 4 lieutenants, de chaque brigade d'infanterie, soit, au total, 600 hommes, 8 capitaines et 16 lieutenants (1).

L'accueil fait à nos troupes en Bavière avait été pour elles une désillusion. En mettant le pied sur les États d'un prince à qui elles venaient conquérir un empire, elles avaient le droit de s'attendre à un redoublement d'attentions et de prévenances. Quelle ne fut pas leur surprise en constatant, dès leur arrivée à Donauwerth, que les Bavarois étaient à peine en mesure de satisfaire à leurs besoins les plus pressants et semblaient s'y employer sans zèle, alors qu'elles étaient encore sous l'impression des commodités sans nombre que leur avaient partout ménagées les villes et les princes de la Souabe. « Il n'y a ici, écrivait M. d'Astier à M. de Breteuil, le 8 septembre 1741, qu'un commandant sans grade supérieur et sans autorité. Il paraît bon homme : il m'offre à boire toutes les fois que je vais pour lui parler de quelque chose. Il devrait s'en désaccoutumer, l'ayant bien assuré que je ne buvais que l'eau. Il n'en use pas de même. Une chose qui me paraît toujours nouvelle, c'est que nous ne trouvons nulle aisance en rien dans un pays où nous venons pour le service du

---

(1) C'était le maréchal de Belle-Isle qui avait désigné M. de Viella pour prendre le commandement de cette ville. « Comme Ingolstadt doit être remis à la garde des troupes du Roi, je n'y mettrais pour le présent que des détachements de tous nos malingres, parce qu'il n'y a rien à y faire. J'y mettrais M. de Viella, commandant le second bataillon de Navarre. C'est un homme de mérite et fort sage qui, comme vous savez, ne voit goutte pour aller en campagne. Je verrai par les suites à y faire mettre un maréchal de camp, ou tout au moins un brigadier ». Lettre de Belle-Isle à Mortaigne, à Francfort le 17 août 1741. Vol. 2915. Arch. hist. — Voir, à l'appendice 2 du chapitre V, la commission délivrée par le maréchal de Belle-Isle à M. de Viella pour prendre possession, au nom du roi de France, de la ville d'Ingolstadt comme place de sûreté.

Souverain, et qu'au contraire, nous ayons trouvé, dans ceux que nous avons traversés pour y venir, toutes sortes de facilités et de secours de la meilleure grâce du monde. Il faut espérer que cela changera en bien (1) ».

Le chef de notre troisième division, le marquis de la Fare, se faisait aussi l'écho du mécontentement général de nos troupes, et mandait au Ministre, le 10 septembre 1741 : « Il y a ici un commandant qui, pour tout titre, est capitaine réformé, qui n'a nulle autorité dans les environs et pas même une garnison pour se faire obéir dans la ville, celle qui y était en étant partie depuis peu. Cinq ou six commissaires bavarois, qui disent qu'ils attendent des instructions et qui se renvoient la balle de l'un à l'autre, sont les seuls par qui l'on puisse passer et un entrepreneur de bateaux qui a été, dit-il, dérangé de son entreprise, n'est point sujet de l'Électeur, non plus que ses bateliers, et qui menace à tout moment de s'en aller avec eux. Ainsi, Monsieur, vous voyez bien qu'avec aussi peu d'ordre, il n'est pas possible de faire de bonne besogne...... (2) ».

Les eaux du Danube ayant grossi considérablement, les radeaux destinés au transport des chevaux et des équipages n'avaient pu remonter le fleuve que jusqu'à Marxheim, à 3 lieues en aval de Donauwerth : seuls, les bateaux affectés au transport de nos troupes avaient atteint cette ville, mais il s'en fallait de beaucoup que le nombre des embarcations rassemblées répondît aux espérances de M. Loustau. La crue subite du fleuve avait retardé et même arrêté près de la moitié des bateaux et des radeaux qu'il attendait à Donauwerth. Le 4 septembre, il n'avait sous la main que 56 bateaux et

____

(1) M. d'Astier à M. de Breteuil, au camp de Donauwerth, le 8 septembre 1741. Vol. 2912. Arch. hist.

(2) Le marquis de la Fare à M. de Breteuil, au camp de Donauwerth, le 10 septembre 1741. Vol. 2916. Arch. hist.

139 radeaux, et il lui manquait encore 64 bateaux et plus de 100 radeaux (1). Faute d'une direction supérieure, les commissaires de l'Électeur s'étaient aussi permis de détourner plusieurs embarcations pour transporter des fourrages aux emplacements où nos troupes devaient successivement atterrir. M. d'Astier, M. Loustau et le commissaire des guerres Sainte-Marthe, préposés à l'embarquement, étaient investis d'une autorité insuffisante et ne pouvaient réprimer les abus. Ils durent obtempérer aux demandes de M. de Leuville et des officiers de la 1re division qui encombrèrent, de leurs chevaux et de leurs équipages, 50 radeaux au delà du nombre de ceux qui leur avaient été assignés. La deuxième division de nos troupes, aux ordres de M. d'Aubigné, ne trouva pas « le quart des bateaux nécessaires » (2) à son transport. Il fallut que son chef usât à la fois d'autorité et d'expédients et fît décharger sept bateaux de sel (3), qui permirent d'embarquer la brigade de la Marine. Quant aux équipages et aux chevaux, M. d'Aubigné prit le parti de les diriger par terre sur Passau. Lui-même ne put mettre à la voile que le 9 septembre, à 2 heures du soir (4), et, quand il s'éloigna, il ne restait plus un seul bateau pour la division de M. de la Fare. Malgré le zèle et l'activité de M. Loustau, cette division subit à Donauwerth deux jours de retard, et ne put s'embarquer sur le Danube que le 13 septembre.

Témoin des difficultés rencontrées dans l'embarque-

---

(1) Le commissaire des guerres Sainte-Marthe au maréchal de Belle-Isle, à Donauwerth, le 10 septembre 1741. Vol. 2916. Arch. hist.

(2) M. d'Aubigné à M. de Breteuil, au camp de Linz, 14 septembre 1741. Vol. 2916. Arch. hist.

(3) M. Sainte-Marthe à Belle-Isle, à Donauwerth, le 10 septembre 1741. Vol. 2916. Arch. hist.

(4) M. de la Fare à M. de Breteuil, au camp de Donauwerth, le 10 septembre 1741. Vol. 2916. Arch. hist.

ment de la 1re division, M. d'Astier avait, dès le 6 septembre, dépêché un courrier à Munich pour proposer à M. de Mortaigne de faire acheminer par terre, à sa destination, la brigade d'Anjou (1). Suivant le projet primitif, cette brigade était appelée à quitter le Danube à Straubing et à gagner les frontières du Haut-Palatinat. Comme M. de Mortaigne avait toujours appréhendé pour la sécurité de cette partie de la Bavière, il ne voulut pas attendre qu'on remédiât au désordre qui régnait à Donauwerth et différer de quelques jours le départ de la 4e division ; il fit adresser à M. d'Astier un nouvel ordre de l'Électeur, suivant lequel la brigade d'Anjou ne devait plus faire usage de la voie du Danube.

Le trajet des troupes sur le fleuve s'effectua dans des conditions favorables, qui firent oublier les inconvénients dus aux désordres et aux retards de l'embarquement. M. de Leuville, qui tenait la tête, arriva le 12 septembre à Passau et dut en partir le 13 pour se réunir le même jour, à Eferding, aux troupes de l'Électeur de Bavière. En l'absence de toute résistance de l'ennemi, les divisions de MM. d'Aubigné et de la Fare reçurent l'ordre de descendre directement jusqu'à Linz, capitale de la Haute-Autriche, où elles arrivèrent le 14 et le 19 septembre.

La navigation, « fort commode et fort heureuse (2) », avait reposé les troupes parmi lesquelles la dysenterie commençait à faire son apparition et permis à nombre de malades de se rétablir. Depuis le passage du Rhin jusqu'à son arrivée à Donauwerth, l'infanterie n'avait perdu, dans les hôpitaux de Pforzheim et de Kannstadt, que

----

(1) M. d'Astier à M. de Breteuil, au camp de Donauwerth, le 8 septembre 1741. Vol. 2912. Arch. hist.

(2) M. de la Fare à M. de Breteuil, au camp de Linz, le 20 septembre 1741. Vol. 2916. Arch. hist.

19 hommes. M. de Séchelles avait trouvé à Passau « un fort bon hôpital (1) », et il comptait bien n'en devoir point faire grand usage, même après l'évacuation des dépôts de Pforzheim et de Kannstadt, nos divisions étant « arrivées plus complètes qu'elles ne le sont quelquefois à la revue de l'inspecteur (2) ».

Les contretemps qui avaient marqué l'entrée de nos troupes en Bavière avaient causé à Versailles et à Francfort un vif émoi. Chacun des officiers généraux conduisant nos divisions avait rendu compte à M. de Breteuil et au maréchal de Belle-Isle, en les grossissant parfois, des difficultés et des défauts d'organisation qu'ils avaient rencontrés à Donauwerth, du peu d'empressement des Bavarois à aider les Français, du manque de ressources et d'autorité des commissaires de l'Électeur. Belle-Isle, inquiet sur leurs rapports, s'empressa de se faire l'écho de leurs plaintes auprès de MM. de Séchelles et de Beauvau qui n'eurent point de peine à rétablir les faits sous leur véritable jour. « Le plus grand inconvénient de l'embarquement, écrivait M. de Séchelles au Maréchal le 21 septembre 1741, a été occasionné par l'avidité des lieutenants généraux pour faire charger leurs équipages. Vous vous plaignez de ce qu'il n'y avait pas à Donauwerth un homme supérieur et d'autorité. Je prends la liberté de vous demander quel est l'homme supérieur qui ait l'autorité sur messieurs les lieutenants généraux..... (3) ». Comme Belle-Isle renouvelait ses plaintes sur la mauvaise exécution de l'embarquement, M. de Séchelles lui mandait deux jours plus tard : « Les

---

(1) M. de Séchelles à M. de Breteuil, le 12 septembre 1741. Vol. 2916. Arch. hist.

(2) M. de Beauvau à M. de Breteuil, à Linz, le 22 septembre 1741. Vol. 2912. Arch. hist.

(3) M. de Séchelles à Belle-Isle, à Linz, le 21 septembre 1741. Vol. 2925. Arch. hist.

désordres ont été grands, mais je ne crains point de vous dire que les commandants de nos colonnes qui crient le plus fort en ont occasionné une grande partie. Je ne vous répéterai rien de ce que je vous ai mandé. Il n'y avait que vous qui eussiez pu contenir leur avidité sur les quantités de bateaux et de radeaux qu'ils ont employés, et certainement vous n'eussiez jamais agréé le projet si vous eussiez été à portée d'en voir le détail, comme je l'ai vu à mon arrivée à Donauwerth quand il n'était plus temps d'y remédier (1) ».

M. de Beauvau, le principal promoteur de l'embarquement, avait eu aussi à se justifier auprès du maréchal de Belle-Isle, et il l'avait fait en invoquant ces arguments, qui dissipèrent le mécontentement du Maréchal :

... .. Je reviens aux trois premières divisions : celle de M. de Leuville, qui a amené tous ses équipages et qui a employé deux fois plus de bateaux qu'il ne fallait pour cela, n'est pas dans le cas de se plaindre, et ne se plaint pas non plus.

Celle de M. d'Aubigné, qui a laissé ses équipages, ne murmure pas à beaucoup près au point où on vous l'a mandé.

Celle de M. de la Fare, qui sera dans le même cas, ne sera vraisemblablement pas de plus mauvaise humeur, d'autant qu'on y suppléera par les chevaux que je leur ferai donner, qu'on leur laissera le temps de se reposer ou que, si on est obligé de s'en servir, on le fera de façon à ne.pas les éloigner des endroits où ils trouveront toutes sortes de commodités, et surtout celle de réparer leurs équipages ou d'y faire les augmentations qu'ils n'ont pas eu le temps d'achever et qui leur seront nécessaires.

A quoi se réduit donc le mal réel? A avoir laissé quelques chevaux et quelques charrettes derrière, qui les joindront dans quelques jours et auxquels ils peuvent suppléer par la proximité d'une bonne ville. D'ailleurs, pour le bien essentiel des troupes, il n'y a pas un officier et un soldat qui ne bénisse le jour où il a été embarqué. Tous sont arrivés gais, gaillards et reposés, et je défie que vous trouviez un officier dans les trois divisions qui (quoiqu'il ait été privé de ses équipages) ne con-

---

(1) M. de Séchelles à Belle-Isle, à Linz, le 23 septembre 1741. Vol. 2916. Arch. hist.

vienne que l'embarquement a fait le salut des troupes. Je n'ai pas vu un officier ici qui ne soit convenu qu'en marchant par terre on aurait laissé 200 malades derrière par bataillon. La dysenterie commençait à se mettre dans les soldats avant Donauwerth. Les malades se sont embarqués et se sont guéris en chemin. Il y a 22 ou 23 hommes morts sur toute la route et pas un seul depuis l'embarquement, et il n'y restera pas 100 malades derrière. La seconde division a ramené tous ceux qui étaient restés de la première, et la troisième ramènera tous ceux qui seront restés de la seconde (1).

Un autre résultat heureux de l'embarquement, que M. de Beauvau ne manquait pas de signaler à Belle-Isle et à M. de Breteuil, c'était la crainte qu'il avait inspirée à nos ennemis d'un siège pour la capitale de l'Autriche, « laquelle, écrivait M. de Beauvau à M. de Breteuil le 22 septembre 1741, est remplie d'une consternation inexprimable (2) ». Comme nous le verrons bientôt, M. de Beauvau ne s'était pas trompé sur l'interprétation que l'ennemi devait donner à l'embarquement de nos troupes, d'autant plus que l'appréhension d'un siège pour Vienne était encore accrue, à la même heure, par l'irruption des troupes bavaroises dans la Haute-Autriche.

Par suite de retards dans l'organisation de son armée, Charles-Albert, qui devait commencer les opérations le 7 septembre, s'était vu obligé de retarder son départ du camp de Scharding jusqu'au 11 septembre. Malgré l'argent de la France, il n'était pas parvenu à atteindre les effectifs qu'il s'était engagé à tenir sur pied au début des hostilités. Les troupes réglées se composaient de 7 régiments d'infanterie, de 5 régiments de cavalerie et de dragons, et d'une brigade d'artillerie.

Sur le pied complet, les régiments d'infanterie Prince

---

(1) M. de Beauvau à Belle-Isle, 16 septembre 1741. Corresp. de Bavière. Vol. 95. Aff. étrang.

(2) Vol. 2312. Arch. his'.

Électoral, Duc Clément, Minucci, Morawitzky, Preysing et Holstein, étaient formés de 3 bataillons, de 5 compagnies de fusiliers de 140 hommes, auxquels s'ajoutaient 2 compagnies de grenadiers de 100 hommes. La force totale d'un régiment atteignait ainsi 2,300 hommes. Le régiment des Gardes se composait de 4 bataillons à 5 compagnies de fusiliers.

A ces troupes réglées devaient s'ajouter 5 régiments de milice régulière, de 5 bataillons à 4 compagnies de 150 hommes chacune, et 41 compagnies de milice irrégulière.

Les 3 régiments de cuirassiers de Terring, Reymond et Costa, les 2 régiments de dragons de Hohenzollern et de Piosasque, devaient comprendre chacun 5 escadrons à 160 chevaux ; la brigade d'artillerie, 200 hommes.

Loin d'atteindre ces effectifs, l'infanterie ne comptait que 12,600 hommes au lieu de 17,000, la cavalerie 3,500 au lieu de 4,000 (1). Quant aux régiments et aux compagnies de milice, leur levée était à peine ébauchée au milieu de septembre 1744.

Parmi les causes qui contribuaient à rendre médiocres les troupes de l'Électeur, il faut signaler au premier rang le mode de recrutement des officiers et la vénalité des charges. Les hauts commandements étaient presque tous exercés par des étrangers, italiens et français, qui ne se souciaient pas d'apprendre la langue allemande et restaient sans influence sur leurs troupes. Les officiers subalternes, payés irrégulièrement, étaient, dans une forte proportion, trop âgés pour faire campagne. Ils acquéraient leurs charges argent comptant, celle d'un capitaine valant 800 florins, celle d'un lieutenant-colonel 4,000.

---

(1) *Das Kœniglich bayerische 4 Infanterie-Regiment*, par le colonel Hoffmann, Berlin, 1881.

Suivant un historien digne de foi (1), on ne pouvait faire grand fonds, à l'ouverture de la guerre de la succession d'Autriche, sur l'armée bavaroise, particulièrement sur l'infanterie de l'Électeur composée en majeure partie de recrues, peu exercée, sans grande discipline, mal habillée, équipée et armée, enfin laissée sans solde. Même après leur établissement au camp de Scharding, une partie des recrues n'avaient point encore reçu d'uniforme. Ce jugement peu favorable est confirmé par les témoignages des officiers français qui eurent l'occasion de voir ces troupes à leur entrée en campagne. A son arrivée à Linz, le 14 septembre 1741, M. d'Aubigné rendait compte à M. de Breteuil que l'Électeur avait « trouvé les troupes du Roi fort belles », et il ajoutait : « J'en viens de voir des siennes, surtout de l'infanterie, qui ne sont pas de même (2) ». Dans sa lettre au Ministre de la guerre du 26 septembre 1741, M. d'Astier, qui venait de rejoindre notre armée, disait : « .....Il n'y a qu'à voir environ 15 escadrons de l'Électeur qui sont à ce camp pour conclure qu'il ne serait pas prudent de les mettre à même d'avoir affaire à la cavalerie des Autrichiens. C'est une troupe totalement nouvelle, mal montée et mal équipée, très peu de discipline. L'infanterie est de même (3) ». A son arrivée au camp de Scharding, le 8 septembre 1741, le comte de Bavière, le frère naturel de Charles-Albert, notait ainsi ses impressions dans son journal (4) : « Je m'aperçus avec peine que ses troupes

____

(1) Le colonel Hoffmann, dans son ouvrage précité.

(2) Vol. 2916. Arch. hist.

(3) M. d'Astier à M. de Breteuil, au camp d'Enns, le 26 septembre 1741. Vol. 2916. Arch. hist.

(4) Le *Journal du comte de Bavière*, document historique de premier ordre, est aux Archives Impériales de Vienne. Celles de notre Ministère de la guerre en possèdent une copie partielle, due à l'obligeance de l'État-major autrichien.

(à l'Électeur) n'étaient point fournies des choses les plus nécessaires. Sa remonte était de chevaux de trois ans, pris et reçus des juifs sans examen. Il manquait aux cavaliers des bottes, en grande quantité des pistolets, carabines, courroies et cuirasses, poitrails et sangles ; dans l'infanterie, beaucoup de sabres aux grenadiers et armés avec des fusils dont les calibres n'étaient point égaux. Il est vrai qu'une partie de toutes ces choses arrivèrent pendant nos trois jours de séjour, mais ces derniers moments prouvent que l'ouvrage était étranglé et que les arrangements avaient été peu calculés. Les recrues, tant cavaliers que fantassins, étaient des paysans qu'on n'avait pas eu le temps d'exercer. Cependant, avant notre départ, Son Altesse Électorale s'en informait souvent, et on l'assurait toujours que rien ne manquait à ses troupes (1) ».

Le 7 avril 1741, Charles-Albert avait quitté Munich pour se rendre au camp de Scharding où il arrivait le lendemain et passait en revue, du 8 au 11 septembre, les 12 bataillons et les 15 escadrons (2) avec lesquels il se proposait de faire la conquête de la Haute-Autriche. « L'Électeur part avec toute la gaieté imaginable », écrivait M. de Beauvau à Amelot, le 5 septembre 1741 (3). L'occupation de la Haute-Autriche n'était à ses yeux qu'un carrousel que ne pouvaient troubler les forces insignifiantes de Marie-Thérèse sur cette partie de ses frontières.

Au début de juillet 1741, lorsqu'on avait reçu à Pres-

----

(1) Copie du *Journal du comte de Bavière*. Arch. hist.

(2) La petite armée de l'Électeur avait la composition suivante :

Infanterie : trois bataillons du régiment des Gardes et les régiments (à trois bataillons) de Minucci, Morawitzky et Holstein.

Cavalerie : Régiments de cuirassiers de Terring et de Reymond, régiment de dragons de Hohenzollern.

(3) M. de Beauvau à Amelot, à Munich, le 5 septembre 1741. Corresp. de Bavière. Vol. 93. Arch. hist.

bourg la nouvelle de l'envoi d'une armée française au delà du Rhin, la reine de Hongrie avait décidé la formation d'un corps d'observation sous le prince Lobkowitz pour veiller à la protection de la Haute-Autriche et de la Bohême. Ces deux provinces étaient presque totalement dégarnies de troupes.

La première n'était occupée que par les deux régiments de dragons de Savoie et de Khevenhüller, et, dans la seconde, l'on comptait seulement 5 bataillons d'infanterie. Le régiment de cuirassiers de Caraffa, seule troupe qui se trouvait à portée dans la Haute-Autriche ; les régiments de cuirassiers de Bernes, Charles Pallfy, Saint-Ignon et Lubomirski, les régiments d'infanterie de Moltke, Waldeck et Seckendorff, alors en Hongrie, furent désignés pour former à Pilsen, en Bohême, un premier noyau de troupes régulières, auquel devaient s'adjoindre 2,000 Warasdins à pied, quelques centaines à cheval, 2,000 Esclavons et 500 hommes des confins de la Theiss et du Maros, mais, par suite de leur éloignement du nouveau théâtre d'opérations, ces troupes ne devaient y être concentrées que tardivement. A la date du 9 août 1741, il n'y avait encore en Bohême que les régiments de Caraffa et de Bernes ; les autres étaient en marche pour s'y rendre. Notre secrétaire d'ambassade, Vincent, qui était demeuré à Vienne et parvenait à se procurer des renseignements très exacts sur les mouvements des troupes autrichiennes, écrivait à Amelot, le 9 août 1741 : « Tous les régiments que l'on envoie en Bohême sont remontés et recrutés dans le pays. Ils en ont grand besoin, car il s'en faut plus de la moitié que ces corps ne soient complets. Il manque, à Bernes, 460 hommes et 412 chevaux sur 800 dont chaque régiment doit être composé (1) ».

____

(1) Vincent à Amelot, à Vienne, le 9 août 1741. Corresp. de Vienne. Vol. 229. Arch. Hist.

Parti de Vienne dans la nuit du 5 au 6 août, Lobkowitz se rendait à Linz où il se concertait avec le général
Charles Pallfy sur les mesures propres à assurer la défense de la Haute-Autriche. Les 2 régiments de dragons
de Savoie et de Khevenhüller furent établis à Wels, sur
la Traun ; 250 invalides, envoyés de Vienne à Linz,
durent occuper les salines de Gmünden. Avec les
4,000 hommes de milice et les dépôts de recrues que
Pallfy pouvait joindre à sa cavalerie, Lobkowitz lui
enjoignit d'occuper les postes les plus importants comme
le château de Spielberg, sur la rive gauche du Danube,
et la ville d'Enns. En cas d'une irruption de l'ennemi
en forces supérieures, le général Pallfy devait se replier
sur l'Enns, après avoir détruit les ponts de la Traun (1).

De Linz, Lobkowitz se rendit à Prague, où il constata
l'insuffisance de la garnison, le manque d'artillerie et
d'ingénieurs. Les troupes chargées de la défense de
Prague ne comprenaient que 2 bataillons du régiment
de Wenzel Wallis, 1 bataillon et 1 compagnie de grenadiers du régiment de Browne, et 4 compagnies du régiment d'O'Gilvy. La place d'Egra était encore plus mal
tenue, et son gouverneur ne disposait que de 809 hommes de troupes régulières et de 338 miliciens. Au début
de septembre, le prince Lobkowitz n'avait pu réunir à
Pilsen que ses 5 régiments de cuirassiers, très incom-
plets, ne présentant qu'un total de 2,067 combattants (2).
Son infanterie était encore en marche et allait lui être
enlevée en partie pour renforcer la garnison de Vienne.
Avec ces faibles forces, ni lui ni le général Pallfy ne
pouvaient songer à arrêter la marche des Français et
des Bavarois.

Quoique exposée aux premiers coups de l'ennemi, la

____

(1) *Oesterreichischer Erbfolge-Krieg*, t. IV, p. 129 et suiv.
(2) *OEsterreichischer Erbfolge-Krieg*, t. V, p. 5, 6, 7.

Haute-Autriche était, comme nous venons le voir, à peu près à sa merci. En outre la situation politique de cette province se montrait aussi défavorable pour Marie-Thérèse que la situation militaire. A l'approche d'une invasion, nobles, ecclésiastiques, bourgeois et paysans, demeuraient inertes, sans patriotisme, indifférents au sort de l'héritière de Charles VI et résignés déjà à un changement de domination (1).

Le 10 septembre 1741, il s'était tenu à Scharding, en présence de l'Électeur de Bavière, un conseil de guerre auquel avaient pris part le feld-maréchal Terring, Schmettau, Beauvau et Mortaigne. Les deux derniers, soutenus par Schmettau, avaient insisté pour que l'Électeur se portât d'abord à Wels sur la Traun, puis à Enns, au confluent de la rivière de ce nom avec le Danube ; ils avaient aussi demandé que, pendant cette marche, on chargeât des détachements de déloger l'ennemi de tous les postes et châteaux qu'il occupait sur les confins du pays de Salzbourg et vers les sources de la Traun. Appuyant sa droite aux montagnes, couvrant son front par la rivière de Steyer et sa gauche par la rivière d'Enns, l'Électeur aurait pu, en toute sécurité, jeter un pont sur le Danube à Mauthausen et déboucher sans retard en Bohême par Freistadt.

Ce projet fut vivement combattu par le feld-maréchal Terring, auquel se joignit Charles-Albert, et M. de Beauvau finit par se rendre à des « raisons de politique ou de convenance..... L'Électeur a réfléchi que, Linz étant la capitale de la Haute-Autriche, il convenait qu'il s'y portât lui-même et par conséquent avec ses troupes. C'est pourquoi elles marcheront demain, 11e du mois, pour aller camper à Saint-Willibald ; le 12, à Wei-

---

(1) *Œsterreichischer Erbfolge-Krieg*, t. IV, p. 125.

zenkirchen ; le 13, à Eferding où se fera la jonction, et le 14 à Linz. Il sera fait demain matin un détachement de 1,000 chevaux et de 800 grenadiers pour se porter, en quatre marches, jusqu'au pont de Wels, et suppléer, si cela se peut, aux opérations..... qu'aurait faites toute l'armée si elle avait pris cette route. Je souhaite que ce détachement puisse y suffire, remplir les mêmes objets et qu'il ne soit point contrarié par les 2 régiments de cavalerie, qui sont à Wels et qui, naturellement, doivent leur faire trouver des obstacles et peut-être des dangers..... (1) ». Mortaigne essaya en vain de représenter à Terring les dangers d'une marche sur Linz, qui laissait la droite de l'armée à découvert. Le ministre de l'Électeur soutint avec opiniâtreté son sentiment, et Mortaigne, s'inclinant à contre-cœur devant la décision du Prince, écrivait au maréchal de Belle-Isle le jour même :

L'opération ne se fait pas dans le goût que je l'aurais souhaité..... Je ne sais, Monseigneur, quand nous aurons le bonheur de vous avoir. J'ai pris la liberté de vous en représenter plusieurs fois toute la conséquence. L'Électeur se prêterait assez à tout, mais la grande confiance qu'il a au Maréchal (2) l'emporte. Ce dernier, comme vous savez, est fort entier. Je souhaite qu'il soit aussi éclairé.

Il y a une heure qu'on ne savait pas encore par où déboucher pour aller au premier camp, et, si je n'avais parlé cinq ou six fois à l'Électeur, on allait faire faire à l'armée une marche que des officiers disent avoir mis 11 heures à faire avec des régiments seuls.

Je vois que je ne commencerai à travailler qu'à la jonction. Je me suis proposé, mais je crois que le maréchal de Terring croirait déshonorer les Bavarois si un Français opérait à cette heure.

Notre grande attention doit être de nous porter sur l'Enns, d'en chasser les ennemis et d'établir notre pont sur le Danube. Il faut espérer que tout cela se fera, mais, tout cela fait, je ne suis pas tranquille de voir la droite ainsi en l'air.

---

(1) Beauvau à Belle-Isle, à Scharding, le 10 septembre 1741. Corresp. de Bavière. Vol. 95. Aff. étrang.

(2) Terring.

Nous n'avons aucune nouvelle de la position ni du nombre des ennemis, et il ne serait pas impossible qu'il arrivât mésaventure au détachement de la droite, si par hasard les ennemis étaient à Wels avec de l'infanterie et 2 ou 3 régiments de cavalerie qui y sont sûrement (1).

Dans la nuit du 10 au 11 septembre, le trompette, que l'Électeur avait dépêché à Linz pour sommer cette ville de se rendre, était de retour à Scharding. Les nouvelles qu'il apporta remplirent de joie Charles-Albert et son entourage. « Il est minuit, ajoutait M. de Beauvau en post-scriptum à sa lettre du 10 au maréchal de Belle-Isle. Les dépêches de l'Électeur n'étant point encore faites me laissent le temps de vous dire que le trompette, que ce Prince a envoyé à Linz, vient d'arriver. Cette place est prête à recevoir les troupes qu'on enverra pour en prendre possession. La consternation est générale. Les 2 régiments de cavalerie, qui étaient à Wels sur la Traun, se sont retirés d'avant-hier, de même que toutes les troupes réglées. Cela s'est fait avec tant de précipitation que les Autrichiens, en se retirant, n'ont pas même coupé le pont de Linz, qu'on trouvera, Dieu merci, dans tout son entier (2) ».

Le 11 septembre 1741, quittant son camp de Scharding, la petite armée de l'Électeur prit la route de Linz et se porta sur trois colonnes jusqu'au village de Saint-Willibald. La colonne de droite était formée par la cavalerie et les dragons, celle du centre par l'infanterie, et celle de la gauche par les bagages. La longueur de cette première marche avait été si mal calculée que les équipages ne purent rejoindre les troupes pour la nuit. « Comme on est accoutumé à porter les tentes des sol-

______

(1) Mortaigne à Belle-Isle, à Scharding, le 10 septembre 1741. Vol. 2916. Arch. hist.

(2) Corresp. de Bavière. Vol. 95. Aff. étrang.

dats sur des chariots, l'infanterie s'en passa et ne trouva pas de paille pour se coucher, quoique nous fussions en Bavière et que les ordres eussent dû être donnés d'avance (1) ». Accoutumés à moins de ménagements que les Français, les Bavarois ne laissèrent cependant échapper aucune plainte. Le lendemain, l'armée entra dans la Haute-Autriche et, par une marche « beaucoup moins pénible (2) », vint camper sur les bords du ruisseau d'Asch, près de la petite ville de Weizenkirchen. « Les habitants ne se sont pas enfuis devant nous, mais au contraire ont resté dans leurs maisons et plusieurs, entraînés par la curiosité, venaient dans les chemins au-devant de l'Électeur, auquel ils se sont si bien accoutumés qu'ils lui ont demandé de l'argent (3) ». Écrivant de Weizenkirchen au maréchal de Belle-Isle, le marquis de Beauvau lui faisait aussi part « de la disposition des peuples qui ne saurait être plus favorable pour l'Électeur. Tous viennent au-devant de lui avec joie et empressement. Il répand de l'argent et les reçoit avec bonté. Ce sont de puissants charmes pour attirer. Aussi tout est tranquille à l'approche de son armée comme si elle était dans ses propres États (4) ». Les députés de Linz, venus au-devant de Charles-Albert, lui furent présentés au château de Weizenkirchen et l'assurèrent que leur ville était prête à « le recevoir et à lui obéir (5) ».

Le 13 septembre 1741, les troupes bavaroises s'avancèrent jusqu'à Eferding, sur les bords du Danube. Vers le soir, elles y furent rejointes par la 1re division des

---

(1) *Journal du comte de Bavière.* Arch. hist.

(2) *Ibid.*

(3) *Ibid.*

(4) Beauvau à Belle-Isle à Weizenkirchen, le 13 septembre 1741 à 6 heures du matin. Corresp. de Bavière. Vol. 95. Aff. étrang.

(5) Beauvau à Belle-Isle, au camp de Weizenkirchen, le 12 septembre 1741. Corresp. de Bavière. Vol. 95. Aff. étrang.

16

troupes françaises composée des 4 bataillons de Navarre, du bataillon de Beauce et du bataillon de Rosnyvinen. Ces 6 bataillons, en débarquant, furent « assez mal pourvus de toutes choses (1) », notamment de paille et de fourrages. « La satisfaction de l'Électeur fut grande de se voir à la tête des drapeaux du Roi dans l'Autriche (2) ». Sans perdre de temps, ce prince arrêta avec M. de Leuville les mesures propres à assurer l'occupation de Linz le lendemain. Il fut convenu que le régiment de Navarre s'embarquerait le 14, sur le Danube, avec un bataillon du régiment des Gardes bavarois et un bataillon du régiment de Minucci et que, sur le bateau qui ferait l'avant-garde, prendraient place MM. de Leuville et le comte de Bavière, lieutenants généraux, M. de Béranger, maréchal de camp, Mortaigne, maréchal général des logis de l'armée, Champigny, major général de notre infanterie et le comte d'Arco, colonel du régiment des Gardes de l'Électeur et chargé de prendre possession de Linz au nom de Charles-Albert. Le reste de l'armée bavaroise devait séjourner, le 14, à Eferding, avec les 2 bataillons de Beauce et de Rosnyvinen.

Le camp fut marqué, « fort près de Linz (3) », par MM. de Mortaigne et de Champigny pour les 6 bataillons embarqués sur le Danube qui y furent rejoints, avant la nuit, par la brigade de la Marine (Royal-la-Marine, 4 bataillons ; Penthièvre, 2 bataillons) qui, en une seule journée, avait fait le trajet de Passau à Linz.

Le 15 septembre, l'Électeur, à la tête des 2 bataillons français, des 10 bataillons et 15 escadrons bavarois, du camp d'Eferding, faisait son entrée dans la capitale de la

---

(1) *Journal du comte de Bavière.*

(2) M. de Séchelles à M. de Breteuil, 14 septembre 1741. Vol. 2916. Arch. hist.

(3) *Journal du comte de Bavière.* Arch. hist.

Haute-Autriche « avec grand bruit de guerre (1) », « comme il l'aurait fait à Munich. Ce fut hier, quinzième de ce mois, jour de la jonction des deux premières divisions de l'infanterie embarquée, et ce qu'il y a d'étonnant c'est qu'il n'y a pas encore eu une amorce tirée et que nous sommes déjà maîtres d'un grand pays, mais ce qui doit encore faire plus de plaisir au Roi, c'est que les troupes sont arrivées complètes, en bonne santé, n'ayant perdu que 22 hommes par mort et ne laissant pas 50 malades derrière : la dysenterie avait commencé violemment avant Donauwerth, mais les malades ont été embarqués et se sont guéris dans les bateaux (2) ». Charles-Albert se montra plein de prévenances et d'attentions envers les officiers français. « Nous avons trouvé ici l'Électeur, écrivait M. d'Aubigné à M. de Breteuil à son arrivée à Linz. Il nous a accablés de politesses. Il est aisé de voir sur son visage toute sa satisfaction : il a trouvé les troupes du Roi fort belles... (3) ».

Inspiré par sa reconnaissance sincère envers la France, ce prince ne manqua point de faire part à Louis XV de l'heureuse jonction des troupes françaises avec l'armée bavaroise. Il lui écrivit en entrant dans Linz :

Sire,

Je ne saurais manquer de rendre compte à Votre Majesté que, les deux premières divisions de ses troupes étant arrivées, je me suis rendu à Linz pour prendre possession de cette ville qui est la capitale de la Haute-Autriche sans avoir trouvé ici ni aux environs aucune résis-

----

(1) *Journal du comte de Bavière*. Arch. hist.

(2) Beauvau à Amelot, à Linz, le 16 septembre 1741. Corresp. de Bavière. Vol. 93. Aff. étrang.

(3) M. d'Aubigné à M. de Breteuil, au camp de Linz, le 14 septembre 1741. Vol. 2916. Arch. hist. Cette lettre, commencée par M. d'Aubigné le 14 septembre, a sans doute été achevée le 15, car les témoignages du comte de Bavière, de Beauvau et de Mortaigne, sont d'accord pour fixer, au 15 septembre, l'entrée de l'Électeur à Linz.

tance. Il semble que la nouvelle de l'approche des. troupes dont la valeur est si renommée ait fait reculer les ennemis, à mesure que nous avançons. Mais, si les occasions de se signaler ont manqué jusqu'ici aux troupes de Votre Majesté, elles ont donné des preuves d'une sagesse qu'on ne saurait assez louer. La discipline exacte, que vos généraux leur ont fait tenir, étant inexprimable, ne les distingue pas moins que la beauté dont elles sont. Il n'y a rien qu'on n'ose entreprendre avec un tel corps, et je m'en promets, Sire, les succès les plus heureux qui redoubleront, s'il est possible, ma vive reconnaissance et le respectueux attachement avec lequel je suis, Sire, de Votre Majesté, le très humble et vrai serviteur et cousin.

CHARLES-ALBERT.

A Linz, le 14 de septembre 1741 (1).

Non seulement les Autrichiens n'avaient opposé aucun simulacre de résistance à l'Électeur, mais ils avaient laissé intact le pont de Linz sur le Danube. Le 12 septembre, le général Pallfy avait retiré ses 2 régiments de dragons sur la rive droite de la Traun, et, le 14, il s'était porté derrière l'Enns. Après avoir détruit les ponts sur ces rivières, il avait continué sa retraite sur Vienne par Saint-Pœlten, sans prendre d'autre mesure que celle de démolir les ponts de Stein et de Krems sur le Danube. Il ne devait s'arrêter que le 20 septembre à Sieghardskirchen, à 2 lieues à l'Ouest de Vienne, laissant, par cette retraite précipitée, le champ entièrement libre aux Français et aux Bavarois (2).

Mortaigne avait lui-même reconnu les bords de la Traun le 15 septembre, constaté l'entière destruction du pont d'Ebelsberg et appris que les Autrichiens avaient brûlé, la veille, le pont d'Enns. Au retour de cette reconnaissance, il écrivait au maréchal de Belle-Isle :

J'arrive de visiter la Traun et le pont d'Ebelsberg que les ennemis

---

(1) Corresp. de Bavière. Vol. 93. Aff. étrang. Sur la date de cette lettre, voir la note précédente.

(2) *Oesterreichischer Erbfolge-Krieg*, t. IV, p. 139 et suiv.

ont totalement détruit. Il avait bien 60 toises de long. Ils l'ont détruit de façon qu'on ne peut le rétablir de plus de deux mois, et nous allons prendre le parti de faire un pont de bateaux et, au moyen des entrées qui sont faciles dans l'eau, nous ne serons obligés d'y mettre que 10 à 12 bateaux avec quelques chevalets : ce pont est indispensable pour passer la Traun. Il n'y a que trois jours qu'il est détruit, et celui d'Enns n'est détruit que d'hier, c'est-à-dire brûlé. Les ennemis se sont retirés et sont aujourd'hui à Ybbs, qui est environ à 15 ou 18 lieues d'ici. Il n'y a, d'ici à Enns, que 4 lieues que nous ferons dans une seule marche quand le pont sera prêt, ce qui pourra aller à trois ou quatre jours. Ces séjours étaient nécessaires ici pour remettre un peu nos troupes et rassembler nos subsistances.

J'avais eu ordre hier d'aller camper l'armée à l'embouchure de la Traun, mais, voyant les ressources qu'il y a dans cette ville ici, j'ai pris sur moi d'y camper l'armée qui y est très bien. L'Électeur a eu la bonté aujourd'hui à son arrivée de m'approuver, car il n'est arrivé avec son armée qu'aujourd'hui, et j'étais venu hier avec la brigade de Navarre, et nous avons été joints la nuit par celle de la Marine.

Nous avons extrêmement besoin de notre pont sur le Danube. On vient de me dire que les agrès sont arrivés. Ainsi le pont sera jeté tout de suite à Mauthausen au-dessus de l'embouchure de l'Enns pour la communication de Freistadt s'il est possible, d'abord que nous y serons arrivés. On fait demain un détachement de 1,200 hommes : 600 pour aller s'emparer de Steyer (ce détachement tâchera de s'emparer de Clausen), 400 hommes à Enns et 200 à Ebelsberg pour faciliter le travail du pont et donner mainforte à M. du Brocard..... Les troupes des ennemis sont composées de 2,000 talpaches à pied, 200 à cheval et 1,500 dragons (1) ».

Cédant aux sollicitations de Mortaigne, Charles-Albert avait mis à profit le séjour de l'armée à Linz pour prendre les précautions indispensables à la sécurité de son flanc droit. Comme il savait que les salines de Gmünden étaient occupées par quelques centaines d'invalides et de paysans armés, il voulait d'abord y envoyer 6 bataillons. Sur les représentations du maréchal général des logis, il se contenta de faire remonter la Traun à un détachement d'en-

---

(1) Mortaigne à Belle-Isle, à Linz, le 15 septembre 1741. Corresp. de Bavière. Vol. 95. Aff. étrang.

viron 400 hommes (1) aux ordres d'un de ses brigadiers, le comte de Moléon, et du lieutenant-colonel Pechman, du régiment de dragons de Hohenzollern. Ce détachement entra, sans coup férir, en possession de Wels et de Lambach. A la première sommation, le directeur des salines de Gmünden s'offrit à capituler à la condition d'être confirmé dans sa charge et d'obtenir, pour les 350 invalides sous ses ordres, la permission de se retirer dans la Basse-Autriche avec leurs armes et 4 pièces de canon. L'Électeur s'empressa de ratifier cette capitulation, et « ces importantes salines, dit Charles-Albert dans son Journal, me furent évacuées. On y a trouvé plus de 400,000 florins de provision en sel, le plus bel arrangement du monde, qui rend plus de 1,500,000 florins par an (2) ».

Deux détachements, l'un de 400 hommes aux ordres de M. de Mortemart, colonel de Navarre, l'autre de 200 hommes, aux ordres de M. de Brécourt, lieutenant-colonel du même régiment, occupèrent, le 18 septembre, le premier la ville d'Enns et le second celle d'Ebelsberg. M. de Brécourt aida à la construction du pont sur la Traun, qu'en l'absence de M. Loustau dirigea en personne le commandant de notre artillerie de l'armée de Bavière, M. du Brocard : « ... Je travaille, écrivait ce dernier à M. de Breteuil le 18 septembre, à faire réparer une partie du pont d'Ebelsberg à une lieue d'ici, que les Impériaux ont culbuté dans la longueur de plus de 200 toises et coupé 7 piles : pour joindre cette partie coupée, j'y fais faire un pont de bateaux... (3) ».

Mortaigne, qui s'était aussi avancé jusqu'à Enns le

----

(1) *Journal du comte de Bavière.*
(2) *Das Tagebuch Kaiser Karl's VII*, p. 22.
(3) M. du Brocard à M. de Breteuil, à Linz, le 18 septembre 1741. Arch. de l'Artillerie, carton 3 b., 159.

18 septembre, rendait compte au maréchal de Belle-Isle de la force de ce poste, de la facilité d'y rétablir le pont brûlé par l'ennemi et de la découverte, dans le petit arsenal de cette ville, d'un mortier et d'une dizaine de canons que les Autrichiens avaient négligé d'emporter.

... Je viens de visiter Enns et la rivière. La ville est en état de défense, ainsi que le château, et ils ne peuvent pas se prendre sans canon s'il y avait dedans un homme comme il faut... M. de Mortemart y est avec 400 hommes. Il avait négligé de prendre les connaissances nécessaires dans l'intérieur de la ville sur les effets qui pouvaient s'y trouver. J'ai fait monter le bailli à cheval avec moi, et, quand je l'ai tenu dans les champs, je lui ai dit qu'il devait déclarer tout ce qui pouvait être dans la ville de munitions de guerre ou de bouche. Ce qui m'a donné cette idée, c'est la précipitation avec laquelle les ennemis se sont retirés. Il m'a d'abord nié avoir quelque chose, mais, sur ce que je lui ai dit qu'il n'y allait pas moins que de la corde pour lui s'il cachait quelque chose, il m'a avoué qu'il avait du canon et quelques munitions. Je me suis fait conduire au petit arsenal. J'y ai trouvé 2 pièces de canon de 16 ou de 12, 7 à 8 de 4 ou de 3, un mortier, le tout sur de bons affûts bien conditionnés, quelques petits boulets, un peu de poudre, des outils et quelques fusils et cuirasses. Je me suis fait remettre l'état que j'ai donné à l'Électeur. J'ai fait refermer l'arsenal, y ai fait mettre une sentinelle et ai envoyé les clefs à M. de Mortemart.

L'Électeur croit qu'il serait à propos de faire mettre dans la gazette que les ennemis ont abandonné Enns et le canon...

Je suis très impatient d'entendre parler des agrès de notre pont. Vous savez, Monseigneur, combien il y a de temps que je demande après, et je n'ai pas cessé un jour depuis de demander après. C'est la chose dont nous avons le plus de besoin, à cette heure, après le pain, pour nous porter sur la gauche. Il y a un temps infini que personne n'entend parler de M. Loustau, dont nous avons cependant grand besoin. M. du Brocard fait toute la besogne et se donne des peines de chien.

J'oubliais d'avoir l'honneur de vous dire que les ennemis ont aussi abandonné 2 fours militaires dans Enns, qu'ils ont laissés tout entiers. Nous allons y construire les nôtres.

Notre pont sur la Traun va être fait aujourd'hui. Quand nous serons à Enns, nous y en ferons un sur l'Enns qui sera beaucoup plus facile à construire que celui de la Traun. Les ennemis y ont laissé une bonne redoute pour la tête du pont. Ils ont aussi laissé d'autres redoutes au long du Danube et au Spielberg que j'ai été voir. Si ces gens-là avaient eu du courage, ils auraient pu retarder notre marche... (1).

Le 19 septembre 1741, la brigade de Touraine (Touraine, 3 bataillons, Royal-Vaisseaux, 3 bataillons) débarquait à Linz « en fort bon état. L'Électeur la vit entrer dans son camp et la trouva très belle (2) ». Aucun accident n'avait marqué la navigation de nos 3 divisions de Donauwerth à Linz, « et, comme l'écrivait M. de Séchelles au Ministre de la Guerre le 19 septembre, ce sera toujours une chose rare et admirable que 25 bataillons, partis du Rhin le 20 août, se trouvent rassemblés le 19 septembre à 150 lieues de France et à portée de faire contribuer jusqu'aux portes de Vienne. L'embarquement a fait grand bien aux troupes, y ayant fort peu de malades. Je serai incessamment en état de vous envoyer le nombre des morts, mais, suivant mes notions, nous n'avons pas perdu un homme par bataillon (3) ». Rejoint, le 21, par un escadron du régiment de dragons de Piosasque, Charles-Albert disposait, au camp de Linz, de 18 bataillons français, de 12 bataillons et 16 escadrons bavarois (4).

M. de Séchelles avait mis à profit les quelques jours de répit que lui laissait le séjour de nos troupes à Linz pour organiser le service des vivres et mettre ordre aux distributions. Dès l'abord, il s'était aperçu qu'il lui fallait compter avant tout sur lui-même et qu'il n'avait aucun secours à attendre des Bavarois. « Pour le maréchal de

---

(1) M. de Mortaigne à Belle-Isle, au camp de Linz, le 18 septembre 1741. Corresp. de Bavière. Vol. 95. Aff. étrang.
(2) M. de la Fare à M. de Breteuil, au camp de Linz, le 20 septembre 1741. Corresp. de Bavière. Vol. 2916. Arch. hist.
(3) M. de Séchelles à M. de Breteuil, les 17 et 19 septembre 1741. Vol. 2925. Arch. hist.
(4) Voir le croquis n° 3.

Terring, écrivait l'intendant à Belle-Isle le 14 septembre, il convient de tout, et rien ne se fait (1) ». Quant au principal commissaire de l'Électeur, au baron de Berckeim, il avait disparu peu de temps après son arrivée à Linz sans que M. de Séchelles sût où il était allé. « Il ne reste ici qu'un commissaire bavarois qui n'entend pas un mot de français et qui n'a jamais fait ce métier (2) ». Dans leur détresse, les officiers bavarois s'adressaient d'eux-mêmes à l'intendant français, lui « demandant les mêmes secours que ceux que je fais donner à nos troupes (3) », et Charles-Albert le priait bientôt de se charger du détail des distributions pour ses propres troupes. « L'Électeur a senti combien ses commissaires étaient peu au fait des détails dont ils sont chargés, et l'exploitation des fourrages dans ses États, et en dernier lieu dans cette ville, a été si mal arrangée qu'il me prie de vouloir bien m'en charger pour ses troupes comme pour celles du Roi. C'est un travail de plus, mais nous n'en sortirions jamais s'il était partagé... Comme vous avez approuvé, ajoutait M. de Séchelles dans sa lettre à M. de Breteuil du 17 septembre, qu'à commencer du 1er octobre, le pain serait fourni par les régisseurs des vivres aux Bavarois comme aux Français, toutes les distributions seront uniformes (4) ».

Grâce à l'activité de ses démarches, M. de Bélombre avait déjà réuni, le 17 septembre, dans les magasins de Donauwerth, d'Ingolstadt, de Straubing et de Passau,

---

(1) M. de Séchelles à Belle-Isle, à Passau et à Linz, les 12 et 14 septembre 1741. Vol. 2916. Arch. hist.

(2) M. de Séchelles à Belle-Isle, à Linz, le 21 septembre 1741. Vol. 2925. Arch. hist.

(3) M. de Séchelles à Belle-Isle, à Passau et à Linz, les 12 et 14 septembre 1741. Vol. 2916. Arch. hist.

(4) M. de Séchelles à M. de Breteuil, 17 septembre 1741. Vol. 2925. Arch. hist.

16,110 sacs de froment et 8,505 sacs de seigle, au total 24,615 sacs sur les 37,000 demandés par le maréchal de Belle-Isle pour assurer la subsistance de l'armée jusqu'au 1er janvier 1742. Dans ces 37,000 sacs n'étaient point compris 4,000 sacs de froment et 2,000 sacs de seigle, que M. de Bélombre se proposait d'assembler sans retard à Amberg pour le corps français qui devait passer le Rhin à la fin de septembre. Des 180,000 rations de biscuit que nos divisions avaient amenées avec elles à Donauwerth, 150,000, bien conservées, avaient été envoyées à Straubing et à Passau (1). Les travaux de confection du biscuit, poussés activement à Straubing, permettaient de compter sur 600,000 rations au 25 septembre. A Passau, 20 fours, construits en quatorze jours à la fin d'août, au prix de 900 francs chacun, servaient à cuire les farines venues de Donauwerth et de Straubing (2); le pain descendait ensuite en une journée jusqu'à Linz dans des bateaux que M. de Séchelles avait fait couvrir à dessein.

Comme l'armée ne devait point s'arrêter longtemps dans la capitale de la Haute-Autriche, M. de Séchelles n'y avait point entrepris la construction coûteuse de nouveaux fours. Voulant parer néanmoins à toute éventualité, il avait eu soin de se renseigner sur le nombre de « tous les fours des boulangers et des bourgeois de la ville », et il avait appris avec satisfaction que leur nombre s'élevait à 136 : « Je les ferai visiter par un chef aux travaux des vivres, écrivait-il à Belle-Isle le 16 septembre, je m'assurerai de la quantité de rations qu'on y peut faire cuire qui, suivant le nombre des fours, doit être plus considérable que celle dont nous avons besoin, et

---

(1) *Mémoire sur la régie des vivres d'Allemagne* (Manuscrit A 2c 153 de la Bibliothèque du Ministère de la Guerre).

(2) *Ibid.*

je ferai descendre une quantité de farines pour subvenir aux besoins en cas de nécessité..... (1) ». Quelques jours plus tard, sur sa demande, les magistrats de Linz faisaient « construire 6 fours à leurs dépens dans un endroit où il y en avait déjà 2 (2) ». Comme l'Électeur devait s'avancer jusqu'à Enns et que M. de Mortaigne avait vanté l'excellence de ce poste, c'était à Enns que M. de Séchelles projetait de faire un deuxième établissement de fours. Le 21 septembre, il chargeait le commissaire des guerres Dulaurent de « préparer notre établissement » dans cette ville. « Je lui ai donné le constructeur de nos fours, avec 30 ouvriers et un ordre aux magistrats pour lui fournir tout ce qui lui est nécessaire pour la construction de 20 fours, dans un endroit où il y en avait déjà 2 qui servaient aux troupes autrichiennes. Je ne compte point rien payer pour cette dépense. Nous ne saurions trop ménager dans ce pays-ci, car nous aurons grand'peine à en tirer ce qui nous est dû ; l'ouvrage n'en sera pas moins fait. J'ai déjà ici 1,000 sacs de farines, et il en descendra encore par le Danube. M. Dulaurent choisira aussi un magasin de dépôt pour la farine et pour la manutention et un autre endroit pour l'hôpital. Il fera aussi assembler les foins, paille et bois, dans deux endroits à la droite et à la gauche de notre camp, que M. de Mortaigne a marqués (3) ».

M. de Séchelles ne prenait pas moins de précautions pour assurer à nos troupes la fourniture de la viande, des fourrages, de la paille et du bois. En arrivant à Pas-

----

(1) M. de Séchelles à Belle-Isle, à Passau et à Linz, les 12, 14 et 16 septembre 1741. Vol. 2916. Arch. hist.

(2) M. de Séchelles à Belle-Isle, à Linz, le 21 septembre 1741. Vol. 2925. Arch. hist.

(3) M. de Séchelles à Belle-Isle, à Linz, le 21 septembre 1741. Vol. 2925. Arch. hist.

sau le 11 septembre, il y avait « trouvé une quantité considérable de foin, paille et avoine, que l'Électeur y a fait assembler de toutes parts, mais avec tant de confusion que j'ai été obligé d'y établir un commis afin de prévenir le désordre dans la distribution ; les commissaires de Son Altesse Électorale n'ont aucune connaissance du métier..... (1) ». Après avoir ordonné qu'on mît à la suite de nos divisions un approvisionnement de foin, paille et avoine pour trois jours, M. de Séchelles s'était empressé de quitter Passau pour Linz, voulant veiller de sa personne « aux arrangements qu'on prendra avec les États d'Autriche et prendre toutes les précautions qui dépendront de moi pour la conservation de nos droits, car, après tous les embarras que nous avons éprouvés pour le passage et l'arrivée de nos troupes, je compte sur des contradictions pour le partage de ce que le pays devra contribuer. L'Électeur aura grande envie de ménager ses nouveaux sujets, et nous n'y trouverons pas notre compte (2) ».

M. de Séchelles jugeait sa présence auprès de l'Électeur d'autant plus nécessaire qu'il avait remarqué que le maréchal de Terring ne comptait pas « que nous tirions aucun avantage des conquêtes (3) » de son maître.

A peine arrivé à Linz, l'intendant y avait pris ses mesures pour y « établir un magasin sous la direction d'un commissaire des guerres et de commis que je choisirai, d'où les distributions se feront aux troupes du Roi et à celles de l'Électeur avec le plus d'ordre et d'arrangement qu'il me sera possible, car il n'y a point de

---

(1) M. de Séchelles à M. de Breteuil, le 12 septembre 1741. Vol. 2916. Arch. hist.

(2) M. de Séchelles à Belle-Isle, à Passau, le 12 septembre 1741. Vol. 2916. Arch. hist.

(3) M. de Séchelles à Belle-Isle, à Linz, le 21 septembre 1741. Vol. 2925. Arch. hist.

secours à espérer des subalternes du ministère bavarois, et les troupes de l'Électeur manqueraient de subsistances si je ne m'en mêlais comme de celles du Roi (1) ». M. de Séchelles avait aussi proposé « qu'on fît assembler les États du pays pour former en règle la demande de tous les secours dont nous avons besoin ».

Cette assemblée eut lieu le 16 septembre.

L'Électeur lui fit donner lecture par son premier chambellan, le comte de Preysing, de plusieurs propositions relatives à la subsistance de notre armée, au désarmement des paysans de la Haute-Autriche et à la prestation du serment des États et des officiers de police, justice et finances, de la province entre les mains de leur nouveau maître. M. de Séchelles y demanda, pour assurer la subsistance des troupes françaises jusqu'au 4 octobre, 120,000 rations de foin et d'avoine, 12,000 bottes de paille, 1,400 cordes de bois et 300 bœufs, sans compter 80,000 rations de foin et d'avoine, 3,000 bottes de paille et 300 cordes de bois, destinées aux troupes bavaroises. Les députés de la Haute-Autriche s'étant récriés sur l'énormité des contributions qu'on exigeait de leur province, M. de Séchelles prit la parole et déclara avec fermeté qu'il ne pouvait en retrancher une seule ration :

J'ai dit qu'il n'était point question de délibérer si on fournirait ce que nous demandions ; que, les troupes étant dans le pays, il fallait qu'elles y subsistassent et que, s'ils ne commençaient dès demain à rassembler ce que nous demandions, l'Électeur serait supplié de nous assigner différents quartiers où nos troupes iraient fourrager ; que je pouvais les assurer que cela se ferait avec beaucoup d'ordre, mais que dans ce cas il serait impossible que le pays ne nous fournît le pain et tous les ustensiles nécessaires ; que c'était à eux à considérer le parti le plus conve-

---

nable aux intérêts de leur peuple, mais que, si je ne voyais pas arriver, dès demain, au magasin que j'avais établi sur le bord de la rivière, une partie de nos provisions, nos troupes s'en pourvoiraient, ce qui serait de même exécuté dans le moment où leur approvisionnement se ralentirait. Je ne doute pas qu'ils ne proposent demain à l'Électeur quelque modération ; mais je lui ai fait connaître, en lui rendant compte de ce qui s'était passé, qu'il nous était absolument impossible de nous relâcher d'une seule ration, attendu que j'avais fait mon état avec exactitude (1) ».

Après une nouvelle et vaine protestation contre les demandes de M. de Séchelles, les États de la Haute-Autriche se mirent en mesure de lui donner satisfaction.

Dès le 17 septembre, la paille, le foin et l'avoine arrivaient en abondance à Linz, mais l'intendant n'était pas encore parvenu, comme il l'écrivait à M. de Breteuil le même jour, à « établir la règle que je voudrais, et je n'ai pu obtenir un commissaire des États pour être présent à la réception de ce qu'on apporte. Les paysans apportent leurs denrées et les remettent sans tirer de quittances, et tout ce que je peux faire est de constater la consommation par les reçus que je fais donner aux officiers français et bavarois (1) ».

A partir du 19 septembre, jugeant le magasin de Linz suffisamment approvisionné, M. de Séchelles faisait donner par l'Électeur l'ordre de diriger sur la ville d'Enns les contributions des villages situés entre la Traun et l'Enns. Non moins exacts dans la fourniture de la viande que dans celle des fourrages, les États de la Haute-Autriche avaient déjà remis, le 23 septembre, 40 vaches à M. de Séchelles, et ils lui promettaient « d'en

---

(1) M. de Séchelles à Belle-Isle, à Passau et à Linz, les 12, 14 et 16 septembre 1741. Vol. 2916. Arch. hist.

(2) M. de Séchelles à M. de Breteuil, le 17 septembre 1741. Vol. 2925. Arch. hist.

donner 20 par jour jusqu'au parfait acquittement des 300 que je leur ai demandées (1) ».

Afin de prévenir la maraude, M. de Séchelles engageait l'Électeur à faire distribuer quelques légumes à nos troupes à partir du 18 septembre, et il amenait par son habileté les États de la Haute-Autriche à prendre cette fourniture à leurs frais (2). Il se préoccupait aussi d'assurer à nos troupes un supplément de riz, suivant les recommandations réitérées du maréchal de Belle-Isle, auquel il écrivait le 14 septembre : « Il ne m'a pas encore été possible de savoir les précautions que M. le comte de Terring a prises pour avoir du riz. Je sais seulement qu'il en avait été envoyé quelques tonneaux à Donauwerth avec si peu de précautions que les bateliers les avaient laissés sur les bords du Danube et que le commissaire, qui les a trouvés, a été quelque temps sans savoir d'où ils venaient. On en a fait quelques distributions à nos troupes, mais je vois que plusieurs régiments n'en font point de cas et n'en tirent pas le profit que nous en attendons. Je n'en serai pas moins attentif à en rassembler (3) ».

Tout en assurant la subsistance de l'armée, M. de Séchelles ne perdait pas de vue l'installation d'un hôpital à Linz. Lors de sa visite de Passau, il avait ordonné de laisser, dans le bel établissement que le commissaire des guerres Leliepvre y avait formé, les fournitures nécessaires aux malades appelés à demeurer dans cette ville après le passage de nos divisions et de faire descendre

----

(1) M. de Séchelles à Belle-Isle, à Linz, le 23 septembre 1741. Vol. 2916. Arch. hist.

(2) M. de Séchelles à M. de Breteuil, le 17 septembre 1741. Vol. 2925. Arch. hist.

(3) M. de Séchelles à Belle-Isle, à Passau et à Linz, les 12, 14 et 16 septembre 1741. Vol. 2916. Arch. hist.

le surplus à Linz (1). Le 15 septembre, il avait lui-même commencé l'installation d'un hôpital dans la capitale de la Haute-Autriche, et le maréchal de Terring lui proposait de « faire recevoir dans nos hôpitaux les soldats bavarois dont jusqu'ici ils n'ont pris aucun soin. J'ai représenté que nos chirurgiens, apothicaires et directeurs, n'entendant point l'allemand, ne seraient d'aucun secours à leurs malades, mais j'ai offert de les conduire dans l'établissement d'un hôpital qu'ils pourraient faire à portée du nôtre et que nos commissaires donneraient leurs conseils à ceux qu'ils établiraient pour les régir. J'ai même promis qu'en allant visiter nos soldats je visiterais les leurs, et je leur donnerai un état de tout ce dont il est nécessaire qu'ils s'approvisionnent pour former cet établissement. Je viens même de conduire un de leurs commissaires à notre hôpital ici, où il n'y avait encore que 6 malades. Je doute qu'ils puissent parvenir à suivre notre exemple : ils manquent de sujets et d'argent..... Je crains l'augmentation de dépenses si nous recevons les Bavarois et la discussion entre ceux qui servent nos hôpitaux et les officiers bavarois..... (2) »

Satisfait de l'état sanitaire de nos troupes, M. de Séchelles écrivait au maréchal de Belle-Isle, le 21 septembre 1741 : « Notre hôpital est fort bien ; il y a environ 60 malades, mais il n'y en a point qui soient dangereusement malades. Il commence à nous en revenir des hôpitaux de dessus (3) ».

Tandis que M. de Séchelles ne négligeait rien pour

----

(1) M. de Séchelles à M. de Breteuil, le 12 septembre 1741. Vol. 2916. Arch. hist.

(2) M. de Séchelles à M. de Breteuil, le 17 septembre 1741. Vol. 2916. Arch. hist.

(3) M. de Séchelles à Belle-Isle, à Linz, le 21 septembre 1741. Vol. 2925. Arch. hist.

assurer le service de l'intendance à l'armée, les frères
Paris rivalisaient de zèle pour lui venir en aide et se
rendre agréables au maréchal de Belle-Isle. Flatté des
éloges que lui avait décernés le Maréchal, Paris de
Montmartel écrivait à ce dernier, le 8 septembre 1741 :
« Lorsque j'aurai les états estimatifs par mois que
M. de Séchelles doit m'envoyer, je puis vous assurer,
Monseigneur, que j'y pourvoirai régulièrement ou la
chose serait absolument impossible, ce que je ne crois
pas au moyen des précautions que je prends d'avance.
Comme c'est la partie la plus essentielle pour l'armée,
j'y porterai tous mes soins pour ne vous rien laisser à
désirer à ce sujet, du moins autant que l'on me secon-
dera, et jusqu'à présent M. le contrôleur général fait
humainement tout ce qui lui est possible, et je compte
qu'il en sera toujours de même (1) ». A sa lettre, Paris de
Montmartel joignait un bordereau sur les chiffres duquel
le Maréchal pouvait « affirmativement compter », et qui
faisait connaître que M. de Bélombre, le directeur des
vivres et le principal auxiliaire de M. de Séchelles, devait
recevoir jusqu'au 25 octobre la somme de 4,597,250
livres (2). Bientôt mis au courant par une lettre de
M. de Séchelles, écrite de Munich (3) le 8 septembre,
des besoins de l'intendant jusqu'au 1er novembre, l'habile
financier s'empressait d'y faire face et d'informer le
maréchal de Belle-Isle que, les dépenses prévues par
M. de Séchelles s'élevant à 3,940,162 livres 13 sols 4 de-

---

(1) Paris de Montmartel à Belle-Isle, à Paris, le 8 septembre 1741.
Vol. 2925. Arch. hist.

(2) État des fonds remis et à remettre jusqu'à la fin d'octobre pour
toutes les dépenses tant ordinaires qu'extraordinaires. Pièce 21 du vol.
2925. Arch. hist.

(3) A cette lettre, adressée à M. de Breteuil, était joint un état des
besoins de l'armée de Bavière qui n'existe plus aux Archives historiques
du Ministère de la Guerre.

niers, M. de Bélombre recevrait, « d'ici à la fin d'octobre, 5,478,500 livres, et qu'il restera au 1er novembre, déduction faite de toutes les dépenses jusqu'audit jour, 1,538,337 livres 6 sols 8 deniers, ce qui est une avance assez considérable pour que M. de Séchelles ne tombe plus dans le cas des besoins. J'aurai grande attention de maintenir cette avance, et j'ai même déjà donné des ordres pour qu'il arrive dans les mains de M. de Bélombre, avant le 10 novembre, plus d'un million. A présent que j'ai mis toutes mes correspondances en mouvement et que le tarif est réglé (1), à l'exception des carolins que l'on me promet aussi, je puis vous assurer avec certitude, Monseigneur, que les fonds nécessaires seront toujours remis d'avance dans les mains de M. de Bélombre, et surtout étant informé six semaines d'avance, comme M. de Séchelles l'a promis, des dépenses extraordinaires et imprévues auxquelles on ne s'attend pas. Au moyen de ces précautions bien prises, il ne sera plus nécessaire de faire un envoi en louis d'or, comme vous l'aviez proposé avec raison, Monseigneur..... (2) ».

Par lettre du 19 septembre 1741, M. de Breteuil faisait connaître à M. de Séchelles l'importance des envois d'argent aménagés par Paris de Montmartel, qui devaient lui donner « de la tranquillité » et le mettre « à portée de faire subsister les troupes du Roi et pourvoir à tous leurs besoins (3) », et l'intendant, rassuré sur l'exécution des mesures prises à Versailles, écrivait au maréchal de Belle-Isle, le 28 septembre : « Si on remplit

---

(1) « Les pistoles d'Espagne sont fixées à 7 florins 36 kreutzers. » M. de Séchelles à Belle-Isle, à Passau et à Linz, les 12, 14 et 16 septembre 1741. Vol. 2916. Arch. hist.

(2) Paris de Montmartel à Belle-Isle, à Paris, le 19 septembre 1741. Vol. 2925. Arch. hist.

(3) M. de Breteuil à M. de Séchelles, 19 septembre 1741. Vol. 2925. Arch. hist.

tout ce que l'on me promet, comme je n'en doute pas, nous parviendrons à une bonne fin (1) ».

Pour tenir les engagements du maréchal de Belle-Isle, M. de Séchelles veillait au règlement rapide des fournitures faites à nos troupes pendant leur traversée de la Souabe. A la date du 23 septembre 1741, il attendait encore quelques éclaircissements pour arrêter les états des sommes dues aux margraves de Bade, à l'évêque de Spire et aux villes du cercle de Souabe, mais il avait déjà réglé à Linz le payement des fournitures du Würtemberg. « Le capitaine des gardes du duc de Würtemberg s'est rendu ici, avec une procuration du duc administrateur, pour recevoir le payement de l'indemnité qui était due pour les fourrages consommés lors du passage des troupes de la première colonne. La totalité des consommations faites dans cet État est de 116,629 livres. Il avait été payé, par forme d'acompte, 70,603 livres. J'ai fait donner, pour les 46,025 livres restant, une lettre de change du trésorier de l'armée sur celui de Strasbourg, payable au 15 octobre (2) ».

Bien qu'il fût obligé de laisser ses commissaires des guerres à la suite de nos colonnes ou dans les établissements de Donauwerth, Ingolstadt, Passau et Linz, M. de Séchelles n'en avait pas moins fait face, presque seul, par sa fermeté et son initiative, à la tâche délicate de pourvoir à tous les besoins de notre armée dès son entrée dans la Haute-Autriche. Sachant gré à M. de Séchelles des mesures prises pour la conservation de nos troupes, le maréchal de Belle-Isle lui écrivait de Francfort, le 23 septembre 1741 : « Ce que vous me mandez

---

(1) M. de Séchelles à Belle-Isle, à Enns, le 28 septembre 1741. Vol. 2925. Arch. hist.

(2) M. de Séchelles à Belle-Isle, à Enns, le 23 septembre 1741. Vol. 2916. Arch. hist.

de nos hôpitaux me fait grand plaisir. Les hommes sont bien précieux en tous temps, mais ils le sont bien davantage quand une armée est aussi loin de son pays. Je voudrais bien que chaque officier en fût persuadé, et je ne doute pas que La Martinière ne fasse exécuter littéralement vos ordres..... L'article du riz me paraît avoir été traité par les Bavarois dans le même goût que tous les autres. Il nous sera si utile d'en avoir pour la guerre d'hiver et pour nos hôpitaux qu'il faut faire l'impossible pour y parvenir. Je vois d'ici les propos que certains régiments tiennent sur cette nourriture. Il faut persuader les clefs de meute et faire leur bien malgré leur prévention. Nous tirerons en son temps le profit de la bonne santé des soldats. Vous pouvez avoir ouï dire aux anciens officiers la peine que l'on a eue de les faire vivre en chambrées parce que ce n'était pas l'ancien usage, et je vous prie de tenir la main pour que, sous quelque prétexte que ce puisse être, on ne fasse jamais les achats de la viande en argent, qui tourne toujours au profit de l'officier, et que l'on en fasse le décompte en nature, quelque quantité qu'il puisse s'en accumuler (1) ». Sans cesse préoccupé du bien-être de nos soldats, le Maréchal mandait en même temps au marquis de Beauvau :

Je ne puis assez vous recommander le soin de nos troupes. Ce doit être notre objet capital que la conservation de cette armée qui comprend une des parties principales des forces du royaume. Je n'entends pas qu'on les épargne pour les coups de fusil ni pour tout ce qui sera nécessaire au succès des affaires, et l'on ne peut sur ce chapitre porter trop loin la gloire de la nation et la réputation des armes du Roi, mais il faut leur éviter les peines inutiles, et, en leur faisant essuyer les fatigues nécessaires, leur procurer tous les secours possibles et une abondante subsistance, les faire jouir du fruit de leur sagesse et de leur bonne discipline, leur faire connaître que l'on est occupé de leur bien

---

(1) Belle-Isle à M. de Séchelles, à Francfort, 23 septembre 1741. Vol. 2916. Arch. hist.

et que l'on songe à eux. Ce n'est que par cette attention que l'on en acquiert la confiance et qu'on en conserve l'affection. Je suis assuré que l'Électeur a toute la volonté, mais cela ne suffit pas. Il faut qu'il prenne les moyens de la rendre efficace et que les ordres qu'il donne soient mieux exécutés que ceux dont vous me parlez quand il avait ordonné qu'on leur donnât des légumes, de la viande et du vin, dont rien n'a été fait. Raisonnez sur tout cela avec M. de Séchelles à qui vous communiquerez cette lettre. Il est plus capable que qui que ce soit d'entrer dans toutes ces vues, et le soin n'en peut être confié en de meilleures mains. Aussi y ai-je toute ma confiance, et, sans lui et les attentions que vous êtes en état d'avoir auprès de l'Électeur par votre caractère de Ministre du Roi, je serais dans une très grande inquiétude. Donnez-moi donc souvent de vos nouvelles. Vous avez des postillons à l'armée, qui ne sont faits que pour cela (1).

Malgré sa bonne volonté, M. de Séchelles n'avait pu remédier à quelques retards dans les premières distributions faites à Linz. Il en était résulté un peu de murmures parmi les troupes françaises. Parvenues en territoire autrichien, elles se persuadaient difficilement qu'elles devaient garder, pour les conquêtes de l'Électeur, les mêmes ménagements que pour ses États. Nos soldats, peu satisfaits de l'accueil des commissaires de ce Prince pendant leur traversée de Donauwerth à Linz, enclins à afficher un air de supériorité vis-à-vis des pauvres Bavarois qu'ils voyaient souvent sans tentes, sans paille, sans distributions, ne parvenant point à se faire comprendre de leurs alliés, avaient eu avec eux, dès le premier contact, quelques rixes et disputes, sans toutefois que ces mouvements d'humeur et ces dissentiments eussent pris de graves proportions. « On vous a rendu compte, écrivait M. de Séchelles à Belle-Isle le 19 septembre, de quelques dérangements qu'il y avait eus dans les distributions et de la mauvaise humeur des soldats qui ont eu quelques prises avec des Bavarois. Tout cela

____

(1) Belle-Isle à M. de Beauvau, à Francfort, le 22 septembre 1741. Vol. 2916. Arch. hist.

n'a eu aucune suite. Les esprits me paraissent calmés. Nos troupes ont tout ce qu'il leur faut en paille, bois, pain, fourrage et viande, et même en légumes, et je veillerai, autant qu'il dépendra de moi, à ce que rien ne manque. J'entretiens les officiers dans l'esprit de contenir leurs troupes dans le bon ordre qu'ils ont maintenu jusqu'aujourd'hui avec tant de succès. Je les assure que c'est la façon la plus assurée de vous plaire, et je m'aperçois que votre nom fait toute l'impression qu'on peut désirer. J'ai fait connaître à l'Électeur la nécessité qu'il se présentât souvent dans le camp : il y ira tous les jours. Il fait en vérité tout ce qu'on peut espérer d'un Prince qui a grande envie de plaire (1) ».

Nos officiers généraux et particuliers n'avaient pas été sans donner aussi quelques signes de mauvaise humeur. Ils avaient appris avec un mécontentement profond que, bien qu'ils dussent attendre à Linz l'arrivée de leurs équipages, le comte de Terring avait songé un instant à leur interdire l'accès de cette ville, en avait fait même donner l'ordre par l'Électeur, et que cet ordre n'avait été révoqué qu'à la sollicitation du marquis de Beauvau. Manquant de tentes, les officiers particuliers avaient été autorisés à se loger provisoirement dans Linz, et cette séparation de l'officier d'avec ses hommes n'avait pas peu contribué au relâchement de l'admirable discipline que nos troupes avaient jusqu'alors observée. De leur côté, sentant la faiblesse de l'Électeur et le manque de chef à la tête de l'armée, les généraux français ne voyaient pas sans dépit l'ascendant que MM. de Beauvau et de Mortaigne avaient pris sur Charles-Albert qui les admettait à tous ses conseils. Mus par la jalousie, ils allaient jusqu'à leur susciter de nouvelles difficultés.

---

(1) M. de Séchelles à Belle-Isle, à Linz, le 19 septembre 1741. Vol. 2925. Arch. hist.

« Nos troupes sont contentes, Monseigneur, mandait
M. de Séchelles à Belle-Isle le 21 septembre. L'officier
particulier souffre : il a tout consommé et a peu d'argent.
L'officier général pourrait être moins difficultueux, mais
il y a jalousie contre MM. de Beauvau et de Mortaigne
que l'Électeur admet à des conférences particulières. On
dit qu'ils sont les généraux de l'armée, on donne un
mauvais exemple et il n'y a pas de remède. J'en ai
averti MM. de Mortaigne et Beauvau. Ils font ce qui
dépend d'eux pour prévenir les plaintes. L'Électeur, de
son côté, ne néglige rien pour plaire (1) ».

L'éclosion de cette jalousie eût été facilement étouffée,
les murmures des officiers subalternes et des soldats
rapidement apaisés, si l'Électeur et M. de Leuville avaient
montré, dès les premiers jours, moins de flottements et
de faiblesse dans l'exercice du commandement. Se sentant lui-même plus fait pour le second rang que pour le
premier, M. de Leuville avait déjà déclaré à M. de Séchelles, avant sa jonction avec les Bavarois, qu'il « ai-
mait autant obéir que commander (2) ». Il avait reçu de
M. de Breteuil une lettre qu'il avait communiquée à l'intendant, et ce dernier n'avait pu s'empêcher d'en manifester hautement sa surprise car elle prescrivait au général français de ne point disputer le commandement au
ministre de l'Électeur, au feld-maréchal comte de Terring. Cette lettre était en désaccord absolu avec les instructions du maréchal de Belle-Isle au marquis de Beauvau. Belle-Isle n'admettait pas qu'en son absence un
étranger exerçât, même un instant, le commandement de
notre armée. Sur les conseils de M. de Séchelles et du
marquis de Beauvau, M. de Leuville ne fit point usage,

---

(1) M. de Séchelles à Belle-Isle, à Linz, le 21 septembre 1744. Vol.
2925. Arch. hist.

(2) M. de Séchelles à Belle-Isle, à Munich, le 4 septembre 1744.
Vol. 2916. Arch. hist.

auprès de l'Électeur, de la lettre de M. de Breteuil, que des ordres contraires du Ministre ne tardèrent pas d'ailleurs à annuler. Connaissant la volonté formelle du maréchal de Belle-Isle, le marquis de Beauvau s'était employé, comme nous l'avons vu plus haut, à combattre auprès de l'Électeur les prétentions de son ministre qui se voyait déjà investi du commandement de notre armée. Bien que cette concession en coûtât à son amour-propre, ce Prince y avait pourtant consenti, mais le comte de Terring, frustré de ses grandes espérances, blessé au plus profond du cœur, n'avait point dissimulé qu'il « supportait impatiemment la décision sur le commandement (1) ».

La question du commandement ainsi tranchée en faveur de M. de Leuville, il restait à résoudre celle du service des deux armées. Dès le premier jour, le major général de notre infanterie, M. de Champigny, s'était heurté à des difficultés telles qu'il s'était vu sur le point de renoncer à mettre en ordre les gardes françaises et bavaroises. « Le chaos du monde que le Seigneur a débrouillé, écrivait M. de Champigny à M. de Breteuil le 16 septembre, ne ressemblait point à celui qui est ici depuis que nous avons joint l'armée de l'Électeur. M. le maréchal de Belle-Isle seul pourrait mettre ordre à tout ceci (2) ». Mortaigne, investi par l'Électeur de la charge de maréchal général des logis des deux armées, s'interposa pour faire adopter une solution bâtarde qui laissait subsister le mélange des Français et des Bavarois, que Belle-Isle avait voulu éviter à tout prix. « Tout est réglé d'aujourd'hui pour le service, mandait-il au Maréchal, le

____

(1) M. de Séchelles à Belle-Isle, à Passau et à Linz, les 12, 14 et 16 septembre. Vol. 2916. Arch. hist.

(2) M. de Champigny à M. de Breteuil, au camp de Linz, le 16 septembre 1741. Vol. 2912. Arch. hist.

15 septembre, et cela me paraît bien comme cela est. M. de Terring et M. de Leuville prendront tous les deux l'ordre de l'Électeur. Quand le lieutenant général de jour sera Français, M. de Leuville lui donnera l'ordre, et le lieutenant général indistinctement au maréchal de camp de jour, soit Français ou Bavarois. Si c'est un lieutenant général bavarois, il recevra l'ordre de M. de Terring et il le rendra indistinctement au maréchal de camp français ou bavarois, et de là cela ira où cela doit aller. L'Électeur veut bien que M. de Champigny fasse le détail de son infanterie. Tout roulera ensemble, lieutenants généraux, maréchaux de camp, et ainsi de tous les officiers suivant leur ancienneté, et tout le monde est content..... (1) ».

Comme, dans l'infanterie française, les officiers étaient appelés à commander leurs égaux suivant l'ancienneté des régiments, de telle sorte que le capitaine du plus vieux régiment, de Picardie, avait le pas sur les capitaines des autres corps; comme au contraire, dans les troupes bavaroises, la date seule de la commission réglait le droit au commandement, l'Électeur dut recourir à un compromis bizarre pour déterminer l'ordre à suivre en matière de commandement. En principe, les officiers français devaient obéir aux officiers bavarois du même grade mais plus anciens. Toutefois, s'il se trouvait dans un détachement, avec un capitaine bavarois, deux capitaines français, l'un appartenant au vieux régiment de Navarre, l'autre au régiment de Beauce, le premier moins ancien, le second plus ancien que l'officier bavarois, le droit au commandement serait rétabli suivant les ordonnances françaises et exercé par le capitaine de Navarre. Que, dans le même détachement, l'officier

(1) M. de Mortaigne à Belle-Isle, à Linz, le 15 septembre 1741. Corresp. de Bavière. Vol. 95. Aff. étrang.

de Beauce vint à disparaître, le commandement passait aux mains du capitaine bavarois. « Je suis persuadé, écrivait le comte de Bavière dans son *Journal*, que cet ordre sera une source intarissable de difficultés. Je voudrais bien me tromper dans ce pronostic ».

Ces dissentiments et ces difficultés du début, ces premiers symptômes d'indiscipline, cette absence funeste d'une main ferme à la tête de l'armée, sont dépeints au vif dans cette lettre du marquis de Beauvau à Belle-Isle, du 21 septembre 1741 :

..... Les troupes sont en bon état, comme j'ai déjà eu l'honneur de vous le dire, mais le soldat murmure de la lésinerie et du peu d'exactitude des fournitures, et les officiers, apportant leur mécontentement de plus loin, ont été choqués de la défense que le comte de Terring avait faite en arrivant ici pour qu'ils n'entrassent pas dans la ville sans billet. Je l'ai fait lever par l'Électeur sans qu'elle ait eu lieu, mais les officiers l'ont su et en ont été outrés. Ils commencent à revenir et j'y travaille tant que je peux ; mais ce qui vous étonnera, c'est que MM. les officiers généraux, qui devraient être plus raisonnables, n'ont guère moins d'humeur. En vérité c'en est trop, et il ne faut pas moins que toute ma déférence pour vous pour ne pas demander l'abrogation de ma commission auprès de l'Électeur, car j'aimerais mieux aller tout platement à la tête de mon régiment de la Reine que d'être l'égout (*sic*) des tracasseries et de la mauvaise humeur de ces messieurs. On ne vient à la guerre que pour combattre les ennemis et non les tracasseries. Je vous assure que je prends sur moi tant que je peux et que j'y prendrai encore davantage, n'ayant pour but que le bien du service du Roi et l'envie de vous plaire. Convenez, néanmoins, qu'en se donnant bien de la peine et cherchant à faire tous les plaisirs qui dépendent de moi à ces messieurs, il est fâcheux qu'ils n'en sentent rien.

J'ai prié M. de Séchelles, qui est votre ami et le mien, de m'avertir en cas que je fisse quelque chose de travers ou qui pût leur déplaire, et jusqu'à présent il ne m'a averti de rien; aussi je suppose que je n'ai point fait de faute considérable. Je vous assure de plus que j'emploie toute la douceur et tout le liant dont je suis capable ; je sais bien en même temps qu'ils ne me parleront pas en face, mais de plus j'ai *résolu* de ne m'occuper que du bien de la chose. Ainsi la patience ne m'échappera pas ; et, quand elle est prête à m'échapper, je pense à vous et à la peine que cela vous ferait. Ainsi, soyez bien tranquille ; M. de Séchelles, M. de Mortaigne et moi, nous resterons bien unis ; j'espère que M. d'Aubigné se joindra à nous pour le bien commun, et mon dessein serait de le faire entrer dans le Conseil de l'Électeur pour pouvoir y soutenir le pauvre M. de Leuville qui flotte à tout vent..... (1).

M. de Beauvau terminait sa lettre en exposant au maréchal de Belle-Isle les difficultés qu'il avait eu à vaincre, de concert avec M. de Mortaigne, pour établir les règles du service entre officiers français et bavarois. Il lui avait fallu déployer toutes les ressources de son habileté lorsqu'il avait entrepris d'écarter du commandement de l'armée le comte de Terring, « qu'on ne regagnera plus par douceur ni par amitié, et dont le cœur est blessé et ulcéré à n'en pas revenir ». M. de Leuville avait été sur le point de céder la première place au feld-maréchal bavarois sur cette lettre « assez singulière » de M. de Breteuil qui prescrivait au lieutenant général français de ne point disputer le commandement à M. de Terring. M. de Beauvau, d'accord avec M. de Leuville, s'était bien gardé de faire usage de cette lettre, dont la teneur se trouvait en contradiction formelle avec les instructions répétées du maréchal de Belle-Isle. Elle était heureusement parvenue à son destinataire après que M. de Beauvau eût établi « la chose sur un pied qui convient mieux à la dignité du Roi ».

En apprenant, par ses correspondants de Linz, la nomination de M. de Mortaigne et celle de M. de Champigny aux fonctions de maréchal général des logis et de major général des deux armées, le maréchal de Belle-Isle avait d'abord écrit au marquis de Beauvau :

..... Je n'approuve point que M. de Champigny soit major général des Bavarois comme des Français, ni que M. de Mortaigne soit quartier-maître général des deux nations. Ce mélange ne convient pas, et ne

____

(1) M. de Beauvau à Belle-Isle, à Linz, le 21 septembre 1741, à 9 heures du soir. Corresp. de Bavière. Vol. 93. Aff. étrang.

voyez-vous pas qu'il entraîne une infinité d'autres articles où tout est à perdre pour la nation. Il faut que, quand il y aura dix ou douze bataillons bavarois à l'armée française (car je ne compte pas qu'il y en ait jamais davantage), que les deux majors généraux prennent également le mot du maréchal de camp de jour et qu'ils fassent ensuite leur détail ensemble, pour ce que chaque nation doit fournir. Après quoi, le major général bavarois fera son détail comme il lui plaira, mais le major général français ne doit point avoir d'ordonnance bavaroise chez lui.

Idem pour le maréchal des logis de la cavalerie.

A l'égard de M. de Mortaigne, le cas est différent : encore faut-il qu'il y ait un quartier-maître bavarois qui recevra le détail des marches de M. de Mortaigne..... Foncièrement le corps auxiliaire est distinct et séparé, et ce n'est qu'accidentellement et pour le bien de la cause commune que, dans les différents services, les officiers généraux et les troupes roulent ensemble suivant leurs grades. C'est là où il faut que la sagesse et la prudence du chef de la nation ne s'amuse point à la vétille et aille toujours au bien par préférence à tout, et évite tout ce qui peut causer le moindre éloignement d'une nation à l'autre, et il doit toujours être occupé de ce qui tend à concilier l'estime et l'amitié réciproques et cimenter l'union des uns envers les autres. Il y aurait sur cela des volumes à écrire, sur quoi il faut nécessairement que je m'en rapporte à votre prudence et à celle de M. de Séchelles et de M. de Leuville avec qui vous en raisonnerez ainsi qu'avec M. de Mortaigne, pour ce qui le concerne, évitant surtout de blesser ou affliger l'Électeur, que nous aimons et respectons tous comme il le mérite (1).

La lettre du marquis de Beauvau, du 21 septembre, achevait de faire sortir le Maréchal du ton modéré qu'il avait jusqu'alors observé, et, sous l'indignation que lui causaient les fausses démarches de M. de Leuville et de ses lieutenants, il écrivait, le 1er octobre, au ministre du Roi auprès de l'Électeur :

La mésintelligence qui règne entre le maréchal de Terring et nos officiers généraux m'afflige beaucoup... M. de Terring n'y pense pas quand il veut donner le mot à celui qui commande en l'absence de M. de Leuville, car, si l'armée auxiliaire française n'était commandée

---

(1) Belle-Isle à M. de Beauvau, à Francfort, ce 22e septembre 1741. Vol. 2916. Arch. hist.

que par un capitaine, ce capitaine prendrait le mot de l'Électeur et ne serait subordonné qu'à lui seul parce que, encore une fois, il faut bien se mettre dans la tête que l'armée française est un corps distinct et séparé qui ne doit jamais être mêlé que pour le bien du service, et c'est dans les détachements où il y a des troupes des deux nations que le grade supérieur doit avoir lieu de même que l'ancienneté.

Il est contre toute bienséance que l'Électeur ait donné un règlement de police ou de service pour l'armée française : je ne l'eusse jamais souffert, et il est honteux pour celui qui la commande d'y avoir adhéré ; je voudrais bien que l'Électeur eût proposé pareille chose au maréchal de Villars, mais cela n'est jamais entré dans l'esprit ni de l'un ni de l'autre. L'Électeur peut ordonner au général de l'armée ce qu'il lui plaît en gros, mais ce n'est point à lui à entrer dans aucun détail. J'apprends, par exemple, qu'il y a eu des maraudeurs français auxquels l'Électeur a fait grâce, parce qu'il l'avait précédemment fait à des Bavarois : si j'avais été à l'armée, j'eusse commencé par les faire pendre, et j'eusse dit à l'Électeur que le Roi m'a chargé de lui mener une armée pour battre ses ennemis et le mettre en possession des provinces qu'il revendique, mais non pour en détruire l'ordre et la discipline dont je suis comptable à mon maître, et je ne suis pas en peine qu'en mettant tout le respect et toutes les façons convenables, je ne fisse goûter mes raisons à ce Prince. Je vois avec peine et avec étonnement que personne n'a eu les premiers principes de ce qui se doit faire en pareils cas, et que personne n'a su maintenir la prééminence de la nation et la dignité du commandement.

A l'égard de la lettre que vous dites que M. de Breteuil a écrite à M. de Leuville pour lui ordonner d'obéir à M. de Terring, tout ce que je puis faire de mieux est de croire que M. de Breteuil l'a signée sans la lire ; il faudrait mettre des oreilles d'âne à celui de ses commis qui l'a faite et le chasser du bureau. Enfin, monsieur, plus je réfléchis à tout ce qui se passe à cet égard et plus je suis stupéfait et en colère, car je doute qu'il y ait jamais eu d'exemple de choses pareilles ; et le plus petit prince de l'Europe ne donnerait point ses troupes pour être gaspillées de cette manière. Si faut-il pourtant y apporter le remède car, je le répète encore, cela est insoutenable (1).

Ces détails affligeants sur la situation de notre armée à Linz causaient au maréchal de Belle-Isle un vif mécon-

---

(1) Belle-Isle à M. de Beauvau, à Francfort, ce 1ᵉʳ octobre 1741. Corresp. de Bavière. Vol. 95. Aff. étrang.

tentement, et il ne fallait pas moins, pour dissiper ses
inquiétudes, que le succès sans cesse grandissant de ses
négociations à Francfort. Comme nous le verrons dans
les chapitres suivants, il avait, en effet, assuré l'élection
de Charles-Albert au trône impérial, réduit l'Angleterre à
une neutralité humiliante, et jeté la Saxe en armes dans
la puissante coalition déjà aux prises avec Marie-Thérèse.

CHAPITRE VI

Succès de notre diplomatie.

Faste de Belle-Isle à Francfort. — Éclat donné par lui à la célébration de la fête du Roi, le 25 août 1741, sans qu'il néglige un instant ses négociations avec les Electeurs de Mayence et de Trèves. — Au début de septembre 1741, il obtient du premier, par un traité formel, du second, par une promesse verbale, leur suffrage en faveur de l'Electeur de Bavière.

Répulsion de l'Espagne et de la Sardaigne pour une action commune en Italie. — Mauvais vouloir persistant de Fleury à l'égard de l'Espagne. — Le cardinal continue à être la dupe de Charles-Emmanuel III et du marquis d'Ormea.

Inquiétudes mortelles de Georges II pour son électorat de Hanovre à l'annonce de l'envoi d'une seconde armée française sur le Bas-Rhin, à la fin d'août 1741. — Ses démarches précipitées auprès de Louis XV, de Fleury et de Charles-Albert, pour obtenir la neutralité en faveur de ses États du continent. — Fleury et Charles-Albert accueillent favorablement les demandes du roi d'Angleterre. — Ce prince s'engage à donner son suffrage à l'Electeur de Bavière et se déclare prêt à souscrire aux conventions que proposera la France, pourvu qu'elles garantissent la neutralité du Hanovre.

Rompant avec sa parcimonie habituelle, le cardinal de Fleury avait consenti à ce que l'ambassadeur du roi de France à Francfort éclipsât, par le faste et l'éclat somptueux de son entourage, les princes de l'Allemagne ou leurs représentants. M. Blondel, notre envoyé auprès de l'Électeur de Mayence, que le maréchal de Belle-Isle avait prié d'organiser sa maison, avait demandé « un trésorier et un intendant pour avoir l'œil à tout et payer sur quittance ; un tapissier pour faire les meubles de représentation et tout ce qui était nécessaire pour plus de 300 lits....., un contrôleur et un cuisinier pour faire faire la batterie et le linge de cuisine qu'ils jugeraient convenables ; un sommelier pour le choix des vins de toute espèce..... ; un écuyer pour le choix des chevaux et leur nourriture ; un homme et une femme de charge pour le linge de table et de lit de toute espèce ; un argentier avec un état de la vaisselle actuelle du maréchal de Belle-Isle et l'augmentation qu'il faudrait faire pour une table de 300 couverts..... (1) » M. Blondel obtint entière satisfaction : il fut même autorisé à tirer des lettres de change sur M. de Montmartel dans la forme ci-dessous :

Pour l'ambassade solennelle de l'élection d'un empereur.

Il vous plaira payer au porteur la somme de ..... livres, dont M. le maréchal de Belle-Isle comptera avec vous.

Fait à Francfort, le.....

« Le trésorier et intendant était M. de la Pierre, aide-major de la ville de Metz, officier très actif, très économe, très laborieux et qui avait beaucoup de connaissances, qui avait l'œil à tous les ouvrages et qui se faisait rendre un compte exact de tous les emplois.

« Pour contrôleur, il fut envoyé le sieur Saint-Quentin, contrôleur de la maison du Roi et, par conséquent, accoutumé à la plus grande représentation, mais sans économie, au contraire très prodigue, et qui avait choisi tous les subalternes qui étaient dans le même goût et qui ont presque tous fait une petite fortune (2) ».

Nous aurons donné une idée de la magnificence de la maison du Maréchal en disant qu'elle comprenait 8 gentilshommes, 12 pages sous un gouverneur, 3 écuyers et 3 sous-écuyers, 1 piqueur, 2 contrôleurs, 2 officiers des gardes, 11 valets de chambre, 6 musiciens, 1 linger, 2 chefs d'office, 5 chefs de cuisine, 12 aides de cuisine et d'office, 2 pâtissiers et 1 rôtisseur. La grande livrée se composait de 30 valets de pied, 6 cochers, 6 postillons,

---

(1) Remarques et anecdotes politiques, par M. Blondel. Manuscrit 350. Nouv. acq. franç. Bibl. Nat.
(2) *Ibid.*

6 suisses, 5 timbaliers et trompettes, 4 coureurs et 6 heyducs. La petite livrée comptait 44 postillons et palefreniers (1). Ce cérémonial dispendieux, qui accompagnait l'élection d'un empereur, était, pour les bourgeois de Francfort et pour les marchands de l'Allemagne, une source de gains élevés et d'opérations lucratives. Le seul linge de table de Silésie coûta au Maréchal plus de 150,000 livres (2). La vaisselle, commandée à Magdebourg, s'éleva aussi à « des sommes immenses, surtout pour le vermeil et pour les cloches pour couvrir tous les plats que le maréchal de Belle-Isle avait recommandées très pesantes (3) ». A la table du Maréchal se renouvelèrent les abus et le gaspillage qui régnaient en maîtres à Versailles, à la table du Roi. « Il m'est revenu, écrivait plus tard M. Blondel, qu'on prenait journellement 1,000 à 1,200 livres pesant de viande de boucherie sans la volaille, le gibier et les légumes. J'ai appris également que le sommelier avait vendu très chèrement aux étrangers les trois quarts du vin de Bourgogne et de Champagne que le maréchal de Belle-Isle avait envoyé de France, ainsi que l'excellent vin que je lui avais fait acheter à Mayence, qu'il remplaçait par de petits vins, ayant l'attention cependant d'en conserver uniquement du bon pour la table particulière du maréchal de Belle-Isle, mais, à toutes les autres, ce n'était que de la piquette (4) ». M. Blondel laisse entendre à ce sujet que les dépenses de l'ambassade du Maréchal furent évaluées par les contemporains à plus de 6 millions.

---

(1) Nous avons emprunté les chiffres qui précèdent à une pièce du volume 406 de la Correspondance d'Allemagne au Ministère des Affaires étrangères. Cette pièce est intitulée : État de l'habillement pour l'entrée (entrée solennelle du maréchal de Belle-Isle à Francfort).

(2) Remarques et anecdotes politiques, par M. Blondel.

(3) *Ibid.*

(4) *Ibid.*

N'ayant qu'à se laisser aller aux grâces de son esprit pour plaire et pour charmer, la maréchale de Belle-Isle faisait royalement les honneurs de la maison de la France aux princes, seigneurs, ambassadeurs, envoyés de toutes les Puissances, qui affluaient vers l'arbitre de la Germanie. En tant que diplomate, le Maréchal trouvait en elle un précieux auxiliaire, car elle possédait au suprême degré l'art de gagner les cœurs de ceux qui l'approchaient. De Lisbonne, jusqu'où la renommée avait porté ses louanges, M. de Chavigny écrivait à Belle-Isle, le 19 août 1741 : « Je sais que Madame la Maréchale se porte en perfection, qu'elle se plaît à Francfort, qu'elle s'y fait adorer (1) ».

La fête du roi de France devait bientôt lui donner, ainsi qu'au Maréchal, l'occasion de s'acquitter plus brillamment encore de son rôle représentatif. Conscient de la grandeur de sa mission, Belle-Isle mandait à Amelot, de Francfort, le 23 août : « Je me prépare à célébrer la fête du Roi avec tout l'éclat convenable. Ce qui ne serait dans d'autres temps qu'une simple cérémonie de bienséance en est aujourd'hui une de politique (2) ». Pendant trois jours, du 25 au 27 août, Francfort fut le théâtre de fêtes ininterrompues auxquelles le Maréchal avait invité « tout ce qu'il y avait de princes, princesses, comtes, ministres et notables à 25 et 30 lieues à la ronde (3) ». Le 25, jour de la Saint-Louis, après une grand'messe en musique et le chant du *Te Deum*, le Maréchal offrit aux bourgeois de Francfort la comédie française, accompagnée d'illuminations et d'un feu d'artifice sur le Mein. Le 26, le

---

(1) Corresp. d'Allemagne. Vol. 419. Aff. étrang.
(2) *Ibid.* Vol. 402. Aff. étrang.
(3) *Mémoires de Belle-Isle.* Autriche, mémoires et documents. Vol. 32. Aff. étrang.

fleuve fut le théâtre d'une joute de bateliers : sur ses bords, « en face des tentes de Son Excellence, on avait dressé en perspective un bâtiment d'où coulèrent, depuis 3 heures jusqu'à 8, des fontaines de vin (1) ». Le 27, un festin magnifique et un bal animé clôturèrent les réjouissances. 180 personnes prirent part au festin. « Il y eut trois services de cuisine de la dernière délicatesse, et le dessert fut admiré pour le goût et l'invention. La santé du Roi fut bue au bruit d'une triple décharge de cinquante boîtes, qui étaient sur la place autour de la fontaine. Après le souper, il y eut grand bal qui dura toute la nuit, pendant lequel les rafraîchissements ont été très abondants. L'affluence de la bourgeoisie fut telle que cinq rangs de banquettes, qu'on lui avait réservés, ne purent suffire. Toutes les salles étaient parfaitement bien illuminées. On ne put assez (se) louer de l'attention de leurs Excellences Mgr le maréchal et Mme la maréchale de Belle-Isle et de toute leur maison. Tout s'est passé avec l'applaudissement du public, sans désordre ni malheur (2) ».

Au cours de ces fêtes, qui avaient « réussi au delà de ses espérances (3) », le maréchal de Belle-Isle avait eu la joie d'entendre vanter, par nombre de témoins oculaires, la sagesse exemplaire de nos troupes durant leur traversée de l'Allemagne. Il avait aussi fait faire un pas décisif aux négociations engagées avec les Électeurs de Mayence et de Trèves en vue de l'élection de Charles-Albert au trône impérial. La nuit du 27 au 28 août, pendant que le bal battait son plein, le Maréchal avait

----

(1) Relation des réjouissances faites par Mgr le maréchal de Belle-Isle à l'occasion de la Saint-Louis, fête du Roi, à Francfort, 1741. Corresp. d'Allemagne. Vol. 402, Aff. étrang.

(2) *Ibid.*

(3) *Mémoires de Belle-Isle.*

eu un entretien de près de deux heures avec le neveu de l'Électeur de Mayence, le comte Hugo d'Elz, tout-puissant sur l'esprit de son oncle. Il l'avait pressé plus vivement qu'il ne l'avait encore fait pour que l'Électeur joignît son suffrage aux quatre voix, déjà acquises à Charles-Albert, de la Bavière, de Cologne, des Électeurs Palatin et de Brandebourg, et il en avait obtenu la promesse qu'il s'emploierait de tout son pouvoir à obtenir ce suffrage. « Je convins avec lui de toute la conduite qu'il tiendrait avec l'Électeur, son oncle, pour quoi je lui donnai dix jours, au bout desquels je devais me rendre à Mayence où je voulais constater moi-même avec l'Électeur, de la manière la plus solide qu'il me serait possible, les mêmes engagements par lesquels le comte d'Elz venait de se lier avec moi (1) ».

Le comte Hugo d'Elz était à peine de retour à Mayence qu'il écrivait « en confidence », le 30 août, au représentant de la Bavière à Francfort, au comte de Kœnigsfeld, que son oncle « sera et qu'il est le cinquième », et que l'Électeur présentait au Maréchal « ses tendres compliments (2) ». Informé de ces bonnes dispositions de l'archevêque de Mayence, Belle-Isle ne leur laissa point le temps de se refroidir. Le 3 septembre, il se rendait à Mayence, fermement résolu à ne point se séparer de l'Électeur sans l'avoir lié à la cause de la Bavière et de la France par un engagement écrit et solennel. Le comte Hugo d'Elz tint à cœur de prouver au Maréchal qu'il était devenu aussi bon Français qu'on l'avait vu jadis attaché aux intérêts de la maison d'Autriche. Il seconda à merveille les démarches de Belle-Isle auprès de l'Électeur qui, dans un premier traité avec la Bavière,

---

(1) *Mémoires de Belle-Isle.*

(2) Copie de la lettre de M. le comte d'Elz à M. le comte de Kœnigsfeld, datée de Mayence, le 30 août 1741. Corresp. de Mayence. Vol. 42. Aff. étrang.

promit sa voix à Charles-Albert, et renouvela au roi de France la même promesse, en termes formels, dans un traité de garantie que ses représentants signèrent, le 4 septembre, avec le Maréchal. Il s'y engagea « envers le Roi de donner sa voix, en cinquième, à l'Électeur de Bavière pour la prochaine élection d'un empereur (1) ».

En prévision de la mort sans cesse appréhendée de l'Électeur Palatin, le maréchal de Belle-Isle ne voulut point se contenter de ce premier succès. Il insista auprès du comte d'Elz afin de faire signer, le même jour, à l'Électeur de Mayence, « un acte séparé pour le cas où l'Électeur Palatin viendrait à mourir avant l'élection (2) ». Le comte lui fit d'abord quelques objections et demanda du temps pour examiner cette nouvelle proposition, mais les résistances de cette âme vénale furent vite vaincues, quand le Maréchal eut rappelé à son interlocuteur que la France récompenserait ses services par une abbaye de 15,000 à 20,000 livres de rente, sans compter 200,000 fr. qui lui seraient versés le lendemain de l'élection d'un empereur. Quelques heures après cet entretien, l'acte était arrêté et signé, du consentement de l'Électeur, par ses plénipotentiaires. Cet « article séparé, portant déclaration de la part de l'Électeur de Mayence sur ses sentiments au cas de l'événement de la mort de l'Électeur Palatin (3) », stipulait que, « dans le cas que S. A. S. É. Palatine viendrait à manquer, ce que son S. A. S. É. de Mayence n'espère pas, Elle restera toujours inviolablement attachée et ne formera qu'un même vœu avec les Électeurs de Cologne, de Bavière et de Brandebourg, tant sur la décision des questions de la minorité, de la tutelle ou du *veniam ætatis* de S. A. S. le prince de Sulzbach

---

(1) Art. 1ᵉʳ du traité de garantie de la part du Roi envers l'Électeur et l'Électorat de Mayence. Corresp. de Mayence. Vol. 42. Aff. étrang.

(2) *Mémoires de Belle-Isle.*

(3) Correspondance de Mayence, folio 40. Vol. 42. Aff. étrang.

que pour ce qui concernera le négoce de l'élection de
manière que, pour ce cas seulement, Elle donnera sa
voix en quatrième à l'Électeur de Bavière. La présente
déclaration, qui forme un article séparé et secret, aura
la même force que s'il était inséré mot à mot dans le
traité de l'Électeur de Mayence avec l'Électeur de
Bavière et dans l'acte de garantie de S. M. T. C. envers
l'Électeur et l'Électorat de Mayence... ».

Pour acheter le suffrage de Mayence (qui serait allé
par les mêmes voies à l'Autriche, si cette puissance
s'était trouvée dans la situation favorable de sa rivale),
il en avait moins coûté au Maréchal que ce dernier
l'avait d'abord présumé. En dehors de ses libéralités
au comte d'Elz, il avait dû promettre une somme de
80,000 livres à l'un des conseillers les plus écoutés de
l'Électeur, au baron de Groschlag, et une pension de
6,000 livres à son vice-chancelier, Bentzel (1). C'était
acquérir à bon compte la voix de l'Électeur de Mayence
qui donnait à Charles-Albert la majorité dans le collège
électoral et lui assurait la couronne impériale. Dès son
retour à Francfort, le maréchal de Belle-Isle s'empressait
de faire part au roi de France de la phase décisive
dans laquelle venaient d'entrer ses négociations, et il le
faisait en ces termes, empreints d'un légitime orgueil :

Sire,

J'envoie à Votre Majesté les deux actes qui lui assurent le suffrage de
l'Électeur de Mayence en faveur de l'Électeur de Bavière, même le cas
arrivant de la mort de l'Électeur Palatin qui vient encore d'être attaqué
de la fièvre. Votre Majesté exécute ce qu'aucun de ses glorieux prédécesseurs n'a pu faire. Maître et dépositaire des voix qui décident de l'élection,
Elle donne pour empereur à l'Allemagne un prince qui en est non seule-

______

(1) Suivant le témoignage de M. Blondel qui fut mêlé à ces négociations. — Remarques et anecdotes politiques de M. Blondel. Manuscrit 350. Nouv. acq. franç. Bibl. Nat.

ment digne par ses qualités personnelles mais encore par son attachement pour la France et par la reconnaissance qu'il en gardera toute sa
vie. Votre Majesté le va mettre en possession de la meilleure partie des
États d'une maison toujours ennemie de la sienne, que tous ses prédécesseurs depuis François Ier n'ont jamais pu abaisser et contenir, et
contre laquelle Henri IV, Louis XIII et Louis le Grand, ont sans relâche
employé toutes leurs forces.

Votre Majesté va assurer à jamais le repos de ses sujets, la splendeur
de sa couronne, et immortaliser sa gloire.

La promptitude et la vigueur avec laquelle Elle vient de mettre
l'Électeur de Bavière en état de conquérir les royaumes qui lui appartiennent par les droits de sa naissance et d'assurer à l'Électeur Palatin
la paisible possession des provinces qui lui étaient disputées, feront
connaître à tous les princes de l'Europe l'avantage de mériter l'honneur
de sa puissante protection. Elle en deviendra le médiateur et l'arbitre.

Il ne me reste, Sire, qu'à témoigner de nouveau à Votre Majesté ma
vive et respectueuse reconnaissance d'avoir daigné confier de si grands
intérêts à mes soins, surtout si je suis assez heureux pour avoir mérité
son approbation. Je vais redoubler de travail et d'attention pour achever
ce grand ouvrage à la satisfaction de Votre Majesté. Mon zèle me fait
espérer, à la tête de ses armées, le même succès que dans la négociation,
lorsque je pourrai la quitter pour aller remplir les devoirs d'une profession à laquelle je suis redevable des honneurs dont Votre Majesté m'a
comblé.

Je suis avec le plus profond respect, Sire, de Votre Majesté... etc.

A Francfort, le 6 septembre 1741 (1).

Le lendemain du jour où il adressait cette lettre
triomphante à Versailles, Belle-Isle avait encore la
satisfaction d'apprendre que l'Électeur de Trèves, sortant
de la réserve qu'il s'était imposée, se prononçait aussi en
faveur de Charles-Albert. Le Maréchal avait depuis
longtemps gagné l'ambassadeur de ce prince à Francfort,
le baron de Spangenheim, et, mettant à profit sa présence
au bal du 27 août, il l'avait déterminé à se rendre auprès
de l'Électeur, son maître. Jusqu'à cette heure, l'archevêque de Trèves, prince méfiant et circonspect, qui

____

(1) Corresp. d'Allemagne. Vol. 403. Aff. étrang.

devait son élévation à la Maison d'Autriche, avait évité, dans ses entretiens avec notre représentant à sa cour, M. de la Basecque, tout ce qui pouvait laisser soupçonner ses véritables sentiments, et, lorsque notre envoyé l'avait pressé, le 10 août 1741, de se déclarer soit pour, soit contre Charles-Albert, l'Électeur s'était borné à répondre « qu'il ne donnerait ni ne déclarerait son suffrage qu'au moment qu'il serait à Francfort, dans la Chambre, assemblé avec les autres Électeurs pour l'élection (1) ». Le baron de Spangenheim fut plus heureux dans sa mission, et, le lendemain de son retour à Francfort, le 7 septembre, il rapportait au Maréchal les paroles significatives de son maître qui « ne s'expliquerait qu'au conclave », mais qui « lui permettait, à lui Spangenheim, de me dire de sa part à l'oreille, en exigeant mon secret, que son suffrage serait pour l'Électeur de Bavière et que j'y pouvais absolument compter. Qu'en attendant que l'Élection pût se faire, à laquelle il donnerait toujours les mains, il resterait dans la plus exacte neutralité par rapport à l'entrée des troupes du Roi dans l'Empire et qu'en un mot le Roi ne le trouverait jamais dans rien de ce qui pourrait lui déplaire ni être contre ses intérêts (2) ».

Si l'Électeur de Trèves n'avait point voulu prendre d'engagement écrit, Belle-Isle, qui connaissait le personnage, sa réserve, sa règle de ne parler qu'à bon escient, avait lieu cependant d'être satisfait de ses déclarations verbales, d'autant plus que M. de Spangenberg « regardait comme une espèce de miracle que l'Électeur eût pu se déterminer à lui parler comme il l'avait fait et à le charger de me le dire (3) ».

---

(1) M. de la Basecque à Amelot, à Coblentz, le 10 août 1741. Corresp. de Trèves. Vol. 9. Aff. étrang.

(2) *Mémoires de Belle-Isle.*

(3) *Ibid.*

Ainsi, au début de septembre 1741, les suffrages des trois Électeurs ecclésiastiques étaient acquis au protégé de la France. Tout réussissait en Allemagne au maréchal de Belle-Isle qui menait de front, avec une activité surhumaine, aux dépens de son sommeil réduit à quatre ou cinq heures par jour, les pièces du vaste échiquier de ses négociations qui embrassait l'Europe entière, de la Suède à l'Espagne. A sa droite, à Turin et à Madrid, où les démarches échappaient à sa direction pour se traiter par l'entremise du cardinal de Fleury, le Maréchal voyait avec douleur le temps se perdre sans que les cours d'Espagne et de Sardaigne consentissent à faire un seul pas l'une vers l'autre. Fleury, qui avait vu ses propositions de partage de la Lombardie rejetées avec aigreur par les deux parties (1), persistait dans son intention de les laisser directement aux prises. Par son ordre, notre Ministre des affaires étrangères, Amelot, écrivait à notre représentant à Turin, le 5 septembre 1741 : « La dernière conversation que vous avez eue, Monsieur, avec M. le marquis d'Ormea confirme plus que jamais M. le Cardinal dans la résolution qu'il a prise de ne se plus mêler des affaires des cours de Madrid et de Turin jusqu'à ce qu'elles se soient rapprochées d'elles-mêmes. Leurs idées sur le partage de l'Italie sont trop opposées pour que Son Éminence puisse se charger d'aucune nouvelle proposition qui ne pourrait tourner qu'au détriment d'une des deux parties et par conséquent la révolter davantage..... (2) ».

Néanmoins, pour ne pas empêcher un rapprochement entre les deux cours, s'il était encore possible, le Cardinal avait suggéré au marquis d'Ormea l'idée d'envoyer

---

(1) Voir le chapitre VII des *Préliminaires de la guerre de la Succession d'Autriche.*

(2) Amelot à M. de Senecterre, à Versailles le 5 septembre 1741. Corresp. de Sardaigne. Vol. 203. Aff. étrang.

des pleins pouvoirs au commandeur de Solar, le représentant de la Sardaigne à Paris, qui aurait repris dans cette ville la suite des négociations avec le représentant de l'Espagne, le prince de Campo-Florido. Le marquis d'Ormea avait accédé avec empressement à cette solution qui lui procurait le moyen de gagner du temps sans se compromettre, sans cesser d'observer le cours des événements en Allemagne, et il avait envoyé, le 6 septembre, au commandeur de Solar les pleins pouvoirs demandés (1).

Comme l'avait prévu l'habile Ministre de Charles-Emmanuel, Fleury était forcé de constater, à la date du 22 septembre, que les négociations entre l'Espagne et la Sardaigne n'avaient fait aucun progrès par cette nouvelle voie, et, tandis que Charles-Emmanuel et son ministre, abusant de la confiance invétérée de Fleury, s'efforçaient au grand jour d'éveiller les soupçons de l'Espagne contre la France, le Cardinal se refusait encore à enlever de ses yeux l'épais bandeau qui l'empêchait de découvrir les véritables sentiments du roi de Sardaigne. « Le roi de France, disait effrontément Charles-Emmanuel au représentant de l'Espagne, au prince de Masseran, le roi de France me persécute avec la plus grande importunité pour que j'augmente mes troupes. Cependant je ne peux pas obtenir qu'il m'envoie le projet de traité. Je ne comprends rien au dessein de cette cour..... » (2). Ces paroles mensongères étaient parvenues à la connaissance du Cardinal, de même qu'un étrange propos, tenu par le marquis d'Ormea à un gentilhomme attaché au roi de Naples, au marquis de la Vieuxville, de passage à Turin. Suivant Fleury lui-

---

(1) D'après la lettre du marquis d'Ormea à Fleury, du 6 septembre 1741. Corresp. de Sardaigne. Vol. 203. Aff. étrang.

(2) Copie de la lettre du prince de Masseran au marquis de Villarias, du 21 août 1741. Corresp. de Sardaigne. Vol. 203. Aff. étrang.

même, d'Ormea avait dit au représentant du roi de Naples qu'il ne comprenait pas « comment le roi d'Espagne veut se lier avec la France, que je suis sur le bord de ma fosse, caduc, et que je le tromperai certainement (1) ». Un instant ébranlé par ces témoignages accablants, le Cardinal écrivait à notre ambassadeur à Madrid : « Je ne puis plus rien comprendre ni au roi de Sardaigne, ni aux ministres espagnols qui sont à Turin. Si tout ce que ceux-ci rapportent des discours que leur a tenus le marquis d'Ormea est exactement vrai, il faut que ce prince soit un fourbe qui veuille nous trahir et qui soit d'accord, ou prêt à l'être, avec l'Angleterre et aussi avec la reine de Hongrie (2) ». Néanmoins Fleury refusait de se rendre à l'évidence, et, tout entier à ses préventions contre l'Espagne, il voulait mettre en doute la véracité des propos de ses représentants et la duplicité inconcevable du roi de Sardaigne : « .....Le marquis de la Vieuxville est, à ce qu'on m'a dit, très faux. Il est proche parent des Noailles et est en commerce avec le Maréchal. Voilà mes raisons de douter de sa sincérité..... Je crois connaître le roi de Sardaigne, et je ne puis le croire capable d'une telle perfidie, conduite avec tant de noirceur. Outre ces préjugés, son intérêt me paraît encore un plus sûr garant, et je me perds dans toutes ces réflexions. Ce prince ne cesse de répéter, même avec serment, qu'il sera fidèle dans son amitié et qu'il ne fera rien que de concert avec nous. S'il était capable d'y manquer, il n'y a personne à qui on puisse se fier, et la mauvaise foi est devenue si à la mode qu'on ne peut plus répondre de rien (3) ». Témoin des événements de la fin

---

(1) Fleury à Vauréal, notre ambassadeur à Madrid, à Issy, 22 août 1741. Corresp. d'Espagne. Vol. 466. Aff. étrang.

(2) *Ibid.*

(3) Fleury à Vauréal, à Issy, 22 août 1741. Corresp. d'Espagne. Vol. 466. Aff. étrang.

du règne de Louis XIV et des déceptions que l'alliance savoyarde avait alors ménagées à la France, Fleury s'obstinait cependant dans sa ligne de conduite du début : il était encore résolu, comme il en avait fait maintes fois la confidence au roi de Sardaigne, à ne donner aucun secours à Philippe V que du consentement de Charles-Emmanuel.

Si la diversion que le maréchal de Belle-Isle avait attendue de l'Espagne et de la Sardaigne en Italie tardait à se produire, il n'en était point de même des changements que le Maréchal avait espérés dans l'attitude du Hanovre et de la Saxe en demandant et en obtenant à Versailles, au mois de juillet 1741, l'envoi d'une armée sur le Bas-Rhin. A l'heure où un premier corps français entrait à Linz, cette armée, forte de 41 bataillons et de 75 escadrons, arrivait à Neuss, près de Dusseldorf, sur deux colonnes, les 16 et 19 septembre 1741. Parties de Givet et de Sedan à la fin d'août et au début de septembre sous les ordres du maréchal de Maillebois, nos troupes avaient passé par Liége et Aix-la-Chapelle. Elles séjournèrent à Neuss jusqu'au 23 septembre, en attendant l'établissement d'un pont sur le Rhin, à Kaiserswerth. Le 23, la cavalerie avait passé le fleuve et était venue camper sur sa rive droite, à Kalkum. L'infanterie l'y avait rejointe le 24, et, le même jour, un corps de nos alliés, au nombre de 7,000 Palatins et de 3,000 hommes des troupes de l'Électeur de Cologne, s'était aussi établi sous Dusseldorf (1).

Un rôle d'observation et d'expectative incombait à l'armée du maréchal de Maillebois. Par sa seule présence, elle devait contenir les Hollandais dans la neutra-

---

(1) Campagnes en Westphalie, 1741 et 1742. Manuscrit du lieutenant général de Vault. Vol. 2966. Arch. hist.

lité, affermir les Électeurs Palatin et de Cologne dans les intérêts de la Bavière, intimider la cour de Dresde, enfin et surtout ne point perdre de vue les agissements de l'Électeur de Hanovre et se tenir prête à intervenir contre ce prince à sa moindre tentative d'hostilités visant le roi de Prusse, notre allié.

Georges II ne s'était pas mépris sur la véritable destination de l'armée française qui s'assemblait sur la Meuse. Dans une inquiétude mortelle pour ses États de Hanovre, il s'était rendu sur le continent au mois d'août 1741. Après s'être vu un instant à la tête d'une coalition qui devait contraindre la Prusse à déposer les armes, obliger la France à abandonner les prétentions de l'Électeur de Bavière, il avait assisté à l'effondrement de ses rêves grandioses, balayés et dissipés comme le sont les nuages par un vent impétueux. L'échec retentissant des armes anglaises devant Carthagène avait achevé de déconcerter ses projets belliqueux, et, d'arbitre de l'Europe, il en était réduit à chercher les moyens de sauvegarder, contre une invasion de la Prusse et de la France, ses États de Hanovre, son patrimoine, qui lui était plus cher, à lui seul, que les trois couronnes réunies de la Grande-Bretagne. Notre armée du bas Rhin ne s'était pas encore mise en marche que Georges II dépêchait à Versailles, le 23 août 1741, un de ses conseillers, M. de Hardenberg, porteur des lettres suivantes à l'adresse de Louis XV et du cardinal de Fleury :

Georges II à Louis XV.

Très Haut, très Excellent et très Puissant Prince, notre très cher et très aimé bon frère, cousin et ancien allié,

Ayant envoyé mon conseiller d'État, le sieur d'Hardenberg, en qualité de mon Ministre auprès de Vous, je vous prie d'accorder une créance entière à tout ce qu'il vous dira de ma part et surtout aux assurances que je l'ai chargé très expressément de vous donner de mon estime et affection parfaite.

Sur ce nous prions Dieu qu'il vous ait, très Haut, très Excellent et très Puissant Prince, notre très cher et très aimé bon frère, cousin et ancien allié, en sa sainte et digne garde.

Écrit à notre Cour à Herrnhausen, le 23° jour du mois d'août, l'an de grâce 1741.

Votre bon frère, cousin et ancien allié (1).

GEORGE R.

Georges II à Fleury.

Mon Cousin, le sieur de Hardenberg, mon conseiller d'État, que j'ai envoyé auprès de mon bon frère le Roi Très Chrétien, aura l'honneur d'entretenir V. E. touchant les affaires de la conjoncture présente et de vous dire combien je suis persuadé de l'équité et des bonnes intentions de Sa M. T. C. et le peu de foi que j'ai ajouté aux bruits qui ont couru à l'occasion de la marche d'une armée française par les États de l'Électeur Palatin. Je ne prétends pas demander d'être informé de la destination de ces troupes, mais V. E. ne trouvera pas étrange qu'étant aussi intéressé que je le suis à la conservation de la tranquillité de la Basse-Saxe, je souhaite être éclairci au possible de ce qu'il y aurait à appréhender pour la sûreté de ces quartiers et en particulier pour mes propres États qui s'y trouvent situés. Tant la justice du Roi T. C. que l'amitié que j'ai toujours soigneusement cultivée avec lui me répondent qu'il ne peut être question de rien qui y soit contraire, en même temps que la droiture que j'ai connue par tant d'expérience à V. E. m'en est un sûr garant, et surtout me sentant aussi éloigné que je le suis de vouloir donner aucun sujet de mécontentement ou à la France ou à ses alliés.

Au reste, je vous prie d'être toujours convaincu de cette estime et considération par laquelle je suis, mon cousin, votre bon cousin (2).

GEORGE R.

À Herrnhausen, ce 23ᵉ d'août 1741.

En remettant au Cardinal la lettre du Roi son maître, l'envoyé du Hanovre l'accompagnait du Mémoire suivant :

---

(1) Corresp. de Hanovre. Vol. 47. Aff. étrang.
(2) Corresp. de Hanovre. Vol. 49. Aff. étrang.

*Mémoire remis par M. de Hardenberg à Son Excellence, avec la lettre
du Roi de la Grande-Bretagne du 23 août 1741.*

Les intentions pacifiques du Roi, mon très auguste maître, sont la
cause de mon arrivée. Il ne saurait être qu'attentif de voir que la
France fait marcher des troupes vers l'Allemagne, surtout le bruit étant
que l'on se joindra à celles de Cologne pour former un campement en
Westphalie. Il se pourrait que, faute de s'expliquer et de s'entendre, on
se fît de fausses idées et que l'on prît ombrage, de part et d'autre, mal à
propos. C'est pourquoi le Roi n'a pas balancé de m'envoyer, pour communiquer avec V. E. sur la situation présente des affaires de l'Allemagne.
Il espère qu'Elle s'y prêtera d'autant plus volontairement qu'Il est persuadé de l'affection que ci-devant Elle lui a toujours portée.

V. E. peut être persuadée que le Roi a eu de tout temps pour Elle une
considération et une estime des plus parfaites. Il l'a encore constamment
pour ses éminentes qualités, entre lesquelles le désir de conserver la
paix et la tranquillité a toujours été réputé une des plus estimables de
l'humanité de V. E.

Je puis vous assurer, Monseigneur, que le Roi, mon maître, est dans
les mêmes sentiments de paix puisque, dès le commencement de la
guerre en Silésie, ses vues ne sont allées qu'à la faire cesser et qu'à
maintenir et conserver la tranquillité de ses États et de ceux de ses voisins. C'est pour cela qu'il n'a fait d'autres armements que ceux que la
prudence demandait et qu'il n'a pas même poussés aussi loin qu'il aurait
pu le faire pour que personne ne s'en dût ombrager. Sa Majesté, d'un
autre côté, est très persuadée que la France n'a pas armé pour entreprendre contre ses États en Allemagne parce qu'Elle ne lui a jamais
donné l'occasion d'agir en ennemis contre ses États, mais comme Elle
croit que ces armements ont l'élection impériale pour objet et qu'ils
doivent servir à empêcher qu'aucun prince ne puisse être élu empereur,
avec lequel la France ne pourrait espérer de vivre en paix, Sa Majesté s'en
remet à V. E. s'il eut été besoin de faire avancer pour cette fin des troupes
vers les frontières de la Westphalie, vu qu'Elle ne souhaite rien davantage sinon que V. E. puisse prendre assez de confiance en lui pour s'arranger ensemble sur l'élection d'un empereur. J'ajoute à cela, Monseigneur, que le Roi a encore les mains libres à l'égard de cette élection
et qu'il espère de conserver par là, et par l'assistance de V. E., le repos
de l'Allemagne (1).

Presque à la même heure Georges II faisait, auprès du

____

(1) Corresp. de Hanovre. Vol. 49. Aff. étrang.

représentant à Hanovre de l'Électeur de Bavière, le baron de Haslang, une démarche non moins significative de son trouble et de ses angoisses. Il le priait de ne voir, dans les précautions qu'il commençait à prendre en assemblant ses troupes, qu'une mesure de simple défensive « afin de prévenir toute surprise....., mais en même temps je donne ma parole royale que, si les troupes françaises ne s'approchent point de mes frontières, je retirerai aussitôt les miennes et leur ferai reprendre leurs anciens quartiers (1) ». Georges II justifiait ensuite son intervention dans la crise que traversait l'Allemagne par les troubles qu'y avait suscités le roi de Prusse. Il imputait à la cour de Vienne seule l'envoi de Robinson au camp prussien, envoi qui avait eu lieu sans sa participation et qu'il désavouait. Il n'hésitait pas à formuler cette promesse, qui indiquait à quel point sa politique de la veille était bouleversée jusque dans ses fondements : « Je promets à l'Électeur sur ma parole royale que, que si l'on me remet ici dans une prompte tranquillité, bien loin de lui être contraire, je tournerai ma voix en sa faveur plutôt qu'en celle de tout autre, ayant spécialement sa personne et ses qualités en grande estime, et qu'au lieu de me mêler dans ses querelles avec la Maison d'Autriche, je les lui laisserai terminer selon qu'il le jugera à propos et me tiendrai dans une pleine inaction ». Georges II protestait de la solidité de son amitié et de la loyauté de ses engagements. « Quand je dis quelque chose ou que je donne ma parole, on peut hardiment s'y fier. Je vous parle ici à cœur ouvert et en honnête homme ». Il demandait enfin que le baron de Haslang communiquât cet entretien

---

(1) Traduction d'une lettre datée de Hanovre le 4 septembre 1741, et écrite par M. de Haslang à S. A. E. de Bavière. (Cette traduction a été envoyée par le maréchal de Belle-Isle au cardinal de Fleury le 15 septembre 1741.) Corresp. de Hanovre. Vol. 49. Aff. étrang.

sans retard, par un courrier, à l'Électeur de Bavière, et l'envoyé de Charles-Albert, à peine sorti de son audience, rédigeait sa dépêche, où « tout ce que j'écris est sorti de la bouche du Roi », et la terminait par cette réflexion : « Je crois que depuis longtemps le Roi ne s'est expliqué aussi confidemment envers un ministre étranger ».

Notre représentant à Londres, M. de Bussy, accouru à Hanovre au début de septembre, trouva Georges II dans cette anxiété profonde, que le Roi n'était plus maître de dissimuler. En apercevant notre envoyé, le Roi l'accueillit par ces mots, indice de son état d'âme : « Monsieur, venez-vous pour me déclarer la guerre? (1) » Il parla à M. de Bussy « d'une façon touchée et touchante ». Ce dernier fut frappé de l'altération des traits qu'il remarqua sur le visage du Prince. « J'ai appris, depuis, que le roi d'Angleterre avait été malade sur la nouvelle que les Français devaient entrer dans son pays. Je l'ai trouvé changé..... (1) ». Au cours de son entretien, Georges II ne manqua pas de recourir à la tactique qu'il ne devait cesser d'employer pour justifier sa conduite envers la France. Il y avait en lui, disait-il, un double personnage : le roi d'Angleterre et l'Électeur de Hanovre. Comme roi d'Angleterre, il avait dû suivre le courant de toute une nation qui s'était posée en champion de la Pragmatique, mais « ce n'était point à l'électorat de Hanovre à payer pour l'Angleterre..... C'étaient des États si séparés et si différents, tant pour le gouvernement que pour la nature des affaires, qu'il serait injuste de faire répondre l'un pour l'autre ». Georges II se refusait à croire que le roi de France, garant des traités

---

(1) M. de Bussy à Amelot, à Hanovre, le 6 septembre 1741. Corresp. de Hanovre. Vol. 79. Aff. étrang.

(2) *Ibid.*

19

de Wesphalie, voulût « ruiner sans sujet les États d'une des plus anciennes maisons électorales de l'Empire ». Il manifesta ouvertement la crainte et l'aversion que lui inspirait Frédéric II. « Il m'a paru, disait M. de Bussy, en particulier outré contre le roi de Prusse..... Il le regarde comme un prince qui n'est arrêté par aucun des freins qui font la sûreté de la société des princes et des hommes ». Georges II avoua à notre ambassadeur :

Qu'il voyait à regret que Sa Majesté donnait les mains à l'agrandissement d'un prince qui, par l'union fatale d'un grand pouvoir et d'une ambition qui ne connaissait point de règle, serait d'un danger extrême à ses voisins, et ferait peut-être bientôt repentir la France même de ses condescendances ; qu'il voulait parler du roi de Prusse ; que Sa Majesté, en favorisant son agrandissement, serait obligée ou d'avoir toujours les armes à la main pour l'empêcher d'opprimer les princes qui seraient plus faibles que lui ou de lui voir déranger l'équilibre des princes de l'Empire si nécessaire à l'intérêt de la France.

« Que lui, en particulier, enclavé dans ses États de tous côtés, avait plus à craindre d'un pareil voisin que personne ; qu'il était de la politique de la France de l'affranchir de la dépendance qu'il avait du roi de Prusse, que cependant la France n'avait jamais rien fait pour lui, qu'au contraire elle s'était opposée à toutes les précautions que sa Maison avait voulu prendre contre la puissance du roi de Prusse, mais qu'il était temps qu'elle revînt de son erreur ; que, loin d'attendre de l'oppression de la part du Roi, comme électeur de l'Empire, il avait droit au secours de Sa Majesté, à l'assistance du garant des traités de Westphalie, et que, si le Roi était sensible à l'acquisition d'un ami tel que lui et qu'il voulût faire quelque chose pour le mettre à couvert des entreprises d'un aussi dangereux voisin que le roi de Prusse, le Roi et lui se trouveraient en état de favoriser leurs vues mutuelles ; que sa parole valait un traité, mais que, s'il en fallait un, il le ferait avec plaisir ; qu'il n'y avait qu'à en tracer les conditions, mais qu'il ne pouvait retourner en Angleterre en laissant ses États exposés au hasard des événements ou sur la foi d'assurances vagues ; qu'il demandait des assurances par écrit comme les troupes françaises n'entreraient pas dans la Westphalie; qu'il savait bien qu'un Électeur de Brunswick n'était pas en état de mesurer sa puissance avec celle d'un roi de France, mais que, quand il s'agissait d'entreprendre une guerre, les rois devaient avoir plus d'attention à la cause qu'à l'événement.

« Que cependant si, contre son attente, le Roi refusait cette assurance si nécessaire à sa sûreté et à son honneur et que les troupes françaises

entrassent en Westphalie, il était déterminé, quelque inégale que fût
la partie, à défendre ses sujets et son pays en brave homme et à périr
du moins les armes à la main ; qu'il me conjurait d'envoyer au plus tôt
un courrier directement en France pour représenter ce qu'il me confiait
et demander l'assurance qu'il désirait, et qu'il avait trop de confiance
dans la droiture de mes intentions pour ne pas s'en rapporter à la fidélité du compte que je rendrais (1).

Passant aussi en revue les armements du Hanovre,
M. de Bussy en signalait à notre Ministre des affaires
étrangères, Amelot, le caractère nettement défensif.

Tout le monde m'a dit ici, Monseigneur, et le ministre de Bavière
même, qu'il était vrai que ce n'était que depuis 5 ou 6 jours et sur l'assurance unanime de toutes les nouvelles de la prochaine entrée des
Français en Westphalie que le roi d'Angleterre avait fait assembler ses
troupes. Les régiments des gardes à pied et à cheval et les troupes qui
sont à portée d'ici se mirent hier en marche pour former les deux camps
qui leur sont marqués, l'un près de Hameln sur le Weser et l'autre dans
le comté de Diepholt, à Barnstoff. On compte avoir 49,000 hommes.
L'Électeur d'Hanovre avait 21,000 hommes. Il vient de les augmenter
de 6,000 en augmentant chaque compagnie d'infanterie de 13 hommes
de milice, de sorte qu'il y aura 27,000 Hanovriens, 6,000 Hessois et
7,000 Danois qui, avec les 9,000 Saxons que l'on a demandés en vertu
du traité de 1736 et sur lesquels on compte, feront 49,000 hommes.
C'est le prince Guillaume de Hesse qui en aura le commandement général sous le roi d'Angleterre, et Sa Majesté Britannique s'en va samedi
prochain à Lynsbourg, maison de chasse à 10 lieues d'ici et à 2 lieues de
la ville de Nyenbourg et à 2 du camp de Barnstoff, pour voir entrer les
troupes dans le camp. Je joins ici la liste de ces troupes, et je dois leur
rendre la justice qu'elles sont très belles, très bien disciplinées, très
bien exercées, mais elles n'ont point d'expérience, et l'alarme est très
grande à Cour et à la ville (2) ».

Se rendant à un désir de Georges II, M. de Bussy joignait à sa dépêche cette lettre, adressée au cardinal
de Fleury :

---

(1) M. de Bussy à Amelot, à Hanovre, le 6 septembre 1741. Corresp.
de Hanovre. Vol. 49. Aff. étrang.
  (2) *Ibid.*

Votre Éminence aura vu, dans ma dépêche à M. Amelot, le compte que je rends de l'entretien que j'ai eu avec le roi d'Angleterre à mon arrivée à cette Cour. J'en dois un particulier à Votre Éminence de la part de Sa Majesté Britannique. Elle me dit, à la suite de l'entretien que j'eus, qu'Elle ne me cacherait pas qu'Elle avait envoyé à Votre Éminence une personne de confiance avec une lettre pour lui demander des éclaircissements sur les mouvements de l'armée de la Meuse ; qu'il me recommandait de ne pas manquer d'assurer Votre Éminence, en particulier, de la confiance sans réserve qu'il avait dans la droiture de ses intentions et dans l'esprit de sagesse et de paix qui avait animé jusqu'ici toutes ses démarches.

« Qu'on lui mandait d'Italie que Votre Éminence faisait venir le fils aîné du Prétendant en France ; qu'il n'en voulait rien croire ; que Votre Éminence connaissait trop bien la faiblesse et l'aveuglement des Jacobites pour se charger du démérite gratuit de favoriser leurs mesures impuissantes.

« Qu'il était véritablement disposé à ne se point opposer aux vues du Roi dans l'Empire pourvu que les troupes françaises n'entrassent point en Westphalie, d'où elles seraient tout d'un coup dans ses États, et qu'il était également porté à accommoder les affaires qui sont hors de l'Empire avec la condition d'être aidé.

« Qu'il croyait qu'il était de l'intérêt du Roi et de celui de la réputation de Votre Éminence que l'affaire de l'élection de l'Empereur se passât librement dans l'Empire, sans qu'on pût attribuer à la force d'avoir gêné la liberté des suffrages, et que ce serait le comble de la gloire du ministère de Votre Éminence que de pouvoir, sans répandre ni sang, ni trésors, pacifier les troubles qui ont armé les deux mondes ; qu'il s'y intéressait extrêmement et qu'il y contribuerait de grand cœur.

« Je n'ai pas cru devoir manquer, Monseigneur, à vous rendre compte de ces assurances du roi d'Angleterre.

A Hanovre, le 6 septembre 1741 (1).

Georges II avait des raisons d'autant plus fondées d'appréhender une attaque de la France qu'il savait l'opinion publique à Paris surexcitée contre les manquements de foi et les actes de piraterie dont les marins anglais se rendaient chaque jour coupables envers les nôtres (2).

------

(1) Corresp. de Hanovre. Vol. 49. Aff. étrang.
(2) « Le public se récrie plus que jamais sur les insultes réitérées des

Fleury recueillait le fruit de ses condescendances pleines de faiblesse à l'égard de l'Angleterre. Il semblait que les navires de cette puissance se fussent donné le mot d'ordre d'insulter à plaisir notre pavillon. Les griefs légitimes abondaient, qui eussent conduit un ministre plus soucieux de la dignité nationale à exiger une réparation éclatante ou à unir nos flottes à celles de l'Espagne alors en guerre avec l'Angleterre. Tout récemment encore, le 5 août 1741, comme le chevalier de Caylus revenait d'Amérique avec 1 vaisseau et 2 frégates, 4 vaisseaux anglais lui avaient donné la chasse pendant tout le jour, près du cap Spartel, et, la nuit venue, l'avaient attaqué à l'improviste. Le chevalier se tenait heureusement sur ses gardes. Il riposta avec vigueur au feu des assaillants qui, intimidés par sa bonne contenance, ayant plus souffert que les Français, envoyèrent, après trois heures de combat, un officier s'excuser de la méprise qu'ils avaient commise en croyant attaquer des vaisseaux espagnols. Le 24 juillet 1741, deux de nos navires marchands avaient été arrêtés, à hauteur du cap Sainte-Marie, par une frégate anglaise, et les capitaines de ces vaisseaux sommés de se rendre à son bord. Comme l'un d'eux avait fait quelque difficulté d'obéir, la frégate lui avait lâché toute sa bordée. Le capitaine de ce vaisseau avait été molesté, enfermé quelque temps à fond de cale et relâché après avoir dû certifier par écrit qu'il s'était attiré lui-même les rigueurs dont il avait eu à souffrir.

Sur la côte de Biscaye, un navire anglais venait d'arrêter 4 bateaux de Saint-Jean-de-Luz à leur retour de la pêche de la baleine : en violation du traité

Anglais et sur la nécessité absolue où l'on est d'en tirer raison ». M. de Chambrier à Frédéric II, de Paris, le 8 septembre 1741. Corresp. de Prusse. Vol. 114. Aff. étrang.

d'Utrecht, il avait enlevé 87 matelots espagnols qui faisaient partie de leurs équipages (1).

Dans sa réponse à Georges II, du 11 septembre 1741, Fleury ne manqua pas de rappeler au Roi nos griefs contre les Anglais : « Votre Majesté n'ignore pas sans doute que, depuis la déclaration de la guerre entre l'Espagne et l'Angleterre, les vaisseaux de la nation anglaise n'ont cessé d'insulter le pavillon de France et d'arrêter, soit dans les mers de l'Amérique, soit dans celles de l'Europe, tous les bâtiments français, tantôt sous prétexte de contrebande et tantôt en supposant que leurs cargaisons appartenaient aux Espagnols. Quelques-uns ont été retenus pendant des mois entiers dans les ports d'Angleterre. On a saisi les cargaisons et souvent on en a maltraité les équipages. Le Roi en a fait porter ses plaintes à l'amirauté de Londres sans en avoir pu obtenir de justice. Si je mettais sous les yeux de Votre Majesté la liste de toutes les insultes faites à nos marchands, Elle serait étonnée du nombre de ces sortes d'excès (2) ». Après cet exposé qui appelait une attitude énergique, Fleury osait, chose étrange, vanter la patience du Roi, qui « a mieux aimé souffrir ces insultes dans l'espérance d'en obtenir la réparation plutôt que d'user de représailles et d'altérer la bonne intelligence entre les deux couronnes ». Le Cardinal protestait des sentiments pacifiques de Louis XV : « L'intention du Roi n'est pas de déclarer la guerre à Votre Majesté et sa patience ne peut être plus grande ». Il définissait enfin le rôle de nos armées en Allemagne : « Ce n'est point dans la vue de faire des conquêtes que le Roi a assemblé deux armées. L'une ne

---

(1) Tous ces faits sont rappelés par Fleury lui-même dans un mémoire joint à sa lettre à Georges II, du 11 septembre 1741.

(2) Fleury à Georges II, 11 septembre 1741, à Issy. Corresp. de Hanovre. Vol. 49. Aff. étrang.

regarde que l'Électeur de Bavière qui lui a demandé du secours pour le maintien de ses droits, et elle est purement auxiliaire. L'autre n'est proprement qu'une armée d'observation et ne sera employée que selon les conjonctures qui se présenteront à le garantir des efforts que pourront faire les puissances qui se déclareront contre nos alliés. Le Roi n'a intention d'attaquer personne à moins qu'il n'y soit forcé, et il sera toujours prêt à écouter les propositions d'accommodement qu'on lui fera, pourvu qu'elles soient raisonnables et qu'elles ne servent pas de prétexte à retarder ses opérations ».

Le même jour, Fleury faisait remettre la note suivante à M. de Hardenberg, le représentant de Georges II :

Dans la réponse que je fais à la lettre dont S. M. B. m'a honoré, je lui explique les intentions du Roi qui seront toujours portées à la paix et à maintenir la tranquillité publique tandis qu'il n'aura aucun motif pressant de recourir à la voie des armes. La patience avec laquelle S. M. a souffert les insultes que les vaisseaux anglais ont faites à nos marchands en une infinité d'occasions, et quelquefois même aux vaisseaux du Roi, est une preuve bien évidente des intentions pacifiques de S. M. qui en a fait porter ses plaintes à Londres sans en avoir pu obtenir la réparation. Les assurances que vous me donnez, Monsieur, dans votre mémoire, des dispositions sincères du Roi votre maître pour conserver la bonne intelligence entre les deux couronnes, me font espérer qu'il n'y arrivera aucun changement, et que les dissensions présentes qui agitent le Corps germanique ne fourniront aucun sujet réciproque d'altérer cette union.

A l'égard de l'élection d'un empereur, le Roi a fait déclarer à tous les Électeurs que S. M. était bien éloignée de contraindre la liberté qu'ils ont de donner leurs suffrages au sujet qu'ils estimeront être le plus capable de soutenir l'honneur et les intérêts de l'Empire. Le Roi sera fort aise de joindre ses offices à ceux du roi de la Grande-Bretagne pour assurer cette liberté et se ranger mutuellement du côté du prince qui obtiendra la pluralité des suffrages en sa faveur (1).

---

(1) Réponse du cardinal de Fleury au Mémoire de M. de Hardenberg. Corresp. de Hanovre. Vol. 49. Aff. étrang.

De plus en plus inquiet du côté de la Prusse, qui lui avait fait savoir qu'il ne devait pas compter sur le secours stipulé par le Traité d'union perpétuelle de 1693 entre les maisons de Hanovre et de Brandebourg, Georges II n'attendit point la réponse du cardinal de Fleury pour faire une démarche décisive auprès de Charles-Albert. Le 14 septembre, il écrivait à son « frère, l'Électeur de Bavière » :

Sérénissime Prince, cher et bien aimé cousin, outre la satisfaction que je prends d'avoir envoyé expressément à Votre Dilection ces jours passés mon chambellan et grand échanson le baron de Wedel, pour répondre, tant par les propositions que je lui ai commis de faire que par la lettre dont il est le porteur, d'une façon tout à fait satisfaisante à la lettre que Votre Dilection m'a écrite le 22 avril dernier, mais laquelle j'ai reçue fort tard, je ressens une si vive reconnaissance pour les marques d'amitié et de confiance que j'y trouve que, joint au désir très sincère d'établir avec Votre Dilection une amitié perpétuelle, je ne puis m'empêcher d'assurer d'avance Votre Dilection par ces lignes, lesquelles j'ai requis son envoyé résidant à ma Cour, le baron de Haslang, de lui faire tenir, que je suis présentement non seulement fermement résolu de seconder les vues de Votre Dilection par rapport à la dignité impériale mais de démontrer encore ailleurs, par des preuves essentielles, que je suis avec considération et sincérité de Votre Dilection votre officieux cousin (1).

Georges R.

L'Électeur reçut à Linz, le 22 septembre, ce message de Georges II, accompagné d'une seconde lettre autographe dans laquelle le Roi le suppliait, « avec les instances les plus vives et les plus affectueuses, d'intercéder auprès de Sa Majesté (Louis XV) pour qu'Elle veuille bien arrêter la marche de son armée du bas Rhin (2) ». Charles-Albert qualifiait de « miracle » le changement d'attitude de Georges II qui recherchait son amitié et sa

---

(1) Correspondance de Hanovre. Vol. 49. Aff. étrang.
(2) M. de Beauvau à Amelot, à Linz, le 22 septembre 1741. Corresp. de Bavière. Vol. 93. Aff. étrang.

protection, et il n'hésitait pas à attribuer ce miracle à la présence d'une armée française sur le bas Rhin.

Georges II redoutait avant tout que cette armée prît ses quartiers à proximité de ses États, en Westphalie, dans les évêchés d'Osnabrück, de Paderborn et de Munster, dépendants de notre allié, l'Électeur de Cologne. M. de Hardenberg avait écrit à Fleury, le 13 septembre, sur de nouvelles instances de son maître : « Si Votre Éminence veut lui donner l'assurance au nom de sa Cour qu'aucunes troupes étrangères n'entreront en Westphalie ni ne s'approcheront des frontières du Roi, dès alors Sa Majesté donnera ordre, tant à ses propres troupes qu'à celles qui sont à la solde de l'Angleterre, de rentrer dans leurs quartiers (1) ». Le Cardinal avait d'abord fait à cette demande une réponse évasive, mais, écrivant au roi d'Angleterre le 19 septembre, il lui découvrait sous le sceau du secret, « avec une confiance sans réserve, les sincères intentions du Roi ». Louis XV était fermement résolu à garder la neutralité sur la frontière des Pays-Bas, à ne point faire travailler aux fortifications de Dunkerque et à ne tenter aucune démarche auprès du Prétendant. Le roi de France s'emploierait volontiers à la conclusion d'une paix honorable entre l'Espagne et l'Angleterre ; il attendait aussi une « satisfaction légitime » pour « les torts et les vexations que les vaisseaux anglais ont faits en tant d'occasions aux nôtres ». Le Cardinal témoignait le désir que Georges II accordât son suffrage à l'Électeur de Bavière et faisait cette déclaration impatiemment attendue à Hanovre : « Le Roi est prêt à faire retirer ses troupes du voisinage des vôtres et de vos États pourvu que Votre Majesté veuille bien s'engager de ne point faire agir les siennes en Allemagne contre nos

----

(1) M. de Hardenberg à Fleury, à Paris, 13 septembre 1741. Corresp. de Hanovre. Vol. 49. Aff. étrang.

alliés. Nous ne demandons pour cela qu'une promesse par écrit de sa part, pareille à celle que j'ai l'honneur de lui donner au nom du Roi. Entre deux Princes dont la bonne foi est aussi reconnue, une parole royale donnée réciproquement est aussi solide et aussi solennelle qu'un traité (1) ».

Cette lettre était à peine écrite que le Cardinal recevait, par un courrier de l'Électeur de Bavière, communication des ouvertures faites par le roi d'Angleterre au baron de Haslang, le 4 septembre précédent. En conformité des désirs exprimés par Georges II, Charles-Albert demandait que la France n'inquiétât point les États de l'Électeur de Hanovre, et Fleury, accédant à cette démarche de notre allié, faisait suivre sa lettre des lignes suivantes :

Sire,

Après avoir fermé ma lettre, j'en reçois une de l'Électeur de Bavière qui me presse très vivement d'obtenir du Roi qu'il ne fasse point approcher notre armée des frontières des États de Votre Majesté ni qu'elle puisse lui donner la moindre inquiétude. Nous ne pouvons que savoir très bon gré à l'Électeur de la vivacité qu'il témoigne pour les intérêts de Votre Majesté, et c'est un nouveau motif pour nous confier entièrement à la parole royale de Votre Majesté de renvoyer ses troupes dans leurs anciens quartiers et de ne point troubler le reste de nos opérations dans l'Allemagne. Votre Majesté peut donc être assurée que nous enverrons incessamment les ordres à M. le maréchal de Maillebois de se retirer avec son armée pour se rendre dans les quartiers qui lui seront indiqués. Cette union de la plupart des Électeurs avec Votre Majesté nous fait espérer le rétablissement de la tranquillité dans l'Empire, et le Roi n'a rien de plus à cœur que d'y pouvoir contribuer avec Votre Majesté et qu'elle puisse aussi devenir générale. Je suis avec un profond respect, etc... (2).

Interprétant à son tour, dans le sens le plus large, les

---

(1) Fleury à Georges II, 19 septembre 1741, à Issy. Corresp. de Hanovre. Vol. 49. Aff. étrang.

(2) Correspondance de Hanovre. Vol. 49. Aff. étrang.

déclarations du Cardinal, notre Ministre des affaires étrangères, Amelot, adressait, le même jour, à M. de Bussy une dépêche qui débutait par ces lignes : « Je vous renvoie, Monsieur, un courrier avec la réponse de M. le Cardinal et une lettre de Son Éminence pour Sa Majesté Britannique. Je crois qu'Elle en sera satisfaite, M. le Cardinal lui promettant positivement que l'armée française n'entrera point dans la Westphalie si le roi d'Angleterre veut donner sa promesse par écrit que les siennes n'agiront point contre les alliés de la France (1) ». M. de Bussy s'autorisa naturellement des ouvertures de notre Ministre pour laisser espérer à la cour de Hanovre que l'armée du maréchal de Maillebois n'entrerait pas dans la Westphalie, et, dans cette persuasion, les ministres hanovriens de Georges II rédigeaient, le 25 septembre, une déclaration où ils stipulaient, au nom de leur maître, « que Sa Majesté, ayant vu avec plaisir les assurances données par les lettres de Son Éminence que Sa Majesté Très Chrétienne n'avait aucune intention d'attaquer les États du Roi en Allemagne et plus particulièrement la déclaration que Son Éminence a faite, dans sa lettre au Roi du 19e, au nom et par ordre de Sadite Majesté Très Chrétienne, savoir que Sadite Majesté était prête à retirer ses troupes du voisinage de celles du Roi et de ses États, comme aussi selon les ordres envoyés à M. de Bussy par M. Amelot que les troupes françaises n'entreront pas dans la Westphalie, Sa Majesté ne fait aucune difficulté à déclarer, comme il est demandé en retour de la part de la France et comme Sa Majesté déclare actuellement par notre canal, qu'Elle ne fera pas agir ses troupes en Allemagne contre les alliés de la France et qu'au même temps que

---

(1) Amelot à M. de Bussy, à Paris, le 19 septembre 1741. Corresp. de Hanovre. Vol. 79. Aff. étrang.

M. le maréchal de Maillebois retirera ses troupes, comme Son Éminence dit qu'il aura ordre incessamment de le faire, le Roi fera retirer les siennes aussi ». Les ministres hanovriens demandaient en retour que l'armée de Maillebois repassât le Rhin au plus tôt, que les alliés de la France ne se livrassent à aucune hostilité contre le Hanovre et que Louis XV s'engageât à ne point faire de conquêtes en Allemagne et à retirer ses armées de l'Empire, une fois les troubles apaisés. Quant à nos griefs contre les Anglais, Georges II promettait de les examiner, dès son retour à Londres, et de faire « à cet égard tout ce qu'on pourra attendre avec justice et raison de sa part (1) ».

Au moment où le Cardinal recevait cette déclaration des ministres du Hanovre, le maréchal de Belle-Isle lui démontrait l'absolue nécessité de laisser notre armée du bas Rhin en quartiers d'hiver sur la rive droite de ce fleuve et d'occuper la Westphalie. Le Maréchal se servait auprès de Fleury des mêmes arguments qu'il résumait dans cette lettre à Charles-Albert, du 26 septembre 1741 :

..... Lorsque j'ai voulu que le Roi fît marcher une armée sur le bas Rhin, ce n'a été que pour contenir le roi d'Angleterre et l'amener au point où il est venu. L'objet de S. M. est rempli. Elle voulait procurer à V. A. É. la couronne impériale et faire valoir vos prétentions sur la succession de Charles VII. Nous voilà assurés de la grande pluralité des suffrages. L'Élection de V. A. S. É. sera unanime, et, avant qu'il soit peu, Elle sera en possession de la Bohême et de la Haute-Autriche et serrera de bien près la capitale de la Basse-Autriche par ses troupes ou celles de ses alliés. J'insiste néanmoins pour que notre armée du Bas-Rhin passe l'hiver en Allemagne, d'où je mande à M. le Cardinal qu'elle ne peut ni ne doit plus sortir qu'après la paix faite. Je

---

(1) Déclaration des ministres de Hanovre, du 25 septembre 1741. Corresp. de Hanovre. Vol. 49. Aff. étrang.

pense que cette armée contribuera, presque autant que celle que le
Roi a envoyée aux ordres de V. A. S. É., à en accélérer la conclusion.
Elle retiendra le roi d'Angleterre dans les engagements qu'il va prendre
avec le Roi, elle le discréditera dans le Nord et pourra empêcher que le
Danemark ne renouvelle son traité; elle ôtera toute idée d'association
dans la Basse-Allemagne, elle affermira la Saxe dans l'alliance qu'elle
va contracter, elle satisfera à ce que nous avons promis au roi de
Prusse. Elle contiendra la Hollande et la déterminera peut-être à embrasser la neutralité que le Roi désire, et elle obligera enfin la reine de
Hongrie, dénuée de toute espérance et de tout secours, à se soumettre
aux conditions et approuver les partages mentionnés dans les traités
que V. A. S. É. aura faits avec l'Espagne, le roi de Prusse et l'Électeur de Saxe. Je compte que M. le Cardinal, qui a bien voulu jusqu'à
présent déférer à mes conseils, les suivra encore dans cette occasion..... (1).

Les arguments du Maréchal étaient sans réplique.
Fleury le comprit, et, voyant que notre Ministre des
affaires étrangères s'était trop engagé en annonçant à
M. de Bussy que la Westphalie ne recevrait point de
troupes françaises, il résolut de dissiper toute équivoque
en remettant à M. de Hardenberg un Mémoire (2) où il
souscrivait aux demandes contenues dans la déclaration
hanovrienne, à l'exception de deux : le retrait de notre
armée sur la rive gauche du Rhin, auquel nous ne pouvions consentir en vertu de nos engagements avec nos
alliés, et le respect du territoire de la Westphalie dont on
avait pu seulement se flatter à Hanovre en donnant à ses
lettres une interprétation erronée. «M. de Bussy, disait le
Cardinal, a expressément déclaré qu'il n'avait ni ordres
ni instructions. Ce qui lui a été mandé ne peut donc et
ne doit être entendu que suivant le sens de la lettre de
Son Éminence au roi d'Angleterre, c'est-à-dire des lieux

____

(1) Belle-Isle à Charles-Albert, à Francfort, le 26 septembre 1741.
Corresp. de Bavière. Vol. 93. Aff. étrang.

(2) Ce Mémoire a pour titre : « Observations sur la déclaration du
roi d'Angleterre ». Corresp. de Hanovre. Vol. 49. Aff. étrang.

de Westphalie qui seraient trop voisins des États de Hanovre. Son Éminence a promis que Sa Majesté ferait retirer ses troupes du voisinage de celles du roi d'Angleterre et de ses États dès que Sa Majesté Britannique voudrait bien s'engager par écrit à ne point faire agir les siennes en Allemagne contre les alliés de la France. Tel est l'engagement précis que le Roi a permis à M. le cardinal de Fleury de prendre en son nom, le roi d'Angleterre n'ayant rien demandé de plus, et Sa Majesté s'exécute ponctuellement, ayant donné ses ordres pour séparer son armée aussitôt qu'Elle a eu connaissance de la déclaration signée par les ministres de Sa Majesté Britannique, et d'éloigner les quartiers d'une manière à ne lui donner aucune sorte d'ombrage pour les États d'Allemagne ».

Non content de la remise de ce Mémoire à M. de Hardenberg, Fleury écrivait lui-même à Georges II, le 5 octobre 1741, une lettre où il lui expliquait « avec précision » les sentiments du Roi :

L'affaire présente doit se terminer moins par négociation que par une pleine et absolue confiance. Le Roi s'explique nettement et donne sa parole royale qu'il n'entreprendra rien sur les États de Hanovre, et Votre Majesté donne la sienne aussi qu'Elle n'agira point hostilement contre nos alliés et ne les troublera pas dans la poursuite des droits qu'ils prétendent avoir sur quelque portion de la succession du feu empereur Charles VI.

Voilà le fonds et la base de notre traité ou plutôt de notre convention aussi sacrée et aussi forte qu'un traité. Le reste n'est qu'un accessoire. Il nous est impossible de ne pas faire hiverner une partie de nos troupes dans la Westphalie à nos dépens parce que, si nous leur faisions repasser le Rhin, outre que nous ne le pouvons par nos engagements avec nos alliés, il est certain que plusieurs princes d'Allemagne mal-intentionnés lèveraient la tête et se réuniraient en faveur de la Cour de Vienne.

Elles ne doivent donner aucun ombrage à Votre Majesté, et la parole du Roi en est un sûr garant, outre qu'on disposera les quartiers de manière à ne lui donner aucune inquiétude, et qu'on les éloignera le plus qu'il sera possible du Weser et du voisinage de ses États. Je n'ai point donné de parole contraire, comme Votre Majesté peut le vérifier par la dernière lettre que j'ai eu l'honneur de lui écrire.

Je n'ai rien mis, dans les articles que M. d'Hardenberg aura celui de lui envoyer, sur nos griefs contre les vaisseaux anglais, quoiqu'ils augmentent tous les jours et qu'il y en ait de récents qui sont contre le droit des gens et qui ne peuvent être justifiés, parce que Votre Majesté a témoigné qu'ils étaient étrangers à ses États d'Allemagne, mais j'espère qu'Elle voudra bien en prendre connaissance quand Elle sera de retour en Angleterre. Je me confie trop en son équité pour douter qu'Elle ne reconnaisse Elle-même la justice qui nous est due.

A l'égard du secret, Votre Majesté peut être assurée que nous le garderons inviolablement (1).....

A la lecture de cette lettre du Cardinal et du Mémoire remis par lui à M. de Hardenberg, il y eut à Hanovre un moment de déception profonde. On ne pouvait néanmoins suspecter la bonne foi du Cardinal et ne pas reconnaître son désir sincère de conciliation. Georges II savait maintenant, avec netteté, ce que voulait la France de l'Électeur de Hanovre, et il était trop vivement alarmé pour ne point se rendre aux conditions, en somme fort acceptables, que lui offrait le Cardinal. Le 12 octobre, le Roi donnait ordre à ses ministres hanovriens d'arrêter avec le représentant de la France le texte d'une nouvelle déclaration, conforme à la lettre et au Mémoire de Son Éminence. Cette déclaration était ainsi conçue :

Fait à Neustadt, ce 12 d'octobre 1741.

En présence, de la part de Sa Majesté Britannique, de MM. les ministres d'État de Munchhausen et de Steinberg, et, de la part de Sa Majesté Très Chrétienne, de M. de Bussy.

Les Ministres de Sa Majesté Britannique témoignèrent que Sadite Majesté, acceptant la déclaration que contient la réponse de S. É. Mgr le cardinal de Fleury, datée le 5 d'octobre 1741 et les articles y allégués que Son Éminence avait envoyés par le canal de M. de Hardenberg, l'affaire principale était finie, si bien qu'il ne s'agissait que de

---

(1) Fleury à Georges II, à Issy, le 5 octobre 1741. Corresp. de Hanovre. Vol. 49. Aff. étrang.

quelques points accessoires, qui regardaient l'exécution de ce dont on était convenu et qu'il serait absolument nécessaire de régler pour éviter tout inconvénient de part et d'autre, savoir :

1° Que les troupes sous le commandement de M. le maréchal de Maillebois, en prenant des quartiers d'hiver en Westphalie, n'approchent pas les frontières des États de Sa Majesté plus près que 3 lieues d'Allemagne ;

2° Qu'il n'y aura point de quartiers assignés auxdites troupes sur la route de Sa Majesté Britannique pour l'Angleterre;

3° Que les troupes respectives se sépareront et seront envoyées en quartiers d'hiver d'aujourd'hui en douze jours.

M. de Bussy ayant déclaré qu'autant que sa connaissance pouvait s'étendre il ne trouvait en cela rien de contraire aux intentions de S. É. Mgr le cardinal de Fleury, on est convenu de part et d'autre de ce que dessus et de faire dresser en foi de cela le présent protocole.

Après avoir ajusté ce qui est dessus, MM. les Ministres de Sa Majesté Britannique ajoutèrent : 1) que le Roi, leur maître, sans en faire une condition, se promettait de l'amitié de Sa Majesté Très Chrétienne et des bonnes intentions de Son Éminence que, comme en vertu de la paix de Westphalie dont la couronne de France était garante, sa Maison avait le droit de succession alternative dans ledit évêché, de sorte qu'en certaine manière il pouvait regarder ce pays comme ses États héréditaires ; 2) qu'il y avait, dans la ville d'Osnabrück, le château qui lui appartenait proprement et qu'il n'avait fait que prêter à S. A. l'Électeur de Cologne, outre plusieurs maisons particulières ; 3) dans le plat pays, plusieurs domaines, nommément les salines de Rothenfeld, et que 4) ledit évêché était d'une si petite étendue qu'il ne pouvait être de grand avantage d'y assigner des quartiers, que, pour ces causes, la couronne de France laisserait libre et exempt ledit évêché des quartiers d'hiver à assigner, et on priait M. de Bussy de s'y employer et d'en écrire à Mgr le cardinal de Fleury (1).

Bien que M. de Bussy eût facilement déduit, par les lettres du Cardinal, que cet accord était conforme à ses vues, il s'était prudemment refusé à y apposer sa signature. Il s'était servi de ce prétexte auprès des ministres hanovriens :

Que je n'avais de mission qu'auprès du roi d'Angleterre et qu'eux, ne

----

(1) Corresp. de Hanovre. Vol. 49. Aff. étrang.

pouvant rien conclure que pour l'Électeur d'Hanovre, il me fallait des ordres exprès pour conclure avec eux. Il n'y a sortes de prières, Monseigneur, de sollicitations, d'instances, que les ministres allemands ne me fissent pour me porter à signer un accord sur la distance des quartiers et sur les détails. Ils allèrent jusqu'à me dire que M. d'Hardenberg marquait que j'étais en état de tout finir, que Son Éminence le désirait et qu'ils savaient que je perdrais ma fortune auprès de Son Éminence en ne le faisant pas. Je leur répondis que M. d'Hardenberg les avait mal informés et que son Éminence entretenait ma fortune de façon que j'étais délivré de la crainte de la perdre, mais que, quand elle serait considérable, je ne ferais pas, pour la conserver, une signature sans avoir des ordres suffisants.....

Je vous avouerai, Monseigneur, que leur empressement à conclure m'a mis en défiance. Je ne sais ce qui peut être arrivé en Angleterre ou ailleurs qui les hâte de finir, mais j'ai cru que, plus ils pressaient, moins je courais de risque d'être lent. D'un autre côté, Son Éminence ne m'ordonne pas de conclure en termes formels, et ce n'est que par des inductions que j'en puis tirer la conséquence. Je n'ai ni instructions de vous sur les distances de l'éloignement qui convient à nos troupes, ni éclaircissement de M. le maréchal de Belle-Isle et de M. de Maillebois. D'ailleurs peut-être n'est-il pas mal de marquer de (*sic*) mécontentement sur l'obstination du ministère anglais à ne vouloir pas montrer une meilleure volonté sur les affaires d'Angleterre. Puis, vous êtes le maître d'ajouter ou de diminuer à cet accord comme de l'admettre ou de le refuser, et il n'y a que 10 ou 12 jours de différence.

Enfin j'aime mieux, Monseigneur, que vous me taxiez de trop de difficulté avec ces gens-ci que d'être trop facile (1).

Éclairé, à la suite de cet entretien, sur les sentiments de Georges II et de son ministère allemand, voyant leur hâte, manifestée au grand jour, de consentir à tout pourvu que le Hanovre fût en sûreté, M. de Bussy ajoutait à sa dépêche une lettre adressée au cardinal de Fleury, dans laquelle il disait : « ..... Votre Éminence verra, par le compte que je rends à M. Amelot, les raisons qui m'ont empêché de signer la convention dont les ministres allemands ont formé le projet, mais que,

---

(1) M. de Bussy à Amelot, à Hanovre, le 13 octobre 1741, à minuit. Corresp. de Hanovre. Vol. 49. Aff. étrang.

cependant, tout est fait si Votre Éminence le veut, et qu'il n'y a rien de fait si Elle ne le veut pas » (1).

Il était évident que Georges II, en tant qu'Électeur de Hanovre, abjurait son passé et se ralliait à la cause de l'Électeur de Bavière. Fleury savait, comme M. de Bussy, que cette conversion était plus forcée que sincère, mais il savait aussi que notre diplomatie pouvait s'applaudir d'une capitulation que le maintien de notre armée du Bas-Rhin à proximité des États de l'Électeur lui ferait observer sinon de bonne grâce, du moins par intérêt. Le Cardinal ne devait point faire de difficulté, comme nous le verrons plus tard, d'envoyer à M. de Bussy les pleins pouvoirs nécessaires à la ratification de la convention proposée le 25 septembre par les ministres hanovriens. De Francfort, le maréchal de Belle-Isle ne dissimulait point sa satisfaction : « Hanovre est ventre à terre », écrivait-il triomphalement à son ami, M. de Séchelles, avec une joie d'autant plus vive qu'à la même heure il forçait le dernier des alliés de la reine de Hongrie, l'Électeur de Saxe, à abandonner la cause de Marie-Thérèse.

____

(1) Corresp. de Hanovre. Vol. 49. Aff. étrang.

CHAPITRE VII

Suite des succès de notre diplomatie.

Lenteurs et manque de franchise de la cour de Dresde, qui lui aliènent Charles-Albert, Frédéric II et le maréchal de Belle-Isle. — Efforts d'Auguste III pour obtenir la partie orientale de la Bohême. — Résistance de l'Électeur de Bavière, qui voit avec douleur le démembrement de cette province. — L'Électeur de Saxe s'en remet au maréchal de Belle-Isle du soin de sauvegarder ses intérêts au cours des négociations avec la Bavière. — Le Maréchal, entièrement dévoué à Charles-Albert, fait signer, le 19 septembre, un traité d'alliance entre la Saxe et la Bavière, qui engage les Saxons à agir offensivement contre la reine de Hongrie et leur attribue la Haute-Silésie et la Moravie. — La cour de Dresde se montre peu satisfaite de ce partage.

Après avoir enlevé Neisse aux Saxons, le roi de Prusse veut encore distraire de la Bohême, à son profit, le comté de Glatz. — Manœuvre habile de Belle-Isle pour obtenir de Frédéric qu'il renonce à cette prétention. — Le roi de Prusse se déclare, à la fin de septembre, prêt à laisser Glatz à l'Électeur de Bavière.

Insuccès des négociations du représentant de l'Angleterre à Vienne, Robinson, qui effectue sans résultat deux voyages au camp de Frédéric, aux commencements d'août et de septembre 1741. — Lord Hyndford, le représentant de l'Angleterre à Berlin, est plus heureux. — Au milieu de septembre, Marie-Thérèse se résigne à céder la Basse-Silésie à la Prusse. — Comment Frédéric prépare dans l'ombre sa trahison envers ses alliés, et détourne les soupçons du maréchal de Belle-Isle et du marquis de Valory qui célèbrent à l'envi sa franchise et sa loyauté.

Vaines négociations de Marie-Thérèse avec Charles-Albert et Fleury qui s'empressent, en toute bonne foi, de prévenir Frédéric des moindres démarches de la cour de Vienne.

Enthousiasme des Hongrois pour Marie-Thérèse. — Cette princesse, qui a gagné tous les cœurs, obtient, le 20 septembre, de la Diète de Presbourg la corégence en faveur du grand duc de Lorraine, son époux. — La Diète décrète l'*Insurrection*. — Résultats inespérés de l'habile politique de Marie-Thérèse à l'égard des Hongrois.

La cour de Dresde n'avait pas seulement perdu un temps précieux par ses tergiversations, mais son attitude, dépourvue de franchise, lui avait encore aliéné le maréchal de Belle-Isle, l'Électeur de Bavière et Frédéric II. Le roi de

Prusse affectait de considérer les Saxons pusillanimes comme une quantité négligeable et ne leur ménageait pas son mépris. L'Électeur de Bavière voyait avec jalousie les prétentions outrées de son beau-frère, dans lequel il trouvait un compétiteur, avide à la fois de la couronne de l'Empire et de celle de Bohême. Belle-Isle, entièrement dévoué à Charles-Albert, jugeait aussi que la Saxe, en se rangeant tardivement et à contre-cœur du côté de la France, ne méritait plus d'être traitée aussi favorablement que par le passé. Avec son activité et sa décision, Maurice de Saxe déplorait l'indécision de son frère. Il voulait se rendre de sa personne auprès des rois de Pologne et de Prusse, et en demandait l'autorisation à notre Ministre des affaires étrangères, Amelot : « Si je pouvais, écrivait-il au maréchal de Belle-Isle, sonner, comme l'on dit, et aller à la procession, je quitterais ma colonne et, en huit jours, j'aurais tout terminé entre le roi de Prusse et celui de Pologne. Je lui aurais fait sauter le bâton, c'est-à-dire que je l'aurais fait entrer en Bohême, mais, comme cela, (ce) sera plus long et Dieu sait ce qui en arrivera, car leur folie est de faire des traités et le temps est trop court (1) ». Peu satisfait des menées de la cour de Dresde, Amelot avait décliné, par un refus poli, cette proposition du lieutenant général qui ne devait cesser, tout en conduisant une de nos divisions de cavalerie à l'Électeur de Bavière, de suivre avec le plus vif intérêt les démarches de son frère. Sur le point de passer le Rhin, il demandait à notre Ministre des affaires étrangères de joindre ses efforts aux siens pour tirer la Saxe de sa fâcheuse posture : « ..... Je sens le tort que se fait la cour de Saxe par ses lenteurs et son incertitude. Le roi de Prusse sent cette situation et en rit

----

(1) Maurice de Saxe à Belle-Isle, à Paris, le 9 août 1741. Corresp. de Saxe. Vol. 23. Aff. étrang

sous cape, et peut-être donne-t-il par malice lieu lui-même à la défiance que l'on a de lui, ce qui peut-être ne déplaît pas à l'Électeur de Bavière. Ce jeu ne finirait peut-être pas si tôt si vous ne cherchez pas à y mettre fin, et il n'est pas de votre avantage, à ce qu'il me semble, que vous souffriez qu'il dure. Pardonnez-moi, monsieur, la liberté avec laquelle je vous écris, mais vous avez des bontés pour moi et je m'y confie..... (1) ».

Nous avons vu précédemment (2) que les exhortations de Maurice de Saxe avaient fait impression sur l'esprit d'Auguste III et que notre ambassadeur à Dresde, M. des Alleurs, ne se trompait pas en leur attribuant le changement dont il commençait à s'apercevoir dans la politique saxonne. Elles avaient eu en effet pour conséquence de tirer l'Électeur de son apathie, de lui ouvrir les yeux sur son isolement, et de lui faire écrire à Fleury cette lettre qu'un de ses conseillers d'ambassade, le sieur Saul, était chargé de remettre entre les mains du Cardinal :

Monsieur mon Cousin,

Les conjonctures critiques auxquelles la mort de l'empereur Charles VI a donné occasion paraissant s'approcher à grands pas de leur dénouement, et sachant le poids que la couronne de France est en état d'y apporter, j'ai jugé à propos de faire précéder le départ de mon Ministre d'Etat et plénipotentiaire, sieur de Loss, à Munich, nommé pour la cour de Sa Majesté Très Chrétienne, par l'envoi d'une personne de confiance tant à la rencontre du maréchal de Belle-Isle à Francfort qu'auprès de vous-même pour demander en dernier ressort certains éclaircissements qui me manquent encore pour prendre ma résolution finale. C'est mon conseiller d'ambassade, sieur de Saul, qui aura l'honneur de vous remettre ces lignes et qui, étant de mon cabinet,

---

(1) Maurice de Saxe à Amelot, à Strasbourg, le 16 août 1741. Corresp. de Saxe. Vol. 23. Aff. étrang.

(2) Au chapitre VII des *Préliminaires de la guerre de la Succession d'Autriche.*

se trouve au fait de mes affaires les plus intimes. Il est chargé de vous exposer ma situation et de vous requérir de ma part de me faire savoir par lui les véritables dispositions du Roi Très Chrétien et vos lumières éclairées, en conséquence principalement sur les points dont, pour plus parfaite légitimation, il vous montrera la note signée de ma main. Je vous prie de l'écouter favorablement, d'ajouter créance entière à tout ce qu'il aura occasion de vous dire de mes sentiments, et je me flatte que vous voudrez bien vous expliquer sincèrement et positivement là-dessus, suivant la grande confiance que je mets en votre amitié, affection et équanimité pour moi. Je vous serai fort obligé des marques que vous m'en donnerez et je vous en conserverai le souvenir avec toute l'estime et bienveillance possibles, priant au reste Dieu qu'il vous ait, etc..... (1).

Cette lettre était accompagnée de huit demandes assez singulières, que le conseiller d'Auguste III communiqua au Cardinal en arrivant à Issy, le 9 août 1741. Avant de prendre un parti définitif, le roi de Pologne demandait à connaître : 1° les vues de la France sur le partage de la succession autrichienne et sur l'élection d'un empereur ; 2° les avantages qu'elle réserverait au roi de Pologne s'il se prêtait, « pour une partie, aux prétentions de l'Électeur de Bavière sur les États autrichiens et à celles du roi de Prusse sur une partie de la Silésie » ; 3° les moyens dont la France se servirait pour mettre la Saxe en possession de quelques provinces autrichiennes ; 4° les facilités qu'apporterait Louis XV à reconnaître les droits de la Saxe à la succession éventuelle de Marie-Thérèse, si cette princesse mourait sans postérité ; 5° l'attitude de la France à l'égard du roi de Pologne, « si elle veut favoriser l'élévation du Roi sur le trône impérial et y disposer et engager l'Électeur de Bavière » ; 6° les engage-

---

(1) Copie d'une lettre du roi Auguste de Pologne à Son Éminence le cardinal de Fleury, en date du 9 août 1741. Corresp. de Saxe. Vol. 23. Aff. étrang. — Nous croyons que la date du 9 août est celle de la remise de la lettre, la correspondance de Maurice de Saxe avec Amelot attestant la présence du conseiller d'ambassade Saul à Issy, le 9 août 1741.

ments de Louis XV à l'égard de la Prusse; 7° nos mesures pour amener le roi d'Angleterre, allié défensif de la Saxe, à agir de concert avec la France et la Bavière; 8° la disposition où serait notre ministère de coopérer au rétablissement de la paix entre l'Espagne et l'Angleterre (1).

Plusieurs de ces demandes étaient maladroites et intempestives. Fleury y fit répondre par un Mémoire (2) où il déclarait que la France n'avait aucune visée personnelle d'agrandissement dans le partage de la Succession autrichienne, et qu'elle s'efforcerait d'élever sur le trône impérial l'Électeur de Bavière, notre allié de longue date, sans porter la moindre atteinte à la liberté de l'élection. C'était à Charles-Albert et à Auguste III qu'il appartenait de régler à l'amiable le partage des États autrichiens, et le maréchal de Belle-Isle avait plein pouvoir pour conduire ces deux princes « à un traité juste et raisonnable ». Cet accord établi, le roi de France « prendra, de concert avec eux, les mesures les plus promptes pour les mettre en possession, aussi bien que pour toutes les sûretés dont on conviendra pour la leur garantir ». Le Cardinal faisait remarquer, à l'Électeur de Saxe, combien il était prématuré et chimérique d'envisager l'éventualité de la mort de Marie-Thérèse sans postérité, et combien il était déplacé de demander que la France invitât l'Électeur de Bavière à favoriser l'élection à l'Empire du roi de Pologne. Très réservé sur notre alliance avec Frédéric, auquel il avait promis le secret, Fleury laissait seulement entendre qu'il était « morale-

----

(1) Copie des points sur lesquels le Roi (de Pologne) s'est rapporté dans sa lettre à Son Eminence Mgr le cardinal de Fleury. Corresp. de Saxe. Vol. 23. Aff. étrang.

(2) Réponse au Mémoire du roi de Pologne (avec la mention : Envoyé à M. le maréchal de Belle-Isle, le 25 août 1741). Corresp. de Saxe. Vol. 23. Aff. étrang.

ment certain que le roi de Prusse se tournera de notre côté », dans le cas où il aurait rompu tout accord avec la cour de Vienne. Le Cardinal faisait ressortir la modération de Louis XV à l'égard des Anglais, et, sans se refuser à travailler, de concert avec le roi de Pologne, au rétablissement de la paix entre l'Espagne et l'Angleterre (si ce prince avait une base solide à lui offrir), il lui rappelait que toute proposition, venant de la France seule, serait rejetée des ministres anglais qui « ont toujours mis pour première condition que la France ne serait point admise dans la négociation ».

Éclairé sur la ligne de conduite que la France entendait suivre à son égard et à l'égard de Charles-Albert, Auguste III se décida néanmoins à tenter une dernière démarche auprès du cardinal de Fleury. Il envoyait à Versailles, au début de septembre 1741, le palatin de Mazovie, M. de Poniatowski. Peu satisfait du partage que Belle-Isle lui assignait parmi les dépouilles de l'Autriche (la Moravie et la Haute-Silésie), le roi de Pologne chargeait M. de Poniatowski de réclamer encore, pour la Saxe, un lambeau de la Bohême. « ... J'espère, écrivait-il à Fleury, le 30 août, en lui annonçant l'arrivée de son envoyé, que vous ne lui refuserez pas votre protection et l'entremise de votre crédit éminent auprès de Sa Majesté Très Chrétienne pour procurer audit maréchal de France (Belle-Isle) des ordres plus favorables et conformes à la justice de mes demandes et à l'équanimité reconnue du roi de France, aussi bien qu'à vos propres sentiments équitables... (1) ».

Fleury caressait l'espérance que l'accession de la Saxe à la coalition formée contre l'Autriche amènerait la

---

(1) Auguste III à Fleury, à Moritzburg, le 30 août 1741. Corresp. de Saxe. Vol. 23. Aff. étrang.

fin rapide des hostilités. A la suite de ses entretiens avec M. de Poniatowski, il faisait savoir au maréchal de Belle-Isle qu'il ne s'opposerait point à une augmentation des territoires primitivement cédés à la Saxe, et il répondait, le 16 septembre, au roi de Pologne en ces termes :

Sire,

M. le comte Poniatowski m'a rendu, le surlendemain de son arrivée, la lettre dont il a plu à Votre Majesté de m'honorer du 30 du mois dernier, et on ne peut être plus vivement touché que je le suis des précieuses marques de bonté et de confiance qu'Elle daigne m'y donner. Je vous suis trop respectueusement attaché pour ne pas prendre la liberté de représenter à Votre Majesté que le long retardement qu'Elle a apporté à se déterminer sur le parti qu'Elle devait prendre avait donné quelque soupçon au Roi sur ses intentions et nous a obligés à prendre des engagements avec d'autres puissances, qui affaiblissent malgré nous l'envie que j'aurais en particulier de prouver à Votre Majesté toute l'étendue de mon zèle pour son service. Personne n'est plus pénétré de respect que je le suis pour la vertu, la bonne foi et toutes les grandes qualités de Votre Majesté, et je n'ai garde de rejeter sur Elle l'irrésolution où Elle a persisté peut-être un peu trop long-temps. Ce qui me fait une extrême peine est que le Roi ne peut se dis-penser d'agir de concert avec ses alliés dont il a tous les sujets du monde de se louer, mais ce que je puis promettre à Votre Majesté est que je leur écris combien le Roi souhaiterait de lui procurer les avan-tages raisonnables qu'Elle peut désirer. Je l'exprime très fortement à M. le maréchal de Belle-Isle, et je ne désire rien avec plus d'ardeur que de voir Votre Majesté unie avec le Roi, mon maître, par une alliance indissoluble et par leurs intérêts communs. Je la supplie d'en être per-suadée et que je rechercherai toute ma vie les occasions qui pourront dépendre de mon faible ministère de l'assurer du profond respect avec lequel je suis, etc. (1).

Mais, soit que le roi de Pologne eût compris le danger de se maintenir plus longtemps dans une neutralité qui lui fermait tout accommodement avec la France et ses alliés, soit qu'il eût cédé, dans sa faiblesse, à un de ces

____

(1) Corresp. de Saxe. Vol. 23. Aff. étrang.

mouvements contradictoires dont ses étranges conseillers, Brühl et Guarini, étaient trop souvent les funestes inspirateurs, il n'attendait point cette réponse du cardinal de Fleury. Bien qu'il sût Belle-Isle entièrement dévoué aux intérêts de son compétiteur, il faisait, en lui écrivant le 10 septembre, cette démarche personnelle et décisive qui le mettait à la merci du Maréchal :

Monsieur le maréchal comte de Belle-Isle,

Les assurances de votre amitié et la connaissance que j'ai de votre caractère et penchant pour ma personne me font prendre la résolution de me mettre avec la dernière confiance entre vos mains et de vous abandonner mes intérêts, bien persuadé que j'aurai à me louer de cette décision.

J'ordonne à M. de Schönberg et le sieur de Saul de conclure et de se reposer sur votre déclaration par rapport des avantages que vous me procurerez dans le train de la négociation et que vous consentirez toujours d'insérer dans ce traité ce que Sa Majesté Très Chrétienne, par M. le Cardinal, pourrait trouver équitable d'augmenter pour mes intérêts. Une prière que je vous fais encore, c'est de me procurer une langue de terre en Bohême (telle petite qu'elle saurait être) pour la communication à la Saxe avec les nouvelles acquisitions, sans m'ôter quelque chose, pour cet article, de la Moravie ; coopérez efficacement pour moi et comptez qu'un peu plus d'attention favorable pour mes intérêts à présent m'inspirera pour l'avenir un attachement qui surpassera peut-être un jour celui des autres et que la France aura en moi un allié ferme et un ami constant dans ses engagements, qui n'en prend pas légèrement mais y persiste autant plus inaltérable. Quant au service que vous me rendez, M. le Maréchal, je vous promets que je ne l'oublierai de ma vie et que je chercherai les occasions pour vous prouver l'estime et la reconnaissance, priant Dieu qu'il vous ait, en attendant, dans sa sainte et digne garde (1).

Moritzbourg, ce 10 septembre 1741.

Auguste, Roi.

Cette lettre d'Auguste III venait à son heure pour aplanir les difficultés que le maréchal de Belle-Isle

---

(1) Corresp. de Saxe. Vol. 23. Aff. étrang.

avait jusque-là rencontrées en essayant d'accommoder
le partage des États autrichiens aux ambitions contraires
de la Saxe et de la Bavière. Les représentants d'Auguste III
à Francfort, le conseiller d'ambassade Saul et le comte
de Schönberg, s'étaient vivement récriés contre les
premières ouvertures du Maréchal qui leur offrait la
Haute-Silésie et la Moravie. Ils avaient fait le tableau de
la pauvreté de ces provinces, dont l'acquisition ne
procurait à leur maître que des montagnes. Comment
d'ailleurs entrerait-il en communication avec ses nouveaux États, si Charles-Albert restait en possession de
la Bohême entière? N'était-il point naturel de donner
au roi de Pologne la Bohême orientale, à la droite de
l'Elbe, qui assurerait la jonction entre ses provinces?
C'étaient là les arguments que le conseiller d'ambassade
Saul avait développés à Issy, devant Fleury, au début
du mois d'août 1741, et ces arguments n'avaient pas été
sans faire impression sur l'esprit du Cardinal. Ce dernier avait enjoint au maréchal de Belle-Isle de ne point
rebuter la Saxe, de travailler au plus vite à un rapprochement entre les cours de Dresde et de Munich et de
les amener à « un partage raisonnable et assez avantageux au roi de Pologne (1) ». D'après ses instructions,
le Maréchal devait d'abord offrir aux Saxons la Moravie
et la Haute-Silésie avec une lisière de la Bohême pour
établir une communication directe de la Lusace à la
Haute-Silésie, et, si les Saxons s'opiniâtraient à refuser
ces premières offres, le Maréchal était autorisé à leur
céder la partie orientale de la Bohême, à la droite de
l'Elbe, en réservant Prague, l'électorat et le titre de roi,
à Charles-Albert.

Le 15 août, Belle-Isle faisait part à l'Électeur de

____

(1) Belle-Isle à Charles-Albert, à Francfort, le 16 août 1741.
Vol. 2915. Arch. hist.

Bavière des bases sur lesquelles le Cardinal voulait engager les négociations entre la Saxe et la Bavière. Le Maréchal n'ignorait pas le chagrin qu'allait causer à Charles-Albert la proposition d'un démembrement de la Bohême. Il déclarait sa résolution bien arrêtée de ne céder aux Saxons une partie de cette province qu'à la dernière extrémité. S'il lui fallait néanmoins, en suprême ressort, passer par cette condition, le Maréchal se promettait de n'accorder aux Saxons qu'un lambeau de la Moravie et de faire attribuer cette province à Charles-Albert. Animé, par son dévouement, à prendre en main les intérêts de l'Électeur comme les siens propres, Belle-Isle suppliait l'Électeur de lui permettre de diriger dans cette négociation le comte de Kœnigsfeld, le représentant de la Bavière à Francfort. « J'ose me flatter, écrivait-il à la fin de sa longue dépêche, que V. A. S. É. est assez persuadée de mon attachement et du vif intérêt que je prends et à sa gloire et au bien de son service pour ne pas douter que je n'y apporte autant de soins, d'exactitude, d'attention et de fidélité, qu'aucun de ses ministres ou de ses sujets ».

Comme Belle-Isle s'attendait à une vive opposition de l'Électeur de Bavière sur les conditions du traité, il adressait en même temps une instruction très détaillée au marquis de Beauvau et lui prescrivait d'user de toute son influence pour faire agréer à l'Électeur ses propositions d'accommodement. Sa dépêche renfermait ces précieux aveux : « Si vous voulez réfléchir à la situation du royaume et encore plus à celle du ministère, vous penserez, comme moi, combien il est difficile qu'une besogne aussi vaste et qui embrasse tant de branches n'exige une suite et une attention que l'âge et la santé de Son Éminence ne lui permet plus d'avoir ; vous connaissez le reste, et, de là, concluez que le plus grand service que je puisse rendre au Roi et à l'État, est d'employer toute mon industrie pour abréger à quelque prix que ce soit une guerre dont la durée serait sujette à mille hasards également dangereux et ruineux.

« Ce principe posé, je pense, et M. le Cardinal me l'a expressément ordonné, de mettre tout mon savoir-faire pour tâcher de conclure le traité entre la Saxe et la Bavière (1) ».

Belle-Isle informait M. de Beauvau qu'en dernière alternative, il avait :

Ordre précis, et vous ne devez point le dissimuler à l'Électeur, d'accorder aux Saxons, avec la Haute-Silésie et la Moravie, encore la partie orientale de la Bohême jusqu'à l'Elbe, parce qu'il ne faut pas, pour un objet de cette espèce, nous enfourner dans une guerre, qui peut devenir pour le moins douteuse par les raisons ci-dessus que ni vous ni moi ne pouvons et ne devons communiquer à personne.

Il ne serait pas sage de manquer l'occasion où le roi d'Angleterre est lui-même déconcerté par la levée du siège de Carthagène et la défection du roi de Prusse, qu'il s'est toujours flatté de gagner. Je vois clairement qu'il consentira, ne pouvant faire mieux, à l'accommodement de la Saxe ; le sieur Saul ne me l'a pas caché. Il y entrera peut-être lui-même. Nous aurons fait l'Électeur de Bavière empereur, nous aurons abaissé la Maison d'Autriche, nous aurons procuré à notre ami le royaume de Bohême, la Haute-Autriche, le Tyrol et la Souabe, et cela presque sans coup férir ; nous aurons rétabli, presque aussitôt que troublées, la paix et la tranquillité dans l'Empire. N'est-ce pas là tout ce que nous pouvons souhaiter de plus glorieux pour le Roi et de plus utile pour l'État, et serait-il excusable que, pour procurer à l'Électeur de Bavière une portion de la Bohême de plus, quand on lui procure tant d'autres choses d'ailleurs, nous mettions le feu partout, et que, réduisant l'Électeur de Saxe au désespoir, le roi d'Angleterre s'en serve pour déterminer la Hollande qui est encore indécise, entraîner le Danemark, et voir peut-être arriver cinquante mille Russes au printemps prochain dans l'Empire ? Et qui nous répondrait alors de la stabilité du roi de Prusse, dont vous connaissez mieux que qui que ce soit le caractère et les sentiments à notre égard ? Vous vous servirez donc de toutes ces solides raisons, autant que votre prudence et le plus ou moins d'opiniâtreté de l'Électeur et du comte de Terring vous y

____

(1) Belle-Isle à M. de Beauvau, à Francfort, le 15 août 1741. Vol. 2915. Arch. hist.

obligeront. Vous ferez envisager à ce Prince tous les risques qu'il court, si l'affaire se prolonge, et combien il doit s'estimer heureux d'être au point où nous le voulons mettre, et conclure enfin que le Roi n'y peut faire mieux et ne serait pas en état de le soutenir de même à la longue. Comme ce Prince est plein de raison et de bon sens, vous en tirerez beaucoup meilleur parti que du comte de Terring, qui est obstiné et cherche à faire sa cour à son maître; qui, dans le fond, s'embarrasse peu de notre intérieur et qui court, comme on dit, sur bête empruntée.....

Au surplus, si l'Électeur ne se portait point à cet accommodement avec la bonne grâce que j'ose dire qu'il doit au Roi, il indisposerait Sa Majesté de façon qu'il ne tarderait pas à s'en apercevoir et à s'en repentir plus d'une fois quand il n'en serait peut-être plus temps.

Je ne vous fais tous ces détails que pour que vous soyez pleinement instruit de l'absolue nécessité qu'il y a que l'Électeur consente de bonne grâce et s'en rapporte entièrement au Roi, ainsi qu'il m'a répété plus d'une fois que c'était son intention. Aussi n'est-ce pas de lui que je crains aucune résistance, mais du comte de Terring auquel vous parlerez plus intelligiblement s'il le faut, mais j'espère bien que, sans en venir à cette extrémité qui serait fort désagréable, vous obtiendrez les pleins pouvoirs et la carte blanche que je demande, le tout au nom de M. Kœnigsfeld, parce qu'il faut que pour la forme ce soit un ministre bavarois qui traite, mais il ne le fera que par mes ordres et mes décisions, sans que le ministre saxon en ait connaissance, sans quoi, au lieu de médiateur et de garant au nom du Roi, je deviendrais partie et par conséquent suspect, et je n'aurais plus sur le ministre saxon le même crédit et la même influence.

Si grande que fût la déférence de Charles-Albert aux conseils du maréchal de Belle-Isle et aux désirs du cardinal de Fleury, et quelques ménagements que Belle-Isle et M. de Beauvau eussent apportés dans l'annonce des conditions de son accord avec Auguste III, Charles-Albert ressentit, comme un coup de poignard au cœur, l'offre du partage de la Bohême avec les Saxons. La seule idée d'un démembrement de cette province, objet des convoitises de ses ancêtres, joyau par excellence des États autrichiens, le mettait au désespoir. MM. de Beauvau et de Mortaigne, témoins de son trouble, croyaient devoir en avertir le maréchal de Belle-Isle. «..... Je ne dois

pas non plus vous laisser ignorer, lui écrivait le marquis de Beauvau le 24 août, combien ce prince (l'Électeur) est alarmé et peiné de la seule idée qu'on pourrait abandonner la Bohême. Je ne doute pas qu'il ne s'en explique avec vous dans les termes les plus forts. Il m'a répété cent fois qu'il aimerait mieux la Bohême toute seule que l'Autriche, la Moravie et le Tyrol ensemble... (1) ».
Le même jour, M. de Mortaigne écrivait au Maréchal : « Voilà plusieurs fois que l'Électeur me parle de la proposition qui lui a été faite sur ce qu'il doit céder de la Bohême à la Saxe, au cas qu'elle persiste à vouloir l'avoir. Ce Prince serait inconsolable si cela arrivait, et je doute que le roi de Prusse y consente... Si vous voyiez combien cela l'afflige, vous y seriez sensible comme moi (2) ».

D'ordinaire si facile, si condescendant, si prêt à souscrire aux demandes de la France, Charles-Albert se raidissait cette fois contre la concession qu'elle exigeait de lui et qui détruisait ses meilleures espérances. Sa résistance était d'autant plus sérieuse que le faible Prince se sentait vigoureusement soutenu par le feld-maréchal de Terring et par le roi de Prusse. Tous deux ne cessaient de répéter à l'Électeur qu'il n'avait aucun ménagement à garder avec les Saxons. Après leurs retards pleins de duplicité, ces derniers devaient s'estimer fort heureux qu'on voulût bien encore les admettre à la curée des dépouilles de l'Autriche. Frédéric annonçait hautement, avec sa désinvolture accoutumée, son intention de garder pour lui-même la ville de Neisse qu'il enlevait sans scrupule à la Haute-Silésie, c'est-à-dire à Auguste III. Se posant en champion désintéressé des intérêts de la

***

(1) M. de Beauvau à Belle-Isle, à Munich, le 24 août 1741. Corresp. de Bavière. Vol. 95. Aff. étrang.
(2) Vol. 2915. Arch. hist.

Bavière, Frédéric encourageait son « cher Électeur » à résister, de son côté, à tout agrandissement de la Saxe en dehors de la Moravie et de la Haute-Silésie. Ses cajoleries avaient entièrement subjugué Charles-Albert et son ministre qui accueillaient, avec une confiance aveugle, ses protestations d'amitié et qui ne parlaient du roi de Prusse qu'avec enthousiasme. « Jamais, écrivait le comte de Terring à Belle-Isle le 5 septembre, il n'y a eu une plus belle passion que celle de ce Prince pour notre Électeur, qu'il appelle dans sa dernière lettre son « cher Électeur », ajoutant qu'il n'aimera les peuples d'Autriche qu'après qu'ils seront devenus sujets de l'Électeur, et qu'il ne soutiendra le trône impérial qu'après que l'Électeur y sera monté (1) ».

Se sentant ainsi encouragé à faire prévaloir ses droits à la possession de la Bohême entière, Charles-Albert répondait au maréchal de Belle-Isle, le 23 août 1741 :

Je passe au contenu de votre lettre du 15 août qui roule principalement sur la négociation que la Saxe a entamée, non seulement avec vous mais encore avec M. le Cardinal, par rapport au traité qu'elle souhaite de conclure avec moi depuis qu'elle reconnaît que toutes ses tergiversations et manèges secrets dont elle a usé jusqu'ici ne lui ont servi de rien, qu'elle serait à la veille de se trouver entre l'armée prussienne et celle avec laquelle j'entrerai en Bohême, et par conséquent forcée de prendre un parti dans une situation qui ne lui permet plus d'espérer les mêmes avantages qui lui ont été offerts.

Dans une position aussi fâcheuse pour elle, elle devrait s'estimer trop heureuse d'obtenir encore les mêmes, qu'on ne devrait lui savoir aucun gré d'accepter puisque c'est seulement lorsque toutes les ressources sur lesquelles elle a compté lui ont manquées ; et, par cette raison, on ne devrait pas s'attendre que la Saxe osât parler sur le ton haut et demander d'abord pour son partage, outre la Haute-Silésie et la Moravie, tout le royaume de Bohême dont, après bien des représentations de votre part, elle veut bien enfin me faire grâce de la moitié.

Comme je suis accoutumé à vous parler à cœur ouvert, je vous avoue

----

(1) Corresp. de Bavière. Vol. 93. Aff. étrang.

qu'après les marques éclatantes que je reçois de l'intérêt que le Roi prend à mon agrandissement, je ne crois pas qu'il puisse jamais consentir que la Saxe m'impose une loi aussi dure qu'injuste. Je vois cependant avec douleur, par ce que M. le Cardinal vous a mandé, que, si la Saxe ne démord point de ses injustes prétentions, vous devez lui accorder tout ce qu'elle désire. Les raisons qui obligent M. le Cardinal à avoir tant de condescendance pour elle sont telles et intéressent si fort le bien de l'état du Roi, mon protecteur, que je serais un ingrat si je demandais que, pour l'amour de moi, il s'exposât aux hasards d'une longue guerre et à tous les malheurs dont le sieur Saul a menacé la France si elle n'accorde pas tout ce que le Roi son maître demande, car, à l'entendre parler, les Puissances maritimes, la Russie, la Pologne, le Danemark et la plus grande partie des princes de l'Empire vont faire la guerre à la France et à ses alliés si le roi de Pologne n'est pas satisfait au gré de ses désirs; mais le sieur Saul n'a pas osé assurer que tous ces secours arriveront cette année et que le Roi, son maître, est en état de les attendre et de se soutenir dans la dangereuse position où il se trouve entre deux armées aussi puissantes que celles du roi de Prusse et celle à la tête de laquelle je me trouverai, ne pouvant sans doute nous dispenser de lui demander de se déclarer pour ami ou ennemi, afin de pouvoir prendre nos mesures là-dessus.

La cour de Saxe connaît parfaitement tout l'embarras de sa situation, et M. des Alleurs vous aura mandé, ainsi que le baron de Welzel ne cesse de me l'écrire, qu'elle est dans une inquiétude sans égale. Serait-il donc possible que, dans cet état, elle nous fît trembler et passer par tout ce qu'elle voudrait? Le Roi, votre maître, désire décisivement que mon traité avec la Saxe se fasse et que le roi de Pologne soit raisonnablement satisfait. Vous savez si j'ai jamais pensé différemment; les avances que j'ai faites à ce prince en sont des preuves incontestables, et, avec la cession de la Haute-Silésie et toute la Moravie, sans avoir aujourd'hui de son propre aveu le moindre droit sur ces provinces, n'aurait-il pas de quoi être raisonnablement satisfait? S'il ne l'est pas, c'est plutôt lui que moi que l'on peut taxer de trop d'avidité. Pourquoi faut-il que je la contente par la cession d'une partie du royaume de Bohême sur lequel j'ai les droits les plus clairs, et qui n'est déjà que trop mutilé par la séparation de deux provinces qui étaient les plus belles perles de cette couronne? Quelle idée donnerais-je de moi à ces peuples de Bohême lorsqu'ils sauraient qu'avec un appui aussi puissant que celui du roi de France, je n'ai pu les garantir d'un démembrement dont ils sont plus jaloux qu'aucun autre?.....

CHARLES-ALBERT.

P.-S. — Enfin, mon cher Maréchal, mon sort se trouvant entre les mains d'un ami tel que vous, je ne mets plus en peine qu'il ne soit parfaitement heureux et que c'est d'un trait d'amitié de votre part que je parviendrai à la possession de la Bohême entière. C'était en tout temps l'objet principal des traités que ma Maison a faits avec la France, ainsi que vous le pouvez voir dans ceux qui ont été faits avec l'Électeur, mon grand'père, et feu mon père, où la Bohême s'y trouve toujours bien expressément nommée. J'espère aussi que le Roi voudra, en cette occasion, préférer les instances de son fidèle allié et d'une Maison, qui a toujours et sera inviolablement attachée à la sienne, à celles d'un Prince qui a toujours été parmi ses ennemis et dont la Maison s'est en tout temps rangée dans le parti opposé à la France (1).

Les ministres saxons voulaient insérer dans le traité avec la Bavière une clause qui reconnaissait à leur maître un droit de priorité sur la succession de Marie-Thérèse, le jour où s'éteindrait la postérité de cette princesse. Cette clause suscitait la plus vive opposition de l'Électeur de Bavière et du comte de Terring.

Je dois vous dire, écrivait M. de Beauvau à Belle-Isle, le 7 septembre 1741, que, sur ce qui vient de vous, l'Électeur entend raison et qu'en tout il l'entend beaucoup plus facilement que M. de Terring qui est toujours prêt à prendre les partis les plus hauts. J'ai cru que nous nous mangerions quand je lui ai expliqué les détails de votre lettre à l'Électeur. Il en revient toujours à dire qu'on reçoit la loi tandis que l'on pourrait la donner, que, pour lui, il ne conseillerait jamais à l'Électeur de se relâcher du droit de ses enfants et d'accéder à une Pragmatique contre laquelle il a toujours protesté et qui est renversée par le système présent, qu'il croirait le trahir s'il l'engageait à une pareille chose, qu'il lui conseillerait plutôt d'attendre des temps plus heureux pour faire valoir ses droits, que le roi de Prusse parlait bien différemment, qu'il offrait en toutes occasions une armée de 100,000 hommes pour les appuyer, que ce Prince ne souffrira jamais les avantages qu'on vient faire à la Saxe. Vous reconnaissez bien à cela les vivacités du comte de Terring qui est le meilleur homme du monde, mais qui se bat les flancs quelquefois pour s'animer. J'ai été obligé de faire semblant de me fâcher à mon tour, et je lui ai fait sentir qu'il ne

---

(1) Charles-Albert à Belle-Isle, à Munich, le 23 août 1741. Corresp. de Bavière. Vol. 92. Aff. étrang.

devait pas mettre en parallèle les offres du roi de Prusse avec les services réels que Sa Majesté rend à l'Électeur, qu'il ne trouverait jamais
de temps plus heureux que celui de sa protection, et cent autres choses
qu'il serait inutile de vous répéter (1).

Sans se lasser de revenir à la charge, le maréchal de
Belle-Isle répondait à cette lettre du marquis de Beauvau, le 11 septembre 1741 :

Je comprends bien qu'à mesure que les affaires prennent une meilleure posture, l'ambition et la confiance augmentent et le maréchal de
Terring fomente et excite la raideur dans l'esprit de l'Électeur, qui, lui
seul, est bien plus raisonnable. M. de Séchelles a très bien fait de
dépeindre au comte de Terring l'état de notre royaume et de nos
finances, et, dans le vrai, les dépenses que nous cause cette guerre ne se
peuvent pas soutenir, et, pour peu que cela durât, vous verriez manquer
l'argent, et, connaissant, comme je fais, le terrain et les personnages,
je vous assure qu'on en viendrait aux reproches, et l'on finirait par dire
de s'en tirer comme on pourra. Il ne faut pas laisser le maréchal de
Terring dans l'erreur de croire que toutes les cajoleries du roi de Prusse
pour l'Électeur viennent de son premier mouvement. Il ne lui aurait
donné ni secours, ni son suffrage, sans le concours de la France et l'intervention du Roi. C'est aux conventions que j'ai faites avec ce prince
que tout est dû, puisque la première clause de notre traité est son suffrage pour l'Électeur, et, sans les soins que je prends encore, qu'il serait
trop long de vous détailler, l'Électeur éprouverait bientôt qu'il n'en
serait pas secondé comme il croit. Il va éprouver, par les demandes que
le roi de Prusse lui fait pour le traité qu'ils ont à conclure ensemble,
que ce n'est uniquement que son intérêt qu'il consulte. Il voulait séparer son armée et la mettre en quartiers d'hiver dès le mois d'octobre.
Je dispute actuellement, par mes lettres, directement avec ce prince pour
l'en empêcher et lui en fais voir tous les inconvénients. M. de Terring
ignore tout cela ou veut l'ignorer, et l'Électeur, qui est la probité et la
vertu même, donne à plein collier dans toutes les lettres charmantes que
le roi de Prusse lui écrit; M. de Terring ignore-t-il que, sans moi, on
n'eût envoyé que 20,000 hommes et qu'il a fallu forcer nature pour
faire marcher le supplément. Qui est-ce qui a gagné les Électeurs ecclésiastiques, qui a empêché l'association des Cercles, qui a fait déclarer la

____

(1) M. de Beauvau à Belle-Isle, à Munich, 7 septembre 1741. Corresp. de Bavière. Vol. 95. Aff. étrang.

guerre par les Suédois à la Russie en faisant accorder au comte de Tortin la demande du mois de mai, sans laquelle ce ministre s'en allait mécontent, et tout était rompu. Qui est-ce qui a fait marcher l'armée qui est actuellement sur le Bas-Rhin, et qui est-ce enfin qui soutient encore toutes les différentes branches ? Vous pouvez hardiment dire au comte de Terring que c'est moi, d'où il résulte qu'étant beaucoup plus vif pour les intérêts de l'Électeur que s'il s'agissait des miens, il doit être persuadé que, quand je propose de céder quelque chose de plus à la Saxe, c'est parce que j'en connais l'absolue nécessité et qu'il peut très bien être que, faute d'une médiocre condescendance dans cette négociation, il pourrait en coûter, dans la suite, trois fois davantage. Je vous rappelle tous les faits auxquels j'en pourrais ajouter bien davantage pour qu'à propos vous en fassiez mention à l'Électeur et qu'il soit bien instruit que je combats presque seul contre tout notre ministère pour son service, que, si cette négociation était en d'autres mains que les miennes, l'on aurait déjà cédé à l'Électeur de Saxe toute la partie de la Bohême qui est au delà de la rive droite de l'Elbe avec la Haute-Silésie et la Moravie et plus encore s'il le fallait, parce que l'on veut, à quelque prix que ce soit, gagner ce prince pour assurer le succès du reste et accélérer plus promptement la paix. Je sais les ordres que j'ai à ce sujet que je n'ai garde de manifester, mais il faut donc que l'Électeur me laisse faire et qu'il croie que ce que je ne ferai pas aura été absolument impossible par le désir extrême que j'ai de lui plaire (1).

Vivement pressé par le marquis de Beauvau, Charles-Albert ne tardait point à se relâcher de ses prétentions du début. Comment d'ailleurs serait-il resté insensible aux objurgations de Belle-Isle qui mettait au service de sa cause le plus entier dévouement, comment aurait-il mis en doute les sentiments de l'ami qui écrivait à M. de Mortaigne : « L'Électeur doit être persuadé que j'aime mieux qu'il ait un royaume que l'Électeur de Saxe un village ? (2) » Le 13 septembre, Charles-Albert souscrivait enfin à la concession que la France attendait de lui,

---

(1) Belle-Isle à M. de Beauvau, à Francfort, le 11 septembre 1741. Vol. 2928. Arch. hist.

(2) Belle-Isle à Mortaigne, à Francfort, le 28 août 1741. Vol. 2915. Arch. hist.

et il en informait le maréchal de Belle-Isle par les lignes
suivantes : « Comme il s'agit de satisfaire en même temps
le roi de Prusse et de répondre aux désirs du Roi et de
M. le Cardinal en m'alliant avec la Saxe, je me prêterai
à lui céder la partie au delà de l'Elbe avec la Haute-Silésie, en me réservant la Moravie entière avec la ville de
Prague et le reste de la Bohême. Je fais, par là, la convenance de la Saxe et la mienne en particulier. Mais je ne
m'y suis déterminé que sous la condition que le roi de
Pologne me garantisse non seulement lesdits pays mais
aussi la Haute-Autriche, le Tyrol et les pays en Souabe.
Sur les autres articles je m'en remets à ce que j'ai déjà
répondu, et, sur le tout, à votre sagesse et à votre prudence (1) ».

Ayant en main la lettre du roi de Pologne, du 10 septembre 1741, qui lui donnait entière liberté d'action ;
maître, grâce aux concessions de Charles-Albert, de
diriger la négociation à son gré, le Maréchal ne perdit
point de temps à la faire aboutir. Dans la crainte que
M. de Poniatowski ne revînt de Versailles à Francfort
avec des instructions de Fleury plus favorables à Auguste III, il ne laissa pas un instant de répit aux représentants de la Saxe qu'ils n'eussent arrêté et signé leur
traité avec la Bavière. Comme les Saxons demandaient
un dédommagement en compensation de la ville de
Neisse que le roi de Prusse s'arrogeait, Belle-Isle n'avait
pas eu de peine à le leur procurer. Il avait taillé un
nouvel ajustement dans l'étoffe autrichienne, si ample et
si commode, et adapté à la Moravie un quartier de la
Basse-Autriche, l'Obermanhartsberg. Il avait réussi à
faire agréer cet expédient aux représentants d'Auguste III, et, le 19 septembre, les représentants de la

----

(1) Charles-Albert à Belle-Isle, au camp de Weizenkirchen, le 13 septembre 1741. Corresp. de Bavière. Vol. 93. Aff. étrang.

Bavière et de la Saxe signaient, *sub spe rati*, le traité dont les clauses principales suivent.

Les deux Électeurs concluaient une alliance offensive et défensive. La Moravie et la Haute-Silésie entraient dans le partage de la Saxe qui renonçait à la succession de Berg et de Juliers en faveur de la maison de Sulzbach, abandonnait Neisse au roi de Prusse, et recevait en échange un quartier de la Basse-Autriche, l'Oberman-hartsberg. Auguste III reconnaissait à Charles-Albert la possession de la Bohême, de la Haute-Autriche, du Tyrol, et de l'Autriche antérieure, et acquérait le titre de roi de Moravie. Cette province et la Haute-Silésie cessaient d'être fiefs de la couronne de Bohême. La Saxe n'obtenait point de chemin de communication entre la Lusace et la Haute-Silésie, mais on devait convenir d'une route exempte de droits, douanes et péages, pour le commerce réciproque de ces deux provinces. Les Électeurs se garantissaient mutuellement les États qu'ils s'étaient concédés, et mettaient sur pied, à cet effet, 14,000 hommes d'infanterie et 4,000 chevaux. En prévision du siège de Prague, le maréchal de Belle-Isle avait fait insérer la clause suivante : « Les deux hauts contractants sont pareillement convenus de s'aider mutuellement de grosse artillerie et autre munition de guerre, suivant la convenance et la proximité des lieux où se feront les opérations, promettant de s'en faire raison l'un à l'autre, de gré à gré, soit en argent, soit en nature (1) ». Charles-Albert et Auguste III s'engageaient à ne point traiter l'un sans l'autre, à agir de concert dans l'élection d'un empereur, à écarter la candidature du duc de Lorraine,

---

(1) Article 10 du traité. — On trouve une copie de ce traité dans la Correspondance de Bavière, volume 93, dans la Correspondance d'Allemagne, volume 403, et dans la Correspondance de Saxe, volume 23. Aff. étrang.

et, en cas de partage des voix sur leurs noms, de laisser aux Électeurs une pleine et entière liberté de se prononcer en faveur de l'un d'eux. La Prusse, l'Espagne et la France, devaient être enfin invitées à accéder au traité et à le garantir.

Un article secret et séparé stipulait que le traité deviendrait nul de plein droit si la France et la Prusse refusaient leur garantie.

A Versailles, la conclusion de cet accord entre la Saxe et la Bavière, qui « mettait, suivant l'expression d'Amelot, le comble à la perfection de l'ouvrage (1) » du Maréchal, fut accueillie avec une satisfaction sans mélange. Les rapides succès de Belle-Isle sur le terrain diplomatique faisaient espérer à Fleury une fin prochaine des hostilités. Le Maréchal avait fait part au Cardinal, le 15 septembre, de l'imminence d'un rapprochement entre la Saxe et la Bavière et de son intention de ne pas traiter avec trop de rigueur Auguste III qui, « tout de bon », était « résolu et pressé de conclure son alliance avec la Bavière (2) ». Dans sa réponse, Fleury n'avait point ménagé ses éloges au Maréchal : « Vous n'aurez point de peine à croire, monsieur, lui écrivait-il le 21 septembre, le plaisir infini que m'a fait sentir la lettre dont vous m'avez honoré du 15 de ce mois, et c'est une grande consolation de pouvoir se flatter de la fin d'une guerre que nous avons tant d'intérêt à abréger. L'Électeur de Bavière a raison de l'appeler miraculeux, et il était difficile de se flatter d'un si heureux événement. C'est votre ouvrage, dont tout l'honneur, sans

---

(1) Amelot à Belle-Isle, à Versailles, le 22 septembre 1741. Corresp. d'Allemagne. Vol. 403. Aff. étrang.

(2) Belle-Isle à Fleury, à Francfort, le 15 septembre 1741. Corresp. d'Allemagne. Vol. 403. Aff. étrang.

compliment, vous est dû, et j'ai quelquefois peine à comprendre que votre tête ait pu suffire aux travaux immenses que vous avez à soutenir et à tous les différents intérêts que vous avez été obligé de débrouiller ou de concilier (1) ».

De son côté, Charles-Albert était tout entier à la joie d'apprendre que non seulement la Saxe agirait offensivement contre la reine de Hongrie, mais qu'au moment où il croyait la partie orientale de la Bohême déjà acquise aux Saxons, cette province lui était encore conservée dans son intégrité. Il manquait de termes pour exprimer sa gratitude envers le Maréchal, dont il ne recevait aucune lettre sans lui devoir « une obligation qui méritait toute sa reconnaissance (2) ». A la lecture des conditions du traité, il lui adressait ces lignes flatteuses : « Me voilà encore dans le cas de ne pouvoir vous exprimer combien je suis sensible aux nouvelles obligations que je vous ai. Ce sont tous les jours quelques services nouveaux, et ce qui me touche encore plus que les services, quelque importants qu'ils soient, c'est de remarquer dans tous vos soins et vos démarches cette amitié que vous avez pour moi et que je ne peux trop payer de toute la mienne. Elle ne finira qu'avec moi, mon cher Maréchal, soyez-en bien persuadé et de toute ma reconnaissance..... (3) » Dans l'entourage de Charles-Albert, ce n'était, pour l'habile négociateur, qu'un concert d'éloges auquel l'Électeur était le premier à s'associer : « Je fis envisager à ce prince, mandait M. de Beauvau à Belle-Isle, la couronne impériale que vous lui avez

---

(1) Fleury à Belle-Isle, à Issy, le 21 septembre 1741. Corresp. d'Allemagne. Vol. 403. Aff. étrang.

(2) Charles-Albert à Belle-Isle, du camp de Linz, le 21 septembre 1741. Corresp. de Bavière. Vol. 93. Aff. étrang.

(3) Charles-Albert à Belle-Isle, au camp d'Enns, le 26 septembre 1741. Corresp. de Bavière. Vol. 93. Aff. étrang.

ménagée contre l'attente de l'Empire même qui lui avait pour ainsi dire donné l'exclusion, le traité et les subsides de l'Espagne que vous lui avez procurés, les secours du roi de Prusse et sa voix que vous lui avez attirés, les prévenances et les recherches du roi d'Angleterre que vous lui avez occasionnées, l'alliance et la modération des Saxons que vous avez persuadés ou forcés, les Suédois que vous avez armés, notre ministère même que vous avez entraîné, enfin la Bohême que vous lui avez conservée et contre les Saxons et contre nos ministres. Il est impossible de vous peindre combien l'Électeur est touché quand on lui rappelle tant de services, si utiles pour lui et si glorieux pour vous (1) »

Si les Bavarois n'avaient qu'à se louer des conditions privilégiées que leur avait obtenues le maréchal de Belle-Isle, les Saxons se montraient plus résignés que satisfaits des faibles avantages accordés à leur maître. Ils voyaient avec jalousie la part magnifique que Belle-Isle, emporté par son zèle pour Charles-Albert, avait attribuée à la Bavière dans la distribution des États autrichiens. Le père Guarini et Brühl ressentaient un amer dépit de ce traité qu'ils avaient dû subir sous la pression des événements. « Le père Guarini crie au voleur sur le peu que l'on donne à son maître et sur les conditions que l'on exige, dont celle qui lui déplaît le plus est de voir que l'Électeur de Saxe agira offensivement contre la cour de Vienne, à laquelle il est attaché au delà de toute expression (2) ». Brühl prenait pour confident de ses déceptions Maurice de Saxe qui, du milieu de la Bavière,

---

(1) M. de Beauvau à Belle-Isle, à Linz, le 21 septembre 1741, à 9 heures du soir. Corresp. de Bavière. Vol. 95. Aff. étrang.

(2) Belle-Isle à Amelot, à Francfort, le 25 septembre 1741. Corresp. d'Allemagne. Vol. 403. Aff. étrang.

s'en faisait l'écho auprès du maréchal de Belle-Isle :
« J'ai reçu hier, lui écrivait-il le 15 septembre, une lettre
de M. le comte de Brühl, du 8 de ce mois, par laquelle
je vois que le roi de Pologne a donné ordre à ses ministres à Francfort de conclure le traité avec la France et
la Bavière. Il se plaint amèrement sur les conditions
par où l'on fait passer le Roi, son maître, et, quoique je
sente que c'est la faute du ministère saxon de s'être repu
trop longtemps de chimères, je ne puis cependant qu'être
affligé du sort que l'on fait au roi de Pologne. Je me
reproche même de lui avoir donné des espérances au
delà de la réalité, mais j'ai été séduit par le désir que
j'avais de le voir uni à la France et par l'espérance que
le Roi interviendrait et voudrait bien se mêler des avantages qu'on ferait trouver au roi de Pologne..... (1) »
Prise à la remorque de la Prusse, de la Bavière et de la
France, obligée de suivre leur sillage, la cour de Dresde
n'osait pourtant manifester hautement sa mauvaise
humeur. Elle était d'autant plus disposée à ne point
refuser sa ratification au traité que, suivant une déclaration très nette de Belle-Isle aux ministres saxons,
Charles-Albert et Frédéric II ne devaient plus admettre,
pour Auguste III, d'autre rôle que celui d'acteur dans la
lutte poursuivie par eux contre la Maison d'Autriche.

Après avoir craint que le roi de Prusse, si vif à témoigner son mépris pour les Saxons, si opposé à leur agrandissement, n'accordât sa garantie à leur traité avec la
Bavière qu'avec la plus grande répugnance, Belle-Isle
était témoin d'un brusque revirement qui faisait de Frédéric le promoteur le plus ardent et le plus accommodant d'une alliance entre la Saxe et la Bavière. Cette

---

(1) Maurice de Saxe à Belle-Isle, au camp de Neustadt, le 15 septembre 1741. Vol. 2916. A. H.

volte-face de la politique prussienne succédait à la nouvelle, parvenue au camp de Frédéric le 19 septembre, d'un échec des Suédois dans leur première rencontre avec les Russes à Willmenstradt, en Finlande. La crainte de la Russie, si intense chez Frédéric-Guillaume pendant tout son règne, était aussi l'un des traits du caractère de son successeur. Le ton des lettres de Frédéric avait changé instantanément. Le 16 septembre, il écrivait encore à Belle-Isle :

Je trouve que vous avez grande raison de gagner le roi de Pologne, mais je dois vous dire, avec ma franchise ordinaire, que vous leur offrez trop, d'un autre côté.

L'Électeur de Bavière a des prétentions solennelles sur toute la Bohême. Vous voulez la démembrer en faveur du roi de Pologne. Vous voulez plus. Vous lui destinez encore la Haute-Silésie et la Moravie.

J'ai renoncé à mes droits sur Juliers et Berg; j'ai soutenu, moi seul, tout le fardeau de la guerre, cette année; je me suis déclaré dès le commencement pour le roi de France; j'agis, dans toutes les occasions, de tout mon pouvoir pour soutenir et favoriser ses desseins, et vous faites tomber sur la tête du roi de Pologne, qui vous a témoigné tout l'éloignement et toute la mauvaise volonté possibles, et qui ne vous sacrifie aucune de ses prétentions, une portion plus considérable qu'à l'Électeur de Bavière et à moi des débris de la Maison d'Autriche. Faut-il donc être l'ennemi des Français pour en être le plus favorisé? Faut-il vous être contraire pour acheter, par ce moyen, des provinces entières sans tirer l'épée?..... (1).

Le 21 septembre, comme notre représentant, M. de Valory, avait remis au ministre du roi de Prusse plusieurs questions auxquelles le maréchal de Belle-Isle deman-

---

(1) Frédéric à Belle-Isle, camp de la Neisse, 16 septembre 1741. *Politische Correspondenz*, t. I, p. 337. — Le 17 septembre 1741, M. de Valory rendait compte à Amelot d'une conversation où le roi de Prusse lui avait tenu le propos suivant : « C'est moi qui ai attaché le grelot. N'est-il pas juste que je sois content, et l'est-il que la Saxe ait la plus grande part aux dépouilles de la Maison d'Autriche auxquelles elle n'a aucun droit à produire? » Corresp. de Prusse. Aff. étrang.

dait une réponse, Frédéric annotait ainsi, dans le Mémoire que lui soumettait M. de Podewilz, les articles ayant trait à la conduite à observer envers la Saxe :

Poniatowski, disait M. de Podewilz, a été envoyé à Francfort avec pleins pouvoirs pour traiter avec le Maréchal; que, dans la vue de tirer quelque chose de plus du Cardinal, il était allé à Paris, où il ne resterait que trois jours.

On a offert à Francfort la Haute-Silésie et la Moravie. L'Électeur préfère de céder cela à démembrer davantage le royaume de Bohême.

Condition mise de la part du Maréchal, condition principale et *sine quâ non*, que le roi de Pologne agirait offensivement contre la reine de Hongrie et marcherait avec un corps de 16,000 Saxons. Les ministres saxons en sont convenus.

Il a été déclaré aux susdits Saxons que le Roi et l'Électeur n'admettraient pas de neutralité. La même chose à dire de la part de Sa Majesté Prussienne à M. de Bülow (1).

Je regarde, répondait le Roi, dans les conjonctures présentes l'accession de la Saxe comme le coup de parti qui détermine tout. Il faut les flatter, les intimider et les corrompre, mais il ne faut absolument pas se rebuter et les avoir à quelque prix que ce soit.

Dans la conjoncture présente, il faut leur donner tout ce qu'on ne saurait leur refuser de bonne grâce.

Avec 16,000 hommes, qu'ils soient aux prises le plus tôt possible avec le prince Lobkowitz, et qu'ils se battent, s'il se peut, dans trois semaines avec les Autrichiens.

C'est ce que j'ai dit hier à Bülow. Le propos des quartiers d'hiver était un argument *ad hominem*, qui a fait impression. Ensuite de cela, patte de velours. Faites hurler le diable dans l'enfer et chanter les séraphins au ciel, et présentez-leur l'alternative (2).

Belle-Isle ne s'était pas mépris sur le véritable mobile

---

(1) Représentant de la Saxe auprès de Frédéric II.

(2) Resolutionen für den Marquis von Valory, camp de la Neisse, 21 septembre 1741. *Politische Correspondenz*, t. I, p. 521.

du changement d'attitude du roi de Prusse. « Vous avez vu, monsieur, écrivait-il à Amelot le 28 septembre, par la copie que je vous ai envoyée de la dernière lettre que le roi de Prusse m'a fait l'honneur de m'écrire du 16e, en quelle manière il s'exprime sur la négociation que je traite avec la Saxe, pour laquelle il y marque la plus grande indifférence, trouvant fort mauvais que j'aie pour eux les moindres égards et disant qu'on leur donnera toujours trop.

« Depuis la nouvelle de l'échec des Suédois, ce prince pense tout différemment, et il me marque que je ne puis trop tôt finir avec les Saxons, ce qu'il regarde, ajoute-t-il, comme un objet capital et essentiel, et, en effet, il vient de m'adresser par le même courrier les pleins pouvoirs, tels que je les lui avais demandés par son ambassadeur M. de Broich (1), pour l'autoriser à accéder au traité entre la Saxe et la Bavière et y donner sa garantie, ce qu'il n'eût assurément pas fait avec la même facilité si les Suédois avaient battu les Russes..... (2) ».

Rassuré sur l'accession de la Prusse à l'alliance de la Bavière et de la Saxe, le maréchal de Belle-Isle croyait aussi être parvenu à écarter une prétention gênante de Frédéric qui, non content de distraire Neisse de la Haute-Silésie, voulait encore enlever le comté de Glatz à la Bohême. Tout en protestant avec éclat de son désir de voir la Bohême entière aux mains de Charles-Albert, Frédéric s'était facilement résigné en lui-même à la cession de la partie orientale de cette province aux Saxons. Son esprit, fécond en ressources, y avait encore trouvé l'occasion d'un nouvel agrandissement à son profit. Puisqu'il devait avoir pour voisins les Saxons si

---

(1) Ambassadeur de Frédéric à la Diète d'élection.
(2) Belle-Isle à Amelot, à Francfort, le 28 septembre 1741. Corresp. d'Allemagne. Vol. 403. Aff. étrang.

méprisables et si méprisés, il se faisait un malin plaisir de leur soustraire le comté de Glatz, et, sans le moindre scrupule, il avait présenté au fils du maréchal de Terring, qui représentait auprès de lui la Bavière, un projet de traité où la cession de Glatz était nettement stipulée en sa faveur. La copie de ce projet était parvenue à Charles-Albert au début de septembre, et l'Électeur était tellement disposé « à ne rien refuser au roi de Prusse » que, s'il avait été laissé à sa seule inspiration, il se fût empressé de renvoyer le traité avec son entière approbation. « Il a, écrivait le 12 septembre le marquis de Beauvau à Belle-Isle, tant d'éloignement pour les Saxons, et en même temps tant de déférence pour le roi de Prusse, qu'il était tenté de conclure dès aujourd'hui avec ce prince et de lui accorder tous les articles demandés (1) ». Sur les instances du marquis de Beauvau, qui trouvait que l'acquisition de Glatz allait « rendre le roi de Prusse bien puissant (2) », Charles-Albert avait consenti à ne point précipiter ses démarches et à prendre conseil du maréchal de Belle-Isle avant d'arrêter le texte définitif du traité.

A l'exemple de M. de Beauvau, le Maréchal, instruit par l'expérience, faisait peu de fondement sur les protestations d'amitié et de dévouement de Frédéric envers l'Électeur de Bavière. « ... Le roi de Prusse, écrivait-il à Fleury le 26 septembre, ne me donne pas moins d'occupation (que la Saxe). Ce prince est actuellement dans l'enthousiasme de l'Électeur de Bavière à qui il écrit journellement des lettres pleines d'affection et de promesses, accompagnées de toutes les louanges et de toutes

____

(1) M. de Beauvau à Belle-Isle, au camp de Weizenkirchen, le 12 septembre 1741. Corresp. de Bavière. Vol. 95. Aff. étrang.

(2) M. de Beauvau à Amelot, au camp de Scharding, le 10 septembre 1741. Corresp. de Bavière. Vol. 93. Aff. étrang.

les cajoleries dont il n'est pas chiche, car, suivant les expressions de ses lettres, l'Électeur peut et doit disposer du roi de Prusse, de toutes ses forces, de tous ses trésors et de sa propre personne. Bien entendu qu'il ne lui prêterait pas un écu et lui va vraisemblablement enlever Glatz. L'Électeur, qui est la vérité même, donne dans toutes ses caresses et s'était éloigné par là de l'alliance de la Saxe à un tel point qu'il m'a fallu employer les termes les plus pressants pour le ramener à ses premiers errements (1) ». Le Maréchal était aussi de l'avis que Charles-Albert ne devait abandonner qu'à la dernière extrémité Glatz, « place excessivement importante par les suites (2) » et l'une des clefs de la Bohême. Arrêtant, avec l'autorisation de l'Électeur, le courrier que ce prince renvoyait en Silésie, il faisait un chaleureux appel au désintéressement du roi de Prusse, s'efforçait de « le piquer d'honneur » et de lui « mettre sous les yeux le plaisir qu'il ferait à l'Électeur de Bavière en usant de générosité envers ce prince et lui cédant cette place (Glatz) (3) », maintenant que la Bohême lui demeurait sans partage.

Frédéric fut déconcerté par cette démarche du Maréchal, qu'il n'avait pas prévue. Il avait maintes fois répété à notre ambassadeur, M. de Valory, qu'il ne voulait Glatz que pour se mettre à couvert des perfides Saxons et qu'il n'aurait jamais songé à cette place si elle avait dû appartenir à son « cher Électeur ». Quel que fût son cynisme, il ne pouvait, sans prétexte, démentir son attitude première. Quand M. de Valory lui remit la lettre où le maréchal de Belle-Isle faisait appel à la générosité

----

(1) Belle-Isle à Fleury, à Francfort, le 26 septembre 1741. Corresp. d'Allemagne. Vol. 403. Aff. étrang.

(2) Belle-Isle à Amelot, à Francfort, le 28 septembre 1741. Corresp. d'Allemagne, Vol. 403. Aff. étraog.

(3) *Ibid.*

de son cœur, Frédéric se déclara prêt à donner cette
nouvelle marque d'amitié à Charles-Albert et à se désister de ses prétentions sur Glatz : « ... Je n'ai eu
besoin, Monseigneur, mandait M. de Valory à Belle-Isle,
le 23 septembre, d'employer aucune industrie pour
amener le roi de Prusse à se désister de ses prétentions
sur Glatz, et je dois à ce prince la justice de dire qu'il
n'a pas hésité un moment dès que la Bohême demeurait
entière à l'Électeur de Bavière. Il dit qu'il ne voulait
rien à ses dépens et prit occasion de me renouveler tout
ce qu'il m'avait déjà fait entendre de ses bonnes dispositions à l'égard de ce prince avec qui, dit-il, il veut être
plus lié d'amitié que d'intérêt. « Si les Saxons avaient eu
quelque chose en Bohême, je crois qu'il eût convenu à
l'Électeur de Bavière que cette place me fût demeurée,
mais, dans l'état où sont les choses pour l'arrangement
que l'on prend, je n'y prétends plus rien... (1) ».

Ces heureuses dispositions du roi de Prusse étaient
confirmées par son représentant à Francfort, M. de
Broich. Par une instruction de son maître du 23 septembre 1741, il avait été chargé d'annoncer à Belle-Isle que
le Roi renonçait « entièrement (2) » à ses prétentions sur
Glatz, et le Maréchal croyait son triomphe si solidement
établi, la ville de Glatz si bien acquise désormais à
l'Électeur de Bavière, qu'il écrivait à ce dernier, le
29 septembre : « Je ne veux pas tarder à informer Votre
Altesse Sérénissime Électorale, avec la plus grande
satisfaction qu'il soit possible, que je suis parvenu à lui
conserver Glatz, et je dois la justice au roi de Prusse,
suivant que me le mande en détail M. de Valory que, dès

----

(1) M. de Valory à Belle-Isle, à Neudorf, au camp proche Neisse, le
23 septembre 1741. Corresp. de Prusse. Vol. 118. Aff. étrang.

(2) An den Etatsminister von Broich in Frankfurt am Main, Lager
bei der Neisse, 23 septembre 1741. *Politische Correspondenz*, t. I,
p. 352.

qu'il a eu lu ma lettre, sans donner le loisir à M. de Valory de beaucoup s'étendre sur toutes les raisons qu'il y avait à lui dire, ce prince l'a interrompu et lui a dit de me mander qu'outre qu'il n'y avait rien à refuser à ce que je lui demanderais au nom du Roi, il avait une telle estime et véritable amitié pour la personne de Votre Altesse Sérénissime Électorale qu'il voulait lui être, toute sa vie, uni par le cœur plus que par l'intérêt... (1) ».

Belle-Isle se défiait d'autant moins du roi de Prusse que ce prince, suivant l'expression de Charles-Albert, « se piquait d'une fermeté à toute épreuve (2) », et semblait ne vouloir rien laisser ignorer à ses alliés des tentatives répétées de la cour de Vienne pour le détacher de la France et de la Bavière. Le 7 août 1741, le représentant de l'Angleterre à Vienne, Robinson, que son zèle en faveur de la reine de Hongrie avait conduit au milieu du camp prussien, avait obtenu de Frédéric une audience et lui avait communiqué les propositions d'accommodement de Marie-Thérèse (3). Elles se bornaient à la cession de la Gueldre, du Limbourg et, en dernier extrémité, du duché de Glogau : de son côté, le roi de Prusse devait s'engager à évacuer la Silésie et à donner sa voix au grand-duc de Toscane, lors de l'élection d'un empereur. Frédéric accueillit ces offres mesquines avec un dédain plein de courroux : « Je suis, dit le Roi à Robinson, à la tête d'une armée invincible, déjà maître d'un pays que je veux avoir, que je dois avoir et qui est l'unique objet de mon ambition. Mes ancêtres se lèveraient de leurs tombes pour me reprocher l'abandon

---

(1) Belle-Isle à Charles-Albert, à Francfort, le 29 septembre 1741. Corresp. de Bavière. Vol. 93. Aff. étrang.

(2) Charles-Albert à Belle-Isle, au camp d'Enns, ce 29 septembre 1741. Corresp. de Bavière. Vol. 93. Aff. étrang.

(3) Voir, à ce sujet, le chapitre VII des *Préliminaires de la Guerre de la Succession d'Autriche.*

des droits qu'ils m'ont transmis. En quelle réputation
vivrais-je si je quittais légèrement une entreprise, le
premier acte de mon règne que j'ai commencé avec
réflexion, poursuivi avec fermeté et que je dois soutenir jusqu'à la dernière extrémité ? Je préfère périr
avec toute mon armée plutôt que de renoncer à mes
justes droits sur la Silésie. Ai-je besoin de la paix ? Que
ceux qui éprouvent le besoin de la paix souscrivent à mes
demandes ou qu'ils se mesurent de nouveau avec moi et
encourent une nouvelle défaite ». Et comme Robinson
s'aventurait à proposer une négociation avec son ministre,
Frédéric terminait brusquement l'entretien par cette
déclaration : « Les ultimatums me soulèvent le cœur. Je
ne veux plus en entendre parler. Mon parti est pris. Je
renouvelle ma demande de toute la Basse-Silésie. C'est
mon dernier mot, et je n'en donnerai point d'autre (1) ».

De retour à Presbourg, Robinson s'employa à fléchir
l'opiniâtreté de Marie-Thérèse et à lui arracher des propositions d'accommodement qui ne fussent point, comme
les précédentes, vouées à un échec certain. Après une
vive résistance, la Reine consentit à la cession d'une
partie plus importante de la Basse-Silésie, mais la carte
remise à Robinson avec le tracé de la nouvelle frontière
laissait encore Breslau et Liegnitz à l'Autriche (2). Le
29 août, Robinson était de retour dans la capitale de la
Silésie, et communiquait au ministre de Frédéric, à
M. de Podewilz, les nouvelles ouvertures de la cour de
Vienne. Moins heureux qu'à son premier voyage, le

----

(1) D'après la dépêche, citée par Coxe (*History of the House of
Austria*, t. III, p. 259), de Robinson à lord Harrington, datée de Breslau, le 9 août 1741.

(2) *Maria Theresia's erste Regierungs jahre*, Arneth, t. I, p. 242 et 396,
d'après le « Projet de la convention à faire avec le roi de Prusse, daté à
Presbourg, le 24 août 1741, sur l'écrit de M. Robinson, présenté le 17
du même mois ».

négociateur ne put obtenir une audience du roi de Prusse qui, pour toute réponse, lui intima l'ordre de quitter Breslau dans les 24 heures. « Faites-moi partir ce coquin de négociateur que je ne puis souffrir, mandait Frédéric à son ministre le 1er septembre. Il serait infâme à moi d'entrer en négociation avec l'Autriche et l'Angleterre, et je risquerais même beaucoup ; et, après tout, la guerre que nous faisons est avec une partie bien forte, au lieu que l'autre serait guerre également avec une partie faible, avec mes ennemis, sans sûreté pour moi, sans honneur, et avec le risque de toutes mes provinces de Westphalie. Chassez-moi ce coquin de Robinson, et comptez que, s'il reste plus de 24 heures à Breslau, je prends l'apoplexie. Envoyez-moi un courrier quand vous l'aurez chassé, que je le sache dehors. Si je le rencontre ou si je le trouve dans mon chemin, je le dévisagerai ; et sa..... reine de Hongrie et son fol de roi d'Angleterre n'ont qu'à être la dupe, l'une de son orgueil et l'autre de sa sottise. Adieu, sans plus de délai, exécutez mes ordres, et, s'il vous demandait encore une audience, refusez-la lui tout plat (1) ». Force fut à Robinson de rebrousser chemin sur-le-champ, et M. de Valory, témoin de son échec et de sa fuite, écrivait plaisamment au maréchal de Belle-Isle, le 3 septembre : « M. Robinson est parti hier, furieux à ce qu'on m'a assuré. Il est de famille sujette aux spleens : deux de ses frères ou oncles se sont coupé la gorge. Peut-être n'avaient-ils pas un prétexte aussi honnête que lui (2) ».

Après ce double échec, la cour de Vienne ne pouvait

---

(1) *An den Etatsminister von Podewils in Breslau. Politische Correspondenz*, t. I, p. 321. Instruction non datée, présumée du 1er septembre. Frédéric a écrit de sa main l'apostrophe contre Robinson.

(2) M. de Valory à Belle-Isle, à Breslau, le 3 septembre 1741, au soir. Correspondance de Prusse. Vol. 118. Aff. étrang.

plus recourir aux bons offices de « l'infatigable » Robinson, pour qui le roi de Prusse nourrissait une aversion
sans borne. Elle pouvait encore compter sur l'entremise
dévouée du représentant du roi d'Angleterre auprès de
Frédéric, de milord Hyndford, dont la personne, plus
agréable au roi de Prusse, allait permettre la reprise
immédiate des négociations. Ce fut même de Frédéric
que vint la première tentative de renouer, par l'entremise de l'Angleterre, les pourparlers avec la reine de
Hongrie. Le 9 septembre, un des aides de camp de
Frédéric, le colonel de Goltz, venait, dans le plus grand
secret, apporter à lord Hyndford, alors à Breslau, les
conditions auxquelles la Prusse consentait à déposer les
armes : « Toute la Basse-Silésie. La rivière de Neisse
pour limite. La ville de Neisse aussi bien que Glatz. De
l'autre côté de l'Oder, les anciennes limites entre les
duchés de Brieg et d'Oppeln. Namslau à nous. Les affaires
de religion *in statu quo*. Point de dépendance de la
Bohême. Cession éternelle.

« En échange, nous n'irons pas plus loin. Nous assié-
gerons Neisse *pro forma*. Le commandant se rendra et
sortira. Nous prendrons les quartiers tranquillement, et
ils (1) pourront mener leur armée où ils voudront. Que
tout cela soit fini en douze jours (2) ».

Tandis que lord Hyndford se hâtait de transmettre ces
propositions à Presbourg, la reine de Hongrie avait déjà
fait un premier pas vers l'accommodement définitif dont
le colonel de Goltz avait posé les conditions au nom de
son maître. L'abandon de ses alliés, l'arrivée des Français sur le Danube, la menace d'un siège pour Vienne,
l'absence de troupes en Autriche et en Bohême, tout
imposait à Marie-Thérèse l'obligation de rappeler la seule

---

(1) Les Autrichiens.
(2) Arneth, t. I, p. 41. — *Politische Correspondenz*, t. I, p. 509.

armée de Neipperg, qui faisait tête aux Prussiens en Silésie, pour la jeter au-devant de son ennemi le plus rapproché, de l'Électeur de Bavière. Le 7 septembre, une conférence avait été tenue à Presbourg, à la suite de laquelle Marie-Thérèse avait autorisé l'envoi de pleins pouvoirs à Neipperg et à lord Hyndford et accepté, en faveur de la Prusse, un projet de cession de la Basse-Silésie, y compris Breslau, mais à l'exclusion de Neisse et de Glatz (1).

Le 11 septembre, lord Hyndford recevait, par l'inter-médiaire de Robinson, les instructions qui l'accréditaient comme négociateur auprès du roi de Prusse. Après avoir vainement demandé à M. de Podewilz une audience de son maître, il prenait le parti d'envoyer un courrier au camp prussien. Le 13 septembre, vers 10 heures du matin, le courrier remettait ses dépêches au Roi. Notre représentant, M. de Valory, qui accompagnait Frédéric, a consigné, dans sa lettre au maréchal de Belle-Isle du lendemain, la scène caractéristique dont il fut alors le témoin :

Le 13 au matin, et dans le temps que le roi de Prusse mettait son armée en bataille pour la mettre en colonnes, lui à cheval, la faire marcher par sa gauche, est arrivé un courrier de milord Hyndford. J'avais l'honneur d'être auprès de lui. Après avoir lu la dépêche et la pièce qu'elle contenait, il m'appela et me dit tout haut : « Tenez, M. de Valory, lisez cela. Je crois que ces gens-là deviennent fous ». C'était un projet de traité, qui n'avait pas seulement le titre de projet mais qui était couché de manière à n'avoir que la signature à y mettre. La reine de Hongrie y cède toute la Basse-Silésie, la ville de Breslau comprise. La Neisse doit en faire les limites. Il s'y trouve des conditions sur les limites, et sur les conservations des privilèges et de la religion catho-lique, énoncées de manière qu'il peut sembler que c'est un traité sur lequel on a déjà négocié depuis longtemps. En faveur de ce sacrifice on y exige de Sa Majesté Prussienne qu'elle donnera sa voix électorale

---

(1) *Oesterreichischer Erbfolge-Krieg*, t. II, p. 447 et suiv.

au Grand-Duc, qu'elle entrera en liaison avec les Électeurs de Saxe et de Hanovre en faveur de la cour de Vienne, qu'elle joindra 10,000 hommes aux troupes de M. Neipperg et qu'elle s'engagera de toutes ses forces à faire trouver des dédommagements aux dépens des ennemis actuels de cette Cour, en un mot, de défendre la Pragmatique.

Milord Hyndford accompagne cette pièce d'une lettre par laquelle il annonce qu'il a des pleins pouvoirs pour terminer et qu'il a une lettre du Grand-Duc pour Sa Majesté prussienne, dont il ne doit faire usage que sous le bon plaisir de Sadite Majesté. Le roi de Prusse m'a dit qu'il était curieux de voir cette lettre, qu'il la ferait venir et y répondrait honnêtement, a-t-il ajouté, « mais je lui témoignerai toute ma surprise et ne lui laisserai aucun doute qu'il est nécessaire qu'il satisfasse la France et la Bavière ». Je supprime, Monseigneur, toutes les réflexions et même les plaisanteries que ce Prince a faites, mais je ne dois pas supprimer les réflexions à faire sur la netteté de son procédé. Il en use avec une franchise qui ne laisse rien à désirer sur ce qu'il a promis. Il me dit seulement qu'il fallait qu'on eût bien mauvaise opinion de sa sincérité ou de sa politique pour revenir si souvent à la charge. « Ou ils me croient un fourbe, me dit-il, ou le plus malhabile homme du monde en politique. Peuvent-ils se figurer que je puisse faire la paix avec un ennemi faible et qui n'en peut plus, pour faire la guerre contre des alliés puissants, qui sont en état de la soutenir longtemps ? »

L'autre événement dont je dois vous rendre compte, Monseigneur, c'est qu'étant à la portée du canon de Neisse, il m'est arrivé un trompette de la part de M. de Neipperg, qui a porté une lettre au prince Ferdinand de Brunswick de la part de l'Impératrice. Ce prince était auprès du roi de Prusse à qui il donna la lettre à lire, qui sourit en la lisant, et, le moment d'après, il m'appela pour me dire que cette lettre venait de l'Impératrice et qu'Elle mandait à son neveu que la mauvaise conduite qu'il avait tenue en prenant du service dans les troupes du roi de Prusse contre la Maison d'Autriche avait interrompu le commerce de lettres qu'Elle avait avec lui, mais que les circonstances demandaient qu'Elle le renouât et que, s'il voulait réparer sa faute, il en avait le moyen en employant tout son crédit auprès du roi de Prusse pour l'engager à accepter les propositions qu'on lui faisait ; qu'on lui laissait tout ce qu'il avait demandé et qu'on lui assurerait, de la manière du monde la plus forte et la plus solennelle, qu'il devait s'attendre que la Saxe et la Bavière ne le laisseraient jamais paisible possesseur de la Basse-Silésie, qu'il était de sa grandeur d'éteindre le feu qu'il avait allumé, qu'il secourrait une mère et une famille affligées ; « enfin, me dit le roi de Prusse, la lettre la plus lamentable que l'on puisse écrire est celle dont je vous parle ». Il m'ajouta, le soir, qu'il tâcherait de me la faire avoir, mais qu'il ferait faire par le prince Ferdinand une réponse convenable (1), qui ferait comprendre à la cour de Vienne qu'il était inutile de chercher à lui faire manquer à ses alliés et qu'il n'y avait point de moyen de parvenir à la paix qu'en satisfaisant l'Électeur de Bavière, la France et ses alliés. Il m'ajouta : « Je vous prie que M. le maréchal de Belle-Isle sache cela le plus promptement qu'il sera possible. Je compte bien le mander à l'Électeur, avec qui je me propose d'entretenir la plus solide amitié, et que je serai à jamais l'allié du Roi (2) ».

Pour mieux affirmer sa bonne foi envers ses alliés, le roi de Prusse écrivait, le 14 septembre, à lord Hyndford cette lettre qu'il s'empressait de communiquer au marquis de Valory et d'envoyer en copie à l'Électeur de Bavière :

Milord, j'ai reçu le nouveau projet d'alliance que l'infatigable Robinson vous envoie. Je le trouve aussi chimérique que le premier, et vous n'avez qu'à répondre à la cour de Vienne que l'Électeur de Bavière sera empereur, et que mes engagements avec le Roi Très Chrétien et l'Électeur de Bavière sont si solennels, si indissolubles et si inviolables, que je ne quitterai pas ces fidèles alliés pour entrer en liaison avec une Cour qui ne peut être et ne sera jamais qu'irréconciliable envers moi ; qu'il n'est plus temps de les secourir et qu'ils doivent se résoudre à subir toute la rigueur de leur destinée. Ces gens sont-ils fols, Milord, de s'imaginer que je commette la trahison de tourner en leur faveur mes armes contre mes amis, et ne voyez-vous pas vous-même combien est grossière l'amorce qu'ils me tendent ?

Je vous prie de ne me plus fatiguer avec de pareilles propositions et de me croire assez honnête homme pour ne point violer mes engagements (3).

Après cette lettre décourageante, quelle ne dut pas être la surprise de l'ambassadeur anglais de recevoir, le

---

(1) La lettre de l'impératrice Élisabeth et la réponse de son neveu, le duc Ferdinand, sont reproduites dans Arneth, t. I, p. 397 et 398.

(2) M. de Valory à Belle-Isle, à Neuendorf, le 14 septembre 1741. Corresp. de Prusse. Vol. 118. Aff. étrang.

(3) Au comte de Hyndford, ministre de la Grande-Bretagne, à Breslau. Camp auprès de la Neisse, 14 septembre 1741. *Politische Corres-pondenz*, t. I, p. 333.

16 septembre, par le confident de Frédéric, le colonel
de Goltz, un billet ainsi conçu :

Au camp de Neuendorf, 16 septembre, 9 heures soir

Milord, vous savez que je suis porté pour la bonne cause. Sur ce pied,
je prends la liberté de vous conseiller, en ami et serviteur, de venir ici
incessamment et de presser votre voyage, de sorte que vous puissiez
paraître publiquement lundi (18), vers midi. Vous trouverez des chevaux
de poste à Ohlau et à Grottkau tout prêts. Hâtez-vous, Milord, tout ce
que vous pourrez au monde. J'ai l'honneur de, etc. (1).

« Venez le plus tôt que vous pourrez au monde »,
mandait encore, le 18 septembre, Goltz à Hyndford
qu'une indisposition assez sérieuse avait retenu à Breslau. Dès qu'il lui fut possible de répondre aux sollicitations pressantes de Frédéric, l'ambassadeur anglais se
rendit, le 22 septembre, au camp prussien. Le Roi lui
accorda une audience et le retint à dîner, et, comme il
voulait endormir les soupçons qui pouvaient naître dans
l'esprit de M. de Valory, il s'approchait, en sortant de
table, de notre représentant, et lui avouait, d'un air
surpris et contrarié, « qu'il ne concevait rien à l'opiniâtreté du roi d'Angleterre, qui avait donné de nouveaux ordres au lord Hyndford de tout employer pour
l'engager à la paix avec la reine de Hongrie. J'ai cru,
me dit-il, m'être expliqué assez clairement dans ma
lettre, que je lui ai écrite et dont je vous ai donné copie,
pour être délivré de toutes ses importunités. Il aurait
pu s'en tenir à ma lettre et ne pas hasarder ce voyage
dans l'état où il est.... (2) ».

Le lendemain, par un raffinement de délicatesse, Fré-

---

(1) *History of Friedrich II of Prussia*, par Carlyle, livre XIII, chapitre V.

(2) M. de Valory à Amelot, à Neuendorf, au camp proche Neisse, le
23 septembre 1741. Corresp. de Prusse. Vol. 118. Aff. étrang.

déric envoyait à notre représentant son aide de camp, de
Goltz, porteur d'assurances bien propres à empêcher
M. de Valory de prendre ombrage du séjour de lord
Hyndford au milieu de l'armée prussienne. « M. de Goltz,
écrivait M. de Valory à Belle-Isle le 23 septembre, sort
dans le moment de ma chambre et m'a dit avoir ordre du
Roi, son maître, de conseiller à lord Hyndford de ne pas
prolonger davantage son séjour à l'armée. S'il ne se
rend pas à cette insinuation ou à ce conseil d'ami, il doit
lui dire qu'ayant eu du roi de Prusse une réponse posi-
tive et invariable, un plus long séjour à son armée ne
pouvait lui être agréable puisqu'il ne pouvait produire
d'autre effet que de donner de l'ombrage à ses alliés, ce
qu'il voulait éviter soigneusement... (1) ». Frédéric lui-
même prenait soin d'informer Belle-Isle « des négociations infructueuses des Anglais (2) ». Comment douter,
après ces preuves éclatantes, de la sincérité du roi de
Prusse? Le Maréchal était si vivement touché de cet
abandon plein de franchise de Frédéric qu'il se faisait
un devoir de lui en exprimer son admiration et sa reconnaissance : « J'ai reçu, lui écrivait-il le 2 octobre, la
lettre dont il a plu à Votre Majesté de m'honorer du
23 septembre. On ne peut être plus touché que je le suis
de l'attention pleine de bonté avec laquelle Elle a daigné
me faire part de la négociation infructueuse des Anglais,
qui montre qu'avec les qualités éminentes dont Votre
Majesté est douée, Elle y joint encore les grâces qui
accompagnent toutes ses actions (3) ».

---

(1) M. de Valory à Belle-Isle, à Neuendorf, au camp proche Neisse, le
23 septembre 1741. Corresp. de Prusse. Vol. 118. Aff. étrang.

(2) Au maréchal de France, comte de Belle-Isle, à Francfort-sur-le-
Mein, camp de la Neisse, le 23 septembre 1741. *Politische Correspondenz*, t. I, p. 354, et Corresp. de Prusse. Vol. 118. Aff. étraug.

(3) Belle-Isle à Frédéric, à Francfort, le 2 octobre 1741. Corresp. de
Prusse. Vol. 118. Aff. étrang.

En réalité, les démonstrations du roi de Prusse, si jaloux d'étaler sa bonne foi aux yeux de ses alliés, cachaient, comme nous le verrons plus tard, le commencement d'une trahison savamment ourdie contre la France et la Bavière. Elles avaient complètement atteint leur but et donné le change à M. de Valory et au maréchal de Belle-Isle, qui célébraient à l'envi la fidélité et la franchise du roi de Prusse. « M. de Valory fait l'éloge de la fidélité du roi de Prusse, et il vous en cite les traits, mandait Belle-Isle à Amelot le 20 septembre 1741. Il n'y en a pas un plus fort que la réponse que ce Prince a faite par écrit à milord Hyndford... (1) ». Le Maréchal s'empressait de demander qu'à Versailles on ne manquât point de suivre un si bel exemple en tenant Frédéric au courant de toutes nos démarches et des tentatives d'accommodement que la reine de Hongrie faisait, à la même heure, auprès de Louis XV et de Charles-Albert :

A l'égard des procédés du roi de Prusse envers le Roi, on ne peut trop en louer la franchise et même la grâce qu'il y ajoute, ne perdant pas un moment d'informer M. de Valory de tout ce qui lui est proposé et de ses réponses, et, comme ce Prince est infiniment susceptible sur ce chapitre, je crois devoir vous représenter qu'il est absolument nécessaire que vous mettiez M. de Valory et moi en état de lui faire part journellement de toutes les choses qui ont rapport aux affaires de l'Empire et qui sont de nature à pouvoir lui être confiées; quand ce ne seraient que des bagatelles, il en sera touché, et il faut prendre les personnes suivant leur faible. Dans cet esprit, je ne néglige pas une seule occasion de mander ou faire dire à ce Prince, par M. de Valory, toutes les démarches que je fais ici ou autres choses que j'apprends et dont je pèse bien les conséquences. Je ne manque pas d'y ajouter toujours que c'est par ordre du Roi et de M. le Cardinal que j'en use ainsi. Je vois que cela lui plaît infiniment, le fortifie dans son union et le dispose plus favorablement à faire les choses qu'on peut exiger de lui. La déli-

---

(1) Belle-Isle à Amelot, le 20 septembre 1741. Corresp. d'Allemagne. Vol. 403. Aff. étrang.

catesse qu'il a marquée à **M.** de Valory pour laisser séjourner plus longtemps milord Hyndford dans son camp marque bien qu'il serait fâché que nous n'en usions pas de même sur la résidence que fait le sieur Ardenberg à Versailles et à Paris... (1) ».

La recommandation du maréchal de Belle-Isle était superflue. Des cours de Munich et de Versailles, c'était à qui se livrerait au plus entier abandon dans les bras de leur perfide allié. L'Électrice de Bavière avait reçu deux lettres de sa mère, l'impératrice Amélie, datées des 15 et 19 août 1741, qui lui faisaient part du désir de Marie-Thérèse de parvenir à un accommodement avec l'Électeur de Bavière. « ... Je me suis chargée volontiers, écrivait l'Impératrice à sa fille le 15 août 1741, de faire connaître, par votre moyen, à M. l'Électeur de Bavière les sentiments où l'on est ici présentement, où je voudrais que l'on eût été il y a longtemps, et c'est que l'on désire s'accommoder à l'amiable avec M. l'Électeur, et, s'il veut écouter les propositions que l'on lui fera, l'on assure qu'elles seront réelles et effectives. L'on lui laisse le choix du lieu, de la manière et du ministre que l'on lui enverra. L'on demande seulement que l'on puisse avoir une prompte réponse pour expédier ce ministre... (2) ». Cédant à de nouvelles sollicitations de la reine de Hongrie, l'Impératrice dépêchait, le 19 août, un courrier à sa fille pour demander, dans un délai de sept jours, la réponse de l'Électeur aux ouvertures de négociations avec la cour de Vienne, à défaut de quoi la

----

(1) Belle-Isle à Amelot, à Francfort, le 28 septembre 1741. Corresp. d'Allemagne. Vol. 403. Aff. étrang.

(2) Copie de la lettre de l'impératrice Amélie à l'Électrice de Bavière, du couvent de la Vierge Sainte-Marie, le 15 août 1741. Corresp. de Bavière. Vol. 92. Aff. étrang.

Basse-Silésie serait « abandonnée aux hérétiques ». L'Impératrice terminait sa lettre par ces mots pressants : « Oui ou non, promptement (1) ».

Avec sa loyauté habituelle, l'Électeur de Bavière avait fait part de ces propositions au marquis de Beauvau, qui ne savait trop louer « la franchise et l'empressement avec lequel l'Electeur m'a communiqué chacune de ces lettres en me priant d'en rendre compte (2) ». Charles-Albert avait voulu que le roi de Prusse, le maréchal de Belle-Isle et le cardinal Fleury, en eussent connaissance, ainsi que de la réponse de l'Électrice qui comportait une fin de non-recevoir aux avances de la reine de Hongrie. « Vous trouverez, écrivait l'Électeur à Belle-Isle, le 23 août, une seconde lettre ci-jointe de l'impératrice Amélie, que j'envoie pareillement en original à M. le Cardinal. L'Électrice n'y a fait d'autre réponse que de se rappeler à la première, et que d'ailleurs le terme de si peu de jours était trop court pour avoir le temps d'en communiquer avec ses amis et alliés... (3) ».

En même temps qu'elle négociait avec la Prusse et la Bavière, la cour de Vienne, réduite aux abois, tentait un rapprochement avec la France par l'entremise de son représentant à Versailles, M. de Wasner. Le 5 septembre, ce dernier faisait connaître à Amelot et à Fleury les cessions de territoires que la reine de Hongrie était disposée à accorder en faveur de l'Électeur de Bavière : les Pays-Bas ou les possessions autrichiennes en Italie,

---

(2) Copie de la lettre de l'impératrice Amélie à l'Électrice de Bavière, du couvent de la Vierge Sainte-Marie, le 19 août 1741. Corresp. de Bavière. Vol. 92. Aff. étrang.

(3) Beauvau à Amelot, à Munich, le 25 août 1741. Corresp. de Bavière. Vol. 92. Aff. étrang.

(1) Charles-Albert à Belle-Isle, à Munich, le 23 août 1741. Corresp. de Bavière. Vol. 92. Aff. étrang.

à son choix, « à condition qu'il donnera ses troupes pour agir contre tous ceux qui veulent exercer leurs prétentions sur les États d'Allemagne et qu'il assurera sa voix au Grand-Duc pour la couronne impériale... Son Éminence se contenta de dire à M. de Wasner que ces offres venaient un peu tard et qu'au surplus c'était à l'Électeur de Bavière à y répondre puisque la France n'avait aucune prétention (1) ». Le 7 septembre, M. de Wasner revenait inutilement à la charge auprès du Cardinal. Fleury persistait à voir, dans les démarches de l'envoyé autrichien, une manœuvre de sa Cour pour « jeter des soupçons réciproques » entre la France et ses alliés, et il s'empressait d'en informer le roi de Prusse par le Mémoire suivant, du 9 septembre 1741 :

Mémoire.

M. Wasner vint ici mardi dernier, 5e de ce mois, me porter une lettre que lui écrivait la reine de Hongrie, dont il me fit lecture et qui contient ce qui suit :

1° Que pour montrer l'envie que Sa Majesté avait de satisfaire le Roi Très Chrétien et de parvenir à une solide pacification, Elle offrait de céder à l'Électeur de Bavière tous les États qu'Elle possède en Italie sans exception, en pleine souveraineté, ou les Pays-Bas avec toutes les places qui en dépendent, si, en compensation d'un si grand sacrifice, l'Électeur s'engageait à donner son suffrage au Grand-Duc pour la couronne impériale et à joindre ses troupes aux siennes pour lui faire regagner la Silésie et en chasser le roi de Prusse. Qu'Elle me priait de faire dire oui ou non à l'Électeur de Bavière afin qu'Elle pût prendre son parti suivant sa réponse.

Le sieur Wasner ajoutait de son chef qu'il s'élevait un Prince dans l'Empire bien différent des derniers Empereurs qui avaient laissé usurper tous leurs droits avec une nonchalance très blâmable ; que ce Prince joindrait à toutes ses grandes qualités une économie propre à rétablir bientôt ses finances ; que tout le Corps germanique se déclarerait en sa faveur, et qu'on savait de quel poids il serait quand il serait réuni.

---

(1) Amelot à M. de Valory, à Versailles, le 6 septembre 1741. Corresp. de Prusse. Vol. 118. Aff. étrang.

Je me contentai de répondre, en deux mots, que j'étais étonné de n'avoir eu aucune nouvelle de l'Électeur sur ces magnifiques promesses; qu'elles le regardaient personnellement et que nous les lui communiquerions pour savoir à quoi il se déterminerait.

Le sieur Wasner revint avant-hier me communiquer une seconde lettre de la Reine, sa maîtresse, qui portait une manière d'explication des offres précédentes, et voici en quoi elles consistent : « Que si l'Électeur de Bavière voulait, à la place des Pays-Bas, une cession de ce qu'on appelle l'Autriche antérieure et qui renferme toute la Souabe, la Forêt-Noire, Ulm et quelques autres pays adjacents, la reine de Hongrie les lui céderait en titre de souveraineté et de royauté, les autres conditions ci-dessus sous-entendues. Je crois même qu'il y ajouta la ville de Passau, quoique je n'en sois pas bien assuré (1) ».

Alors que sa situation semblait désespérée, alors qu'elle ne trouvait aucun appui au dehors, Marie-Thérèse ne perdait point courage. « Je ne suis qu'une pauvre reine, disait-elle, mais j'ai le cœur d'un roi (2) ». Depuis qu'elle s'était retirée à Presbourg, ses ministres allemands s'efforçaient d'éveiller ses défiances contre les Hongrois, ces rebelles qui, naguère encore, sous Rakoczi, avaient pendant huit ans lutté contre l'Autriche pour leur indépendance et n'avaient déposé les armes qu'en frémissant. Des voix s'élevaient autour d'elle pour dire que « la Reine ferait mieux de se confier, elle et les siens, au diable qu'aux Hongrois (3) ». Mais si Marie-Thérèse n'ignorait pas que les Magyars tressaillaient encore au chant de guerre des compagnons de Rakoczi, elle avait foi dans la générosité et la pitié de cette nation chevaleresque et enthousiaste. Mieux inspirée que ses ministres, n'écoutant que son cœur, elle prenait cette résolution géniale de demander son propre salut, le salut de ses États, à ceux-là mêmes qui avaient été les victimes

----

(1) Mémoire joint à la lettre de Fleury à Frédéric, du 9 septembre 1741, à Issy. Corresp. de Prusse. Vol. 118. Aff. étrang.

(2) Arneth, t. I, p. 296.

(3) Arneth, t. I, p. 300.

des exactions de ses ancêtres, et de s'abandonner sans arrière-pensée à leur loyauté et à leur bravoure. Le 11 septembre 1741, elle convoquait au château de Presbourg les membres de la Diète hongroise. La Reine s'y rendait, vêtue de deuil, la couronne de Saint-Étienne sur la tête, et, de son trône, elle adressait à l'Assemblée cet appel éloquent : « Notre situation désolée Nous a incitée à faire connaître par écrit aux fidèles États de l'illustre royaume de Hongrie l'invasion à main armée de notre province héréditaire d'Autriche et le danger qui menace ce royaume, comme aussi à proposer le remède nécessaire. Le royaume de Hongrie, notre personne, nos enfants, notre couronne, sont en jeu. Délaissée par tous, Nous cherchons notre unique refuge dans la fidélité des illustres États, dans les armes et dans la valeur renommée des Hongrois, demandant instamment qu'en face de ce danger pressant les États et Ordres veuillent au plus tôt prendre des mesures pour la sécurité de notre personne, de nos enfants, de notre couronne, de notre royaume, et les mettre à exécution. De leur côté, les fidèles États et Ordres éprouveront notre bienveillance et notre condescendance en tout ce qui est de notre ressort et qui a trait à l'antique félicité de ce royaume et à l'honneur de la nation (1) ».

A la fin de son discours, en faisant allusion à ses enfants, la Reine ne put retenir ses larmes. Son émotion avait gagné l'Assemblée, et, quand le Primat assura la Reine que les Hongrois étaient prêts à sacrifier pour elle leur vie et leurs biens, ce même cri s'échappa de toutes les poitrines : « Vitam nostram et sanguinem consecramus (2) ».

---

(1) *Allocutio Reginae Hungariae Mariae Theresiae, anno 1741.* Coxe, *History of the House of Austria*, t. III, p. 270.

(2) Arneth, t. 1, p. 300.

Le même jour, la Diète rejetait les prétentions de l'Électeur de Bavière sur la couronne de Hongrie et nommait une députation pour arrêter les mesures qu'exigeait le salut de l'État. Le 13 septembre, cette députation proposait à la Diète et faisait adopter par elle la levée de 30,000 hommes d'infanterie, qui devaient servir à créer 13 régiments. L'*insurrection* était déclarée, qui prescrivait à chaque membre de la noblesse de monter à cheval ou de fournir un remplaçant. On comptait que cet appel aux armes réunirait 15,000 cavaliers hongrois, 14,000 Croates ou Esclavons, et 6,000 Transylvains. Avec les contingents du bannat de Temeswar et de quelques autres districts, on espérait atteindre une levée de 100,000 hommes (1).

Marie-Thérèse avait si bien conquis le cœur des Hongrois, qu'à sa prière, le 20 septembre, les membres de la Diète accordaient à l'unanimité au grand-duc de Toscane le titre de co-régent. Comme une magicienne, la Reine avait opéré ce prodige. Au mois de juillet, « les Hongrois ne voulaient point absolument entendre parler de co-régence (2) ». Suivant notre secrétaire d'ambassade, Vincent, qui était demeuré à Vienne, « M. le Grand-Duc n'avait pas été plus heureux dans ce pays-là (la Hongrie) que dans celui-ci. Il était généralement haï (3) ». Mais la Reine souhaitait si vivement que François de Lorraine fût associé au gouvernement de ses États, son cœur d'épouse réclamait si ardemment cette nomination, que les Hongrois, subjugués par les malheurs, la grâce et la confiance de Marie-Thérèse, ne lui firent pas attendre plus longtemps la réalisation de

---

(1) Arneth, t. I, p. 302.

(2) Vincent à Amelot, à Vienne, le 5 juillet 1741. Corresp. de Vienne. Vol. 228. Aff. étrang.

(3) *Ibidem*.

ses désirs. Un revirement aussi complet dans les dispositions de la Diète ne laissait pas de confondre notre secrétaire d'ambassade, qui écrivait à Amelot, le 23 septembre : « L'on dit ici que les Hongrois ont reconnu le Grand-Duc en cette qualité (de co-régent) de leur propre mouvement et qu'ils l'ont même prié de vouloir bien l'accepter. Si cela est vrai, il faut que les choses aient bien changé depuis quelque temps, car je sais positivement qu'il n'était point aimé de la nation (1) ».

Le 21 septembre, le Grand-Duc prêtait le serment attaché à sa nouvelle dignité en présence de la Reine et des Hongrois, assemblés au château de Presbourg. Cette cérémonie fut pour Marie-Thérèse l'occasion d'un nouveau triomphe. Des acclamations saluèrent les paroles du Grand-Duc, qui se déclara prêt à verser son sang pour la Reine et pour la Hongrie ; elles se changèrent en ovations enthousiastes quand Marie-Thérèse, prenant son jeune fils des bras de sa nourrice, l'éleva au-dessus de l'Assemblée dans un geste où elle semblait dire aux Hongrois qu'elle leur confiait l'héritier de sa couronne et l'espoir de sa race. Le cœur plein de joie, la Reine prouvait, le même jour, sa reconnaissance en accordant aux principaux magnats d'importantes distinctions (2).

Les résolutions, arrêtées par la Diète dans ces jours d'enthousiasme, ne furent mises à exécution que lentement et imparfaitement. Le nombre des nouveaux régiments d'infanterie fut ramené par elle de 13 à 6, leur force de 30,000 à 21,000 hommes. Au mois de décembre 1741, il n'y avait encore d'organisé que quelques compagnies d'infanterie. Enfin les levées fournies par l'in-

---

(1) Vincent à Amelot, à Vienne, le 23 septembre 1741. Corresp. de Vienne. Vol. 228. Aff. étrang.
(2) Arneth, t. I, p. 305 et suiv.

surrection hongroise, tant fantassins que cavaliers, n'atteignirent jamais les 100,000 hommes qu'on avait compté mettre sur pied et n'entrèrent sérieusement en ligne, pour la défense de la Reine, qu'au printemps de l'année suivante. En dépit de ces lenteurs et de ces vices d'organisation, les décisions de la Diète de Presbourg eurent en Europe un immense retentissement et aidèrent puissamment au salut de Marie-Thérèse. Les puissances, qui combattaient cette princesse et se partageaient déjà ses États, virent avec étonnement le rapprochement sincère de la Hongrie et de l'Autriche, chef-d'œuvre personnel de la Reine qui avait réussi à transformer en ardents défenseurs de ses droits les ennemis séculaires de sa Maison. C'était là une victoire signalée pour Marie-Thérèse, une défaite sensible pour ses adversaires, qui avaient toujours compté sur les factions et les déchirements intérieurs pour achever la ruine de la maison d'Autriche. Le souffle généreux, qui avait animé les Magyars à prendre les armes en faveur de leur souveraine injustement attaquée et dépouillée, réveilla le patriotisme jusqu'alors assoupi des provinces autrichiennes. Enfin l'annonce de l'insurrection prochaine des Hongrois, jointe à la nouvelle de la défaite des Suédois par les Russes, devait contribuer à hâter la trahison dont le roi de Prusse avait déjà ourdi la trame contre ses alliés, et délivrer l'Autriche, à une heure décisive entre toutes, de son ennemi le plus pressant et le plus dangereux.

PIÈCES JUSTIFICATIVES

APPENDICE 1 DU CHAPITRE PREMIER.

Levées et augmentations dans l'infanterie et la cavalerie de 1741 à 1748.

———

État des nouvelles levées et augmentations faites dans l'infanterie française pendant la guerre de 1741 à 1748, avec le montant de ce qu'elles ont coûté, tant pour la levée que pour la dépense annuelle (1).

Au commencement de l'année 1741, le Roi avait sur pied :

Infanterie française.

98 régiments d'infanterie française formant 155 bataillons, chaque bataillon de 510 hommes en 17 compagnies de 30 hommes chacune, dont une de grenadiers de même nombre, faisant 79,050 hommes.

La guerre ayant commencé dans cette année, le Roi a ordonné une augmentation de 10 hommes par compagnie de fusiliers pour les porter de 30 à 40, et de 15 dans les compagnies de grenadiers pour les mettre à 45, ce qui a porté les bataillons de 510 à 685, et, en outre, une augmentation de 5 hommes par compagnie dans le régiment d'infanterie du Roi pour mettre les compagnies de fusiliers à 45 hommes et celles de grenadiers à 50 et les bataillons de ce régiment de 685 à 770 hommes.

Ces augmentations ont monté au total de 27, 640 hommes.

En 1743, on a levé 6 bataillons pour former un 4ᵉ bataillon aux régiments de Picardie et de Champagne, un 3ᵉ aux régiments d'Auvergne et Dauphin, un 2ᵉ au régiment de Bourgogne et un 3ᵉ au régiment de Limousin, faisant...................... 4,110

En 1744, 2 bataillons pour former un 2ᵉ bataillon dans les régiments de Ponthieu et de Médoc.......... 1,370

———

(1) Vol. 3075, Arch. hist.

En 1745, on a levé 10 bataillons pour former un 3e bataillon aux régiments de Montboissier, Anjou, Montmorin, Ségur, La Reine, et un 2e à ceux de Bretagne, Artois, Rohan, La Roche-Aymon et la Sarre, faisant 6,850

En 1746, 30 bataillons pour former un 5e bataillon aux régiments de Picardie, Champagne, Navarre, Piémont, Normandie, la Marine; un 4e bataillon à ceux de la Tour-du-Pin, Bourbonnais, Auvergne, Monaco, Mailly; un 2e à ceux de La Fère, Royal-Roussillon, Beauvoisis, Rouergue, Royal-la-Marine, Vermandois, Languedoc, Talaru, Bonac, Royal-Comtois, Traine, Laval, Rochefort, Nice, Lorraine, Berry, Béarn, Hainaut et Boulonnais, faisant au total 20,550

Plus, 6 bataillons pour représenter les régiments de Flandre, Gensac, Brie, Santerre, Lyonnais et Conti, faits prisonniers de guerre à Asti, faisant......................,..... 4,110

En 1747, 17 bataillons pour former un 4e bataillon aux régiments Royal, Dauphin, Montboissier, Touraine, Custine, Montmorin, Ségur, Limousin, Royal-Vaisseaux, La Couronne; un 3e aux régiments de Rohan et de Ponthieu; un 2e à ceux d'Angoumois, La Marche, Vexin, Bassigny et Fleury, ces 17 bataillons faisant...................... 11,645

Plus, un 3e bataillon au régiment des Gardes-Lorraines, faisant 685

En 1748, on a levé un bataillon aux drapeaux de la Marine, composé de 15 compagnies, dont 2 de grenadiers de 45 hommes et 13 de fusiliers de 50, faisant............. 740

Plus, on a levé en 1744 le régiment Royal-Lorraine de 3 bataillons de 9 compagnies chacun, dont une de grenadiers de 50 hommes et 8 de fusiliers de 75, faisant....... 1,950

En 1745, on a levé le régiment Royal-Barrois qui a été formé du 3e bataillon du régiment Royal-Lorraine, qui a été réduit à 2, et d'un bataillon de nouvelle levée.......... 650

Augmentation 80,300
Le Roi avait sur pied, en 1744 79,050

TOTAL de l'infanterie française en 1748........ 159,350

Ces augmentations de 80,300 hommes d'infanterie française ont coûté au Roi, savoir : pour la levée, 9,800,400 livres, et, pour la dépense annuelle, 16,781,484 livres.

Royal-Artillerie.

En 1741, le Roi avait 5 bataillons d'artillerie composés chacun de

560 hommes en 8 compagnies de 70 hommes chacune, faisant en total	2,800
Plus, 5 compagnies de mineurs, de 50 hommes chacune. . . .	250
Et 5 compagnies d'ouvriers, de 40 hommes chacune	200
TOTAL	3,250

En 1743, on a augmenté de 30 hommes dans les 40 compagnies du régiment de Royal-Artillerie pour les mettre de 70 à 100 hommes, ce qui a fait une augmentation de.	1,200
En 1744, une augmentation de 25 hommes dans chacune des 5 compagnies de mineurs pour les porter de 50 à 75	125
Et, dans chacune des 5 compagnies d'ouvriers, une augmentation de 20 hommes pour les porter de 40 à 60, ci	100
En 1747, une augmentation de 25 hommes dans la compagnie de mineurs de Turmel pour la porter de 75 à 100, ci	25
Et, dans la compagnie d'ouvriers de Guilleune, augmentation de 20 hommes pour la porter de 60 à 80, ci	20
En 1747, on a levé 10 compagnies de 100 hommes chacune pour augmenter de 2 compagnies et porter à 10 les 5 bataillons d'artillerie. Cette augmentation a été de	1,000
Plus, 100 surnuméraires dans le bataillon de Vareix pour le service du génie, ci.	100
Et une augmentation de 25 hommes dans la compagnie des mineurs de Turmel pour la porter de 100 à 125.	25
TOTAL des augmentations	2,595

Ces augmentations ont coûté savoir : pour la levée, 311,400 livres, et, pour la dépense annuelle, 431,437 livres.

Suisses.

En 1741, le Roi avait sur pied 8 régiments suisses de 2 bataillons, chaque bataillon composé de 640 hommes en 4 compagnies de 160 hommes chacune, les officiers compris, ce qui faisait.	10,240
Plus le régiment grison de Travers, composé de 8 compagnies, la Colonelle de 160 hommes et les autres de 100 hommes, faisant	860
La compagnie d'Heuberger, de.	80
Et les compagnies de Reynold et de Travers, de 50 hommes chacune.	100
TOTAL.	11,280

La guerre étant venue, le Roi a ordonné, à la fin de 1741, une augmentation de 15 hommes dans chacune des 64 compagnies des
16 bataillons suisses pour les porter de 160 à 175, ce qui a
mis les bataillons de 640 à 700 hommes...............   960

Plus, une augmentation de 15 hommes dans la compagnie
Colonelle du régiment de Travers-Grison et de 75 hommes
dans chacune des sept autres pour les mettre toutes à
175 hommes, faisant..................................   540

En 1743, on a levé 36 compagnies de 175 hommes chacune, pour mettre les régiments suisses et grisons à 3 bataillons de 4 compagnies chacun, faisant...............   6,300

                  Augmentation..................   7,800

   Il y avait, en 1741...........................   11,280

   Le Roi avait sur pied, en 1748......................   19,080

Ces augmentations n'ont rien coûté au Roi pour la levée, attendu
qu'on n'est point dans l'usage de payer les hommes d'augmentation
dans les régiments suisses, mais elles ont coûté, pour la dépense
annuelle, 1,914,595 livres.

Allemands.

Le Roi avait sur pied, en 1741, 5 régiments allemands formant 6 bataillons, le régiment d'Alsace de 2 bataillons de 600 hommes, en
12 compagnies de 50 hommes chacune, et les 4 autres d'un bataillon
de 640 hommes, chacun en 16 compagnies de 40 hommes,
faisant un total de   3,760

Au mois de mai 1741, le Roi a ordonné une augmentation de
30 hommes dans chacune des 24 compagnies du régiment
d'Alsace pour les mettre de 50 à 80, et de 40 hommes dans
chacune des 64 compagnies des 4 autres régiments pour
les mettre de 40 à 80. Et, en même temps, Sa Majesté a
ordonné que le régiment d'Alsace serait de 3 bataillons de
640 hommes chacun en 8 compagnies de 80 hommes et les
4 autres régiments de 2 bataillons de 8 compagnies de
même. Cette augmentation a été de..................   3,280

En 1743, une augmentation de 30 hommes dans chacune des
88 compagnies des régiments allemands pour les mettre de
80 hommes à 110, et on a formé le régiment d'Alsace de
4 bataillons et les 4 autres régiments de 3 bataillons,
chaque bataillon de 6 compagnies de 110 hommes chacune.
Cette augmentation a été de.......................   3,520

Plus, on a levé le régiment de Lowendal, de 2 bataillons de
6 compagnies, à 110 hommes chacune, faisant...........   1,320
En 1744, on a levé un 3ᵉ bataillon du régiment de Lowendal
composé de 6 compagnies de 110 hommes chacune......   660
Plus, on a levé le régiment de Bergh d'un bataillon de 8 compagnies de 110 hommes chacune, faisant................   660
En 1745, on a levé le régiment de Nassau de 2 bataillons à
6 compagnies de 110 hommes chacune, faisant..........   1,320
Plus, le régiment de Fersen d'un bataillon de 6 compagnies
de 110 hommes chacune, faisant.......:..............   660
En 1746, on a levé un 4ᵉ bataillon au régiment Royal-Suédois
de 6 compagnies de 110 hommes chacune, faisant........   660
En 1747, on a levé 4 bataillons et 6 compagnies de 110
hommes chacune pour former un 4ᵉ bataillon aux régi-
ments de Saxe et La Marck, un 3ᵉ à celui de Nassau et un 2ᵉ
à celui de Fersen. Cette levée a été de   2,640
Plus, on a créé les régiments de Madame-la-Dauphine et de
Saint-Germain, de 2 bataillons chacun à 660 hommes par
bataillon, faisant....................................   2,640
A la fin de 1747, on a créé un 4ᵉ bataillon au régiment de
Lowendal, de   660
Et levé le régiment Royal-Pologne, d'un bataillon de......   660

TOTAL des augmentations.....   18,680

TOTAL du nombre d'hommes d'infanterie allemande que le
Roi avait à son service, à la fin de 1748................   22,440

Ces augmentations de 18,680 hommes ont coûté, savoir : pour la
levée, 2,988,800 livres, et, pour la dépense annuelle, 4,918,776 livres.

Irlandais et Écossais.

En 1741, le Roi avait sur pied 5 régiments irlandais, composés chacun d'un bataillon de 510 hommes en 17 compagnies de
30 hommes chacune, faisant au total..................   2,550
Au mois de mai 1741, le Roi a ordonné une augmentation de
10 hommes dans chacune des compagnies de fusiliers et
de 15 hommes dans celle des grenadiers pour porter les
compagnies de fusiliers de 30 à 40 hommes et celle de grenadiers de 30 à 45. Cette augmentation a porté ces bataillons de 510 à 685 hommes.........................   875
En 1743, on a levé le régiment Royal-Écossais de 12 compagnies de 55 hommes chacune, faisant   660

Au mois d'octobre 1744, on a réduit les 5 régiments irlandais de 17 compagnies à 13, dont une de grenadiers de
45 hommes et 12 de fusiliers de 50, faisant 645 hommes
par régiment. Cette réduction a produit une réforme de
200 hommes qui, avec 445 de nouvelle levée, ont formé le
régiment de Lally sur le même pied que les autres, ci....   445

En 1747, on a levé le régiment écossais d'Ogilwy de 13 compagnies, dont une de grenadiers de 45 hommes et 12 de
fusiliers de 50, faisant............................   645

Plus, le régiment écossais d'Albany de la même composition, ci..   645

TOTAL des augmentations.....   3,270

TOTAL du nombre d'Irlandais que le Roi avait à son service
en 1748...   5,820

Ces augmentations de 3,270 hommes ont coûté, savoir : pour la
levée, 523,200 livres, et, pour la dépense annuelle, 724,167 livres.

Royal-Italien et Royal-Corse.

Le Roi avait, en 1741, le régiment de Royal-Italien composé de 600 hommes en 12 compagnies de 50 hommes, ci.   600

Plus, le régiment Royal-Corse composé aussi de 600 hommes
ou 12 compagnies de 50 hommes, ci...................   600

TOTAL......................   1,200

En 1747, le Roi a augmenté de 4 compagnies, de 50 hommes chacune,
le régiment Royal-Italien pour le porter de 12 compagnies
à 16 et à 800 hommes, ci...........................   200

Dans la même année, on a levé encore 10 compagnies de
50 hommes chacune pour mettre ce régiment à 2 bataillons de 13 compagnies chacun, chaque compagnie de
50 hommes, ci....................................   500

Plus, une compagnie de 50 hommes pour mettre le régiment
Royal-Corse à 13 compagnies au lieu de 12, ci..........   50

En 1748, on a levé un 3e bataillon au régiment Royal-Italien
de 13 compagnies de 50 hommes chacune, faisant.......   650

TOTAL des augmentations   1,400

Le Roi avait, en 1748.............................   2,600

Cette augmentation de 1,400 hommes a coûté, savoir : pour la levée,
224,000 livres, et, pour la dépense annuelle, 285,000 livres.

Wallons.

En 1744, le Roi a ordonné la levée de 2 régiments wallons, composés chacun de 1,410 hommes en 2 bataillons de 13 compagnies chacun, dont une de grenadiers de 45 hommes et 12 de fusiliers de 55 hommes, faisant au total 2,820

Ces 2,820 hommes ont coûté, savoir : pour la levée, 451,200 livres, et, pour la dépense annuelle, 612,320 livres.

Cavalerie et Carabiniers.

Le Roi avait à son service, en 1741, 56 régiments de cavalerie, y compris les régiments Royal-Allemand et Rosen, formant 149 escadrons, chaque escadron composé de 100 hommes en 4 compagnies de 25 maîtres chacune, faisant, au total, 14,900 cavaliers montés, ci 14,900

Plus, les carabiniers composés de 5 brigades, chaque brigade de 2 escadrons formant 200 hommes en 8 compagnies de 25 hommes chacune, ci 1,000

TOTAL 15,900

En 1742, le Roi a ordonné une augmentation de 10 hommes dans chacune des 636 compagnies de cavalerie française et de carabiniers pour les porter de 25 à 35. Cette augmentation a été de 6,360

Plus, on a levé 148 compagnies de 35 maîtres pour former un escadron d'augmentation dans 37 régiments de cavalerie. Cette augmentation est de........................ 5,180

En 1743, on a levé 152 compagnies de 35 maîtres pour augmenter d'un escadron les 38 derniers régiments de cavalerie. Cette augmentation a été de..................... 5,320

En 1744, on a levé le régiment de Nassau, de 12 compagnies de 50 hommes chacune, faisant................. 600

Plus, on a augmenté de 15 hommes chacune des compagnies de Royal-Allemand et de Rosen pour les mettre de 35 à 50, et on a levé 4 nouvelles compagnies de 50 hommes chacune pour mettre chacun de ces 2 régiments à 6 escadrons de 3 compagnies chacun, ce qui fait une augmentation de... 680

TOTAL des augmentations..... 18,140

Le Roi avait, en 1748, 34,080 cavaliers.

Les 18,140 cavaliers d'augmentation ont coûté au Roi, savoir : pour la levée, 10,884,000 livres, et, pour la dépense annuelle, 10,451,935 livres.

Dragons.

Le Roi avait sur pied, en 1741, 15 régiments de dragons, de 400 hommes chacun, dont 240 montés et 160 à pied. Ces 15 régiments formaient 60 escadrons de 4 compagnies de 25 dragons chacune, dont 15 montés et 10 à pied, faisant un total de 6,000 hommes, dont 3,600 montés et 2,400 à pied.

Au mois de janvier 1742, on a augmenté de 10 hommes chacune des 240 compagnies de dragons pour les porter de 25 à 35. Cette augmentation a été de.......................... 2,400

Ces compagnies ont été portées dans la même année à 41 hommes par une augmentation de 6 hommes dans chacune, faisant au total.............................. 1,440

Au mois de juin 1743, on a augmenté ces 240 compagnies de 9 hommes chacune pour les porter à 50 hommes et on a mis les 15 régiments à 5 escadrons de 3 compagnies chacun, et, de la 16ᵉ compagnie de chaque régiment, on en a créé le régiment du Roi-dragons qui, par ce moyen, s'est trouvé de la même composition que les autres. Cet arrangement a produit une augmentation de......................... 2,160

En 1744, on a levé le régiment de Septimanie, composé aussi de 5 escadrons en 15 compagnies de 50 hommes, ci...... 750

TOTAL des augmentations..... 6,750

Le Roi avait, en 1748, 12,750 dragons.

Les augmentations des 6,750 dragons ci-dessus ont coûté au Roi, savoir : pour la levée, 3,375,000 livres, et, pour la dépense annuelle, 2,893,792 livres.

Hussards.

En 1741, le Roi avait 3 régiments de hussards, savoir 2 de 2 escadrons et 1 d'un escadron, chaque escadron de 100 hommes en 4 compagnies de 25 maîtres chacune, faisant un total de.. 500

Au mois d'août 1741, on a augmenté de 25 hommes chacune des 20 compagnies de hussards pour les porter de 25 à 50 hommes. Cette augmentation est de 500

Au mois de décembre 1741, on a levé 8 compagnies de 50 hommes pour former un 3ᵉ escadron dans chacun des régiments de Ratsky et de Berchény, ci................ 400

Au mois de mai 1742, on a levé 12 compagnies de 50 hommes chacune pour porter à 6 escadrons de 3 compagnies chacun les régiments de Ratsky et de Berchény, ci 600

On a aussi levé 14 compagnies de 50 hommes pour mettre de même à 6 escadrons le régiment d'Esterhazy, ci 700

En 1743, on a créé le régiment de Beausobre, de 12 compagnies de 50 hommes, dont 6 ont été tirées du régiment de
Ratsky et 6 du régiment d'Esterhazy, ci . . . .   Pour mémoire.

On a créé dans la même année, savoir : le régiment de Rau-
grave de 12 compagnies de 50 hommes, ci   600

Celui de Polleresky, aussi de 12 compagnies de 50 hommes,
dont 6 ont été tirées du régiment de Berchény et les
6 autres de nouvelles levées, ci   300

En 1744, on a levé la compagnie de Goengoesy, ci   50

Dans la même année 1744, on a augmenté de 25 hommes
chacune des 12 compagnies de Berchény pour les porter de
50 à 75 et en former 6 escadrons de 2 compagnies chacun.
Cette augmentation a été de   300

Au mois d'octobre 1745, on a levé le régiment de Ferrary, de
6 compagnies de 50 hommes chacune, ci   300

En 1747, on a augmenté ce régiment de 6 compagnies de
50 hommes pour le mettre à 4 escadrons, ci   300

        Total des augmentations dans les hussards. . .   4,050

Le Roi avait, en 1748, 4,550 hussards.

Plus, on a levé en 1743 le régiment de cavalerie légère de
Saxe-Volontaires, composé de 1,000 hommes, les officiers
compris, en 6 brigades de 160 hommes chacune, et l'état-
major sur le pied de 40 hommes, ci   1,000

        Total   5,550

Les 4,050 hussards d'augmentation et les 1,000 hommes du régiment de Saxe ont coûté, savoir : pour la levée, 1,515,000 livres, et,
pour la dépense annuelle, 2,450,025 livres.

Troupes légères.

En 1741, le Roi n'avait pour troupes légères que des compagnies
franches, savoir :

	Infanterie.	Dragons.
2 compagnies d'infanterie et 2 de dragons de 40 hommes chacune.	80	80
1 compagnie d'infanterie de	32	»
7 compagnies d'infanterie et 6 de dragons de 30 hommes chacune.	210	180

L'infanterie et les dragons faisant, au total, 18 compagnies et 582 hommes.

En 1741, on a augmenté les 10 compagnies franches
d'infanterie de 1,180 hommes pour les porter en
total à 1,502 hommes, ci . . . .   **1,180**   »

	Infanterie.	Dragons.
Et, en 1742, les 8 compagnies de dragons ont été augmentées de 870 hommes pour les porter à 1,130, ci..............................	»	870
Au mois de décembre 1742, on a levé 4 compagnies franches d'infanterie et une de dragons de 100 hommes chacune, ci........................	400	100
En 1743, on a levé la compagnie de chasseurs de Fischer de 60 hommes, dont 45 à pied et 15 à cheval.	45	15
Plus, une compagnie de........................	50	»
En janvier 1744, on a créé le régiment de Grassin de 1,200, dont 900 à pied et 300 à cheval. On y a incorporé, pour la partie d'infanterie, 4 compagnies franches d'infanterie, dont une de 150 hommes et les 3 autres de 100 hommes faisant 450 hommes, et les 450 hommes de plus ont été de nouvelle levée et, pour la partie de dragons, 2 compagnies franches, dont une de 150 hommes et l'autre de 100 hommes, les 50 hommes de surplus ont été de nouvelle levée, ci........................	450	50
En 1744, on a augmenté la compagnie de Fischer de.	15	25
Et on a levé une compagnie de dragons de........	»	100
En 1745, on a levé le régiment de La Morlière composé de 1,000 hommes, dont 700 à pied et 300 à cheval, ci..................................	700	300
En 1745, on a augmenté le régiment de Grassin de 300 hommes, dont 100 à pied et 200 à cheval, pour les porter à 1,500 hommes, dont 1,000 à pied et 500 à cheval........................	100	200
Au mois d'août 1745, on a créé le corps des Volontaires royaux composé de 2,630 hommes, dont 1,730 d'infanterie et 900 dragons, le corps ayant été formé au moyen de la réforme des compagnies franches d'infanterie et de dragons. Il n'y a eu aucune nouvelle levée.		
En 1746, on a augmenté de 100 hommes la compagnie de Fischer, dont 40 à pied et 60 à cheval, pour la porter à 200 hommes, dont 100 à pied et 100 à cheval............................	40	60
Plus, on a levé 2 compagnies de hussards de 75 hommes chacune et une compagnie de dragons pour le corps de Goengoesy........................	»	200
La compagnie de Croates, de....................	240	»

	Infanterie.	Dragons.
Le régiment de Bretons-Volontaires de 1,200 hommes, dont 900 à pied et 300 à cheval, ci	900	300
On a augmenté le régiment de La Morlière de 500 hommes, dont 300 à pied et 200 à cheval, pour le porter à 1,500 hommes, dont 1,000 à pied et 500 à cheval	300	200
En 1747, on a augmenté la compagnie de Fischer de 200 hommes, pour la porter à 400 hommes, dont 250 à pied et 150 à cheval................	150	»
On a levé la compagnie de chasseurs à pied de Colorme de 200, ci.........................	200	»
Celle de chasseurs à pied de Beringuer de Sabatier, de	200	»
Celle des volontaires de Lancize, de..............	200	»
La compagnie d'arquebusiers d'Aigoyn, de.........	40	»
Plus, on a créé le régiment de Geschray, de 1,200 hommes, dont 800 à pied et 400 à cheval, ci.....	800	400
On a augmenté de 200 hommes la compagnie de Fischer, dont 150 à pied et 50 à cheval, pour la porter à 600, dont 400 à pied et 200 à cheval, ci.	150	50
On a créé les corps des volontaires de Belloy de 850 hommes, dont 800 à pied et 50 à cheval.....	800	50
Plus, on a augmenté dans la dite année le régiment des Bretons-Volontaires de 300 hommes, dont 100 à pied et 200 à cheval, pour le porter à 1,500 hommes, dont 1,000 à pied et 500 à cheval, ci	100	200
En 1748, on a créé le corps des volontaires de Valgra de 100 hommes, dont 75 à pied et 25 à cheval. ..	75	25
Et augmenté de 40 hommes la compagnie de charpentiers du corps des Volontaires royaux, ci......	40	»
Total...................	7,175	3,195

Autres levées.

	Infanterie.	Dragons.
En 1744, on a levé 2 bataillons de fusiliers de montagne, composés chacun de 12 compagnies de 50 hommes chacune, faisant au total...........	1,200	»
Plus, une compagnie de guides pour le Piémont, de	50	»
En 1746, une compagnie de guides pour l'armée de Flandre, de...........................	13	12
En 1745, on a levé le régiment des Cantabres, de 504 hommes en 10 compagnies de 50 hommes chacune et 4 tambouriers, ci...........................	504	»

	Infanterie.	Dragons.
En 1747, ce régiment a été augmenté de 1,100 hommes, dont 800 à pied et 300 à cheval, pour le porter à 1,604 hommes, dont 1,304 d'infanterie et 300 à cheval, ci...............................	800	300
TOTAL des augmentations...........	9,742	3,507
TOTAL GÉNÉRAL	13,249	

Ces 13,249 hommes ont coûté, savoir : pour la levée, 2,305,140 livres, et, pour la dépense annuelle, 3,466,504 livres.

APPENDICE 1 DU CHAPITRE II.

L'augmentation d'infanterie, du 15 mai 1741.

*État de l'augmentation des troupes suivant les ordonnances
et de la paye par année*

	COMPAGNIES		GRENADIERS.	FUSILIERS.
Il y a :	de GRENADIERS.	de FUSILIERS.	AUGMENTATION à 15 hommes par compagnie	AUGMENTATION à 10 hommes par compagnie
Infanterie française. { 5 rég. de 4 batons qui font.	20	320	300	3,200
13 id. 3 id......	39	624	585	6,240
15 id. 2 id......	32	512	480	5,120
64 id. 1 id......	64	1,024	960	10,240
Suisses.... { 8 id. 2 id......	»	64	»	960
1 Travers Grison........	»	8	»	540
Allemands. { 1 rég. de 2 batons qui font.	»	24	»	720
4 id. 1 mis à 2 batons.	»	64	»	2,560
Irlandais... 5 id. 1 bataillon.....	5	80	75	800
Gardes de Lorraine. { 1 id. 1 bataillon.....	1	16	15	460
Totaux.....			2,445	30,540

**Récapitulation sommaire des troupes suivant les différentes
ordonnances depuis 1725.**

	SUIVANT L'ORDONNANCE				
	du 23 sept. 1725.	des 1er et 20 nov. 1732.	du 25 avril 1736.	du 8 janv. 1738.	du 15 mai 1741.
Gardes du corps...........	1,428	1,520	1,520	1,400	1,400
Cent Suisses.............	118	118	118	118	118
Gardes de la Porte........	55	55	55	55	55
Gardes de la Prévôté.......	109	109	109	109	109
Gendarmes..............	219	220	220	220	220
Chevau-légers............	217	218	218	218	218
Mousquetaires...........	430	534	534	430	430
Grenadiers à cheval........	145	145	145	145	145
Gardes françaises.........	4,296	4,749	4,329	3,850	3,850
Gardes suisses...........	2,400	2,400	2,400	2,400	2,400
Gendarmerie.............	1,256	1,336	1,096	808	808
Infanterie...............	121,445	150,586	135,573	107,340	140,295
Cavalerie...............	26,957	29,623	26,152	18,830	18,830
Dragons................	7,807	10,833	9,393	6,874	6,874
Gardes de Lorraine........	»	»	»	549	549
Totaux....	166,882	202,446	181,862	143,316	176,271
Compagnies franches................					937
Milices........................					31,400
Totaux............					208,608

(1) Carton M. 642, *Archives nationales.*

*du 15 mai 1741, de la dépense de la levée des hommes
de cette augmentation* (1).

DÉPENSE POUR LA LEVÉE DES HOMMES A 65 LIVRES CHACUN.		livres.
24,800	hommes qui seront payés aux capitaines à raison de 65 livres chacun, reviennent à........	1,612,000
2,325	grenadiers à 65 livres...	151,125
1,500	L'ordonnance ne leur accorde rien pour la levée des hommes.	
3,280	Allemands à 65 livres..	213,200
800	Irlandais à 65 livres....	52,000
75	grenadiers............	4,875
160	gardes de Lorraine.....	10,400
15	grenadiers de Lorraine..	975
32,955	hommes d'augmentation.	2,044,575
Rapport de la dépense.....	32,955	

MONTANT DE LA PAYE PAR ANNÉE DE CETTE NOUVELLE AUGMENTATION		livres.
24,800	fusiliers à 5 sols 6 den. par jour; ci, pour une année..............	2,455,200
2,325	grenadiers à 6 sols 6 den.	272,025
1,500	Suisses à 16 liv. par mois.	288,000
3,280	Allemands à 13 livres par mois..............	511,680
800	Irlandais à 6 sols 6 den. par jour..........	93,600
75	grenadiers irlandais à 7 sols 6 den.	10,125
160	fusiliers des Gardes de Lorraine à 5 sols 6 den.	15,840
15	grenadiers à 6 sols 6 den.	4,755
		3,648,225
	Masse pour l'habillement de 28,175 hommes à 10 deniers par jour, cy.	422,625
		4,070,850

	livres.
La levée des troupes, non compris les Suisses, coûte au Roi...	2,044,575
L'habillement de 31,455 hommes, suivant le marché fait avec MM. Salles et Cᵉ, à 42 livres par chacun................	1,321,440
Les 1,500 Suisses, suivant l'ordonnance particulière pour la levée et l'habillement, à 100 livres chacun................	150,000
Paye suivant l'état ci-dessus détaillé......	4,070,850
Total pour la 1ʳᵉ année......	7,586,535
La paye ordinaire des troupes, suivant l'ordonnance du 8 janvier 1738 et autres ordonnances particulières, monte à.....	38,165,134
La paye de la nouvelle augmentation de troupes, suivant le détail ci-dessus, est de............	4,070,850
Total de la paye par année...	42,235,984

APPENDICE 2 DU CHAPITRE II.

Lettre du maréchal de Belle-Isle au Chevalier son frère, du 21 juillet 1741, donnant quelques détails sur la composition de l'armée de Bavière.

M. le maréchal de Belle-Isle au Chevalier, son frère (1).

A Versailles, ce 21e juillet 1741.

« ..... La lecture de toutes les lettres vous mettra au fait du plan général que j'ai fait constater après cinq séances de tout le ministère et d'une dernière où Son Éminence m'a mené seul chez le Roi qui me fit asseoir avant-hier au même bureau où il tient le Conseil. J'y fus une heure et demie où, en présence du Cardinal, je lui fis le rapport de tout ce qui s'était passé à nos séances et le résumé du plan fixé, auquel il ne manquait plus que l'approbation de Sa Majesté. Tout se passa du Roi à moi, M. le Cardinal ne parla presque point, et ce ne fut que pour chanter mes louanges ; le Roi me combla de bontés, et je pris congé de lui. Ce fut à ce travail que l'on constata les officiers généraux et l'état-major.

Comme il est indispensable que je réside à Francfort, peut-être même encore plus de deux ou trois mois, j'ai fort insisté pour le choix du premier lieutenant général, et j'ai tenu sur cela une conduite et un discours à Son Éminence en plein comité, et au Roi lui-même, qui m'ont fait grand honneur et que vous approuverez sûrement quand je pourrai vous en faire le détail. L'embarras de ce choix a été grand, et l'on s'était enfin déterminé à Gassion lorsque Leuville est arrivé de sa campagne, qui a demandé avec instance de servir sous mes ordres en disant, à cette occasion, sur mon sujet les choses les plus obligeantes. Cela a été accepté, et je suis fort aise qu'il soit le premier, par préférence à Gassion qui y sera également. Je joins ici la liste des autres, avec celle des maréchaux de camp, que je vous prie instamment de ne communiquer à qui que ce soit, car il a été convenu qu'il ne serait point fait de liste. Vous en verrez quelques-uns où il y a eu plus de complaisance de ma part que d'utilité à en attendre, mais il a été

---

(1) Vol. 2914. A. H.

impossible de refuser, par exemple, le Prévôt et le duc de Gesvres pour Gandelus (1) : le reste est comme nous l'avions projeté, hors Balincourt que Maillebois a voulu absolument. Il a fallu le céder parce que j'en ai plusieurs autres qu'il voulait aussi. J'ai obtenu l'affaire du petit Thiers sous les conditions du gratis et d'être employé séparément. C'est présentement à vous à faire qu'il se conduise dans ses propos et son maintien de façon que Mortaigne ne prenne point d'humeur : vous connaissez le terrain et les personnages. Jamais Son Éminence n'a voulu de Bombelles, dont je suis très affligé, et, vu la nécessité d'un homme à caractère, j'ai consenti que ce fût Champigny, capitaine des grenadiers des Gardes. L'on m'en dit des merveilles, et je crois que vous approuverez mes raisons.

Ayant reçu la lettre ci-jointe de M. Foucquet, et ne pouvant faire usage de la Basecque, je l'ai proposé pour faire en chef le détail de la cavalerie, ce qui a été accordé. L'on m'a aussi donné Mesplex pour aide, mais je crains un embarras qui est que Mesplex est plus ancien colonel que M. Foucquet. Je verrai, avec Ségur, quel remède y apporter, car je craindrais, si Mesplex refusait d'être sous son cadet, que M. Foucquet ne fût pas assez fort pour ce détail, surtout moi n'y étant point dans les commencements. C'est pourquoi je vous prie encore de ne lui en rien dire et vous garderez la lettre d'avis de M. de Breteuil, que je vous envoie, jusqu'à mon arrivée. L'état des troupes est tel que nous l'avons réglé ensemble. M. de Séchelles, qui est arrivé hier, a été reçu tout au mieux du Cardinal et de tout le ministère, et la retraite de M. de Brou a été enfin décidée. Je vais travailler aujourd'hui et demain à mettre en ordre tout ce que je puis. Séchelles restera encore ici quelques jours après moi pour suivre la besogne, après quoi il retournera à Valenciennes pour ses papiers et donner les instructions pour l'assemblée de l'armée de Maillebois, et se rendra en droiture au Fort-Louis pour y passer, le 15, avec la première colonne. Il y trouvera M. Hocquard qui va s'y rendre au premier jour pour suivre l'exécution de tout ce qu'il avait arrangé pour que rien ne manque et suivre le fil jusqu'à l'arrivée de M. de Séchelles. J'ai obtenu, non sans bataille, d'avoir Polastron ; l'affaire est faite, et on lui conserve ses appointements (2) et son logement, quoique l'on nomme un autre sous-gouverneur. Il est comblé de satisfaction, aussi bien que moi. La Fare a été impossible à éviter. Nous avons La Martinière pour chirurgien-major

------

(1) Léon-Louis Potier de Gesvres, comte de Tresmes, d'abord connu sous le nom de marquis de Gandelus.

(2) De sous-gouverneur du Dauphin.

et Casteras pour médecin, et le frère de M. Patiot pour trésorier. Quoique je sois nommé général, je dois taire ma patente et nier le fait à Francfort; l'armée passera, pour le présent, pour auxiliaire au service de l'Électeur avec des lieutenants généraux. Je n'ai pas le loisir de vous en dire davantage et remets tous les détails à notre entrevue. Tout ce que je puis vous dire, c'est que j'ai reçu, à commencer depuis le Roi, le Cardinal et tout le ministère, tous les agréments et les marques de confiance possibles.

« ..... Je suppute que, du jour que le roi de Prusse recevra ma lettre à celui des actes d'hostilités de la Bavière, il n'y aura pas quinze jours d'intervalle, non plus qu'à celui du passage de nos troupes au delà du Rhin. Croyez que je sens toute la conséquence d'en accélérer l'époque. Ce n'est qu'en forçant nature que je suis venu à bout de faire exécuter la marche au 15, comme elle le sera, et, si je n'étais pas venu ici, rien du tout ne se fût fait. Quelque préparé que vous soyez à ce qui se passe ici, vous en serez bien plus étonné quand je vous en ferai les détails.

A l'égard de la Bavière, j'ai fait partir hier M. de Beauvau en poste pour presser, l'épée dans les reins, l'Électeur de commencer les hostilités à quelque prix que ce soit. Il n'a aucune excuse pour reculer ; il n'a point d'ennemis, et, outre un million d'avance qu'il a touché il n'y a que huit jours, on lui va encore remettre 1,200,000 francs dans la semaine, et, à moins qu'il ne veuille se perdre, il faut absolument qu'il commence. Je lui dépêche encore demain un autre courrier avec deux commissaires des guerres ; je lui fais part de tout notre plan général, comme au roi de Prusse, et je me sers des termes les plus pressants pour le déterminer (1). Je lui fais écrire une lettre pareille par le Roi et par M. le Cardinal ; si, après cela, il n'agit pas, il ne mérite en vérité pas qu'on s'y intéresse. Je compte que, de votre côté, vous continuerez à écrire au comte de Terring pour le presser aussi.....

J'écris à M. de Sade (2), par M. de Sallières qui va être maréchal des logis de l'armée de Maillebois, pour qu'il arrange la levée des 10,000 hommes (3) et prenne les mesures pour les mettre en état de camper et se joindre à notre armée au mois de septembre. Le Roi

------

(1) Voir aux *Préliminaires de la guerre de la Succession d'Autriche* (chapitre VI, appendice II) la dépêche du maréchal de Belle-Isle, du 24 juillet 1741, faisant part à Charles-Albert du plan d'opérations arrêté à Versailles.

(2) Notre représentant auprès de l'Électeur de Cologne.

(3) Au service de l'Électeur de Cologne.

entrera dans la dépense qu'il faudra faire au delà de ce que pourra fournir l'Électeur, et l'on augmentera le subside. J'ai déterminé aussi pour qu'on donne 100,000 écus à l'Électeur Palatin pour que ses 6,000 hommes et 800 chevaux soient en état de camper avec nous au mois de septembre, et je n'ai pas été inutile pour diligenter l'affaire d'Italie qui marche à présent, ce qu'elle ne faisait point, mais je suis inquiet sur la Suède qui n'a point encore agi et dont M. le comte de Tessin (1) n'a point de nouvelles. Cet article est le plus important de tous à cause des cascades qu'il entraîne. Je vous en ferai le détail.

Son Éminence ne veut pas qu'on diminue rien de mon état à Francfort à cause des conséquences. Je compte que toutes mes feuilles seront payées. Je n'ai pas le loisir d'en dire davantage, car, comme il faut que je fasse la besogne de beaucoup de gens, je n'ai pas le temps de me reconnaître. Je compte néanmoins partir définitivement lundi 24 ou, tout au plus tard, mardi 25, au moyen de quoi je serai à Francfort le 29 ou le 30 au plus tard, car il faut que je m'arrête à Metz au moins vingt-quatre heures pour plusieurs arrangements essentiels qui ne se feraient point sans cela, surtout pour l'artillerie. C'est du Brocard qui la commandera : cela ne s'est pas fait non plus de plain-pied. Nous aurons sa compagnie d'ouvriers avec celle de Chevreau, le bataillon de Labory et 2 compagnies de mineurs, 34 petites pièces suédoises et 4 pièces de vingt-quatre et tous les pontons..... »

---

(1) Représentant de la Suède à Paris.

APPENDICE 1 DU CHAPITRE III.

État estimatif de la quantité de chevaux qu'il y aura au camp d'Amberg (joint à la lettre du chevalier de Belle-Isle au comte de Térring, du 6 juillet 1741).

————

État estimatif de la quantité de chevaux qu'il y aura au camp d'Amberg (1).

70 escadrons, à raison de 200 chevaux par escadron ...	14,000
50 bataillons, à raison de 200 chevaux par bataillon ...	10,000
600 caissons attelés de 4 chevaux	2,400
Artillerie estimée à	1,200
Quartier général estimé à.........................	2,000
Total...........	29,600

Ces troupes séjourneront dans ce camp 8 jours et emporteront en partant pour 4 jours d'avoine, ce qui, pour les 12 jours, fait la quantité de 355,200 rations et, à 18 rations par sac, environ 20,000 sacs d'avoine.

————

(1) Vol. 2924. Arch. hist.

APPENDICE 2 DU CHAPITRE III.

Plan général des mesures à prendre pour assurer la subsistance des troupes à leur arrivée en Bavière et relativement aux différents mouvements qui peuvent avoir lieu (arrêté par MM. de Beauvau et de Bélombre le 13 août 1741).

Plan général des mesures à prendre pour assurer la subsistance des troupes à leur arrivée en Bavière, et relativement aux différents mouvements qui peuvent avoir lieu (1).

13 avril 1741.

Les troupes de France, qui doivent arriver en Bavière à commencer du 5 septembre jusqu'au 12 inclus, sont composées de 25 bataillons, 56 escadrons, 3 compagnies franches, 1 compagnie de mineurs, 1 compagnie d'ouvriers, 1 compagnie de guides.

La consommation de ces troupes réunies doit être, pour chaque jour, savoir :

Pour 25 bataillons, à 930 rations	23,250
Pour 56 escadrons, à 180 rations	10,080
Pour la compagnie franche de La Harte, à 60 rations. . . .	60
Pour les 2 compagnies franches de Jacob et de Galhau, à 40 rations.	80
Pour la compagnie de mineurs de Turmel, à 70 rations.	70
Pour la compagnie d'ouvriers de du Brocard, à 60 rations.	60
Pour la compagnie des guides de Brück, à 20 rations. . .	20
TOTAL des rations.	33,620

formant 186 sacs, à 140 rations.

On demande d'assurer cette subsistance, savoir : à Donauwerth pour 10 jours ; à Neumarkt et à Amberg pour 13 jours.

Il faut, pour cet effet, à Donauwerth, 1,870 sacs de farines ; à Neumarkt et Amberg, 2,430 sacs.

Il y a actuellement, à Donauwerth, 2,098 sacs de froment et 707 sacs

____

(1) Corresp. de Bavière, vol. 92. Aff. étrang.

de seigle dont le mélange et la mouture se font sans interruption, au moyen de quoi, par le seul mélange des 707 sacs de seigle avec 1,414 sacs de froment, on peut compter, d'ici au 25 de ce mois, sur un approvisionnement de 2,121 sacs de farines dans ladite place, qui feront face et au delà aux 10 jours demandés.

L'approvisionnement de Neumarkt et d'Amberg se tirera de Donauwerth et d'Ingolstadt. On continuera les mélanges et les moutures à Donauwerth au fur et à mesure qu'il y sera remis des grains. On y promet 1,000 schaffels de froment et 500 schaffels de seigle dans le courant de ce mois, mais ce n'est pas un objet certain, parce qu'on n'y peut compter qu'autant que les fournitures en seront payées comptant.

Il y a actuellement, à Ingolstadt, 444 sacs de froment et 951 sacs de seigle, au moyen de quoi, en mélangeant les 444 sacs de froment avec 222 sacs de seigle, on y aura 666 sacs de farines.

Il sera remis à Ingolstadt, du 22 au 25 de ce mois, 1,200 schaffels de froment et 350 schaffels de seigle.

Les 1,200 schaffels de froment doivent produire 1,870 sacs, et les 350 schaffels de seigle, 520 sacs. "

Les 520 sacs de seigle, réunis aux 729 qui resteront des 951 qui y sont actuellement, après la mouture des premiers 666 sacs de mélange, pourront former un nouvel approvisionnement de 3,747 sacs de farines qui seront plus que suffisants pour faire face à la subsistance des 13 jours demandés à Neumarkt et Amberg.

En supposant que la jonction d'une partie des troupes bavaroises se fasse à Neumarkt ou Amberg, il faudra y pourvoir également dans lesdites places ; en évaluant cette consommation à 6,000 rations par jour, elle ferait, pour les 13 jours, un objet de 78,000 rations et conséquemment de 433 sacs, de façon qu'en faisant passer à Amberg et Neumarkt une quantité de 3,000 sacs de farines, tout ce que l'on demande se trouvera assuré.

Ces 3,000 sacs de farines doivent être répartis, savoir : à Neumarkt, 1,500 ; à Amberg, 1,500.

Il est vraisemblable et presque sûr que, d'ici à peu de jours, les 666 sacs de mélanges qui sont actuellement à Ingolstadt seront convertis au moyen des ordres qu'on y a donnés. On pourrait, dès qu'on en sera certain, demander tout de suite des voitures pour les faire passer à Neumarkt et à Amberg jusqu'à la concurrence des quantités ci-dessus désignées pour chaque place, au fur et à mesure qu'il y en aura 500 sacs de faits, soit à Ingolstadt soit à Donauwerth, les ordres étant également donnés dans lesdits deux endroits pour que les mélanges et moutures y soient faits à proportion de la possibilité des mélanges.

Lorsque l'approvisionnement de Neumarkt et d'Amberg sera achevé, on laissera à Ingolstadt les farines qui s'y trouveront excédentes, et l'on fera descendre de Donauwerth audit Ingolstadt celles qui s'y seront aussi trouvées de reste.

Le surplus des grains, qui seront remplacés à Donauwerth et à Ingolstadt par de nouveaux achats, devront être tous déposés à Ingolstadt et y seront convertis en farines, supposé qu'il ne convienne pas mieux à leur destination de les laisser en grains.

Il y a 16 fours de commandés à Donauwerth et auxquels on travaille sans relâche.

Il y en aura plus qu'il n'en faut à Neumarkt par les précautions qu'on y avait prises en conséquence des ordres de M. le comte de Terring qui avait toujours projeté d'y porter toute l'armée. On a envoyé un exprès à celui que l'on avait chargé de cette construction pour le faire revenir sur-le-champ à Munich à l'effet de suspendre l'exécution de ce qui ne se trouvera pas fait à Neumarkt et concerter avec lui l'établissement des fours à faire à Amberg.

Il a été donné des ordres pour rassembler des bois à Donauwerth et à Neumarkt; en même temps que l'on concertera l'établissement des fours à Amberg, on s'assurera de ceux qui y sont nécessaires.

On demande, pour le 15 septembre, un approvisionnement d'un million de rations de biscuit à Straubing.

Il y a actuellement, dans ladite place, 3,250 sacs de froment et plus de 500 sacs de seigle, et on y remet journellement des grains, cependant avec la précaution de ne plus prendre en seigle que ce qu'on ne pourra pas refuser pour ne pas dégoûter les fournisseurs, quoique l'on prétende que les quantités dont on est pourvu deviendront utiles par la suite, parce que l'on prévoit que la récolte de cette sorte de grains ne rendra qu'un tiers.

Les 3,250 sacs de froment donneront environ 400,000 rations de biscuit, et comme les achats se succèdent avec assez d'exactitude à Straubing, on aura le temps d'y faire de nouveaux emplacements et de nouvelles farines pendant le travail même, de façon à pousser la confection du biscuit aussi loin qu'elle pourra l'être vers le million de rations demandé, supposé que les fonds arrivent en suffisance pour en laisser la faculté.

Si les achats de Straubing ne secondaient pas ce projet, on pourra y faire descendre de Donauwerth et d'Ingolstadt les froments qui s'y trouveront excédents après l'approvisionnement d'Amberg et de Neumarkt assuré, les excédents ne devant y être convertis en farine que lorsqu'on sera certain qu'on n'aura pas besoin de froment à Straubing pour y achever la confection du biscuit.

On a donné ordre à un chef aux travaux, un aide aux travaux et un constructeur de fours, de se rendre dans le plus court délai à Straubing pour y prendre toutes les mesures nécessaires à l'effet de mettre la confection du biscuit en train, soit en se servant à l'avance des fours bourgeois ou en faisant construire ceux qui seront nécessaires, si on ne peut se servir des autres.

On fait partir. un autre commis pour la confection des farines, et il y a lieu de croire qu'on ne sera point arrêté par cet objet, puisque l'on assure qu'il y a beaucoup de ressources à Straubing pour y faire moudre.

Le chef aux travaux a aussi ordre de faire faire des tonneaux en quantité suffisante pour y mettre le biscuit à proportion de ce qu'il en fabriquera.

Au moyen du détail expliqué dans ce mémoire, il ne restera plus de matières dans les magasins, après que les subsistances demandées auront été assurées, que celles qui pourront y être remises par les nouveaux achats. C'est pourquoi il est indispensable que le sieur de Bélombre les pousse avec la dernière vivacité pour toutes les quantités qu'il pourra se procurer et qu'il les réunisse, savoir :

Ceux qui pourront être faits sur le haut Danube, à Neumarkt et Amberg autant qu'il se pourra, et le reste à Ingolstadt et Donauwerth, observant toujours de pousser du dernier endroit au premier tout ce qui y arrivera.

Ceux qui se feront sur le bas Danube, à Straubing, et s'il se peut à Passau, quoique l'on assure qu'il soit extrêmement difficile d'acheter aux environs de ce dernier endroit par la rareté et la cherté excessive dont le grain y est. On sera à même d'y suppléer par Straubing, par la plus grande facilité d'y emplacer et la commodité de descendre les matières par le Danube.

Le peu de temps que l'on a pour l'exécution des projets ne laissant pas celui d'attendre la récolte pour assurer les subsistances, il est de toute nécessité que le sieur de Bélombre aille en avant sur cet objet.

Il n'est pas moins nécessaire qu'il porte l'approvisionnement des sacs vides autant que le besoin l'exigera, conformément à l'ordre qui lui en a été donné dès le 1er de ce mois.

Voilà (1), Monseigneur, le plan que j'ai imaginé de faire et que M. de Bélombre a très bien mis au net sur mon brouillon. Il m'assure que la matière y est, et je réponds que les transports s'en feront avec justesse, si on ne me laisse pas manquer de voitures comme je l'espère. Je dresserai dès demain un plan de celles que je compte employer successive-

____

(1) De la main de M. de Beauvau.

ment, sans fatiguer le pays, et pour parvenir à mon but qui est de vous mettre en état d'adopter celui des deux projets qui vous plaira le plus de la droite ou de la gauche.

Voici actuellement les principes qui ont dirigé mon opération et que je n'ai communiqués qu'à M. de Mortaigne pour ne point donner connaissance des projets.

La subsistance de 10 jours assurée pour toute l'armée à Donauwerth la met en état de continuer sa route en droiture sur Amberg et Neumarkt depuis Nordlingen et Dinkelsbühl, ou de prendre un séjour de 5 jours audit Donauwerth et pour autant de jours de subsistance jusqu'à Passau si on l'embarque sur le Danube. Il restera encore, outre les dix jours de subsistance à Donauwerth, un peu de matière, laquelle servira ou pour l'hôpital, ou descendra, quand on voudra, par le Danube.

La subsistance des 13 jours à Amberg et Neumarkt doit être considérée comme divisée en trois, savoir : pour 5 jours de pain en arrivant dans ces deux endroits, parce que le pain peut se donner pour 5 jours quand on est en repos, et je compte qu'un séjour de 5 jours sera nécessaire à l'armée si elle y vient en droiture.

Le seconde fourniture se fera en partant pour 4 jours, et, par mon calcul, l'armée se trouvera en quatre jours de marche à l'entrée des trouées de la montagne à Fürth et à Waldmunchen.

La troisième fourniture se fera à l'entrée desdites trouées pour 4 jours encore, et elle suffira pour passer les montagnes et pour que l'armée s'établisse à l'entrée de la plaine de Bohême où M. de Mortaigne projetterait de lui faire un camp fixe pour être maîtresse des défilés qu'elle aurait derrière elle, en attendant l'arrivée de la 3e colonne.

Mais comme il sera question de faire vivre l'armée dans cette position, jusqu'à ce qu'on ait rassemblé des magasins, pour cette raison j'ai choisi Straubing (comme le point le plus à portée des débouchés) pour l'établissement des fours destinés à la confection du biscuit, et je compte qu'avant le 15 de septembre nous en aurons au moins 500,000 rations et peut-être plus, lesquelles donneront pour toute l'armée une subsistance de 15 jours à 4,000 rations près.

Lesdites 500,000 rations seront portées en droiture à Fürth et à Waldmunchen, que je juge être les deux débouchés par où l'armée défilera pour entrer en Bohême, et comme il n'y aura, de Straubing jusqu'à Waldmunchen, qui est le plus éloigné des deux, que 12 ou 14 lieues, je compte que les 500,000 rations de biscuit y seront rendues le 25 de septembre au plus tard et, par conséquent, avant l'arrivée de l'armée.

Ces magasins se rempliront d'ici à cette époque si les fonds nous viennent. On établira les fours à Fürth et à Waldmunchen, et ils ne seront qu'à 5 ou 6 lieues de l'armée, si elle ne s'éloigne pas du pied des montagnes. On poussera les farines dans ces deux établissements, et cette opération sera assurée et se suivra régulièrement avant que la consommation des 15 jours de biscuit soit achevée.

Voilà, Monseigneur, tout ce que j'ai pu trouver de plus juste pour rendre praticable le projet de la gauche.

Celui de la droite par le Danube ne trouverait aucune difficulté, parce que toutes les subsistances sont emplacées sur ce fleuve.

La subsistance assurée pour 10 jours à Donauwerth et celle de 15 jours de biscuit à Straubing deviennent communes aux deux projets et nous les rendent également praticables. Vous choisirez.

APPENDICE 3 DU CHAPITRE III.

État estimatif des fonds qui sont nécessaires au sieur de Bélombre, d'ici au dernier septembre, pour faire face à tous les objets dont il est chargé, en supposant un approvisionnement de 30,000 sacs de grains (1).

20,000 sacs de froment pour lesquels il faudra environ 13,000 schaffels à 19 florins le schaffel..............fl.	247,000
10,000 sacs de seigle, pour lesquels il faudra environ 6,500 schaffels à fl. 17 le schaffel....................	110,500
12,000 sacs vides, par estimation......................	12,000
40 fours de cintre de bois à fl. 36.....................	14,040
Construction des fours...............................	20,000
500 cordes de bois, par estimation....................	2,500
Mouture de 20,000 sacs, à 24 kreutzers...............	8,000
Ustensiles de magasins et de fours, par estimation, ci.....	3,000
Dépenses courantes des magasins par estimation sur 20,000 sacs, à 10 kreutzers par sac.......................	3,333
Dépenses courantes des travaux sur 20,000 sacs, fl. 1/2 par sac au moins......................................	10,000
Appointements de commis, par estimation...............	4,000
Frais extraordinaires, par estimation..................	3,000
TOTAL des fonds nécessaires pour le service des vivres.fl.	437,373

Nota. — Qu'on ne fait pas mention des voitures par eau ni par terre. M. le marquis de Beauvau a fait espérer qu'on accorderait gratis celles par terre. Celles par eau ne laisseront pas que de faire un objet de dépense.

Autre dépense à tenir aux ordres de M. le comte de Terring pour les fourrages, ci...............................	125,000
Prêt des troupes, suivant les lettres de change fournies par M. de Montmartel sur le sieur de Bélombre à M. de Launay, ci..	240,000

---

(1) Joint à la lettre de M. de Bélombre au maréchal de Belle-Isle, à Munich, le 23 août 1741. — Vol. 2924. Arch. hist.

Autre lettre de change, annoncée pour le service de l'artil-
lerie   80,000

TOTAL. . . . . .fl.   882,373

Si M. de Montmartel assigne sur le sieur de Bélombre des payements
autres que ceux énoncés ci-dessus, il faut en ajouter le fonds à ceux
que l'on demande par le présent état.

RÉCAPITULATION.

La dépense d'ici au dernier septembre est de. . . . . .fl.   882,373
Les fonds indiqués d'ici au 10 septembre sont de.   700,000

Partant, à faire fonds, jusqu'au dernier septembre, de.   182,373

Si l'approvisionnement général doit excéder 30,000 sacs, il faut que
les fonds soient augmentés à proportion.

Il faut également que les fonds, destinés aux dépenses du mois d'octobre, commencent à parvenir avant la fin de septembre.

APPENDICE 4 DU CHAPITRE III.

État des arsenaux de la Bavière au 30 juillet 1741.

État des pièces et munitions d'artillerie nécessaires pour une armée de 50,000 hommes, tant pour siège que pour campagne, par lequel on verra ce que l'on peut tirer des arsenaux de la Bavière et ce qu'il faut acheter ou faire construire (1).

PROJET D'APPROVISIONNEMENT.	ON TROUVE DANS LES ARSENAUX.		IL FAUT ACHETER ou CONSTRUIRE.	IL EN COUTERA.
				liv.
Pièces de canon de fonte — de 24...... 27	à Munich	12	15	Elles viennent de France.
de 12...... 40	à Munich .... 37 / à Ingolstadt... 7	44	NOTA. — Il n'y en a que 6 de 24 ordonnées et 2 de 16.	
de 6, 4 et 3. 50 — de 6.	à Munich ..... 60 / à Ingolstadt... 13	73		
de 4.	à Munich ..... 48 / à Ingolstadt... 24	72	NOTA. — Ces 48 pièces sont courtes et tirent 12 coups par minute.	
de 3.	à Munich ..... 48 / à Ingolstadt... 2	50		
Mortiers de 11 p. 8 l... 18	à Munich ..... 18 / à Ingolstadt... 1	19		
Obus............... 6	à Ingolstadt...........	6		
Boulets — de 24..... 27,000	à Munich ..... 643 / à Ingolstadt... 2,296 / à Amberg..... 712 / à Berghausen.. 1,736 / à Braunau 1.500	6,887	20,113	52,464
de 12...... 40,000	à Munich ..... 15,454 / à Ingolstadt... 15,4·8 / à Berghausen.. 2,898	33,810	6,460	7,992
de 6, 4 et 3.. 8,500 — de 6.	à Munich ..... 3,498 / à Ingolstadt... 12,748 / à Berghausen.. 827 / à Straubing ... 647	47,720	»	»
de 4.	à Munich ..... 123 / à Ingolstadt... 8,496 / à Berghausen.. 1,141	9,760	»	»
de 3.	à Munich ..... 6,309 / à Ingolstadt... 49,289 / à Berghausen.. 489	56,087	»	»
Cartouches à grappes de raisin de 3........ 1,500	à Munich	2,000	»	»
		À reporter..................		60,456

(1) Carton 3 B 141. Archives de l'artillerie.

PROJET D'APPROVISIONNEMENT.		ON TROUVE DANS LES ARSENAUX.		IL FAUT ACHETER ou CONSTRUIRE.	IL EN COUTERA.
					liv.
			Report....... ...		60,156
Bombes de 11 p. 4 l.	9,000	à Munich..... 103 / à Ingolstadt... 2,038	2,141	7,000	94,080
Bombes pour obus de 5 p. 9 l.	3,000	à Ingolstadt.........	350	2,650	4,293
Grenades à main	12,000	à Munich..... 35,082 / à Ingolstadt... 50,880 / Id. chargées. 5,000	90,962	»	»
Affûts de canon avec leurs avant-trains. { de 24	30	à Munich.......... 12 / il en vient de France.. 15		3	2,400
de 12	44	à Munich..... 37 / à Ingolstadt... 7	44	»	»
de 6, 4 et 3. 55 { de 6.		à Munich..... 60 / à Ingolstadt... 13	73	»	»
de 4.		à Munich..... 48 / à Ingolstadt... 24	72	»	»
de 3.		à Munich..... 42 / à Ingolstadt... 8	50	»	»
Affûts pour mortiers de 11 p. 8 l.	20	à Munich..... 18 / à Ingolstadt... 1	19	1	450
Affûts pour obus	7	à Ingolstadt.........	7	»	»
Paires d'armes pour les pièces { de 24	30	à Munich..... 12 / de France..... 15	27	3	57
de 12	44	à Munich..... 37 / à Ingolstadt... 7	44	»	»
de 6, 4 et 3. 55 { de 6.		à Munich..... 60 / à Ingolstadt... 13	73	»	»
de 4.		à Munich..... 48 / à Ingolstadt... 24	72	»	»
de 3.		à Munich..... 48 / à Ingolstadt... 2	50	»	»
Tire-bourres de différents calibres	12	»		12	36
Hampes de rechange	50	»		50	15
Gargoussiers { de 24.. / de 12..	150	»		150	195
Armement complet pour les mortiers de 11 p. 8 lig.	20	à Munich..........	18	2	15
Armement complet pour les obus	7	à Ingolstadt.........	6	1	7
Chariots à porter canon et mortiers	45	à Munich..... 21 / de France..... 15	36	9	3,150
Fusées à bombes de 11 p. 4 lig.	12,000	»		12,000	1,560
Fusées pour bombes d'obus	3,500	»		3,500	455
Fusées à grenades	14,000	»		14,000	1,820
Mesures de fer-blanc sans anses	60	»		60	46
Entonnoirs de fer-blanc	30	»		30	24
			À reporter.................		168,759

PROJET D'APPROVISIONNEMENT.	ON TROUVE DANS LES ARSENAUX.	IL FAUT ACHETER ou CONSTRUIRE.	IL EN COUTERA.
			liv.
	Report............		168,759
Poudre (livres)...... 975,000	à Munich .... 40,000 à Aybwilling . 110,000 à Gruniwald .. 125,000 à Amberg.... 30,000 à Ingolstadt.. 390,000 } 983,000 à Berghausen. 240,000 à Landsberg.. 28,000 à Rain...... 50,000	C'est toute la poudre qui est dans la Bavière. Il faut s'en pourvoir : le quintal coûte 72 liv.; il en faut au moins 600,000 liv....	432,000
Plomb (livres).. 300,000	à Munich .... 30,000 à Amberg (en saumon)... 14,200 à Amberg (en balles).... 5,850 à Ingolstadt (en saumon)... 48,300 } 206,950 à Ingolstadt (en balles).... 104,600 à Berghausen (en balles). 10,000	45,000	14,625
		Ces 206,450 liv. font tout le plomb de la Bavière. Il faut s'en pourvoir au moins de 200,000 liv. ...	65,000
Mèches (livres)....... 45,000	à Ingolstadt........ . 55,000	»	»
Sacs à terre 50,000	»	50,000	19,258
Pierres à fusils....... 300,000	»	300,000	3,900
Cuirasses et pots en tête pour les sapeurs 30	à Munich 30	»	»
Salpêtres (livres).... 500	à Munich .... 4,000 à Amberg.... 18,000 } 60,900 à Ingolstadt.. 29,300 à Berghausen. 9,600	On peut en tirer du pays, par année, 100,000 l. }	»
Soufre (livres) 500	à Amberg 700	»	»
Poix (livres)..... 1,000	à Ingolstadt.. 4,036 } 16,436 à Berghausen. 12,400	»	»
Goudron (livres)...... 1,000	»	1,000	520
Suif de mouton (livres). 400	»	400	50
Mortiers de fonte avec leurs pilons 2	»	2	175
Tamis pour les compositions........... 4	»	4	8
Chaudières de cuivre . 2	»	2	200
Baguettes de fer à charger fusées 50	»	50	7
Maillets............ . 50	»	50	6
Outils à pionniers { Bêches.... 6,000 ; Pics-hoyaux 6,000 ; Escoupes.. 3,000	»	15,000	22,500
Outils tranchants. { Haches.... 200 ; Serpes ... 400	»	200 400	400 400
	À reporter.................		727,808

PROJET D'APPROVISIONNEMENT.	ON TROUVE DANS LES ARSENAUX.	IL FAUT ACHETER ou CONSTRUIRE.	IL EN COUTERA.
			liv.
		Report..............	727,808
Outils à mineurs. — Sondes à tarière... 1	»	1	24
Petite sonde 1	»	1	15
Grandes pinces.... 6	»	6	40
Pinces à main..... 6	»	6	30
Aiguilles à roc 12	»	12	100
Masses de fer..... 24	»	24	96
Marteaux à 2 pointes 4	»	4	12
Hoyaux 20	»	20	
Pics à roc........ 50	»	50	135
Pics à feuille de sauge.......... 20	»	20	
Ciseaux plats..... 6	»	6	6
Louchets......... 2	»	2	4
Equerres 4	»	4	4
Plombs avec leurs fouets.......... 6	»	6	6
Boussole 1	On s'en peut passer.	1	»
Grandes scies 4	»	4	24
Scies à main...... 6	»	6	18
Manches d'outils........... 3,000	»	3,000	450
Outils à charrons et à charpentiers, pour 20 ouvriers..... »	»	Il faut les apporter, les ouvriers du pays ne sachant les faire à la française et nos ouvriers ne pouvant se servir de ceux du pays........	»
Forges complètes, garnies de leurs soufflets et outils..... 3	»	Il faut les faire ou les amener de France...... 3	900
Bannes de charbon.......... 3	»	3	900
Crics................. 12	»	12	1,080
Chèvres garnies de leurs poulies et moufles........... 4	»	4	688
Cordages.			
Câbles de chèvres 6	»	6	650
Paires de gros traits........ 200	»	200	4,368
Paires de traits simples 600	»	600	4,680
Prolonges doubles.......... 40	»	40	1,300
Prolonges simples.......... 100	»	100	1,690
Madriers à plate-forme à canon 600	»	600	500
Coins de mire............. 350	»	350	152
Lambourdes pour plate-forme à mortiers 200	»	200	175
Heurtoirs 80	»	80	100
Leviers 800	»	800	281
		A reporter................	746,236

PROJET D'APPROVISIONNEMENT.	ON TROUVE DANS LES ARSENAUX.	IL FAUT ACHETER ou CONSTRUIRE.	IL EN COUTERA.
			liv.
Report..............			746,236
Bois de remontage.			
Flasques de 24..............	4		
Flasques de 12..............	6		
Flasques de 6, 4 et 3	8		
Paires de roues de 24........	2	On les trouvera à Mu-	»	»
Paires de roues de 12........	3	nich		
Paires de roues de 6, 4 et 3...	4			
Essieux.................	50			
Jantes..................	60			
Rais...................	100			
Brancards pour chariots à canon	10	»	10	15
Feuilles de fer-blanc........ .	200	»	200	62
Feuilles de fer noir..........	50	»	50	65
Clous de toutes espèces (livres)	300	»	300	100
Clous de cuivre (livres).......	12	»	12	100
Fer en barres de différentes espèces (livres).............	3,000	»	3,000	750
Acier (livres)...............	50	»	50	24
Caissons, non compris ceux qui doivent porter les cartouches de l'infanterie	20	»	20	4,160
Chariots ou charrettes à porter les munitions pour les batteries.............	100	»	100	15,000
Graisses du pays (livres)......	1,000	»	1,000	390
Flambeaux de cire jaune	200	»	200	700
Bougies de cire jaune (livres)..	50	»	50	175
Cires neuves (livres)........	40	»	40	73
Chandelles (livres)...........	500	»	500	304
Aunes de toile pour saucissons....................	100	»	100	60
Fil à coudre (livres)	10	»	10	15
Aiguilles à coudre (livres)....	100	»	100	2
Grands sacs	20	»	20	50
Lanternes sourdes........	50	»	50	190
Lanternes claires...........	50	»	50	
Barils à bourres...........	12	»	12	30
Dégorgeoirs	400	»	400	40
Menus cordages (livres)	100	»	100	100
Ficelles (livres)	50	»	50	50
Etoupes (livres)...........	100	»	100	57
Une balance avec son fléau, poids et plateaux.........	1	»	1	120
Peaux de moutons..........	100	»	100	130
Rames de papier	4	»	4	50
Chapelle complète.........	1	A Munich...........	1	»
Fil de laiton (livres)	5	»	5	15
Fil d'archal (livres)	10	»	10	10
TOTAL.......			769,073

APPENDICE 5 DU CHAPITRE III.

Articles signés entre le Roi et l'Électeur de Bavière, à Paris, le 16 août 1741 (1).

[*Nota.* — Ces articles avaient été communiqués, le 9, au prince de Grimberghen. Il a été envoyé copie de ces articles le 20 août à **M.** de Breteuil, et à **M.** de Beauvau par la voie de **M.** le maréchal de Belle-Isle].

Le Roi, sur la réquisition du Sérénissime Électeur de Bavière, et dans la vue de lui procurer une juste satisfaction pour ses prétentions sur la succession de la Maison d'Autriche, ayant, en exécution des traités antérieurs faits entre eux et spécialement de celui qui a été signé [à Fontainebleau le 12 novembre 1727, résolu de faire passer en Bavière un corps de 25,000 hommes de troupes auxiliaires, et même un plus grand nombre s'il est nécessaire, pour se joindre aux troupes de l'Électorat, et ayant été jugé à propos de rédiger quelques articles pour assurer le passage de ces troupes et pour régler leur traitement et leurs opérations, il a été convenu entre les Ministres soussignés, dûment autorisés de part et d'autre, des articles suivants :

ARTICLE PREMIER.

S. A. É. s'engage à faire, de sa part, tout ce qui sera nécessaire pour faciliter la jonction des troupes de Sa Majesté avec les siennes, les généraux, de part et d'autre, devant pour cet effet agir dans le plus parfait concert tant pour procurer le plus de facilité qu'il sera possible pour le passage des vivres et pour toute autre espèce de secours que pour établir une communication sûre et libre entre la France et la Bavière, et, la jonction des deux armées étant faite, le général de Sa Majesté obéira à S. A. É.

ART. 2.

S. A. É. recevra garnison des troupes de France dans la ville d'Ingolstadt, laquelle leur servira d'entrepôt et de place de sûreté pour établir les magasins et les hôpitaux de l'armée de Sa Majesté, et cette garnison sera sous le commandement d'un officier de Sa Majesté. Bien

---

(1) Corresp. de Bavière. Vol. 92. Aff. étrang.

entendu que le gouverneur de cette ville pour S. A. É., lequel est en même temps chef du Conseil qui s'y trouve établi, conservera toute l'autorité dans le civil et tous les honneurs militaires usités pour les gouverneurs des places, les gardes lui rendant les honneurs militaires dus à son grade et les officiers des postes et des portes étant tenus de lui faire rapport des arrivants dans la ville ; qu'il aura même une garde bavaroise de 200 hommes, tant pour sa personne que pour la garde du château électoral et pour les magasins et arsenaux de l'Électeur, et que les officiers de l'état-major resteront à l'exercice de leurs emplois sur lesdits 200 hommes, qui seront sous leurs ordres, et sur les bourgeois.

Art. 3.

Quant à l'ordre du commandement et du service entre les officiers généraux et autres des troupes de Sa Majesté et de celles de S. A. É., on suivra et observera ce qui a été pratiqué en pareilles occasions du temps du feu Électeur en conformité des règlements faits alors.

Art. 4.

Aucun des pays appartenant à la Maison d'Autriche ou autre pays ennemi ne sera excepté des contributions qui seront exigées partout où il sera possible de les établir, et le partage en sera fait entre Sa Majesté et S. A. É. à proportion des troupes françaises et bavaroises qui se trouveront composer l'armée combinée.

Art. 5.

Il sera aussi établi des quartiers d'hiver pour les troupes françaises, et dans la même proportion réglée ci-dessus pour les contributions, dans tous les pays où elles se trouveront, excepté dans la Bavière et dans les autres États dont l'Électeur est aujourd'hui en possession.

Art. 6.

Lorsqu'il sera question d'établir des garnisons dans les places conquises, S. A. É. conviendra, avec le général français commandant les troupes de France, du nombre de celles de l'une et l'autre nation dont ces garnisons devront être composées.

Art. 7.

Ce sera au nom de l'Électeur de Bavière que l'on prendra possession des conquêtes qui se feront sur les États de la Maison d'Autriche, et S. A. É. nommera en conséquence les gouverneurs, états-majors et autres officiers de justice, police et finance, que bon lui semblera.

Art. 8.

La perception des revenus des pays conquis se fera de même au nom et par gens commis à cet effet par S. A. É. et sera partagée par moitié entre le Roi et S. A. É., déduction faite de ce qui doit être employé dans les charges et besoins ordinaires du pays, et à la réserve des dépenses qui regarderont le militaire, lesquelles ne seront point déduites.

Art. 9.

En cas de sièges de places fortes, S. A. É. fournira pour la grosse artillerie ce qu'Elle pourra tirer de ses places et arsenaux comme gros canons, affûts, boulets de calibre, mortiers et bombes, et il sera au surplus convenu entre les généraux, de part et d'autre, de tout ce qui pourra avoir rapport à cet objet particulier, ainsi que pour le partage qui devra être fait des munitions de guerre et de bouche qui se trouveront dans lesdites places.

En foi de quoi, nous avons signé les articles ci-dessus et y avons apposé le cachet de nos armes.

Fait à Paris, le 16 août 1741.

AMELOT DE CHAILLOU.   Prince DE GRIMBERGHEN.

APPENDICE 1 DU CHAPITRE IV.

Mémoire (1) touchant la surprise aussi inopinée que violente de la ville de Passau par les troupes de S. A. S. É. de Bavière, lesquelles se sont emparées de la forteresse qu'on nomme la Maison Supérieure (Oberhaus).

Ce fut le 31 du passé, entre 3 et 4 heures du matin, que le directeur des sels de S. A. É. de Bavière qui demeure à Saint-Nicolas, près de Passau, venant de Scharding, ville de Bavière, arriva à la porte de Saint-Séverin de Passau, demandant qu'on lui ouvrît. Le caporal de la garde, comme il l'a assuré par serment, ne fit point de difficulté de lui accorder sa demande, d'autant qu'il le reconnut positivement et que, d'ailleurs, on ouvrait à tous les courriers qui venaient de Scharding.

Le susdit directeur, étant entré, passa le pont de l'Inn, la ville de Passau jusqu'à la porte du château qui se trouve à l'autre bout de la ville par où il demanda à sortir, ce que le susdit caporal, par les raisons ci-dessus alléguées, ne refusa pas, le portier ordinaire s'étant hâté de venir au son du cornet de poste.

Le caporal et le portier étant arrivés à la dernière barrière et l'ayant ouverte, le directeur prit fortement le caporal par la main et donna à entendre au détachement des troupes bavaroises, qui étaient à portée et qui s'étaient avancées à la sourdine pendant la nuit, que c'était le caporal. Ces troupes, sans quitter le territoire de Bavière, avaient passé par Neubourg, sur l'Inn.

Après le signal, quelques grenadiers, la baïonnette au bout du fusil, se saisirent du caporal pendant que d'autres se rendirent maîtres de la place. Aussitôt, les troupes, tant cavalerie qu'infanterie, commandées pour cette surprise, entrèrent dans la ville, désarmèrent le corps de garde du prince, occupèrent les portes de la ville et de la résidence et se répandirent si rapidement dans toutes les rues et places que, faute de résistance, elles s'emparèrent en très peu de temps de toute la ville.

Après ce violent procédé, le major général Gabrieli, par ordre du

____

(1) Envoyé par **M.** de la Noue, notre représentant à Ratisbonne, le 9 août 1741. — Corresp. de Bavière. Vol. 92. **Aff.** étrang.

général Minucci qui était resté hors de la ville, près Saint-Nicolas, vint présenter à S. Ém. Mr. l'évêque et prince de l'Empire, une lettre de la part de S. A. É. de Bavière contenant en substance :

Que S. A. É. considérant l'état présent des affaires qui, de jour en jour, semblait devenir plus difficile, se voyait obligée de pourvoir à temps à la sûreté de ses pays électoraux et de penser à la conservation de ses sujets. En vertu de quoi, Elle priait très instamment S. Ém. d'accepter de bon gré dans la forteresse d'Oberhaus une garnison suffisante de troupes bavaroises et de permettre que cette garnison y reste tant que le présent danger l'exigerait, promettant le plus efficacement, et foi d'Électeur, que cette garnison ne préjudicierait en aucune manière à la supériorité territoriale de S. Ém., ne voulant pas s'approprier la moindre partie de ses revenus, les troupes devant être nourries sans qu'il en coûte rien à S. Ém. ni à ses sujets et qu'elles observeraient une bonne discipline et le respect qui est dû.

D'ailleurs, S. A. É. ne saurait céler à S. Ém. si, par hasard, l'on faisait quelque difficulté, ou si l'on s'avisait de traîner l'affaire, ou si l'on refusait de recevoir garnison dans la forteresse, que l'on avait déjà fait telles dispositions qu'il ne serait pas difficile de s'en emparer en peu de temps et qu'en ce dernier cas l'on ne pourrait pas s'empêcher de mettre une garnison suffisante dans la ville même dont les habitants seraient immanquablement incommodés, mais, de l'autre côté, S. A. É. assurait S. Ém. qu'aussitôt qu'on se serait mis en possession de la forteresse, on ferait sortir de la ville les soldats, en n'y laissant que ce qu'il en faut pour couvrir les deux ponts et le trajet de la rivière d'Ilz et pour défendre l'arsenal de la ville, sans demander autre chose que le logement. Il dépend donc de S. Ém. de donner une bonne ou mauvaise issue à cette affaire, S. A. É. lui laissant à se justifier devant Dieu et les hommes des tristes suites qui en résulteront à la ruine inévitable de tant de sujets si l'on prend le mauvais parti.

S. Ém., ayant lu cette lettre, jugea à propos d'envoyer chez le susdit comte de Minucci le directeur de son Conseil aulique, chargé de lui faire un compliment civil et de lui dire de sa part que la matinée lui était devenue, contre toute attente, bien désagréable et pleine de trouble, ayant entendu le bruit qui s'était fait entendre dans toutes les rues, et appris ensuite la nouvelle inopinée que nombre de troupes bavaroises s'étaient emparées des portes de la ville, de sa résidence et du corps de garde ; que Sa d. Ém. avait bien reçu, avec la vénération due, la lettre que S. A. É. de Bavière lui avait écrite à ce sujet, mais qu'Elle ne pouvait pas sitôt se déclarer catégoriquement là-dessus avant d'avoir conféré avec son vénérable chapitre qui était déjà effectivement assemblé pour délibérer sur cette matière, et qu'ainsi Elle le priait de lui accorder un petit délai.

M. le Général répondit qu'il présentait ses très humbles respects à S. Ém. et qu'il était mortifié de ce qu'Elle avait été troublée dans la matinée ; que tout ce qui s'était passé s'était fait par ordre exprès de S. A. S. É., son très gracieux maître. Quant à l'évacuation de l'Oberhaus, qu'il attendait sans faute une réponse catégorique dans l'espace de deux heures, et qu'en cas de refus tout était prêt pour s'en emparer par force.

Le susdit envoyé étant de retour avec cette réponse du général, S. Ém. lui ordonna d'aller la communiquer à M. le Doyen du chapitre et de lui représenter que S. Ém. souhaitait qu'on pressât la délibération le plus qu'il serait possible, ce qui ayant été exécuté sur-le-champ, MM. les chanoines se rendirent d'abord chez S. Ém. qui députa le susdit doyen comte de Pegersberg, le comte de Kokorzona, le baron de Satzhaunen et le baron de Rœdern, conseiller privé de S. Ém., vers le général comte de Minucci.

Arrivés qu'ils furent auprès de lui et après les compliments réciproques, M. le Doyen fit les remontrances les plus énergiques par rapport aux deux lettres de S. A. É. à S. Ém. et au chapitre au sujet de l'événement imprévu et pria M. le Général de vouloir bien accorder à S. Ém. et à son chapitre autant de temps qu'il en faudrait pour faire à S. A. S. É. même les remontrances très nécessaires et bien fondées, soit par des députés ou par un courrier exprès. La réponse fut négative, M. le Général se rapportant uniquement aux lettres de S. A. É. écrites sur ce sujet et aux ordres positifs qu'il avait qui ne lui permettaient pas d'accorder le délai demandé. Il représenta au contraire qu'il ne pouvait pas se dispenser d'insinuer cordialement qu'un plus long retardement ne pouvait qu'être très nuisible au pays et à la ville. Il assura en même temps qu'il avait à portée d'autre artillerie et d'autres troupes, de sorte qu'il n'attendait autre chose qu'une réponse catégorique et finale dans deux heures.

Les députés, voyant qu'il n'y avait rien à faire, s'en retournèrent et rapportèrent à S. Ém. la réponse du général auquel on renvoya de nouveau le susdit baron de Rœdern qui dit que, s'il fallait que la justice cédât à la force, M. le Général n'avait qu'à faire occuper l'Oberhaus par ses gens sur les conditions expressément marquées en foi d'Électeur par S. A. S. É. Son E., n'ayant pas assez de forces pour s'opposer à un semblable attentat, se contentait de protester solennellement contre toutes les violences venues et à venir.

Après quoi, l'Oberhaus, qui est par lui-même hors d'état de défense, fut livré le même jour aux troupes bavaroises, lesquelles y ont mis garnison et ont ensuite évacué la ville en y laissant simplement le monde nécessaire pour défendre le pont et les portes.

APPENDICE 2 DU CHAPITRE IV.

Deux des certificats de bien-vivre accordés, en cours de route, à M. de Leuville.

Nous, bailli, bourgmestre et gens de justice de Pforzheim, certifions par la présente que Son Excellence Monseigneur le marquis de Leuville, lieutenant général de Sa Majesté Très Chrétienne, est arrivé ici, avec l'armée qu'il commandait, le 19, est parti le 20 août, sans que pendant son arrivée, aussi bien que tout le temps du campement et de la marche, il se soit fait la moindre plainte, ni désordre; bien au contraire, vivant de leur solde et payant même le tout selon le règlement que nous avons dressé à cet effet. En foi de quoi, nous avons signé la présente et apposé nos cachets ordinaires. Fait au camp de Pforzheim, le 19 août 1741. Signé : Ruithardt, conseiller et bailli, et Henning, bourgmestre, avec les armes à côté.

Pour copie, dont j'ai l'original entre les mains (1).

LEUVILLE.

Nous, bourgmestres et sénateurs de la ville impériale d'Aalen, certifions par la présente que Son Excellence Monseigneur le marquis de Leuville, lieutenant général de Sa Majesté Très Chrétienne, est arrivé ici, avec l'armée qu'il commande, le 31 d'août et parti le 1er septembre 1741, sans que pendant son arrivée, aussi bien que tout le temps du campement et de la marche, il se soit fait la moindre plainte ou désordre : au contraire, les soldats, vivant de leur solde, ont payé tout selon le règlement que nous avons dressé à cet effet. Pour cette raison nous avons signé la présente et apposé nos cachets ordinaires. Fait au camp de la ville impériale d'Aalen, le 1er septembre 1741. Signé : Joseph Melchior, Drimlare, etc., et le scel au bas.

Pour copie, dont j'ai l'original entre les mains (2).

LEUVILLE.

(1) Pièce 47. Vol. 2912. A. H.
(2) Pièce 150. Vol. 2912. A. H.

APPENDICE 1 DU CHAPITRE V.

Copie du projet d'opérations pour le mois de septembre 1741 (Projet remis par Mortaigne à l'Électeur, le 30 août 1741, et adopté par ce dernier).

Copie du projet d'opérations pour le mois de septembre 1741 (1).

L'Électeur, avec quatorze bataillons et quinze escadrons, partira du camp de Scharding le 7 septembre pour entrer en Autriche et se porter sur Linz, pour s'en emparer.

Son premier camp sera sur la rivière d'Achau; on y marchera sur deux colonnes, une par Baierbach et l'autre par Riedau. D'Achau, on ira en deux marches à Linz ou en une, suivant les conjonctures. On s'emparera du pont de Wels sur la Traun.

Après avoir laissé une garnison suffisante à Linz et assuré la tête du pont, si les ennemis ne l'ont pas détruit, Son Altesse Électorale en repartira pour se porter à Enns, s'établir sur cette rivière et y attendre les troupes du Roi.

On s'emparera du château de Clausen qui est sur la droite dans les montagnes et qui garde les passages de la Styrie, du Tyrol et du pays de Salzbourg.

On enverra reconnaître ce poste le plus tôt que faire se pourra pour savoir en quel état il est, s'il y a garnison, de quel nombre, et s'il est susceptible de surprise; on examinera aussi les routes par lesquelles on pourrait y mener du canon.

On s'emparera de la petite ville de Steyr qui est sur l'Enns, pour assurer la droite de l'armée; dans cette position, après avoir établi les communications de Steyr au Danube et en attendant les troupes du Roi qui arriveront par divisions, on fera des impositions sur le pays, tant en grains qu'en farines, avoines, foins et pailles.

Les grains et farines seront déposés à Linz, ainsi qu'une partie des foins et avoines.

On fera des magasins de foin, avoine et paille, à Enns et autres lieux au long de ladite rivière pour faire face à l'arrivée des troupes fran-

---

(1) Vol. 2915. Arch hist.

çaises ; on ne négligera pas pour cela les magasins de toute espèce à Passau, où on ne saurait mettre trop de grains, foins, pailles et avoines, c'est ce qui assurera le commencement des opérations de la campagne prochaine.

Nota. — Que ce projet n'est bon qu'autant qu'on est sûr de la Saxe ou que le prince d'Anhalt ne la perdra pas de vue pour la contenir, sans quoi le Haut-Palatinat serait bien maltraité et cela pourrait aller plus loin.

On jettera le plus tôt que faire se pourra un pont sur le Danube au-dessous de Linz à Lorch et Mauthausen ou aux environs, et comme il est à présumer que l'ennemi fera descendre tous les bateaux du Danube et des autres rivières qui y tombent et qui sont à leur disposition, on ne saurait rassembler trop tôt les bateaux de la rivière d'Inn pour les faire descendre à Passau pour les pouvoir pousser plus loin quand on en aura besoin.

On va faire descendre de Munich les agrès pour la construction dudit pont.

On s'emparera, pour s'assurer de la navigation, de tous les châteaux qui se trouveront au bord et à la rive gauche du Danube, depuis Passau jusqu'à l'Enns. Les chasseurs de l'Électeur seraient bien propres à garder ces postes.

En attendant l'arrivée des troupes françaises, j'irai reconnaître la gauche du Danube pour pouvoir porter l'armée sur les débouchés de la Bohême ; mon idée est de la porter en premier lieu sur Freistadt, sur la rivière de Feld-Aist ; si ce poste est bon en soi, la communication avec le Danube me paraît bien couverte au moyen de cette rivière et d'un pays impraticable qu'on dit être en avant.

On s'emparera des châteaux susceptibles à mettre des postes, qui se trouveront en avant de cette communication.

Nota. — Il y a Scherenberg et Obenberg, Greittenberg, Stagenberg : peut-être pourra-t-on pousser cette communication jusqu'à la rivière, cela dépend de la nature du pays.

Quand l'armée sera établie à Freistadt, j'irai reconnaître si on ne pourrait pas la porter sur la rivière de Luznice, qui serait la position la plus avantageuse, en attendant les troupes du 22 au 24 septembre pour, de là, marcher à Prague. Il conviendra, quand on sera sur Luznice, de mettre un détachement à Budweis et à quelques autres postes de la Moldau qu'on trouvera susceptibles de garder, pour assurer les derrières de l'armée et les amas de subsistances qu'on fera sur cette rivière pour être poussés à Prague par des radeaux lorsque l'armée s'y portera.

Nota. — Il est seulement à craindre qu'on ne puisse pas s'éloigner trop du Danube, faute de caissons; on verra si on pourra y remédier par les voitures du pays.

En attendant l'arrivée des troupes du 22 et 24 septembre, on mettra tout en état et on se préparera à la marche et au siège de Prague.

Toutes les mesures prises avec justesse, on n'excédera pas les troupes, on ne s'exposera à aucun retour fâcheux et on s'assurera l'objet qu'on veut conquérir.

Je ne vois qu'une chose à craindre pour l'exécution de ce projet, qui est que le prince de Lobkowitz ne puisse se porter assez à temps à la tête des défilés pour s'y retrancher et fermer les débouchés de la Bohême; cela dépend de la nature du pays, ce que nous connaîtrons plus particulièrement; les connaissances prises auprès de gens du métier doivent cependant rassurer sur ce point.

Il est indispensable de faire une disposition prompte pour porter en avant les milices de Bavière sur toutes les frontières, celles de la droite pour se couvrir du Tyrol, mêlées de quelques troupes réglées et communiquant par la gauche avec celles de l'Autriche.

Celles du centre pour garder avec quelques troupes réglées la rivière d'Enns lorsque l'armée la quittera, communiquant par la droite avec celles pour la garde contre le Tyrol et par la gauche avec l'armée et celles de la gauche pour couvrir le Haut-Palatinat.

Ayant quelque connaissance de cette gauche par la tournée que j'y ai faite, je joins ici un projet de chaîne qui demande une prompte exécution, ayant sans cela tout à craindre de la garnison d'Egra et de la cavalerie qui campe à Pilsen au nombre de quinze à vingt compagnies de cuirassiers, s'il n'est rien arrivé de plus depuis ma tournée.

Cette cavalerie, voyant le Palatinat fermé et une armée en avant, n'aura d'autre parti à prendre que de se retirer.

Signé : MORTAIGNE

APPENDICE 2 DU CHAPITRE V.

Commission délivrée par le maréchal de Belle-Isle à M. de Viella, commandant un bataillon de Navarre, pour prendre possession, au nom du roi de France, de la ville d'Ingolstadt comme place de sûreté.

Le sieur chevalier de Viella, commandant d'un bataillon du régiment de Navarre, lieutenant commandant pour le Roi dans la place d'Ingolstadt.

Le sieur Milet d'Hypécourt, capitaine au régiment Royal-des-Vaisseaux, major dans la place d'Ingolstadt.

Le sieur Demarigny, sergent au bataillon de Marsay, du régiment Royal-Artillerie, capitaine des portes dans la place d'Ingolstadt.

Nous, Charles-Louis-Foucquet, comte de Belle-Isle, maréchal de France, chevalier des ordres du Roi, gouverneur des ville et citadelle de Metz, des pays Messin et Verdunois, commandant en chef dans les évéchés de Metz, Toul et Verdun, province de la Sarre, frontières du duché de Luxembourg, gouvernements de Sedan, Mouzon, Mézières, Rocroy, Charleville et frontières de Champagne, commandant les troupes de Sa Majesté en Lorraine, son ambassadeur extraordinaire et plénipotentiaire en Allemagne et général de ses armées, le Roi ayant jugé à propos de faire passer une armée de ses troupes auxiliaires en Bavière, en conséquences des anciens traités faits avec S. A. S. É. de Bavière et ayant été accordé par S. A. S. É., pour la sûreté desdites troupes et des différents effets appartenant à Sa Majesté, que la ville d'Ingolstadt servirait de place d'armes, il nous a paru indispensable de mettre dans ladite place un état-major, tant pour veiller à sa conservation sous l'obéissance de Sa Majesté jusqu'à ce que ses troupes retournent en France, pour la défendre envers et contre tous, commander sur lesdites troupes qui y seraient en garnison ou qui y passeraient, et généralement faire tout ce qui sera nécessaire pour le bien du service de Sa Majesté, et sur la connaissance particulière que nous avons de la valeur, intelligence, bonne conduite, expérience et suffisance au fait des armes du chevalier de Viella, commandant d'un bataillon du régiment de Navarre et sur la confiance que nous avons en son zèle, fidélité et affection au service de Sa Majesté, nous avons par ces présentes commis et commettons, sous le bon plaisir de Sa Majesté, ledit sieur de Viella, pour, sous notre autorité ou celle de tel des lieutenants généraux des troupes de Sa Majesté qui commandera son armée, faire, à commencer du jour de la signature des présentes, les fonctions de lieutenant pour le Roi, commandant dans ladite place d'Ingolstadt sur toutes les troupes françaises auxiliaires qui y sont et seront par la suite en garnison et sur toutes autres personnes attachées au service desdites troupes, défendre et conserver ladite place sous l'obéissance du Roi et pourvoir à la sûreté desdites troupes françaises auxiliaires, et se conduire à l'égard des habitants conformément et ainsi qu'il est porté par le traité. Il est ordonné à tous les officiers des troupes françaises auxiliaires qui sont et seront par la suite en garnison ou qui passeront par ladite place, et à toutes personnes attachées au service des troupes, de reconnaître et faire reconnaître et obéir ledit sieur de Viella en toutes les fonctions qu'il exercera en ladite qualité de lieutenant pour le Roi, commandant dans ladite place d'Ingolstadt, par tous ceux et ainsi qu'il appartiendra et généralement en toutes les choses qui concernent la sûreté de ladite place, la conservation des effets appartenant à Sa Majesté et le service et la discipline de ses troupes, et avons, aux présentes signées de notre main, fait apposer le sceau de nos armes après les avoir fait contresigner par notre secrétaire ordinaire.

Donné à Francfort, le 1er août 1741.

Signé : Le Maréchal DE BELLE-ISLE.

Par Monseigneur :

Signé : PATIOT.

APPENDICE 3 DU CHAPITRE V.

Extrait d'une lettre de Paris de Montmartel à Belle-Isle, du 19 septembre 1741, portant envoi des deux pièces suivantes : 1° État des fonds remis et à remettre jusqu'à la fin d'octobre pour les dépenses tant ordinaires qu'extraordinaires; 2° Observations sur l'état des fonds qu'il faut assurer pour satisfaire toutes les dépenses de l'armée de Bavière jusqu'au dernier octobre, envoyé à Monseigneur par M. de Séchelles, le 8 novembre (1).

Paris de Montmartel à Belle-Isle.

A Paris, le 19 septembre 1741.

Monseigneur,

M. de Breteuil m'a communiqué les états des fonds estimatifs pour les dépenses de l'armée de Bavière jusqu'au dernier octobre, que M. de Séchelles lui a envoyés par sa lettre du 8 de ce mois. J'ai fait sur ces états un mémoire d'observations que j'ai l'honneur de vous envoyer ci-joint, Monseigneur, par lequel vous verrez qu'il résulte qu'il ne faut en tout que 3,940,162 l. 13 s. 4 d. jusqu'au 1er octobre (2) pour les dépenses tant ordinaires qu'extraordinaires. Par l'état que je pris la liberté de vous envoyer hier, vous aurez connu que M. de Bélombre recevra, d'ici à la fin d'octobre, 5,478,500 livres et qu'il restera au 1er novembre, déduction faite de toutes les dépenses jusqu'audit jour, 1,538,337 l. 6 d. 8 s., ce qui est une avance assez considérable pour que M. de Séchelles ne tombe plus dans le cas des besoins.....

---

(1) Vol 2925. Arch. hist.
(2) Il faut, croyons-nous, lire novembre au lieu d'octobre.

ARMÉE DE BAVIÈRE.

État des fonds remis et à remettre jusqu'à la fin d'octobre pour les dépenses tant ordinaires qu'extraordinaires.

16 septembre 1741.

fl.	315,000	Remis jusques et y compris le 10 septembre à M. de Bélombre par M. Harscher, de Francfort........	787,500 [1]
	150,000	Plus, que ledit sieur Harscher remettra comme dessus, dans le courant de ce mois	375,000
	150,000	Plus, qu'il remettra pareillement dans le courant du mois d'octobre, que l'on évalue au moins à	375,000
	368,900	Remis à M. de Bélombre, provenant de 86,800 ducats achetés en Hollande	922,250
	425,000	Plus, envoyé audit sieur de Bélombre, par la même voie, 100,000 ducats qui seront arrivés à Munich avant le 25 du présent mois.................	1,062,500
	212,500	Plus, il sera remis audit sieur de Bélombre, avant le 15 octobre, 50,000 ducats provenant des mêmes envois de Hollande	531,250
	120,000	Remis à M. de Bélombre par M. Zelin de Bâle au 25 de ce mois............................	300,000
	250,000	Plus, il sera remis par ledit sieur Zélin à M. de Bélombre pendant le courant d'octobre	625,000
		Fonds remis aux trésoriers des vivres, comptant en espèces, pour le premier et le deuxième passage..	500,000
fl. 1,991,400			5,478,500 [1]

Sur laquelle somme est à déduire pour lettres de change remises aux ci-après nommés, savoir :

Au trésorier général de l'extraordinaire des guerres :

221,400[l] 12[s]	Pour les extraordinaires des quinze derniers jours de septembre et quinze premiers jours d'octobre.	
65,925	Pour la gratification de 15 livres par homme.	
150,000	Pour le prêt des quinze derniers jours de septembre.	
300,000	Pour le prêt du mois d'octobre.	
400,000	Pour les dépenses extraordinaires, y compris les officiers généraux et hôpitaux.	
640,000	Pour les fourrages.	
	Au trésorier de l'artillerie :	
200,000	Pour l'extraordinaire de l'artillerie.	
20,000	*Idem.*	
1,997,325[l] 12[s]	ci......................................	1,997,325[l] 12[s]

Il résulte du bordereau ci-dessus que les fonds remis et à remettre jusqu'au dernier octobre montent à........................ 3,481,174[l] 8[s]

Laquelle somme est destinée, savoir :

2,659,924[l] 8[s]	Pour la partie des vivres conformément au dernier bordereau remis.
821,250	Destinées tant pour les dépenses imprévues que pour la subsistance des troupes des quinze premiers jours de novembre.

3,481,174[l] 8[s].

Observations sur l'état des fonds qu'il faut assurer pour satisfaire toutes les dépenses de l'armée de Bavière jusqu'au dernier octobre, envoyé à Monseigneur par M. de Séchelles le 8 septembre.

18 septembre 1744.

Cet état monte, en total, à la somme de...................... 5,547,192ˡ 11ˢ 6ᵈ

Sur laquelle somme il convient déduire les parties ci-après expliquées, savoir :

Pour le prêt des troupes du premier passage pour les quinze derniers jours d'août et quinze premiers jours de septembre, qui ont été payés par le trésorier général en fonds comptant dans les mains de son commis.. 300,000ˡ » »

Idem pour le prêt des troupes et appointements d'officiers qui passeront le Rhin dans le présent mois et dont le fonds a pareillement été fait par le trésorier général............ 310,934 18 2

Pour l'extraordinaire de l'artillerie qui est comprise audit état pour 696,095 livres, dans laquelle somme est comprise la dépense des poudres qui était évaluée à 480,000 livres, et, ayant été envoyée en nature, il paraît que cette somme devrait être diminuée de celle ci-dessus : on n'en diminuera cependant que 396,095 livres attendu qu'il a été envoyé précédemment 200,000 livres et qu'il a été ordonné au sieur de Montmartel d'en envoyer encore 100,000, ci.............. 396,095 » »

Pour l'indemnité due aux princes et villes qui ont fourni et fourniront les fourrages, pailles et bois aux troupes, qui sera payée sur les premières demandes qu'ils feront par le trésorier de l'extraordinaire des guerres à Strasbourg, ci....................... 300,000 » »

Nota. — On prend le parti de faire payer cette somme à Strasbourg, parce qu'elle coûtera moins.

Pour la fourniture de la viande estimée à 360,000 livres ; il en a été payé à l'entrepreneur 200,000, il en sera payé 100,000 au premier jour ; ainsi il convient de déduire sur cette partie les 300,000 livres, ci...... 300,000 » »

———————— 1,607,029 18 2

TOTAL........................... 3,940,162ˡ 13ˢ 4ᵈ

Il résulte des observations ci-dessus que, pour les dépenses de toute espèce jusqu'au dernier octobre, il n'est demandé, par M. de Séchelles, que 3,940,162 l. 13 s. 4 d.

Par l'état ci-joint il a été et sera mis, jusqu'à la fin d'octobre, 5,478,500 livres, par conséquent il y aura un excédant de fonds de 1,538,337 l. 6 s. 8 d. acompte des dépenses de novembre et décembre, et pour subvenir pareillement aux dépenses qui pourront arriver d'extraordinaire pour la régie des vivres, et pour le payement des équipages des vivres qui ne sont point compris dans l'état d'évaluation des dépenses envoyé par M. de Séchelles. Outre toutes ces sommes, M. de Montmartel prend de nouvelles mesures pour faire arriver au moins 1 million de plus dans les mains de M. de Bélombre avant le 10 du mois de novembre. C'est sur quoi on peut affirmativement compter, de même que sur toutes les sommes portées dans son état.

TABLE DES MATIÉRES

CHAPITRE PREMIER.

L'armée au mois de mai 1741.

CHAPITRE II.

L'armée de Bavière.

Ordonnances rendues en France, à partir du 15 mai 1741, pour
l'augmentation de l'infanterie, des hussards et des compagnies
franches. — Malgré les instances du maréchal de Belle-Isle,
aucune modification n'est apportée aux effectifs de la cavalerie.

Premières mesures arrêtées par le Ministre de la guerre et
Paris du Verney, à partir du 22 juin 1741, pour constituer le
service des vivres ainsi que les équipages des vivres et de l'artillerie de l'armée de Bavière.

Composition de cette armée. — Le maréchal de Belle-Isle est
désigné pour la commander, mais, retenu pendant quelque temps
à Francfort par les négociations engagées dans cette ville, il est
remplacé momentanément à sa tête par le marquis de Leuville.
— Officiers généraux qui lui sont adjoints. — Aides de camp
du Maréchal. — Officiers d'état-major, d'artillerie et du génie,
intendants et commissaires des guerres, médecins et chirurgiens,
appelés à faire partie de l'armée de Bavière.   69

CHAPITRE III.

Préparatifs militaires en Bavière.

Envoi à Munich, en juillet 1741, de M. Gayot de Bélombre comme
directeur des vivres, et du marquis de Beauvau comme représentant la France auprès de l'Électeur. — Difficultés rencontrées
par eux faute d'argent, faute d'auxiliaires bavarois dignes de ce
nom, dans la constitution des approvisionnements de blé nécessaires à notre armée. — De Francfort, le maréchal de Belle-Isle
adresse lettres sur lettres à Versailles pour réclamer l'envoi des
fonds sans lesquels MM. de Beauvau et de Bélombre sont réduits

CHAPITRE IV.

Marche d'un premier corps de l'armée de Bavière, des bords du Rhin à Donauwerth sur le Danube.

CHAPITRE V.

De Donauwerth à Linz.

CHAPITRE VI.

Succès de notre diplomatie.

Pages.

CHAPITRE VII.

Suite des succès de notre diplomatie.

Croquis donnant l'Itinéraire des 2 premières colonnes de l'armée de Bavière
des bords du Rhin à Donauwerth.

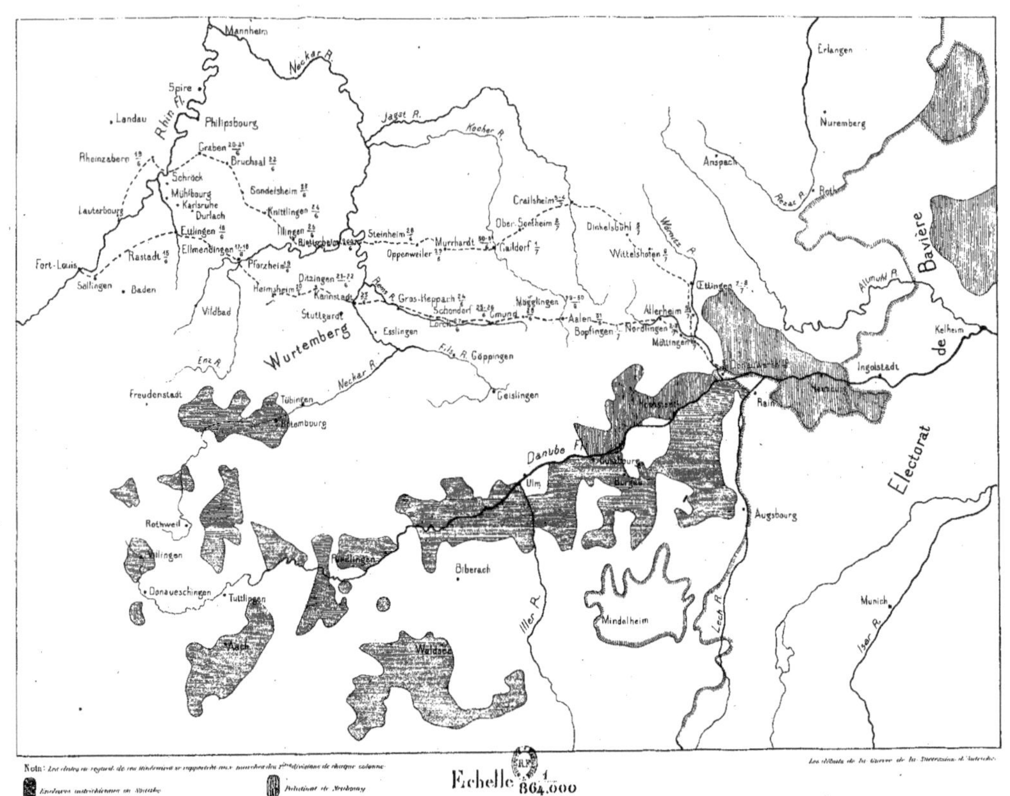

Croquis permettant de suivre l'embarquement sur le Danube des 4 premières
divisions de l'armée Française, et la marche des troupes Bavaroises
de Scharding à Linz. (du 7 au 19 Septembre 1741)

Carte n° 2

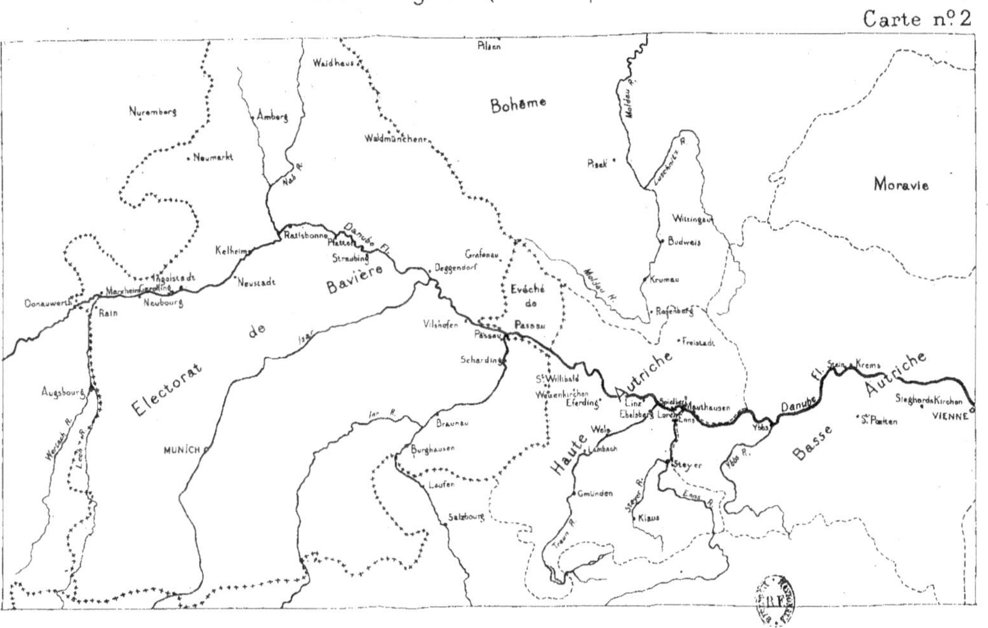

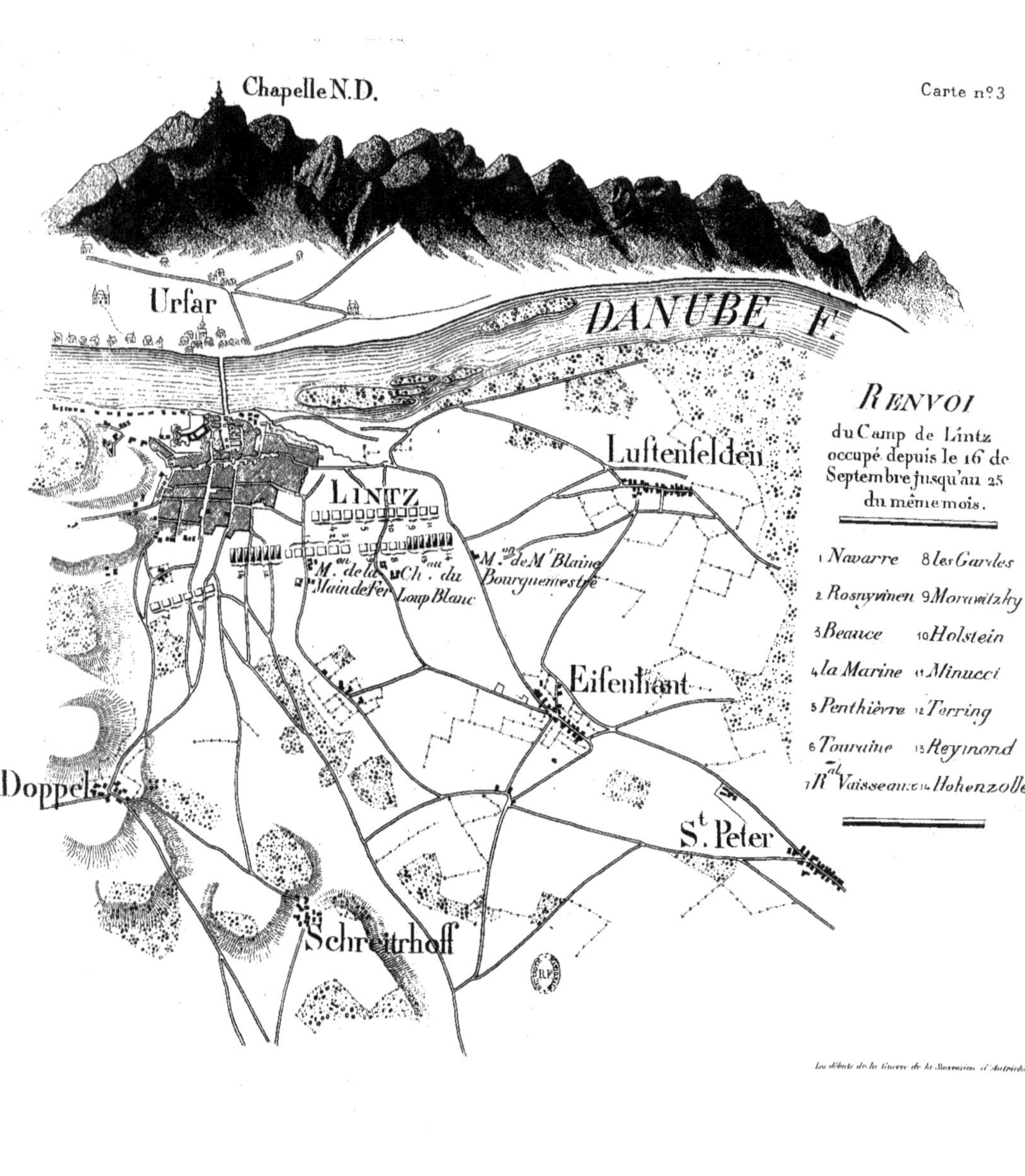

Chapelle N.D.
Carte n°3
Urfar
DANUBE F.
Luftenfeldeu
LINTZ
M.on de la Main de Fer
Ch.au du Loup Blanc
M.on de M.r Blaine Bourguemestre
Eifenhant
Doppel
St. Peter
Schreitrhoff
RENVOI
du Camp de Lintz
occupé depuis le 16 de
Septembre jusqu'au 25
du même mois.
1 Navarre
2 Rosnyvinen
3 Beauce
4 la Marine
5 Penthièvre
6 Touraine
7 R.al Vaisseaux
8 les Gardes
9 Morawitzky
10 Holstein
11 Minucci
12 Terring
13 Reymond
14 Hohenzolle

PARIS. — IMPRIMERIE R. CHAPELOT ET C⁰, 2, RUE CHRISTINE.

9 782019 956110